Rapport sur la dette mondiale 2025

FINANCER LA CROISSANCE DANS UN ENVIRONNEMENT DE MARCHÉ DE LA DETTE DIFFICILE

OCDE
DES POLITIQUES MEILLEURES POUR UNE VIE MEILLEURE

Merci de citer cet ouvrage comme suit :
OCDE (2025), *Rapport sur la dette mondiale 2025 : Financer la croissance dans un environnement de marché de la dette difficile*, Éditions OCDE, Paris, https://doi.org/10.1787/e334697f-fr.

ISBN 978-92-64-91416-2 (imprimé)
ISBN 978-92-64-87214-1 (PDF)
ISBN 978-92-64-69215-2 (HTML)

Crédits photo : Couverture © Yukinori Hasumi/Getty Images.

Les corrigenda des publications de l'OCDE sont disponibles sur : https://www.oecd.org/fr/publications/support/corrigenda.html.

Avant-propos

La présente publication constitue la deuxième édition du Rapport annuel de l'OCDE sur la dette mondiale. Ses auteurs analysent les évolutions survenues sur les marchés des obligations souveraines et des obligations d'entreprise qui présentent un intérêt pour l'action publique à l'échelle internationale. L'édition 2025 comprend deux chapitres consacrés respectivement aux emprunts souverains (chapitre 1, Perspectives sur les emprunts souverains) et aux marchés de la dette d'entreprise (chapitre 2), ainsi que deux chapitres thématiques, l'un portant sur les marchés des obligations souveraines dans les économies de marché émergentes et en développement (chapitre 3), et l'autre sur le financement de la transition climatique par la dette (chapitre 4). Le rapport repose sur des données de l'OCDE ainsi que sur des analyses originales de données commerciales et librement accessibles.

Le chapitre 1 présente l'évolution de la dette souveraine durant la période 2007-2025, essentiellement dans les pays de l'OCDE. On y examine les besoins et stratégies de financement, l'évolution du ratio dette/PIB, les coûts d'emprunt et les courbes de rendement, les charges d'intérêts et les risques de refinancement, ainsi que les effets de la réduction du bilan des banques centrales sur la base d'investisseurs et la liquidité des marchés. Ce chapitre s'appuie sur les réponses recueillies dans le cadre de l'enquête de l'OCDE sur l'évolution des marchés primaires, de l'enquête de l'OCDE sur la liquidité des marchés secondaires des obligations d'État et de l'enquête annuelle sur les besoins d'emprunts souverains des pays de l'OCDE qui ont été réalisées en 2024. Les membres du Groupe de travail de l'OCDE sur la gestion de la dette ont également contribué à son élaboration. Les marchés des obligations supranationales et infranationales ne sont pas traités dans ce chapitre.

Le chapitre 2 étudie la dynamique des marchés de la dette d'entreprise à la lumière des évolutions macrofinancières en cours. Ses auteurs s'intéressent aux tendances récentes en matière d'emprunts des entreprises sur les marchés et examinent l'évolution de la mondialisation et de la concentration des marchés obligataires à l'échelle mondiale. Ce chapitre a pour objectif de mettre en évidence les questions d'intérêt mondial concernant l'accès des entreprises au financement, la stabilité financière et le fonctionnement des marchés.

Le chapitre 3 est consacré à l'analyse des marchés des obligations souveraines dans les économies de marché émergentes et en développement sur fond de durcissement des conditions monétaires, et plus particulièrement les pays à faible revenu et à revenu intermédiaire de la tranche inférieure. S'appuyant sur les données relatives aux titres de dette obligataire des administrations centrales, ses auteurs examinent les tendances en matière d'émission, les coûts d'emprunt, l'accès aux marchés étrangers, l'évolution des notations de crédit, avant de conclure par des perspectives.

Le chapitre 4 se penche sur les besoins de financement de la transition vers une économie bas carbone, et en particulier sur la dette d'entreprise. Ses auteurs s'intéressent aux changements qu'il convient d'apporter aux marchés de la dette d'entreprise pour permettre aux entreprises du secteur de l'énergie de réaliser les investissements nécessaires à la transition climatique. L'analyse est réalisée à l'échelle mondiale, mais elle met l'accent en particulier sur le rôle des marchés financiers dans la mobilisation de financements pour le climat dans les économies de marché émergentes et en développement.

Les commentaires et questions peuvent être adressés par courriel à la Division des marchés de capitaux et des institutions financières de la Direction des affaires financières et des entreprises de l'OCDE (GlobalDebtReport@oecd.org).

Remerciements

Ce rapport a été établi par la Division des marchés de capitaux et des institutions financières de la Direction des affaires financières et des entreprises de l'OCDE, sous la supervision du Chef de division, Serdar Çelik.

Le chapitre 1 est le fruit des travaux du Groupe de travail de l'OCDE sur la gestion de la dette (GTGD). Il a été élaboré par Pietrangelo De Biase, Sam Foxall et Luca Policino, avec le soutien de Jakob Shida et Jessica Austin, sous la supervision de la Cheffe de l'Unité des marchés financiers, Fatos Koc. Les membres suivants du GTGD ont fourni de précieuses contributions : Grahame Johnson (président du GTGD et sous-ministre adjoint, Direction de la politique du secteur financier, ministère des Finances, Canada) ; Anthony Linehan (vice-président du GTGD et directeur adjoint, Financement et gestion de la dette, Agence nationale de gestion du Trésor, Irlande) ; Anna Hughes (directrice générale, Office australien de gestion financière) ; Antoine Deruennes (directeur général, Agence France Trésor) ; Tammo Diemer (directeur général, Agence de gestion de la dette, Allemagne) ; Davide Iacovoni (directeur général, ministère de l'Économie et des Finances, Italie) ; Rui Arase (directeur, Office de gestion de la dette et des relations avec les investisseurs, Bureau financier, ministère des Finances, Japon) ; Klas Granlund (responsable de la gestion de la dette, Bureau de la dette nationale, Suède) ; Jessica Pulay (directrice générale, Bureau de gestion de la dette du Royaume-Uni) ; et Frederick Pietrangeli (directeur, Bureau de gestion de la dette, Département du Trésor, États-Unis).

Le chapitre 2 a été préparé par Carl Magnus Magnusson, avec le concours de Blanca Gené Orriols et Clément Wenzel, sous la supervision d'Alejandra Medina, Cheffe de l'Équipe chargée de l'économie financière.

Le chapitre 3 a été élaboré par Pietrangelo De Biase avec le soutien de Jakob Shida, Sam Foxall, Luca Policino et Jessica Austin, sous la supervision de Fatos Koc.

Le chapitre 4 a été préparé par Devran Zeyrek et Sandie Xu, avec l'aide de Perla Ibarlucea, qui a contribué à l'analyse de l'investissement direct étranger, et d'Adriana De La Cruz, de Valentina Cociancich et de Kerstin Schopohl, sous la supervision de Caio de Oliveira, Chef de l'équipe chargée de la finance durable et de la durabilité des entreprises.

Les personnes suivantes ont en outre fait part de leurs commentaires : Haneul Kim et Cecilia Tam, de l'Agence internationale de l'énergie (AIE), ainsi que Masatoshi Ando, Alvaro Pina, Eric Bensel, Eleanor Carey, Ben Conigrave, Chiara Falduto, Yvan Guillemette, Paul Horrocks, Raphaël Jachnik, Jolien Noels, Nigel Pain, Caroline Roulet, Srdan Tatomir et Robert Youngman, de l'OCDE.

Éditorial

Les marchés mondiaux de la dette sont en pleine mutation. Au cours des quinze dernières années, ils ont contribué de manière essentielle à la reprise consécutive aux deux crises mondiales du XXIe siècle (à savoir la crise financière de 2008 et la pandémie de COVID-19) en apportant en permanence des capitaux pour soutenir les entreprises et les pouvoirs publics, empêchant des récessions plus graves. Mais aujourd'hui, le monde ne peut plus se contenter de se remettre des crises. Les grandes tendances macroéconomiques, qu'elles soient d'ordre démographique ou climatique, exigent un niveau d'investissement sans précédent, dont l'essentiel sera financé par l'endettement.

À cet égard, notre monde est déjà passé à un nouveau paradigme, puisque les États et les entreprises empruntent chaque année sur les marchés environ 10 000 milliards USD de plus qu'avant la pandémie (2015-19), un montant supérieur au PIB combiné de l'Allemagne et du Japon. Dans le même temps, malgré le reflux de l'inflation vers l'objectif et l'assouplissement général des politiques monétaires en 2024, les charges d'intérêts continuent de croître à mesure qu'un nombre record d'obligations émises à des taux bas doivent être refinancées. Les taux à long terme ont en outre atteint leurs plus hauts niveaux depuis près de 20 ans sur plusieurs grands marchés en 2024, traduisant une réévaluation des perspectives macrofinancières. Par ailleurs, la volatilité s'est accrue sur de nombreux marchés sous l'effet d'une plus grande incertitude, du niveau sans précédent de l'offre de titres d'emprunt et de la plus forte sensibilité aux prix de la base d'investisseurs.

Bien que les marchés mondiaux aient jusqu'ici fait preuve de résilience, le système présente des vulnérabilités. La persistance de taux à long terme élevés sur les marchés principaux complique la situation des entreprises émettrices et des emprunteurs des marchés émergents en particulier, dans la mesure où les actifs traditionnels sûrs procurent à nouveau des rendements réels positifs aux investisseurs.

L'environnement qui sous-tend les marchés de la dette évolue lui aussi rapidement. Alors que les États et les entreprises s'efforcent de répondre à des besoins d'investissement croissants, en particulier dans le secteur de l'énergie, ils doivent composer avec le ralentissement de la croissance économique, les risques géopolitiques accrus et les priorités concurrentes en matière d'affectation des financements publics et privés. Il faut d'ores et déjà faire des choix difficiles. Sachant que chaque centime levé sur les marchés de la dette coûte plus cher, ces décisions s'avèrent encore plus délicates à prendre.

Cette deuxième édition du Rapport sur la dette mondiale intervient en ce moment critique. Ses quatre chapitres sont consacrés aux marchés des obligations souveraines dans les pays de l'OCDE et les économies de marché émergentes et en développement, mais aussi aux marchés mondiaux de la dette d'entreprise et au financement de la transition climatique par l'endettement.

Alors que les décideurs publics du monde entier sont confrontés à la lourde et difficile tâche de veiller à la viabilité des trajectoires de la dette tout en finançant les investissements nécessaires pour accroître la compétitivité et soutenir la croissance à long terme, le présent rapport a pour objet de les aider à relever ce défi en s'appuyant sur des données et analyses originales.

Carmine Di Noia

Directeur des affaires financières et des entreprises, OCDE

Table des matières

GRAPHIQUES

INFOGRAPHIES

TABLEAUX

Sigles et abréviations

EA	Économies avancées
ATM	durée moyenne jusqu'à l'échéance
ATR	durée moyenne jusqu'à la refixation du taux d'intérêt
Banque du Canada	Banque du Canada
Banque d'Angleterre	Banque d'Angleterre
BoJ	Banque du Japon
BTP	Buono del Tesoro Poliennale
CAD	Dollar canadien
CBI	Climate Bond Initiative
CBS	Climate Bonds Standard
COVID-19	Coronavirus (COVID-19)
IPC	Indice des prix à la consommation
OGD	Organisme de gestion de la dette publique
EDN	échanges dette-nature
BCE	Banque centrale européenne
EBITDA	Résultat avant intérêts, impôts et amortissements
MEED	Économies de marché émergentes et en développement
ESG	En matière environnementale, sociale et de gouvernance
ETF	fonds indiciel coté
UE	Union européenne
EUR	Euro
OTV	Obligation à taux variable
FX	Foreign exchange
GBP	Livre sterling britannique
PIB	Produit intérieur brut
CFM	crise financière mondiale
GES	Gaz à effet de serre
GSS	Obligations vertes, sociales et durables
PRE	pays à revenu élevé
ICMA	International Capital Market Association
FMI	Fonds monétaire international
ISAE	Norme internationale sur les missions d'assurance
ISIN	Numéro international d'identification des titres
JGB	obligations d'État japonaises
JPY	Yen japonais
IPC	Indicateurs de performance clés
ALC	Amérique latine et Caraïbes

PFR	pays à faible revenu
PRITI	pays à revenu intermédiaire de la tranche inférieure
LSEG	London Stock Exchange Group
MENA	Moyen-Orient et Afrique du Nord
MMF	Fonds de placement monétaires
NA	Comptes nationaux trimestriels de l'OCDE
OAT	Obligations Assimilables au Trésor
OCDE	Organisation de coopération et de développement économiques
OEF	Fonds à capital variable
GDP	gestion de la dette publique
PEPP	Pandemic Emergency Purchase Programme
PSPP	Public Sector Purchase Programme
QE	assouplissement quantitatif
QT	Resserrement quantitatif
RIC	LSEG Identification Code
Ob. liées à la dur.	obligations liées à la durabilité
DTS	Droits de tirage spéciaux
SCN	Système de comptabilité nationale
SPT	Sustainable Performance Target
ASE	Afrique subsaharienne
TBAC	Treasury Borrowing Advisory Committee
TRBC	The Reference data Business Classification
RU	Royaume-Uni
PRITS	Pays à revenu intermédiaire de la tranche supérieure
ONU	Nations Unies
PNUE	Programme des Nations Unies pour l'environnement
CCNUCC	Convention-cadre des Nations Unies sur les changements climatiques
US	États-Unis
USD	Dollar des États-Unis
GTGD	Groupe de travail de l'OCDE sur la gestion de la dette
YTM	Rendement à l'échéance

Codes ISO

ARG	Argentine	EST	Estonie	JPN	Japon	SVK	République slovaque
AUS	Australie	FIN	Finlande	KOR	Corée	SVN	Slovénie
AUT	Autriche	FRA	France	LVA	Lettonie	ESP	Espagne
BEL	Belgique	DEU	Allemagne	LTU	Lituanie	ZAF	Afrique du Sud
BRA	Brésil	GRC	Grèce	LUX	Luxembourg	SWE	Suède
CAN	Canada	HUN	Hongrie	MEX	Mexique	CHE	Suisse
CHL	Chili	ISL	Irlande	NLD	Pays-Bas	TUR	Türkiye
CHN	Chine	IND	Inde	NZL	Nouvelle--Zélande	GBR	Royaume-Uni
COL	Colombie	IDN	Indonésie	NOR	Norvège	USA	États-Unis
CRI	Costa Rica	IRL	Irlande	POL	Pologne		
CZE	Tchéquie	ISR	Israël	PRT	Portugal		
DNK	Danemark	ITA	Italie	SAU	Arabie saoudite		

Résumé

Les marchés mondiaux de la dette se trouvent face à des perspectives difficiles. Ils n'ont pas renoué avec la dynamique observée avant 2022, caractérisée par des taux bas et le soutien des banques centrales. Les rendements obligataires ont progressé sur plusieurs grands marchés des obligations souveraines malgré la baisse des taux directeurs, tandis que le niveau d'endettement des États comme des entreprises a augmenté. Cette hausse conjuguée des coûts et des niveaux d'endettement risque de restreindre la capacité d'emprunt future, à l'heure où les besoins d'investissement sont plus importants que jamais. Les emprunts antérieurs contractés lors de la crise financière de 2008 et la pandémie de COVID-19 ont été essentiellement utilisés pour favoriser la reprise, si bien que les besoins d'investissement à long terme sont restés en grande partie insatisfaits. Par ailleurs, certains émetteurs d'obligations d'entreprise et des marchés émergents éprouvent de grandes difficultés à accéder au marché, ce qui complique la mobilisation de financements. Dans ce contexte difficile, marqué par un accroissement des incertitudes géopolitiques et macroéconomiques, les marchés de la dette doivent relever le défi complexe consistant à financer une croissance durable sur le long terme.

Les emprunts souverains et les emprunts de sociétés ont augmenté en 2024, et cette hausse devrait se poursuivre en 2025.

En 2024, les États et les entreprises ont emprunté 25 000 milliards USD sur les marchés à l'échelle mondiale, soit près de trois fois plus qu'en 2007. Cette hausse découle en grande partie de la crise financière mondiale de 2008 et de la pandémie de COVID-19, dans le sillage desquelles de vastes plans de soutien budgétaire, principalement financés sur les marchés de la dette, ont permis d'éviter des récessions plus graves. Le durcissement de la réglementation bancaire et des dispositions visant à promouvoir le recours aux financements de marché ont en outre encouragé les entreprises à se tourner davantage vers les marchés obligataires. En 2024, le volume total de la dette souveraine et de la dette d'entreprise dépassait les 100 000 milliards USD à l'échelle mondiale.

Après avoir temporairement diminué sous l'effet de l'inflation, les ratios dette/PIB (calculés à partir des titres de dette négociables des administrations centrales) sont repartis à la hausse dans plusieurs pays de l'OCDE. Dans l'ensemble de la zone OCDE, ils sont passés de 82 % (54 000 milliards USD) en 2023 à 84 % (55 000 milliards USD) en 2024. Ce chiffre devrait encore grimper pour atteindre 85 % (59 000 milliards USD) en 2025, soit plus de 10 points de plus qu'en 2019, et près de deux fois le niveau observé en 2007.

D'après les prévisions, les émissions d'obligations souveraines dans les pays de l'OCDE se hisseront à un niveau record de 17 000 milliards USD en 2025, contre 16 000 milliards USD en 2024 et 14 000 milliards USD en 2023. Les émetteurs souverains des marchés émergents ont eux aussi fortement accru leurs emprunts sur les marchés. Le volume d'obligations émises est passé d'environ 1 000 milliards USD en 2007 à plus de 3 000 milliards USD en 2024. L'encours de la dette dans les marchés émergents a frôlé les 12 000 milliards USD en 2024, soit près du triple du niveau enregistré en 2007.

L'encours mondial de la dette obligataire des entreprises a renoué avec sa trajectoire de croissance tendancielle en 2024, après deux années de diminution en termes réels due à l'inflation, qui ont interrompu temporairement plus de deux décennies de hausse continue. À la fin 2024, l'encours mondial des obligations d'entreprise s'établissait à 35 000 milliards USD, auxquels s'ajoutaient 25 000 milliards USD de prêts syndiqués et au moins 1 600 milliards USD de crédits privés.

La hausse des coûts d'emprunt accroît les risques de refinancement tant pour les émetteurs souverains que pour les entreprises.

L'encours actuel de la dette ne reflète pas le coût actuel des nouveaux emprunts. L'essentiel de cette dette ayant été contractée pendant la période de taux bas, son coût est nettement inférieur aux rendements actuels, et sera probablement inférieur au coût de l'emprunt à l'avenir. Fin 2024, plus de 50 % de la dette souveraine des pays de l'OCDE, 30 % de la dette souveraine des marchés émergents, 63 % des obligations d'entreprise de catégorie investissement et 74 % des obligations d'entreprise de catégorie spéculative généraient des charges d'intérêts inférieures aux rendements de référence correspondants.

Les coûts augmenteront dans la mesure où cette dette est refinancée à des taux plus élevés. Fin 2024, les rendements réels à dix ans étaient supérieurs à la fois aux moyennes des années 2015-19 et au niveau de 2023 dans tous les pays de l'OCDE pour lesquels on dispose de données sur le point mort d'inflation, à l'exception d'un seul. 2024 était également la première année où aucun pays de l'OCDE n'a émis d'obligations à rendement négatif depuis la première émission de ce type en 2015. De ce fait, le ratio des charges d'intérêts des administrations publiques rapportées au PIB a augmenté dans près des deux tiers des pays de l'OCDE en 2024, se hissant à 3.3 % globalement, ce qui représente une hausse de 0.3 point de pourcentage par rapport à 2023. En d'autres termes, les dépenses consacrées aux charges d'intérêts sont supérieures aux dépenses de défense des pays de l'OCDE en moyenne.

La hausse des charges d'intérêts est progressive, sachant que l'encours total de la dette a été émis et arrivera à échéance sur plusieurs décennies. Le ratio charges d'intérêts/PIB est tout de même passé, entre 2021 et 2024, de son plus bas à son plus haut niveau des 20 dernières années, sous l'effet de la rapidité des évolutions récentes. Près de 45 % de la dette souveraine des pays de l'OCDE arrivera à échéance d'ici à 2027. Ce pourcentage inclut un tiers d'obligations à taux fixe, dont 60 % ont été émises avant le cycle de resserrement monétaire amorcé en 2022. Ces besoins importants de refinancement à court terme tiennent en partie à l'accroissement des émissions de bons du Trésor et au raccourcissement des échéances moyennes par certains grands émetteurs de l'OCDE au cours des dernières années. Dans les marchés émergents, la proportion correspondante de l'encours de la dette arrivant à échéance au cours des trois prochaines années avoisine les 40 %. Les pays à faible revenu et présentant un risque élevé affichent les risques de refinancement les plus importants, sachant que plus de la moitié de leur dette arrive à échéance au cours de cette période, et pas moins de 25 % rien qu'en 2025.

Environ un tiers de l'encours total des obligations d'entreprise arrivera également à échéance d'ici 2027, et le coût pondéré de l'encours de la dette arrivant chaque année à échéance jusqu'à cette date est inférieur aux rendements de référence observés fin 2024, ce qui signifie que les charges d'intérêts des entreprises augmenteront à moins que les rendements ne chutent fortement. Il semble peu probable qu'un désendettement s'opère sous l'effet de la croissance. Depuis 2008, les émissions d'obligations d'entreprise ont connu une croissance nettement supérieure à leur niveau tendanciel, contrairement à l'investissement des entreprises. Entre 2009 et 2023, les émissions obligataires cumulées des sociétés non financières ont dépassé de 12 900 milliards USD le niveau tendanciel observé avant 2008, ce qui équivaut à la taille de l'ensemble du marché actuel des obligations d'entreprise aux États-Unis. L'investissement des entreprises était inférieur de 8 400 milliards USD. La majeure partie de la dette contractée au cours des dernières années a servi à financer des opérations financières telles que des refinancements (mentionnés dans 72 % des prospectus relatifs aux obligations avec engagement d'affectation spécifique du produit entre 2000 et 2021, pondérées par le montant de l'émission) et des versements aux actionnaires (mentionnés dans 9 % des prospectus). Il est donc peu probable que la dette existante « se rembourse d'elle-même » via les rendements des investissements productifs.

La dynamique qui alimente les niveaux actuels de la demande des investisseurs pour des titres de dette pourrait ne pas durer.

Les banques centrales ont continué de se retirer des marchés de la dette à la faveur d'une politique de resserrement quantitatif en 2024. Pour que les niveaux actuels de la dette se maintiennent, les investisseurs existants devront acheter un volume de dette plus important, ou de nouveaux investisseurs, probablement plus sensibles aux prix, devront entrer sur le marché, ce qui pourrait accroître la volatilité. Les tendances observées en 2024 semblent indiquer que les ménages et les investisseurs étrangers sont en train d'absorber les sommes libérées par la réduction des portefeuilles des banques centrales. Dans les économies de l'OCDE, la part des obligations souveraines nationales détenues par les banques centrales est passée de 29 % de l'encours total de la dette en 2021 à 19 % en 2024, tandis que la proportion détenue par les ménages nationaux s'est hissée de 5 % à 11 % et celle des investisseurs étrangers de 29 % à 34 % au cours de la même période.

L'existence d'une demande étrangère suffisamment importante et soutenue dépendra du niveau et du fonctionnement des flux financiers internationaux. Les tensions géopolitiques et les incertitudes commerciales pourraient toutefois faire rapidement évoluer l'aversion pour le risque et perturber de ce fait certains flux internationaux d'investissements de portefeuille. Sur les marchés des obligations d'entreprise, les chocs pourraient être amplifiés par une forte concentration au niveau des émetteurs, des investisseurs et des portefeuilles.

Pour parvenir à la neutralité carbone, il faudra sensiblement accroître les investissements publics et privés.

La transition vers la neutralité carbone doit s'opérer dans ce contexte de niveaux d'endettement et de charges d'intérêts élevés. Les trajectoires vers la neutralité carbone seront très différentes selon que le secteur public ou le secteur privé financera l'essentiel des investissements. Dans un scénario où le secteur public fournit les financements supplémentaires nécessaires aux besoins d'investissement, le ratio dette publique/PIB augmenterait de 25 points de pourcentage dans les économies avancées et de 41 points en Chine d'ici à 2050. Les marchés émergents autres que la Chine verraient leur ratio augmenter de 16 points de pourcentage d'ici à 2040 et atteindre un niveau au-delà duquel la politique budgétaire ne pourrait devenir encore plus expansionniste sans risque pour la viabilité des finances publiques, si bien que les économies avancées devront apporter un soutien supplémentaire.

Si le secteur privé finance l'essentiel des investissements, les emprunts de sociétés augmenteraient considérablement, ce qui nécessiterait un développement rapide des marchés financiers. Ce constat vaut tout particulièrement pour les émissions d'obligations des entreprises du secteur de l'énergie dans les marchés émergents autres que la Chine, qui devraient croître à un rythme annuel de 17 % entre 2024 et 2035, c'est-à-dire quadrupler en moins de dix ans.

Dans les trois scénarios analysés dans ce rapport, la dette obligataire des entreprises du secteur de l'énergie augmente environ deux fois plus rapidement que le PIB attendu dans les marchés émergents, tandis qu'elle croît au même rythme que le PIB dans les économies avancées. Si le secteur privé réalise l'essentiel des investissements et que les niveaux de financement par le marché dans les pays émergents convergent vers ceux observés dans les économies avancées, la dette obligataire des entreprises du secteur de l'énergie augmentera plus de trois fois plus rapidement que le PIB prévu dans les marchés émergents autres que la Chine. Ces scénarios mettent en lumière l'immense défi que représente la mobilisation des marchés de la dette en faveur de la transition vers une économie bas carbone. Ils confirment toutefois aussi que le secteur privé peut être un vecteur de cette transformation. Pour y parvenir, il sera essentiel de réformer la réglementation financière, notamment pour favoriser le développement des marchés financiers dans les pays émergents.

Si les taux de croissance de l'investissement public et privé en faveur de la transition climatique restent dans le prolongement des tendances récentes, les économies avancées n'atteindront pas des niveaux compatibles avec les objectifs de l'Accord de Paris avant 2041. La situation est encore plus tendue dans les marchés émergents autres que la Chine, qui feront face à un déficit d'investissement cumulé de 10 000 milliards USD pour atteindre les objectifs de l'Accord de Paris d'ici à 2050.

Lorsque chaque centime levé sur les marchés de la dette coûte plus cher, la priorité doit être donnée aux investissements de qualité.

Les évolutions actuelles des marchés de la dette interviennent à un moment où les pays s'attachent de plus en plus à renforcer leur compétitivité en investissant dans les infrastructures, la transition climatique et la transformation numérique, notamment l'IA, ainsi qu'à accroître leurs dépenses de défense. Compte tenu de la situation actuelle, la satisfaction de ces besoins nécessitera d'engager des efforts soutenus pour utiliser les marchés de la dette aussi stratégiquement que possible.

Malgré une forte augmentation des niveaux d'emprunt au cours des dernières années, le nombre de défaillances d'entreprises est resté relativement faible, et aucune grande économie ne s'est trouvée en défaut de paiement ou n'a connu une restructuration significative de sa dette. Il convient toutefois de prêter attention à la trajectoire de la dette au cours des dernières années. Dans de nombreux pays, les pouvoirs publics devront probablement recourir à un ensemble de mesures, dont un engagement prononcé en faveur de la prudence budgétaire, des réformes structurelles visant à stimuler la croissance et une amélioration de l'efficience des dépenses publiques. Par ailleurs, plusieurs émetteurs souverains ont entrepris de raccourcir l'échéance de leurs émissions afin de gérer leur offre de duration sur les marchés, ce qui peut amplifier les risques de refinancement déjà accrus. Les émetteurs devront continuer de faire preuve de souplesse pour répondre à la demande, lorsqu'elle existe, mais aussi pour limiter les risques dans leurs portefeuilles de dette.

Les entreprises ayant mis à profit la période de taux bas pour financer en priorité des opérations financières, leurs niveaux d'investissement et d'emprunt se sont partiellement découplés. Cette rupture influe sur les perspectives de croissance future et, partant, sur la capacité de satisfaire les besoins de refinancement à venir. Les entreprises devront donc affecter en priorité le produit de leurs emprunts au financement de dépenses permettant d'améliorer leurs capacités de production, afin de mieux garantir la viabilité à long terme de leur dette, et les pouvoirs publics devraient s'assurer qu'elles y sont dûment incitées.

Les marchés émergents devront quant à eux développer leurs marchés financiers locaux pour soutenir la croissance et renforcer la résilience financière. Ceux qui disposent d'un marché intérieur plus vaste et qui empruntent principalement dans leur propre monnaie s'en sortent mieux, tandis que ceux dont les marchés sont plus petits et qui empruntent essentiellement en devises sont davantage exposés aux changements de la politique monétaire menée ailleurs. Ces dernières années, le relèvement des taux directeurs aux États-Unis et la vigueur du dollar américain ont été particulièrement pénalisants pour ces émetteurs.

Enfin, les marchés de la dette joueront un rôle de premier plan dans le financement de la transition climatique. Les scénarios analysés en tenant compte de variables clés, telles que la croissance des investissements dans l'atténuation du changement climatique, les flux internationaux de financement climatique en faveur des pays en développement et l'investissement direct étranger, mettent en lumière l'impossibilité pratique de s'en remettre outre mesure soit au secteur public soit au secteur privé pour parvenir à cette fin.

Infographie 1. Principaux faits et chiffres

Les emprunts souverains et des entreprises ont augmenté en 2024

Émission d'obligations

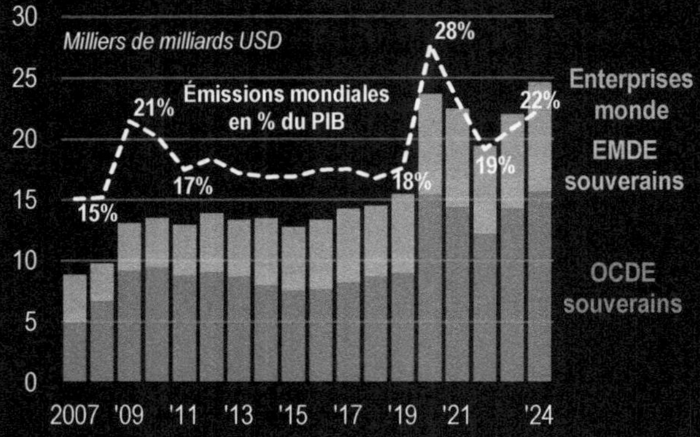

Pour l'essentiel, le coût de cette dette est inférieur aux rendements actuels, et les besoins de refinancement seront importants à court terme

Souverains et sociétés non financières

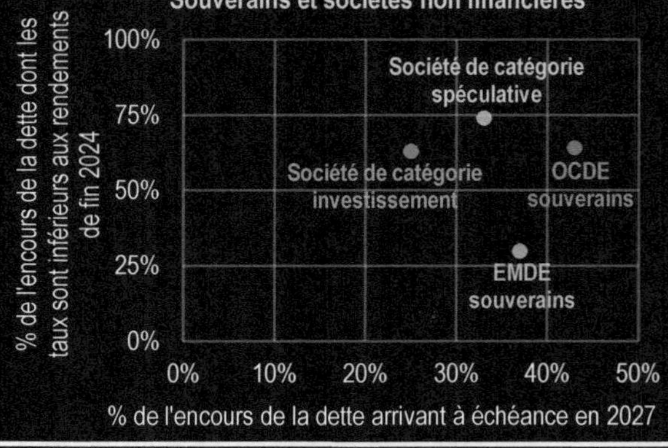

À mesure que les banques centrales resserrent leurs bilans, elles sont remplacées par les ménages et par les investisseurs étrangers

Base d'investisseurs en dette souveraine de l'OCDE

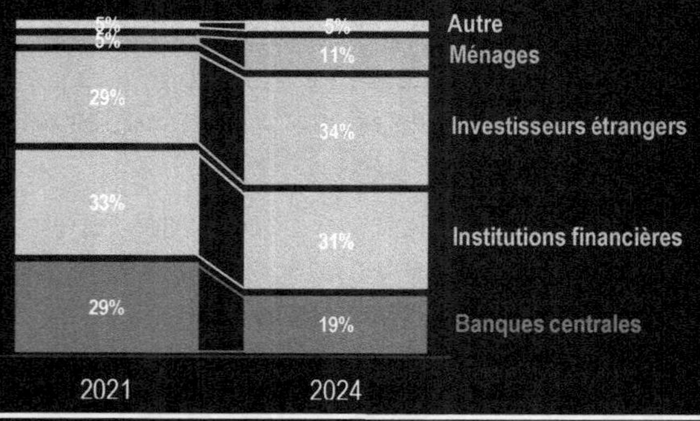

L'augmentation des emprunts contractés par les entreprises ne s'accompagne pas d'une hausse des investissements

Sociétés non financières

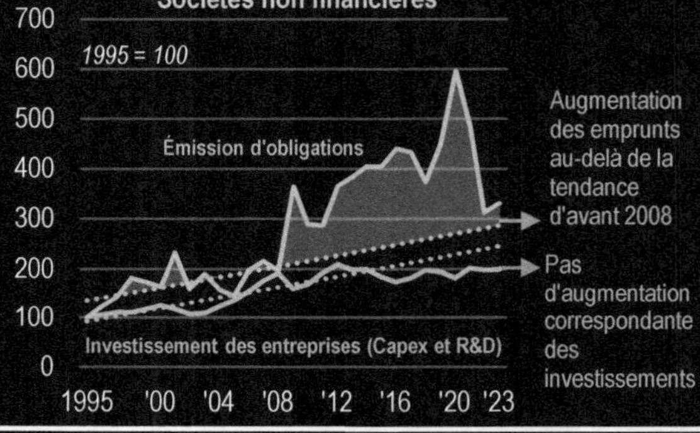

Le développement des marchés de capitaux dans les économies émergentes sera essentiel pour permettre la transition vers une économie bas carbone

Aux taux de croissance actuels, les investissements dans la transition climatique dans les marchés émergents autres que la Chine accuseront un déficit cumulé de 10 000 mille milliards USD pour atteindre les objectifs de l'Accord de Paris d'ici à 2050. Si le secteur public comble ce déficit, les économies avancées devront aller au-delà des engagements financiers souscrits en faveur du climat lors de la COP29. Si au contraire le secteur privé joue un rôle de premier plan, la taille des marchés obligataires des entreprises du secteur de l'énergie dans les marchés émergents devra être multipliée par quatre au cours de la prochaine décennie.

Marchés émergents et économies en développement

Scénario de base : Déficit d'investissement cumulé

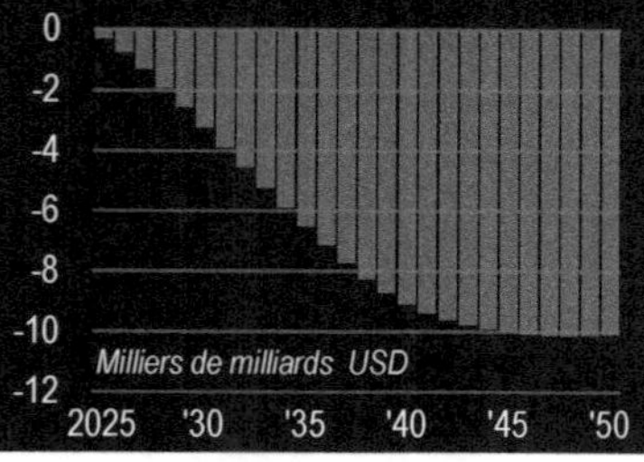

Scénario du secteur public : Financement du développement

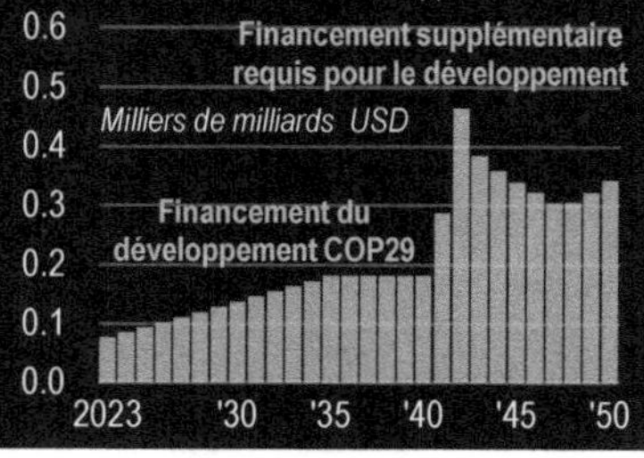

Scénario des marchés de capitaux : Obligations des entreprises du secteur de l'énergie

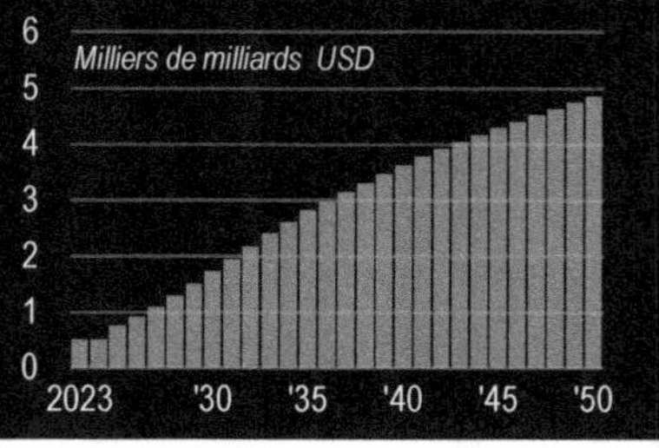

1 Perspectives de l'OCDE sur les emprunts souverains

Les émissions d'obligations souveraines dans les pays de l'OCDE ont continué d'augmenter en 2024, mais à un rythme plus lent qu'en 2023. La part des charges d'intérêts dans le PIB a augmenté en 2024, sous l'effet de l'accroissement des besoins d'emprunt et du niveau élevé des coûts d'emprunt. Ces deux facteurs, conjugués à un ralentissement de la croissance du PIB nominal, ont contribué à la première hausse du ratio de la dette négociable des administrations centrales rapportée au PIB depuis 2020.

Dans le même temps, l'offre d'obligations à absorber par le marché s'est accélérée, car les banques centrales ont continué de réduire leur portefeuille, conduisant à une dépendance accrue à l'égard d'une base d'investisseurs plus sensibles aux prix. Dans l'ensemble, la liquidité du marché s'est améliorée, mais la volatilité reste forte sur fond de risques géopolitiques accrus et d'incertitude macrofinancière élevée.

Introduction

Ce chapitre examine les évolutions de la dette souveraine intervenues dans les pays de l'OCDE entre 2007 et 2025. Il analyse les besoins d'emprunt, les tendances de l'encours de la dette, les stratégies d'émission, les coûts d'emprunt, les charges d'intérêts et leur impact sur la dynamique de la dette, l'évolution de la base d'investisseurs dans un contexte de resserrement quantitatif, et la liquidité sur les marchés des obligations souveraines. Ce chapitre s'appuie principalement sur les réponses des offices de gestion de la dette (OGD) des pays de l'OCDE aux enquêtes sur la dette négociable des administrations centrales, les évolutions des marchés primaires et la liquidité sur les marchés secondaires d'obligations d'État. Il contient des données jusqu'en 2023, avec des estimations pour 2024 et des projections pour 2025 établies en décembre 2024. L'Annexe 1.A livre des précisions sur la méthodologie.

Principaux constats

- **Les émissions d'obligations souveraines dans les pays de l'OCDE ont avoisiné 16 000 milliards USD en 2024, contre 14 000 milliards USD en 2023, et devraient se hisser à 17 000 milliards USD en 2025**. Avec des émissions de bons du Trésor en hausse ces dernières années, les besoins de refinancement devraient atteindre 13 000 milliards USD en 2025, soit près de 80 % des emprunts bruts. Pour leur part, les emprunts nets en 2025 devraient rester à des niveaux équivalents à ceux de 2024, de l'ordre de 3 000 milliards USD, soit le double de la moyenne d'avant la pandémie.
- **D'après les prévisions, l'encours de la dette souveraine dans les pays de l'OCDE atteindra près de 59 000 milliards USD en 2025, contre 55 000 milliards USD en 2024 et 54 000 milliards USD en 2023**. Le ratio dette/PIB global a augmenté pour la première fois depuis 2020, à 84 % en 2024, contre 82 % en 2023. Il devrait se hisser à 85 % en 2025, car l'accroissement des déficits budgétaires et la hausse des taux d'intérêt effectifs devraient compenser les effets de la croissance et de l'inflation.
- **Les emprunts par bons du Trésor représenteront la moitié des emprunts sur le marché en 2024-25**, dépassant la moyenne sur dix ans de 10 points de pourcentage. La part des obligations indexées sur l'inflation émises en 2024 est restée inférieure au niveau d'avant la pandémie pour 13 des 18 émetteurs réguliers.
- **Les coûts d'emprunt des obligations à taux fixe sont restés proches de 4 % en 2024, contre 2 % en 2022 et moins de 1 % en 2021 et 2020**. Les rendements des obligations souveraines ont évolué de façon contrastée dans les pays de l'OCDE, les taux courts ayant baissé davantage que les taux longs, tandis que les primes d'échéance se sont accrues, augmentant le coût de gestion des risques de refinancement pour les émetteurs souverains.
- **Le ratio des charges d'intérêts rapportées au PIB dans les pays de l'OCDE a augmenté, passant en moyenne de 3.0 % en 2023 à 3.3 % en 2024**. En 2024, un tiers de la dette à taux fixe dans les pays de l'OCDE arrivera à échéance d'ici 2027, dont 60 % a été émise avant 2022. Le refinancement de cette dette pourrait entraîner une hausse supplémentaire des ratios charges d'intérêts/PIB, de 0.2 point de pourcentage en moyenne.
- **Les obligations souveraines nationales détenues par les banques centrales se sont repliées, passant d'un niveau record de 15 000 milliards USD en 2021 à 12 000 milliards USD en 2024, et devraient baisser de 1 000 milliards USD en 2025**. Cette évolution a entraîné une offre accrue d'obligations devant être absorbées par le marché, réduisant l'appétit des investisseurs pour les obligations à long terme dans certains pays.

- **Les ménages et les investisseurs étrangers ont absorbé une grande partie de la dette publique dans le sillage de la réduction des portefeuilles des banques centrales**. Dans 25 pays, qui représentaient 90 % de la dette de la zone OCDE en 2024, les portefeuilles d'obligations souveraines nationales des banques centrales se sont contractés de 29 % en 2021 à 19 % en 2024, tandis que la part détenue par les ménages et les investisseurs étrangers s'est accrue de respectivement 5 % à 11 % et de 29 % à 34 %.
- **Bien que la liquidité des marchés des obligations souveraines se soit améliorée, la volatilité reste supérieure aux niveaux d'avant la pandémie**. Les spécialistes en valeurs du Trésor ont soutenu la liquidité du marché, mais la capacité de stockage limitée pourrait poser problème, surtout en période de tensions accrues sur les marchés.

Tendances des besoins d'emprunt et de l'encours de la dette

Les emprunts bruts et l'encours de la dette devraient continuer d'augmenter en 2025

Les besoins d'emprunt bruts (emprunts sur les marchés obligataires) dans la zone OCDE devraient poursuivre leur hausse en 2025, mais plus lentement qu'au cours des deux années précédentes (Graphique 1.1, Partie A). Après avoir culminé pendant la pandémie, les emprunts se sont repliés à 12 000 milliards USD en 2022, avant de remonter à plus de 14 000 milliards USD en 2023 et d'atteindre près de 16 000 milliards USD en 2024. Ils devraient atteindre 17 000 milliards USD en 2025. En termes réels, la croissance des emprunts bruts devrait ralentir, passant de 13 % en 2023 à 7 % en 2024 et 6 % en 2025[1], reflétant une stabilisation du ratio des emprunts rapportés au PIB dans la zone OCDE à 24 % en 2024-25, contre 20 % en 2022 et 22 % en 2023. Ce niveau reste supérieur de sept points de pourcentage de PIB à la moyenne d'avant la pandémie en raison d'emprunts nets et de besoins de refinancement plus élevés[2].

L'augmentation des besoins de refinancement est à l'origine de l'augmentation attendue des emprunts bruts en 2024-25 (Graphique 1.1, Partie B). Ceux-ci devraient croître progressivement de 11 000 milliards USD en 2023 à environ 13 000 milliards USD en 2025. Cette hausse est due à des émissions plus importantes de bons du Trésor en 2023-24, y compris le refinancement de ces émissions, effectuées en réponse à la pandémie, les bons du Trésor en circulation étant toujours supérieurs à leur niveau d'avant la pandémie.

En revanche, selon les estimations, les emprunts nets se sont repliés de près de 4 000 milliards USD en 2023 à 3 000 milliards USD en 2024, et devraient rester aux alentours de ce niveau en 2025. Ces montants restent de très loin supérieurs à leur niveau d'avant la pandémie. En termes réels, le niveau des emprunts nets en 2025 représentera près de deux fois leur moyenne d'avant la pandémie, qui était inférieure à 2 000 milliards USD[3]. Ces emprunts élevés traduisent un ralentissement de la croissance de la production par rapport à avant la pandémie, la baisse des recettes fiscales, ainsi que l'accroissement des tensions sur les dépenses liées aux charges d'intérêts, à la défense, au vieillissement démographique et à la transition énergétique (OCDE, 2024[1]).

Graphique 1.1. Emprunts bruts, emprunts nets, besoins de refinancement et encours de la dette

Les niveaux d'emprunts bruts et de la dette devraient s'accroître en 2024-25, les emprunts nets étant toujours supérieurs à leur niveau d'avant la pandémie et les besoins de refinancement atteignant un record

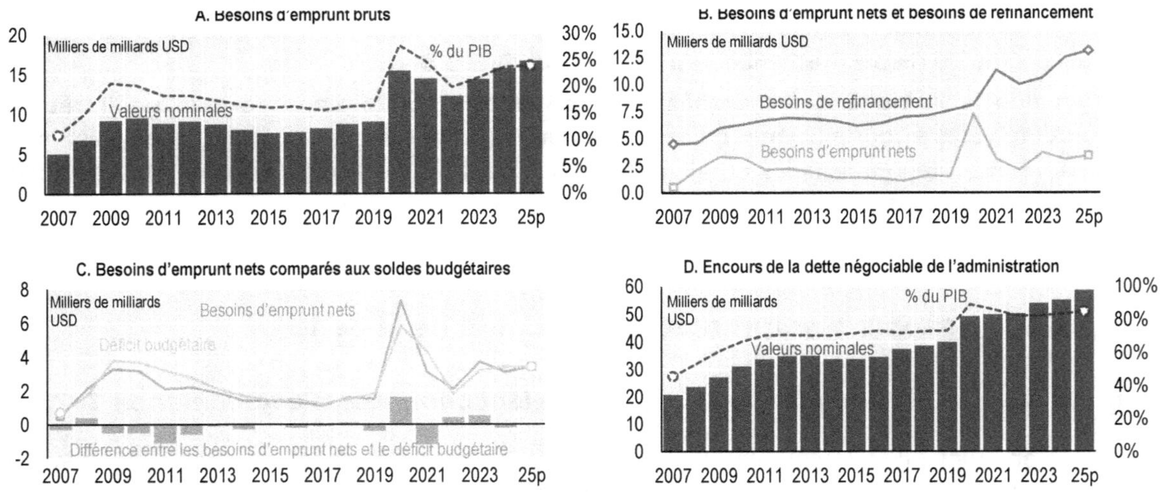

Note : les valeurs de 2024 sont des estimations, et « 2025p » correspond à des prévisions.
Source : Enquête 2024 de l'OCDE sur les titres de dette négociables des administrations centrales ; OCDE (2024[1]), Perspectives économiques de l'OCDE, volume 2024, numéro 2, n° 116, https://doi.org/10.1787/0481cf21-fr ; LSEG ; sites web des autorités nationales ; et calculs de l'OCDE.

L'évolution des emprunts nets suit principalement celle des déficits budgétaires depuis 2022, ce qui donne à penser que les émissions d'obligations ont un impact marginal sur les soldes de trésorerie (Graphique 1.1, Partie C)[4]. Cette situation contraste avec celle de 2020, lorsque les emprunts nets dépassaient largement les besoins budgétaires, les gouvernements augmentant leurs réserves de liquidité, compte tenu de l'incertitude entourant l'impact budgétaire précis des mesures de confinement, et avec celle de 2021, lorsque l'excédent de liquidité de 2020 a été utilisé, réduisant ainsi les emprunts nets au cours de l'année. Bien que ces mouvements des soldes de trésorerie en 2020 et 2021 représentent la tendance générale dans la plupart des pays de l'OCDE, ils peuvent afficher des variations substantielles entre les pays, en raison de politiques et d'objectifs différents en matière de gestion du risque de liquidité (Encadré 1.1).

La croissance de la dette négociable de l'administration centrale en circulation (encours des obligations) a ralenti en 2024 par rapport à 2023, mais devrait s'accélérer de nouveau en 2025 (Graphique 1.1, Partie D). L'encours de la dette s'est accru de 4 000 milliards USD en 2023 (par rapport à 2022), s'établissant à 54 000 milliards USD, et a atteint 55 000 milliards USD en 2024. Cette hausse devrait se poursuivre pour atteindre 59 000 milliards USD en 2025. Le ralentissement de la croissance de la dette en 2024 traduit à la fois la diminution des besoins d'emprunt nets et l'appréciation du dollar américain face aux autres monnaies de l'OCDE en 2024, réduisant l'encours de la dette exprimée en USD pour d'autres pays de l'OCDE.

Le ratio dette/PIB dans les pays de l'OCDE s'est élevé à 84 % en 2024, soit une progression de plus d'un point de pourcentage par rapport à 2023. Cette hausse devrait se poursuivre pour atteindre 85 % en 2025. L'augmentation survenue en 2024 était la première depuis 2020, et traduit une croissance plus faible du PIB d'environ 2 % par an au cours de cette période, contre plus de 4 % en 2022-23, lorsque l'économie se remettait de la pandémie. On trouvera une analyse plus détaillée de la dynamique du ratio dette/PIB dans la section intitulée « Charges d'intérêts et impact sur la dynamique du ratio dette/PIB ».

Les emprunts nets en pourcentage du PIB restent supérieurs à leur niveau d'avant la pandémie dans la plupart des pays

L'analyse des mouvements globaux dans la zone OCDE masque des variations significatives entre les pays, car quelques grands émetteurs dominent ces tendances. En l'occurrence, les cinq principaux émetteurs — les États-Unis, le Japon, la France, l'Italie et le Royaume-Uni — représentaient plus de 85 % des emprunts bruts dans les pays de l'OCDE en 2024, avec plus des deux tiers du total pour les États-Unis[5].

S'agissant des ratios nets d'emprunts rapportés au PIB, l'agrégat OCDE a baissé entre 2023 et 2024, alors qu'il a augmenté dans plus de la moitié des pays de l'OCDE au cours de cette période (Graphique 1.2, Partie A). Les hausses les plus fortes se sont produites au Portugal (sous l'effet de l'augmentation des dépenses de retraite indexées et des baisses d'impôt), en Israël (avec le conflit au Moyen-Orient) et en Colombie (en raison des subventions en faveur des services d'utilité publique et du gazole, et des exemptions d'impôt) (OCDE, 2024[1]). Les ratios des emprunts nets rapportés au PIB ont diminué dans 16 pays, y compris de grands émetteurs tels que l'Allemagne, l'Italie, le Japon et les États-Unis (Graphique 1.2, Partie C), dictant le mouvement général pour l'ensemble de la zone OCDE.

Fait significatif, dans la plupart des pays de l'OCDE, le ratio des emprunts nets rapportés au PIB reste plus élevé qu'avant la pandémie. Ainsi, seuls 6 pays de l'OCDE sur 38 – Australie, Chili, Costa Rica, Irlande, Pays-Bas et Portugal – affichaient des niveaux inférieurs en 2024 à leur moyenne de 2015-19 (Graphique 1.2, Partie D). Les ratios emprunts nets/PIB moyen et médian dans la zone OCDE ont augmenté d'environ deux points de pourcentage entre 2015-19 et 2024, reflétant des besoins budgétaires toujours élevés au cours de la période qui a suivi la pandémie.

À l'inverse des besoins d'emprunt nets, les besoins de refinancement de l'ensemble de la zone OCDE, en pourcentage du PIB, se sont accrus en 2024, mais ont baissé dans la plupart des pays membres (Graphique 1.2, Parties B et E). Les besoins de refinancement ont tendance à être plus stables que les emprunts nets, car ils sont influencés par le portefeuille d'échéance de la dette, qui est la conséquence de décennies d'émissions. Aussi, d'importants mouvements au sein d'un petit nombre de grands émetteurs ont une influence disproportionnée sur le chiffre total. Par exemple, le Royaume-Uni et les États-Unis ont raccourci les échéances de leurs émissions en 2023-24, période d'emprunts nets plus élevés pour ces deux pays, entraînant une augmentation du ratio besoins de refinancement/PIB de plus de deux points de pourcentage pour le premier et de six points pour le second.

Graphique 1.2. Emprunts nets et besoins de refinancement

En pourcentage du PIB, les emprunts nets ont baissé et les besoins de refinancement sont restés globalement stables entre 2023 et 2024 dans la plupart des pays de l'OCDE

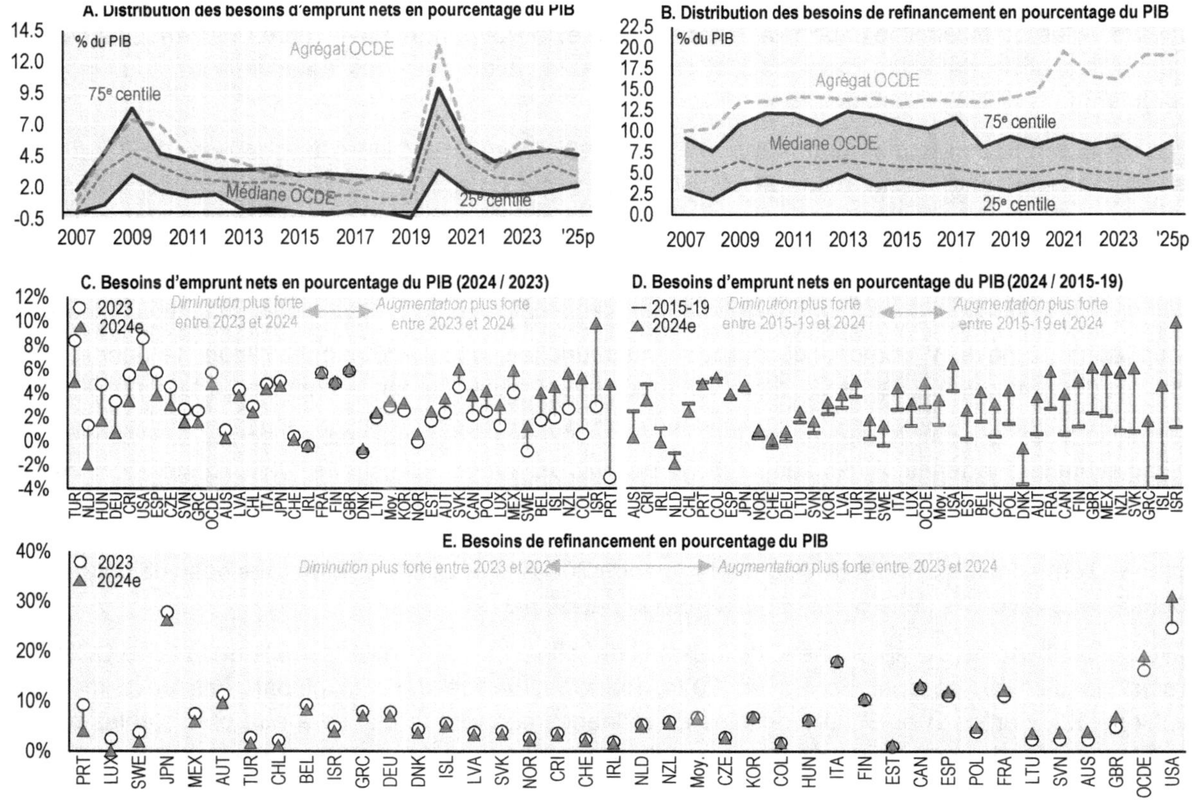

Note : les valeurs de 2024 sont des estimations, et « 2025p » correspond à des prévisions. L'agrégat OCDE dans les Parties A et B et les valeurs OCDE dans les Parties C, D et E désignent la somme des besoins d'emprunt de la totalité des pays de l'OCDE, divisée par la somme du PIB de tous les pays de l'OCDE.

Source : Enquête 2024 de l'OCDE sur les titres de dette négociables des administrations centrales ; OCDE (2024[1]), Perspectives économiques de l'OCDE, volume 2024, numéro 2, n° 116, https://doi.org/10.1787/0481cf21-fr ; LSEG ; sites web des autorités nationales ; et calculs de l'OCDE.

Bien que les besoins de refinancement dans la zone OCDE se soient accrus en 2024 en proportion du PIB, 15 pays seulement ont enregistré une augmentation, y compris de grands émetteurs tels que la France, l'Italie, le Royaume-Uni et les États-Unis. Des diminutions des besoins de refinancement de plus de deux points de pourcentage du PIB se sont produites au Luxembourg et au Portugal.

Encadré 1.1. Évolution des réserves de liquidité des États et pratiques de gestion de trésorerie dans une sélection de pays

La gestion de la dette et la gestion de la trésorerie se recoupent à bien des égards, et sont souvent confiées au même organisme public dans un but de coordination étroite. La plupart des pays ayant des flux de trésorerie saisonniers marqués, les offices de gestion de la dette choisissent les dates d'émission et d'échéance de la dette en fonction de ceux-ci, afin de minimiser les fluctuations des soldes de trésorerie. Aussi, les considérations relatives à la gestion de trésorerie sont importantes pour la gestion de la dette.

Le principal objectif de la gestion de trésorerie est de garantir que l'État puisse honorer ses obligations de paiement. L'un des principaux outils utilisés à cette fin est la conservation d'une réserve de trésorerie, un solde de trésorerie ciblé détenu par la banque centrale. Cette réserve peut servir d'assurance face aux risques de liquidité, et permet aux émetteurs d'honorer leurs obligations si les flux de trésorerie diffèrent des prévisions ou en cas de difficultés d'accès au marché.

Graphique 1.3. Dépôts d'espèces auprès des banques centrales dans une sélection de pays entre 2017 et 2024

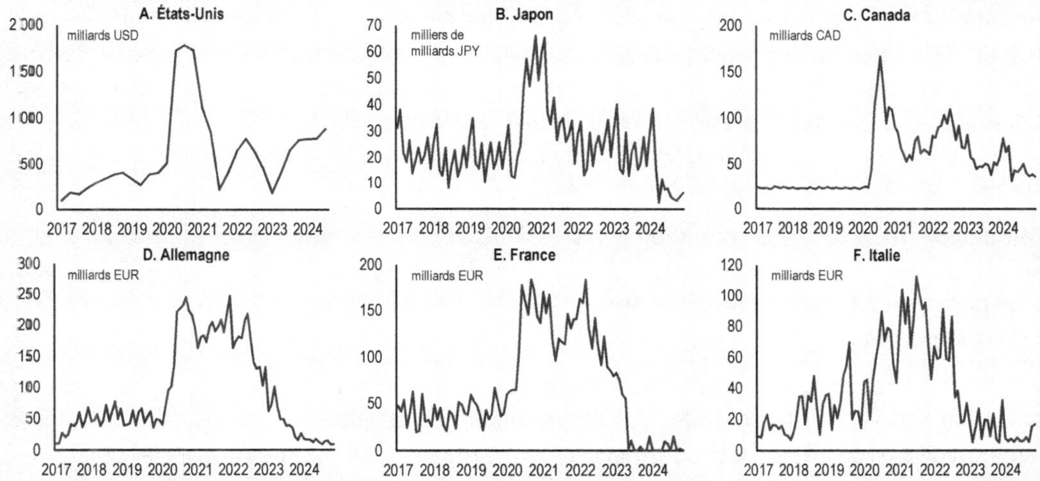

Note : les graphiques incluent des données trimestrielles pour les États-Unis et des données mensuelles pour les autres pays.
Source : Banque du Canada, Banque du Japon, Banque centrale européenne et Federal Reserve ; OCDE (2025[2]), *Managing Government Cash: A Review of Practices in OECD Countries*, Éditions OCDE, Paris, https://doi.org/10.1787/7675eb58-en.

Les politiques et pratiques de gestion de trésorerie varient beaucoup en fonction de certains facteurs, tels que les accords en place entre le Trésor et la banque centrale, l'appétence pour le risque de l'émetteur et la profondeur des marchés monétaires nationaux. Par exemple, le Canada et les États détiennent un excédent de trésorerie sous forme de dépôts de la banque centrale, qui couvrent respectivement 7 et 23 jours de flux nets de trésorerie. Certains pays détiennent des dépôts en espèces auprès de banques commerciales et investissent dans des actifs liquides à court terme. Par exemple, plusieurs pays de la zone euro détiennent des dépôts en espèces de faible montant auprès de leur banque centrale nationale, en partie du fait de la marge relativement élevée entre les taux du marché à court terme et les taux de dépôt ces dernières années. En Italie, en 2024, les espèces investies par le Trésor sur le marché représentaient plus du double des dépôts en espèces de la banque centrale nationale.

Le Graphique 1.3 illustre les variations des dépôts en espèces auprès de la banque centrale dans une sélection de pays. Au début de la pandémie de COVID-19, les émetteurs souverains ont emprunté massivement pour se prémunir contre l'incidence budgétaire incertaine des confinements, et les soldes en espèces ont fortement augmenté à partir du premier trimestre 2020. Dans les pays du G7, les soldes de trésorerie combinés avoisinaient 3 000 milliards USD au plus fort de la pandémie, contre environ 1 000 milliards USD quelques mois auparavant. À mesure que les économies se redressaient et que les flux de trésorerie se stabilisaient, les pays ont généralement renoué avec leurs pratiques d'avant la pandémie, et les soldes de trésorerie combinés des pays du G7 sont retombés à environ 1 000 milliards USD à partir de 2022.

Plans et stratégies d'émission

Les bons du Trésor ont continué de représenter près de la moitié des emprunts dans la zone OCDE

Les stratégies d'émission désignent la répartition des emprunts bruts par type d'instrument et échéance. Le principal objectif des gestionnaires de la dette est de minimiser les coûts d'emprunt à long terme tout en maîtrisant les risques. En général, les instruments à court terme et ceux à taux variable ont des coûts à long terme plus faibles, mais s'accompagnent de risques de refinancement ou de taux d'intérêt plus élevés, tandis que les instruments à taux fixe et à longue échéance atténuent ces risques, mais pour un coût supérieur. En outre, toutes les stratégies d'émission ne sont pas réalisables dans la mesure où elles sont conditionnées à la demande du marché, et différents investisseurs sont habituellement actifs sur un segment donné de la courbe des rendements. Aussi, pour concilier les coûts et les risques et pouvoir couvrir tous les besoins d'emprunt, les émetteurs souverains diversifient souvent leurs émissions avec un large éventail d'échéances et de types d'instrument[6].

La part des émissions à taux fixe dans les pays de l'OCDE devrait rester inférieure à 50 % en 2024-25, soit le deuxième niveau le plus bas depuis 2008, le minimum ayant été atteint en 2023 (Graphique 1.4, Partie A). La part à taux fixe est restée supérieure à 55 % entre 2009 et 2019, avant de se replier en 2020, au plus fort de la pandémie.

Malgré la forte hausse de la part des émissions de bons du Trésor, qui est passée d'une moyenne de 36 % avant la pandémie à 49 % en 2024, des augmentations marquées se sont produites dans seulement un quart environ des pays de l'OCDE (Graphique 1.4, Partie B). Cette part a progressé de plus de 5 points de pourcentage dans 10 pays au cours de cette période, mais a reculé de 5 points de pourcentage ou plus dans 9 autres. Dans les deux groupes, la variation moyenne avoisinait les 15 points de pourcentage. Aussi, le principal facteur qui sous-tend la hausse de la part globale des émissions de bons du Trésor est la taille des émetteurs dans ces groupes, les deux plus grands (le Japon et les États-Unis) ayant émis une proportion plus élevée de bons du Trésor en 2024 qu'au cours de la période 2015-19, ce qui traduit une modification récente de leurs stratégies d'émission (TBAC, 2024[3] ; Gouvernement du Japon, 2024[4]).

Un facteur qui incite certains émetteurs souverains à accroître leur part d'émissions de bons du Trésor est l'environnement actuel caractérisé par des incertitudes budgétaires, géopolitiques et macrofinancières accrues (voir l'Encadré 1.2). Les émetteurs souverains maintiennent souvent un cadre d'émission régulier et prévisible avec des adjudications fréquentes et de taille similaire sur toute la courbe des rendements. Pour préserver cette prévisibilité, les besoins de financement inattendus sont souvent couverts au moyen de bons du Trésor, ce qui évite des variations brutales des émissions de dette à long terme qui pourraient affecter négativement les primes de liquidité. Aussi, les bons du Trésor sont particulièrement utiles pour procurer de la flexibilité, très recherchée dans le contexte actuel.

Graphique 1.4. Composition des instruments d'endettement brut et durée moyenne jusqu'à l'échéance de l'encours de la dette

La part des bons du Trésor dans le total des emprunts s'est accrue tandis que la part des obligations indexées sur l'inflation a décliné depuis la pandémie

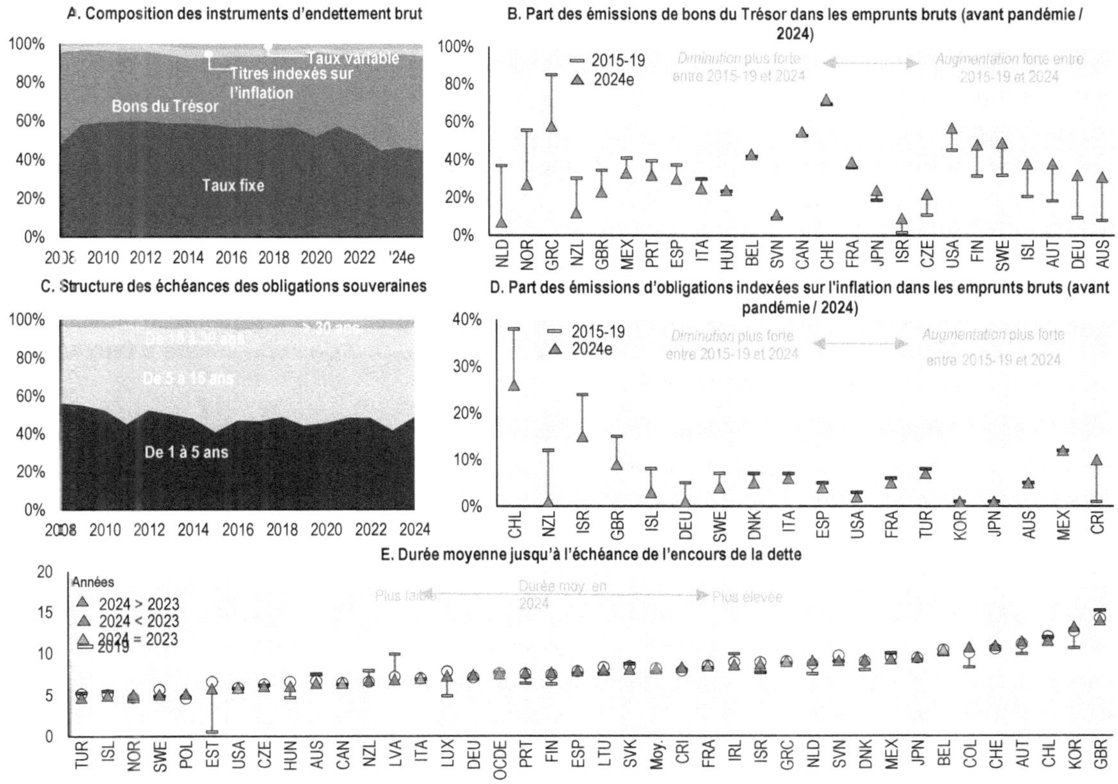

Note : « 2024e » correspond à des estimations. Les Partie B et D comprennent uniquement les pays qui émettent régulièrement des bons du Trésor et des obligations indexées sur l'inflation. Dans la Partie E, « Moy. » désigne la moyenne simple, tandis que « OCDE » désigne la moyenne pondérée par l'encours de la dette.
Source : Enquête 2024 de l'OCDE sur les titres de dette négociables des administrations centrales ; OCDE (2024[1]), Perspectives économiques de l'OCDE, volume 2024, numéro 2, n° 116, https://doi.org/10.1787/0481cf21-fr ; LSEG ; sites web des autorités nationales ; et calculs de l'OCDE.

Un deuxième facteur qui explique l'augmentation des émissions de bons du Trésor est la capacité du marché d'absorber les instruments à court terme. Historiquement, la baisse des primes d'échéance a rendu les titres à court terme attractifs, en offrant des rendements relativement élevés à moindre risque. Par conséquent, les investisseurs peuvent utiliser les bons du Trésor pour atténuer les risques dans un environnement macrofinancier en mutation rapide, sans forcément renoncer au rendement. En outre, le resserrement quantitatif et les niveaux d'emprunt élevés augmentent sensiblement l'offre d'obligations et le risque de duration à absorber par les marchés. Dans ce contexte, le recours aux émissions de bons du Trésor exploite la demande d'instruments de courte durée, mais contribue aussi à limiter les primes d'échéance élevées, ce qui peut réduire le coût d'émission d'obligations classiques.

Dans certains pays, l'attrait relatif des instruments à court terme s'appuie également sur des facteurs réglementaires. Par exemple, aux États-Unis, une réforme des fonds de placement monétaires a alimenté la demande structurelle de bons du Trésor (TBAC, 2024[3])[7]. Au Japon, la demande des compagnies d'assurance vie pour les obligations à long terme a baissé en raison des progrès réalisés pour se conformer aux exigences réglementaires (Bank of Japan, 2024[5]).

Les inconvénients d'une émission accrue de bons du Trésor incluent un accroissement des besoins de refinancement et du risque de taux d'intérêt. La gestion de besoins de refinancement accrus peut exiger d'étoffer les réserves de liquidité pour se prémunir contre d'éventuelles difficultés d'accès au marché, ce qui peut entraîner des coûts liés aux primes d'échéance[8]. En outre, les bons du Trésor amplifient la volatilité des charges d'intérêts, car une fraction plus élevée de la dette est refinancée chaque année aux taux du marché en vigueur. Aussi, pour déterminer le niveau optimum d'émissions de bons du Trésor, il faut mettre en balance les risques d'augmentation des besoins de refinancement et d'exposition aux taux d'intérêt par rapport aux avantages de coûts généralement moindres et d'une plus faible duration. Cet équilibre évolue en fonction des conditions et attentes du marché, de la dynamique de l'offre et de la demande, des politiques monétaire et budgétaire et des perspectives macrofinancières.

Une autre tendance importante observée en 2024 a été la baisse de la part des émissions d'obligations indexées sur l'inflation par rapport à leur niveau d'avant la pandémie (Graphique 1.4, Partie A). Ensemble, les obligations indexées sur l'inflation et les obligations à taux variable représentaient 5 % des emprunts bruts en 2024, contre environ 7 % pendant la période 2015-19[9]. La part des obligations à taux variable est restée stable à 3 % au cours de cette période.

Le déclin de la part des émissions d'obligations indexées sur l'inflation est une caractéristique commune à tous leurs émetteurs, après les fortes hausses des charges d'intérêts associées à ces instruments dues à la poussée inflationniste de 2022-23. La part des émissions d'obligations indexées sur l'inflation a diminué dans 13 des 18 pays émetteurs réguliers en 2024 par rapport à la période 2015-19, et n'a beaucoup augmenté qu'au Costa Rica (Graphique 1.4, Partie D).

Bien que la plupart des émetteurs aient réduit progressivement la part des obligations indexées sur l'inflation qu'ils émettent, certains ont opéré des changements plus radicaux. Par exemple, le Canada et l'Allemagne ont mis fin à leurs programmes respectivement en 2022 et 2023 (Gouvernement du Canada, 2022[6] ; Gouvernement de l'Allemagne, 2023[7]). Pour contribuer à atténuer l'exposition à l'inflation de son portefeuille de dette, le Royaume-Uni a réduit la proportion d'obligations indexées sur l'inflation qu'il émet d'environ 15 points de pourcentage entre 2018 et 2023, et son niveau s'est stabilisé aux alentours de 11 % en 2024 (UK DMO, 2024[8]). Cette décision a été prise en 2018 avant la flambée inflationniste de 2022-23. De même, la Suède a annoncé une réduction progressive de son programme d'émission d'obligations indexées sur l'inflation en 2024 (Gouvernement de la Suède, 2024[9]), et est également passée d'adjudications d'obligations indexées à prix multiples à un système à prix unique afin d'atténuer l'incertitude entourant les prix pour les soumissionnaires et d'encourager une plus forte participation (von Wayland et Schedvin, 2024[10]). En Türkiye, la part des obligations indexées sur l'inflation dans l'encours de la dette a chuté de plus de moitié, passant de près de 14 % en 2020 à environ 6 % en 2024 (République de Türkiye, 2024[11] ; 2025[12]).

Bien que les obligations indexées sur l'inflation soient porteuses de risques asymétriques, elles procurent d'importants avantages, et de nombreux pays de l'OCDE conservent leurs programmes (OCDE, 2024[13]). Ces avantages incluent : 1) réduction des coûts d'emprunt à long terme car les investisseurs paient une prime d'inflation ; 2) diversification de la base d'investisseurs en attirant des investisseurs ayant des engagements indexés sur l'inflation, tels que les fonds de pension et les compagnies d'assurance ; 3) extension de la structure des échéances, car elles permettent aux investisseurs de se protéger contre les risques d'inflation à long terme, ce qui permet en retour aux emprunteurs souverains d'émettre à des échéances plus longues, réduisant les risques de refinancement ; 4) manifestation de la volonté de l'État de contrôler l'inflation ; 5) fourniture d'un mécanisme solide pour évaluer les anticipations de taux d'intérêt réels par le point mort d'inflation ; 6) réduction de l'offre d'obligations à taux fixe, faisant baisser leurs coûts ; et 7) offre aux marchés d'une protection contre les risques extrêmes, favorisant la stabilité financière.

Il est pertinent d'observer que l'augmentation des émissions de bons du Trésor et la réduction des émissions d'obligations indexées sur l'inflation se sont produites dans un contexte d'allongement modéré de la structure des échéances globale des obligations à taux fixe. En 2024, la part des émissions d'obligations à taux fixe à échéance comprise entre 1 et 15 ans était inférieure d'environ un point de pourcentage à leur part moyenne sur la période 2015-19. La part de celles à échéance de plus de 15 ans a quant à elle augmenté dans des proportions similaires au cours de cette période (Graphique 1.4, Partie C). Dans le même temps, la durée moyenne jusqu'à l'échéance de l'encours de la dette, en moyenne dans les pays de l'OCDE, est restée globalement stable en 2024 à 8.1 ans, soit plus qu'avant la pandémie (7.7 ans) (Graphique 1.4, Partie E).

Encadré 1.2. Révisions récentes des plans annuels d'émission

Une saine gestion de la dette publique implique de la transparence, de la prévisibilité et de la flexibilité. Bien qu'une démarche prévisible et programmatique soit un principe essentiel que la plupart des gestionnaires de la dette adoptent dans leurs politiques et pratiques (voir l'Encadré 1.3), ils s'adaptent aussi aux changements de l'environnement de financement et de la confiance des investisseurs. Pour ce faire, ls sont amenés à réviser leur plan annuel d'emprunt, ce qui conduit généralement à procéder à des ajustements pour tenir compte des changements des besoins de financement, de la panoplie d'instruments, de la structure des échéances ou du calendrier des émissions. Des révisions fréquentes traduisent généralement une volatilité des besoins budgétaires ou des conditions du marché.

Le nombre d'émetteurs souverains qui signalent des modifications annuelles de leur plan d'emprunt initial a diminué de 20 en 2023 à 15 en 2024 (Graphique 1.5, Partie A). Au cours des quatre dernières années, ce chiffre a culminé à 25 en 2022, lorsque l'inflation a atteint des niveaux jamais connus depuis plusieurs décennies et que la Russie a lancé sa guerre d'agression contre l'Ukraine. Ces événements ont modifié les besoins d'emprunt et les conditions financières dans de nombreux pays.

Graphique 1.5. Révisions des plans d'émission d'emprunts

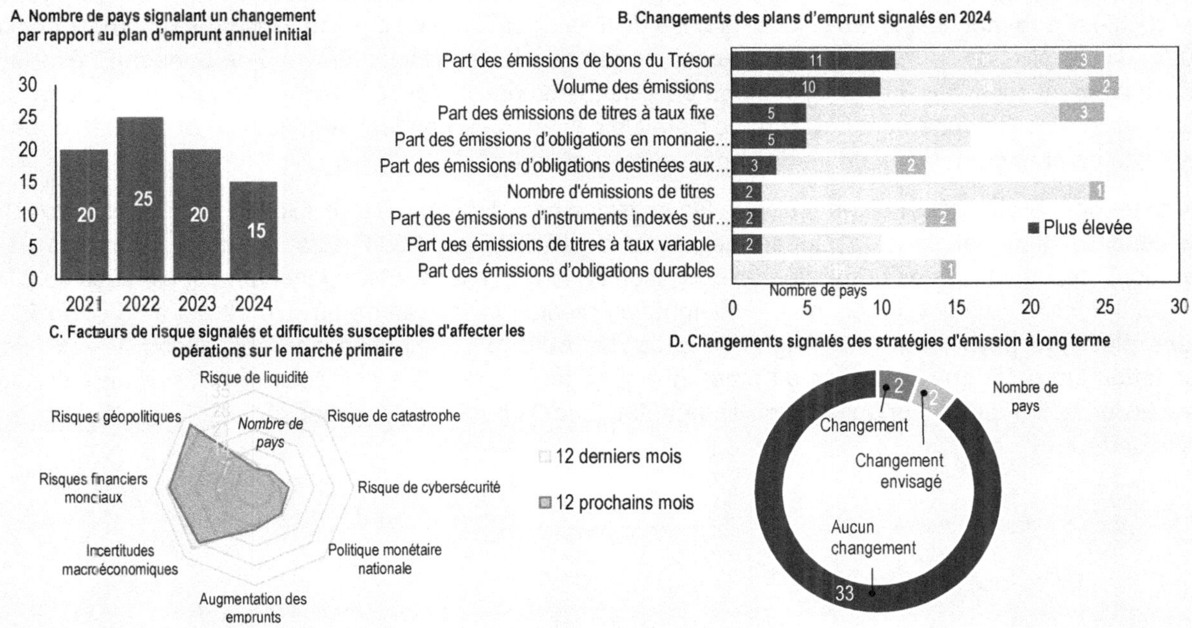

Source : Enquête 2024 de l'OCDE sur l'évolution des marchés primaires.

Le plus souvent, les révisions des plans d'emprunt ont consisté à accroître les émissions de bons du Trésor et à modifier les volumes d'émissions totaux (Graphique 1.5, Partie B). Onze émetteurs ont augmenté la part des emprunts bruts sous forme de bons du Trésor en 2024 par rapport à leur plan initial. Dix émetteurs ont révisé leurs volumes d'émissions, traduisant une incertitude quant aux besoins d'emprunt alors que les OGD calibrent leurs plans d'émission pour atteindre leur cible annuelle d'endettement en minimisant les erreurs d'appréciation à la hausse comme à la baisse. Malgré les ajustements apportés à leurs plans annuels, seuls quelques pays ont révisé leur stratégie à long terme (Graphique 1.5, Partie D).

En 2024, le facteur qui a le plus influé sur les décisions d'emprunt des émetteurs souverains a été le risque géopolitique, suivi de l'incertitude financière et macroéconomique à l'échelle mondiale (Graphique 1.5, Partie C). En l'occurrence, la guerre en Ukraine et les conflits au Moyen-Orient ont perturbé les échanges et les marchés énergétiques mondiaux, attisant l'inflation et affectant les conditions macrofinancières (OCDE, 2024[1]).

L'émission d'obligations à taux fixe a permis de financer une fraction plus élevée des besoins d'emprunt nets en 2024, mais est restée stable en pourcentage de l'encours total de la dette

Pour évaluer comment les stratégies d'émission influent sur la composition de l'encours de la dette, il convient d'analyser la contribution de chaque instrument au financement des besoins d'emprunt nets. Étant donné que de nombreux émetteurs souverains cherchent à maintenir une composition spécifique de l'encours de la dette, l'examen de l'emprunt net par type d'instrument livre des indications précieuses sur les stratégies d'émission et la composition ciblée de l'encours de la dette.

Bien que l'émission d'obligations à taux fixe ait financé une proportion assez faible des emprunts bruts en 2024, elle a permis de financer près du double de la part des emprunts nets, passant d'environ 45 % en 2023 à près de 80 % en 2024 (Graphique 1.6, Parties A et B). Ce niveau est similaire à celui d'avant la pandémie. En revanche, les émissions de bons du Trésor ont financé à peine 18 % des emprunts nets en 2024, contre plus de 50 % en 2023. Ce recul montre que les émissions élevées de bons du Trésor sont principalement motivées par des besoins de refinancement plutôt que par le financement d'une part substantielle de l'endettement net, comme c'était le cas en 2020 pendant la pandémie et en 2023 dans un contexte de changements majeurs de la politique monétaire.

Cette tendance était généralisée, puisque les émissions d'obligations à taux fixe ont financé plus de 80 % de l'endettement net dans la plupart des pays de l'OCDE en 2024 (Graphique 1.6, Partie C). Les contributions moyennes des émissions d'obligations à taux fixe à l'endettement net sont passées de 81 % en 2023 à 87 % en 2024, tandis que la contribution médiane a baissé de 89 % en 2023 à 85 % en 2024. Dans plusieurs pays, dont l'Allemagne et le Japon, la forte contribution des obligations à taux fixe à l'endettement net a coïncidé avec un emprunt net négatif par le biais des bons du Trésor, une stratégie d'émission qui, à terme, conduira à une augmentation de la part des obligations à taux fixe dans l'encours de la dette.

Graphique 1.6. Composition des instruments d'endettement net

La contribution des émissions d'obligations à taux fixe dans l'endettement net a beaucoup augmenté en 2024

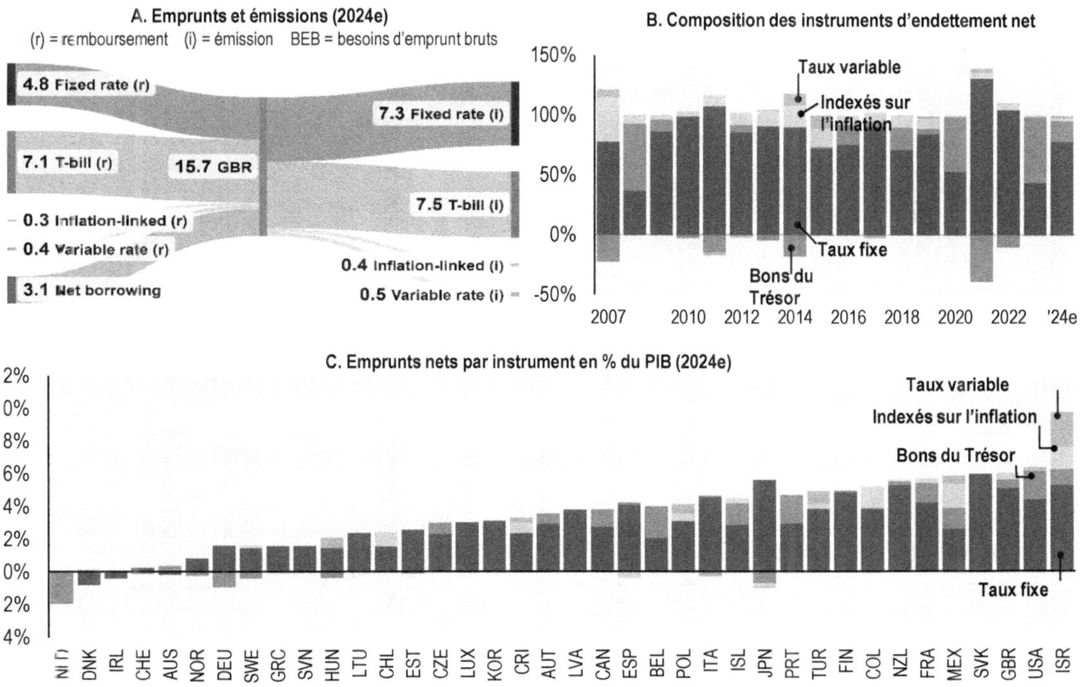

Note : « 2024e » correspond à des estimations.
Source : Enquête 2024 de l'OCDE sur les titres de dette négociables des administrations centrales ; OCDE (2024[11]), Perspectives économiques de l'OCDE, volume 2024, numéro 2, n° 116, https://doi.org/10.1787/0481cf21-fr ; LSEG ; sites web des autorités nationales ; et calculs de l'OCDE.

Dans le même temps, les émissions nettes d'obligations indexées sur l'inflation n'ont contribué qu'à environ 2 % de l'endettement net total en 2024, contre 10 % en moyenne sur la période 2011-20. Bien que les émissions totales de ces instruments aient dépassé les volumes de remboursements en 2024, leur contribution nette a été minime durant une année caractérisée par des besoins élevés d'emprunt nets.

Israël fait exception à ces deux tendances : il a sensiblement augmenté ses émissions d'obligations indexées sur l'inflation et d'obligations à taux variable afin de financer ses emprunts nets en 2024, en réduisant son recours aux obligations à taux fixe. La part des instruments à taux fixe a chuté des deux tiers en 2023 à un peu plus de la moitié en 2024, tandis que les obligations indexées sur l'inflation et à taux variable ont financé respectivement 14 % et 22 % des emprunts nets en 2024, contre 8 % et 14 % en 2023. Ces instruments sont particulièrement utiles en période d'incertitude accrue, car ils permettent aux émetteurs de répondre aux besoins d'emprunt sans accroître l'exposition des investisseurs au risque d'inflation ou de taux d'intérêt.

Graphique 1.7. Composition des instruments de l'encours de la dette

La part des instruments à taux fixe dans l'encours de la dette est restée globalement stable en 2024, mais celle des bons du Trésor est restée bien supérieure à son niveau d'avant la pandémie, ce qui augmente les besoins de refinancement

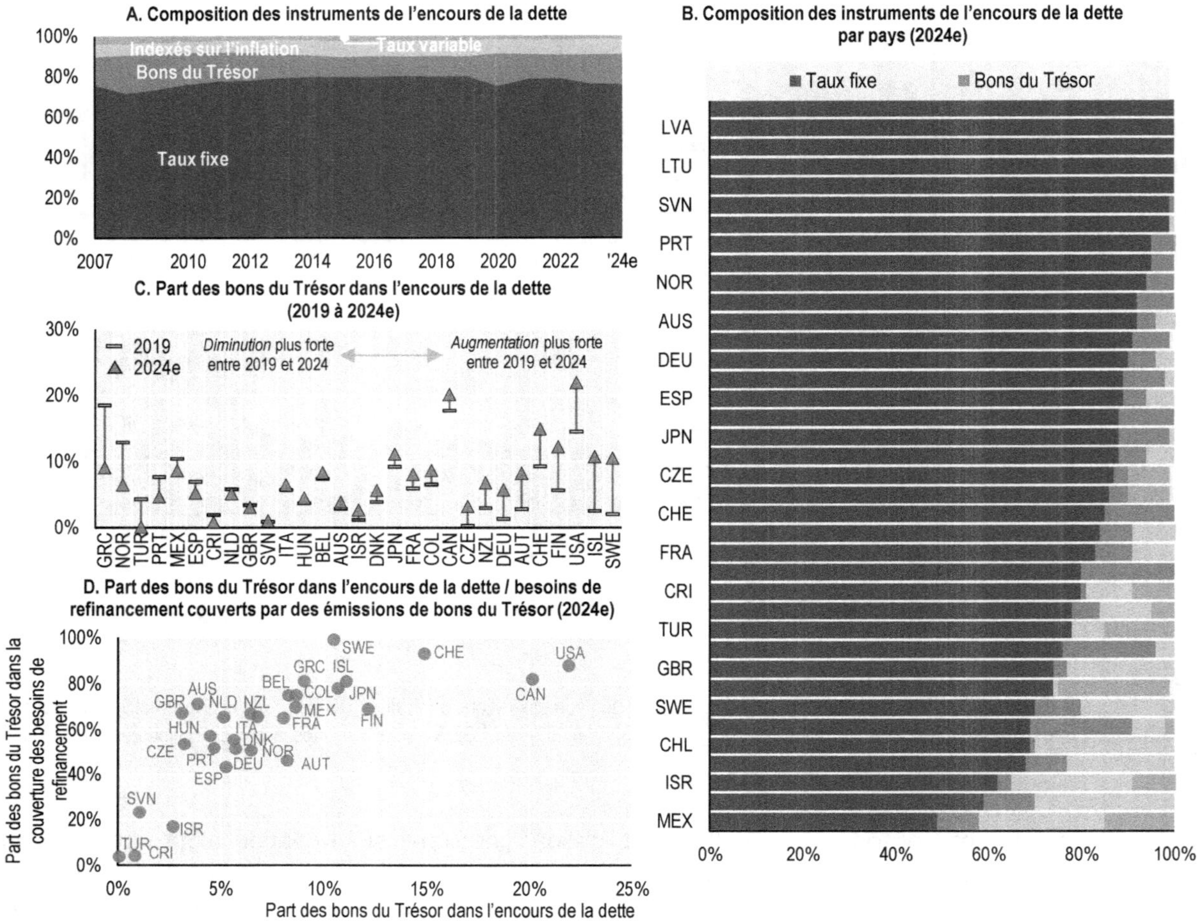

Note : « 2024e » correspond à des estimations. Les Parties C et D incluent uniquement les pays qui émettent régulièrement des bons du Trésor.
Source : Enquête 2024 de l'OCDE sur les titres de dette négociables des administrations centrales ; OCDE (2024[1]), Perspectives économiques de l'OCDE, volume 2024, numéro 2, n° 116, https://doi.org/10.1787/0481cf21-fr ; LSEG ; sites web des autorités nationales ; et calculs de l'OCDE.

En conséquence de ces stratégies d'emprunt, la part des obligations à taux fixe dans l'encours de la dette est restée globalement stable, à 76 %, en 2024, celle des bons du Trésor se maintenant à près de 15 % (Graphique 1.7, Partie A). Si une stratégie similaire à celle de 2024 est adoptée à l'avenir, la part des bons du Trésor restera supérieure à la moyenne de 12 % de la décennie précédente, tandis que la part des obligations indexées sur l'inflation poursuivra sa baisse progressive, avoisinant les 7 % en 2024, et ne renouera pas avec la moyenne d'avant la pandémie de près de 8 %.

En 2024, les bons du Trésor ont représenté la plus forte proportion de l'encours de la dette depuis 2011 (à l'exception de 2020). Depuis l'augmentation des émissions de bons du Trésor liée à la pandémie en 2020, leur part n'a jamais été inférieure à 12 %, alors qu'elle avoisinait les 10 % entre 2015 et 2019. Cette hausse tendancielle de la part des bons du Trésor est observée dans environ la moitié des pays de l'OCDE ou environ les deux tiers de ceux qui émettent régulièrement des bons du Trésor (Graphique 1.7, Partie

C). Dans six pays, à savoir l'Autriche, les États-Unis, la Finlande, l'Islande, la Suède et la Suisse, la part des bons du Trésor dans l'encours de la dette reste supérieure de plus de cinq points de pourcentage aux niveaux de 2019. Malgré cela, les obligations à taux fixe ont représenté près de 70 % ou plus de 70 % de l'encours de la dette dans 35 pays de l'OCDE en 2024 (Graphique 1.7, Partie B).

La persistance d'une part élevée des bons du Trésor dans l'encours de la dette, comparée à la période antérieure à la pandémie, entraîne d'importants besoins de refinancement. Étant donné que les bons du Trésor sont souvent refinancés plusieurs fois par an, même une faible augmentation de leurs montants en circulation peut accroître sensiblement les besoins de refinancement. En 2024, pour les émetteurs réguliers de bons du Trésor, ceux-ci représentaient en moyenne 8 % de l'encours de la dette mais 60 % des besoins de refinancement, à l'exclusion des bons émis et arrivant à échéance dans la même année (Graphique 1.7, Partie D)[10]. Cette situation appelle une gestion de trésorerie plus active, impliquant éventuellement la nécessité de conserver des réserves de liquidité plus importantes et de multiplier les émissions de bons du Trésor pour mieux répartir les remboursements sur l'année.

Coûts des emprunts souverains à différents points des courbes de rendement

L'assouplissement monétaire et l'accroissement des primes d'échéance ont permis de maintenir les coûts d'emprunt à un niveau largement stable en 2024

Le rendement moyen à l'échéance pondéré en fonction du volume de la dette à taux fixe est resté globalement stable en 2024 dans les pays de l'OCDE, affichant une fluctuation d'environ 4 % (Graphique 1.8, Partie A). Bien que les taux directeurs aient amorcé une baisse dans la plupart des grands pays de l'OCDE à partir de la mi-2024 (Graphique 1.8, Partie C), ils sont restés au niveau des sommets atteints récemment pendant environ la moitié de l'année 2024. L'exception notable est le Japon, qui a porté son taux directeur en territoire positif en 2024 pour la première fois depuis 2010. Dans l'ensemble, les coûts d'emprunt totaux en 2024 étaient similaires à ceux de 2023, et ont dépassé les moyennes de la période 2015-19 dans tous les pays de l'OCDE, sauf au Costa Rica, de 2 points de pourcentage en moyenne (Graphique 1.8, Partie D).

Malgré la stabilité relative des coûts d'emprunt totaux en 2024, ils ont en fait diminué dans 29 pays de l'OCDE et augmenté dans seulement 8 pays (Graphique 1.8, Partie D)[11]. Les pays dans lesquels les coûts d'emprunt ont baissé étaient principalement européens, mais comprenaient aussi le Canada, le Costa Rica, la Corée et la Nouvelle-Zélande. Les coûts d'emprunt sont restés globalement stables aux États-Unis, mais ont augmenté au Japon et au Mexique. Il convient d'observer qu'en 2024, pour la première fois depuis 2015, le Japon n'a pas émis d'obligations à taux négatifs, et a émis des obligations (à 30 et 40 ans) offrant des rendements supérieurs à 2 % pour la première fois depuis 2013 (Graphique 1.8, Partie B).

Dans la zone euro, 12 pays ont vu leur rendement à l'échéance baisser davantage que celui de l'Allemagne en 2024, ce qui a entraîné un resserrement de leur écart par rapport au Bund. Ainsi, les écarts se sont resserrés de plus de 10 points de base dans huit pays : Estonie, Grèce, Irlande, Italie, Lituanie, Luxembourg, Lettonie et Slovénie. Au cours de la même période, les écarts de la France se sont élargis de près de 10 points de base, dans un contexte marqué par une incertitude politique accrue et l'impératif d'engager un assainissement budgétaire de grande ampleur (OCDE, 2024[1]).

Graphique 1.8. Rendement à l'échéance au moment de l'émission

Le rendement à l'échéance au moment de l'émission est resté globalement stable en 2024, mais a baissé dans la majorité des pays de l'OCDE

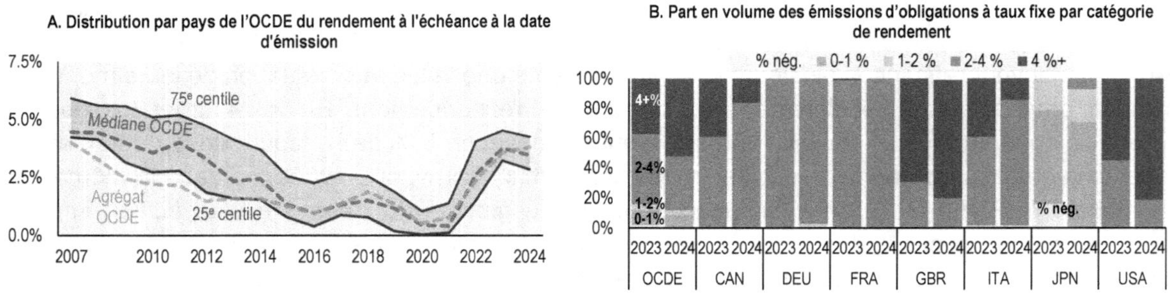

C. Mois de début des premières baisses de taux des banques centrales

Jul-23	Sep-23	Oct-23	Dec-23	Jan-24	Mar-24	May-24	Jun-24	Aug-24	Sep-24	Oct-24	Dec-24	Feb-25
CHL	POL	HUN	COL	ISR	CHE	SWE	CAN	GBR	USA	ISL	TUR	AUS
			CZE		MEX		DNK	NZL		KOR		
							EUR					

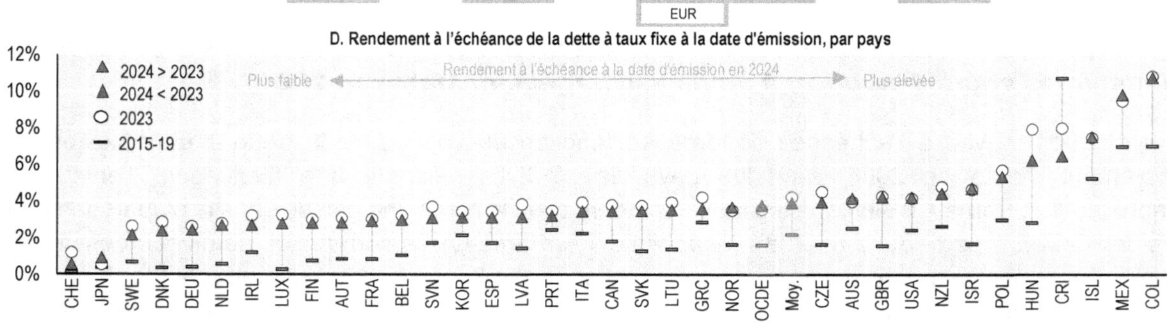

Note : les Parties A et D excluent le Chili et l'Estonie faute de données disponibles, et la Türkiye en raison de problèmes d'échelle. L'agrégat OCDE désigne les rendements moyens pondérés par le volume des emprunts à taux fixe.
Source : Enquête 2024 de l'OCDE sur les titres de dette négociables des administrations centrales ; OCDE (2024[1]), Perspectives économiques de l'OCDE, volume 2024, numéro 2, n° 116, https://doi.org/10.1787/0481cf21-fr ; LSEG ; sites web des autorités nationales ; et calculs de l'OCDE.

Les variations des courbes de rendements souverains dans les pays de l'OCDE ont été contrastées, les taux à court terme ayant baissé davantage que ceux à long terme en 2024 (Graphique 1.9, Parties A et B). Le rendement des obligations à deux ans a chuté de plus de 10 points de base dans 24 pays, et n'a augmenté qu'en Australie, en Israël et au Japon, la variation moyenne ressortant en baisse d'environ 50 points de base. Pour leur part, les rendements des obligations à 10 ans ont diminué de plus de 10 points de base dans 18 pays mais ont augmenté en Australie, au Chili, aux États-Unis, en Israël, au Japon et au Royaume-Uni, la moyenne s'inscrivant en baisse d'un peu moins de 20 points de base. Comme les États souverains émettent généralement à différents points de leurs courbes, mais tendent à concentrer leurs émissions autour de l'échéance à 10 ans, les coûts d'emprunt globaux en 2024 n'ont que légèrement diminué par rapport à 2023, malgré la baisse des taux directeurs dans un contexte de repli des anticipations d'inflation.

Par conséquent, les primes d'échéance — l'écart entre les rendements des obligations à 10 ans et à 2 ans — se sont accrues en 2024 dans la plupart des pays de l'OCDE, mais sont restées proches de leur point bas sur 15 ans (Graphique 1.9, Partie C)[12]. Les primes d'échéance ont augmenté de 60 points de base en moyenne, et ne se sont resserrées qu'en Israël et au Japon (Graphique 1.9, Partie D). En outre, alors que 17 pays affichaient des courbes des rendements inversées en 2023, le Danemark est le seul pays où la prime d'échéance est restée négative en 2024. Malgré l'augmentation généralisée des primes d'échéance en 2024, elles sont restées inférieures à leurs niveaux sur la période 2015-19 dans tous les pays sauf au Japon, enregistrant une hausse moyenne de 100 points de base entre 2015 et 2019 contre une baisse de 20 points en 2023 et une hausse de 40 points en 2024.

Pour les émetteurs souverains, les primes d'échéance constituent un indicateur clé du risque de duration et influent sur l'arbitrage entre coûts d'emprunt et risques de refinancement. Une accentuation des courbes des rendements augmente le coût de réduction des risques de refinancement. Toutefois, les émetteurs souverains modifient rarement leur stratégie d'émission en se basant uniquement sur les variations des rendements. Ils ont plutôt tendance à maintenir des émissions stables afin de créer des courbes de rendements fondées sur des instruments très liquides susceptibles d'attirer différents investisseurs. Bien qu'elle limite les possibilités de s'adapter aux évolutions du marché, cette approche réduit les primes de liquidité, ce qui abaisse les coûts d'emprunt à long terme (voir l'Encadré 1.3).

Graphique 1.9. Distribution des rendements obligataires et primes d'échéance

Les primes d'échéance sont devenues positives en 2024 alors que les rendements des obligations à 2 ans ont davantage baissé que les rendements à 10 ans dans la plupart des pays de l'OCDE, mais ces rendements restent bien inférieurs aux niveaux d'avant la pandémie et sont toujours proches de leur point bas sur 15 ans

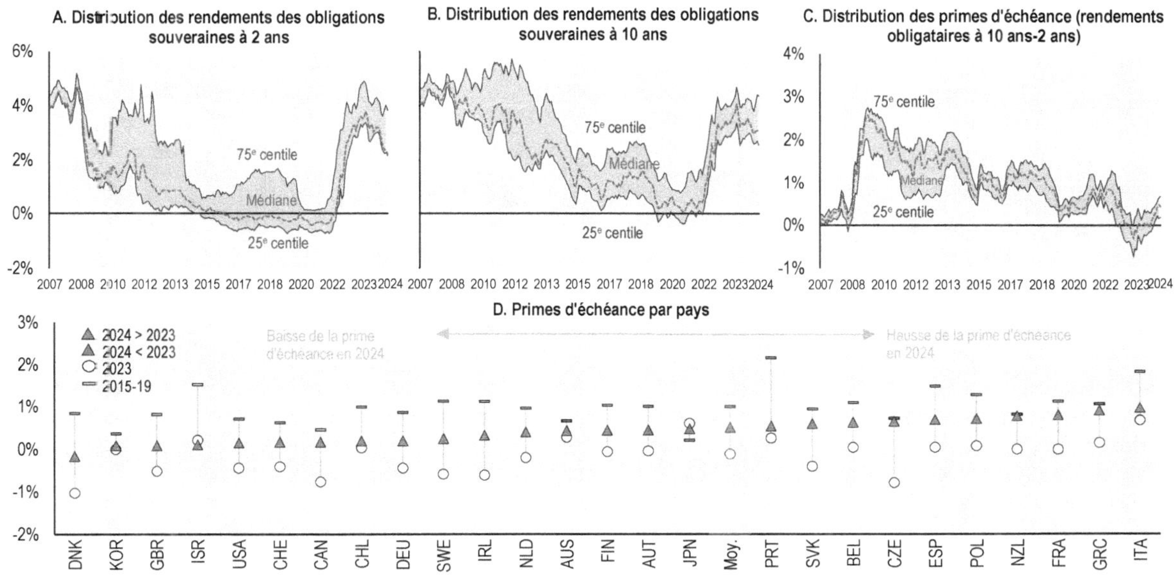

Note : certains pays sont exclus faute de données disponibles. Les Parties A, B et C incluent uniquement les pays énumérés dans la Partie D. Les valeurs annuelles figurant dans la Partie D désignent la moyenne des douze primes d'échéance en fin de mois.
Source : LSEG ; et calculs de l'OCDE.

La persistance de taux nominaux et réels à long terme plus élevés traduit des anticipations de hausse des taux d'intérêt neutres

Les augmentations des primes d'échéance signifient une accentuation de la pente de la courbe des rendements pour la plupart des grands émetteurs en 2024 (Graphique 1.10)[13]. La courbe aux États-Unis était plate en 2024, alors qu'elle était inversée en 2023. Celle du Japon a augmenté plus fortement et s'est redressée davantage. Au Royaume-Uni, les rendements à court terme ont baissé, tandis que les taux longs ont augmenté, bien que la courbe soit restée inversée. La courbe des rendements en Allemagne a fléchi et s'est aplatie, tandis que celle de la France s'est redressée sur fond de chute marquée des rendements à court terme, tandis que les rendements à long terme sont restés largement inchangés. En

Italie, la courbe s'est abaissée dans un mouvement parallèle. Malgré un certain redressement en 2024, les courbes des rendements des pays du G7 sont restées plus plates qu'avant la pandémie.

Il convient d'observer que les taux longs dans ces six pays sont beaucoup plus élevés en 2024 qu'avant la pandémie. Cette hausse reflète une nette réévaluation des perspectives macrofinancières à long terme. Les causes possibles comprennent une prime d'inflation plus élevée suite à la période récente d'inflation historiquement élevée, ainsi que d'autres facteurs tels que la résilience de la croissance économique aux États-Unis malgré des taux d'intérêt élevés (TBAC, 2025[14]).

Graphique 1.10. Courbes des rendements dans une sélection de pays

L'inversion des courbes des rendements s'est atténuée en 2024 à la faveur de la baisse des taux à court terme, mais les rendements restent bien supérieurs à leurs niveaux d'avant la pandémie

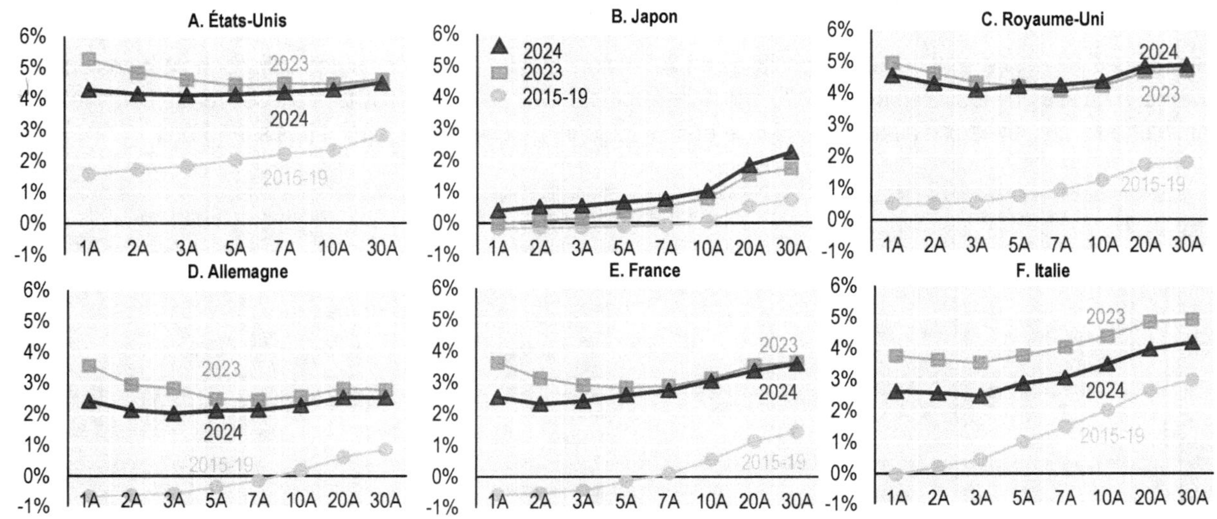

Note : ce graphique illustre les rendements moyens quotidiens au cours du dernier trimestre de l'année, à la différence des moyennes annuelles présentées dans les graphiques précédents. Pour la période 2015-19, les valeurs représentent la moyenne des moyennes trimestrielles sur les cinq années de la période 2015-19. Les groupes de pays sont agencés par niveau de PIB, et les trois pays de la zone euro sont placés sur la même ligne pour améliorer la comparabilité. L'Annexe 1.B contient des graphiques similaires pour davantage de pays.
Source : LSEG ; et calculs de l'OCDE.

Un facteur essentiel de hausse des rendements à long terme est la perception par le marché du taux d'intérêt neutre (r*) ou de son équivalent nominal, le taux terminal — le niveau vers lequel les taux directeurs sont supposés converger sur le long terme[14]. Historiquement, les taux neutres ont baissé sous l'effet de facteurs structurels tels que le vieillissement démographique (Lunsford et West, 2019[15]), les changements des schémas d'épargne et d'investissement (Rachel et Summers, 2019[16]) et les réformes de la réglementation (Ranaldo, Schaffner et Vasios, 2021[17]). Toutefois, en 2024, les courbes à terme impliquaient des anticipations d'un taux neutre plus élevé, reflétant la résilience de l'économie mondiale pendant le cycle de resserrement et les divergences croissantes entre prévisionnistes, traduisant une incertitude accrue (BRI, 2024[18]). Les attentes de hausse du taux neutre pourraient se répercuter sur les coûts d'emprunt des émetteurs souverains.

L'une des conséquences de l'augmentation du taux d'intérêt neutre est la hausse du coût réel de la dette obligataire (rendements réels), mesuré comme la différence entre les taux nominaux et le point mort d'inflation[15]. Avant la pandémie, les rendements réels à 10 ans étaient le plus souvent compris entre -1 % et 1 %, mais depuis 2023, ils fluctuent entre 1 % et 2 % (Graphique 1.11, Partie A). Cette hausse traduit le fait qu'en 2024, les rendements nominaux à 10 ans étaient supérieurs d'environ 2 points de pourcentage à leurs niveaux d'avant la pandémie, tandis que le point mort d'inflation a augmenté d'un point de pourcentage au cours de la même période (Graphique 1.11, Parties C et D). Par conséquent, les rendements réels en 2024 ont dépassé les valeurs d'avant la pandémie dans tous les pays de l'OCDE qui disposent de données sur le point mort d'inflation, sauf au Japon, où ils sont restés largement inchangés, demeurant en territoire négatif[16].

En 2024, les rendements réels à dix ans étaient supérieurs à la fois aux moyennes des années 2015-19 et au niveau de 2023 dans tous les pays de l'OCDE pour lesquels on dispose de données sur le point mort d'inflation, sauf en Italie (Graphique 1.11, Partie B). La hausse des taux réels en 2024 s'est produite malgré une baisse des coûts d'emprunt dans la plupart de ces pays, imputable à la diminution des taux courts, tandis que les taux longs sont restés élevés ou ont moins baissé que les anticipations d'inflation. Alors que les taux réels ont augmenté en Allemagne et en France, ils sont restés stables en Italie en 2024, avec un resserrement de leur écart par rapport au Bund, dans un contexte d'assainissement budgétaire et d'augmentation des soldes primaires (OCDE, 2024[1]).

Les rendements réels à dix ans étaient positifs en 2024 dans pratiquement tous ces pays, sauf au Japon. En général, des rendements réels positifs exercent des tensions à la hausse sur les trajectoires dette/PIB en augmentant les charges d'intérêts (OCDE, 2024[13]). Bien que les trajectoires du ratio dette/PIB se soient améliorées en 2022-23 sur fond d'augmentation des rendements nominaux, cette évolution était due à l'érosion de la valeur réelle de l'encours de la dette sous l'effet de l'inflation — une dynamique qui s'estompe à mesure que l'inflation converge vers l'objectif. Toutes choses égales par ailleurs, la hausse des taux réels accroîtra les soldes primaires requis pour stabiliser les niveaux d'endettement dans de nombreux pays de l'OCDE.

Graphique 1.11. Distribution des rendements réels à dix ans, des rendements nominaux et du point mort d'inflation

Les rendements réels restent proches de leurs points hauts sur dix ans, car les taux à dix ans restent élevés alors que le point mort d'inflation baisse progressivement

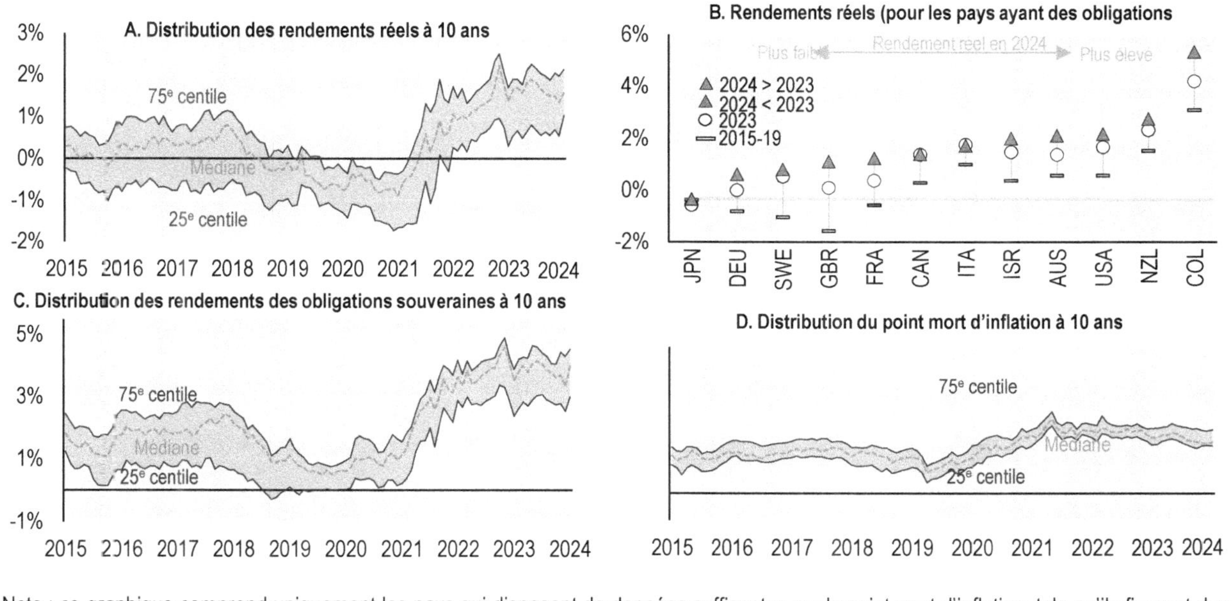

Note : ce graphique comprend uniquement les pays qui disposent de données suffisantes sur le point mort d'inflation, tels qu'ils figurent dans la Partie B. Les valeurs annuelles réunies dans la Partie B désignent la moyenne des rendements réels moyens mensuels.
Source : LSEG ; et calculs de l'OCDE.

Charges d'intérêts et impact sur la dynamique du ratio dette/PIB

Les ratios charges d'intérêts/PIB ont continué de croître en 2024 et augmenteront encore davantage si les coûts d'emprunt restent élevés

En 2024, le ratio des charges d'intérêts brutes rapportées au PIB a continué d'augmenter, s'établissant à 3.3 % contre 3.0 % en 2023 et 2.7 % sur la période 2015-19, atteignant son plus haut niveau depuis 2010 (Graphique 1.12, Partie A). Par conséquent, les pays de l'OCDE devraient consacrer une part plus importante de leurs recettes publiques aux charges d'intérêts en 2024 qu'à plusieurs grandes fonctions de l'État combinées, y compris la défense et le logement (Graphique 1.12, Partie B)[17].

S'agissant des tendances propres à chaque pays, on estime que les ratios des charges d'intérêts rapportées au PIB ont augmenté dans 24 pays de l'OCDE en 2024 (Graphique 1.12, Partie C). Les plus fortes hausses, supérieures à 3.3 points de PIB, ont été observées en Belgique, aux États-Unis, en Finlande, en Pologne et en Tchéquie. À l'exception de la Tchéquie, tous ces pays enregistraient des besoins d'emprunt nets, en pourcentage du PIB, supérieurs à la moyenne et à la médiane de la zone OCDE.

En 2024, les ratios des charges d'intérêts rapportées au PIB ont baissé de plus d'un point de pourcentage dans trois pays : Islande, Norvège et Royaume-Uni[18]. En Norvège, les besoins d'emprunt nets plus faibles ces dernières années ont fait baisser les charges d'intérêts. En Islande et au Royaume-Uni, où les obligations indexées sur l'inflation représentent une part non négligeable de la dette, le recul de l'inflation a été un facteur important à l'origine de la baisse des charges d'intérêts.

Malgré une hausse des ratios des charges d'intérêts au PIB dans la plupart des pays de l'OCDE en 2024, ces ratios n'étaient supérieurs à ceux de la période 2015-19 que dans environ la moitié d'entre eux (Graphique 1.12, Partie D)[19]. Le ratio médian avoisinait 1.5 % en 2024, soit un niveau similaire à la période d'avant la pandémie (2015-19). Dans sept pays seulement, l'Australie, les États-Unis, la Finlande, la Hongrie, la Pologne, la République tchèque et la Suède, ce ratio a augmenté de plus de 0.5 point de PIB en 2024 par rapport à la moyenne de la période 2015-19. Ce groupe comprend quatre pays dont les soldes primaires sont passés d'une moyenne proche de zéro en 2015-19 à -2 % du PIB en 2022-24, contre une baisse de -1 % à -2 % dans l'ensemble de la zone OCDE au cours de la même période.

Graphique 1.12. Charges d'intérêts brutes en pourcentage du PIB

Les charges d'intérêts en pourcentage du PIB ont continué à augmenter dans la plupart des pays de l'OCDE en 2024, mais sont restées inférieures aux moyennes d'avant la pandémie dans environ la moitié d'entre eux

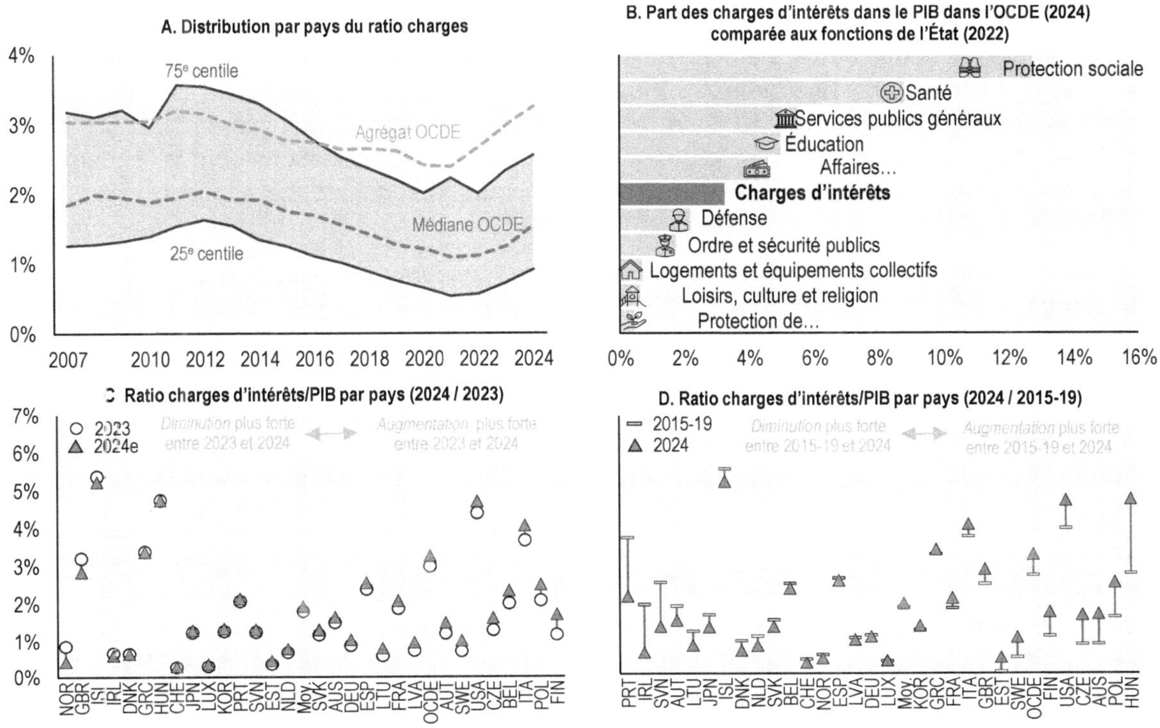

Note : ce graphique illustre les valeurs des charges d'intérêts des administrations publiques et des charges d'intérêts brutes. Les Parties A et B ne comprennent que les pays pour lesquels les Perspectives économiques de l'OCDE contiennent des données suffisantes, tels qu'indiqués dans les Parties C et D. L'agrégat OCDE dans la Partie A et la valeur OCDE dans les Parties C et D représentent le total des charges d'intérêts des administrations publiques divisé par le PIB total de ces pays.
Source : base de données des comptes nationaux de l'OCDE ; OCDE (2024[1]), Perspectives économiques de l'OCDE, volume 2024, numéro 2, n° 116, https://doi.org/10.1787/0481cf21-fr ; et calculs de l'OCDE.

Par conséquent, pour environ la moitié des pays de l'OCDE, le récent cycle de resserrement monétaire n'a que partiellement annulé les réductions des ratios charges d'intérêts/PIB réalisées au cours de la seconde moitié de la dernière décennie. Ces baisses antérieures résultaient d'une conjugaison de croissance économique, de réduction des déficits primaires et de baisse des taux à long terme, en particulier dans la zone euro après le lancement du programme d'assouplissement quantitatif de la Banque centrale européenne (BCE) en mars 2015 (BCE, 2024[19]). Ainsi, les ratios charges d'intérêts/PIB restent inférieurs aux niveaux historiques dans la plupart des pays de l'OCDE, mais devraient continuer à augmenter dans les années à venir.

Les évolutions des ratios charges d'intérêts/PIB sont progressives parce qu'elles reflètent les rendements de la totalité de l'encours de la dette émise sur plusieurs décennies. Même de fortes hausses des coûts d'emprunt ont un impact immédiat limité car elles se répercutent sur les charges d'intérêts uniquement par le refinancement ou la refixation de la dette arrivant à échéance et les nouvelles émissions. Cependant, la lenteur de l'évolution des charges d'intérêts de la dette produit aussi l'effet inverse, car les obligations émises à des taux plus élevés maintiennent des paiements d'intérêts élevés pendant toute leur durée de vie et, en particulier pour les échéances plus longues, se répercutent sur les finances publiques pour les décennies à venir. Alors que les coûts de financement de la dette à court terme, à taux variable et indexée sur l'inflation reflètent déjà l'environnement de taux et d'inflation plus élevés, la majeure partie de la dette à taux fixe émise avant 2022 n'a pas encore été refinancée. Si, comme on le prévoit, elle est refinancée en grande partie à des taux plus élevés, les finances publiques seront encore plus sous pression.

En outre, les taux d'intérêt effectifs (nominaux) (le ratio entre les charges d'intérêts et l'encours de la dette) devraient augmenter même dans un scénario hypothétique où les pays dégagent des excédents primaires suffisants pour éviter de refinancer la dette arrivant à échéance. En effet, la dette émise à des taux bas avant et pendant la pandémie arrivera à échéance plus tôt que la dette émise dans le contexte actuel de taux plus élevés (Graphique 1.13, Partie A). Plus précisément, les obligations dont le rendement est inférieur à 1 % représentaient environ 40 % de l'encours total de la dette à taux fixe en 2022-23, près de 30 % en 2024, et devraient s'élever à 17 % en 2030[20]. À l'inverse, les obligations dont le rendement est supérieur à 4 % représentaient un peu plus de 5 % de l'encours total de la dette à taux fixe en 2022-23, 13 % en 2024, mais devraient atteindre près de 20 % en 2030[21].

Faute d'excédents primaires substantiels, environ un tiers de l'encours de la dette à taux fixe dans l'OCDE en 2024 devrait arriver à échéance d'ici 2027 et sera probablement refinancé à des taux plus élevés (Graphique 1.13, Partie B). Les émetteurs souverains maintiennent des émissions régulières sur l'ensemble de la courbe afin de lisser le profil de remboursement, de manière à répartir les obligations de refinancement de manière relativement uniforme sur les prochaines années. Par conséquent, environ 10 % de l'encours de la dette à taux fixe devrait arriver à échéance chaque année jusqu'en 2030, sans qu'on n'enregistre de hausse brutale des échéances ou des risques de refinancement une année donnée.

Environ 60 % de la dette à taux fixe des pays de l'OCDE qui arrivera à échéance d'ici 2027 (quelque 9 000 milliards USD) a été émise en 2021 ou plus tôt, avant le récent cycle de resserrement, très probablement à des rendements inférieurs aux taux actuels du marché. En l'occurrence, le rendement moyen à échéance de la dette échue en 2025-27, pondéré par les montants en circulation, reste inférieur à 2 % au cours des trois années. À titre de comparaison, la moyenne des taux d'intérêt à 10 ans projetés dans les pays de l'OCDE devrait rester aux alentours de 3.6 % en 2025 (Graphique 1.13, Partie C). Aussi, la dette arrivant à échéance en 2025-27 sera donc probablement refinancée à des taux près de deux fois supérieurs aux taux d'origine[22].

L'augmentation des charges d'intérêts liées au refinancement de la dette dans les années à venir variera en fonction de la part de la dette à taux fixe arrivant à échéance par rapport au PIB et de l'écart entre les taux de marché en vigueur et les taux de la dette arrivant à échéance (Graphique 1.13, Partie D). Quatre pays - l'Espagne, les États-Unis, la France et le Royaume-Uni - sont confrontés à une vulnérabilité accrue, car la dette arrivant à échéance d'ici 2027 dépasse 15 % de leur PIB actuel et le rendement moyen à l'échéance de la dette émise en 2024 excède de plus de 1.5 point de pourcentage celui de cette dette arrivant à échéance. Pour ces pays, le refinancement de la dette devrait entraîner une augmentation des charges d'intérêts d'environ 0.4 point de PIB d'ici à 2027. Dans d'autres pays de l'OCDE, la hausse moyenne devrait rester inférieure à 0.2 point de PIB.

Graphique 1.13. Rendements, structure des échéances et charges d'intérêts

Les charges d'intérêts devraient continuer d'augmenter, car les rendements du marché devraient rester supérieurs aux coupons sur les titres de dette échus

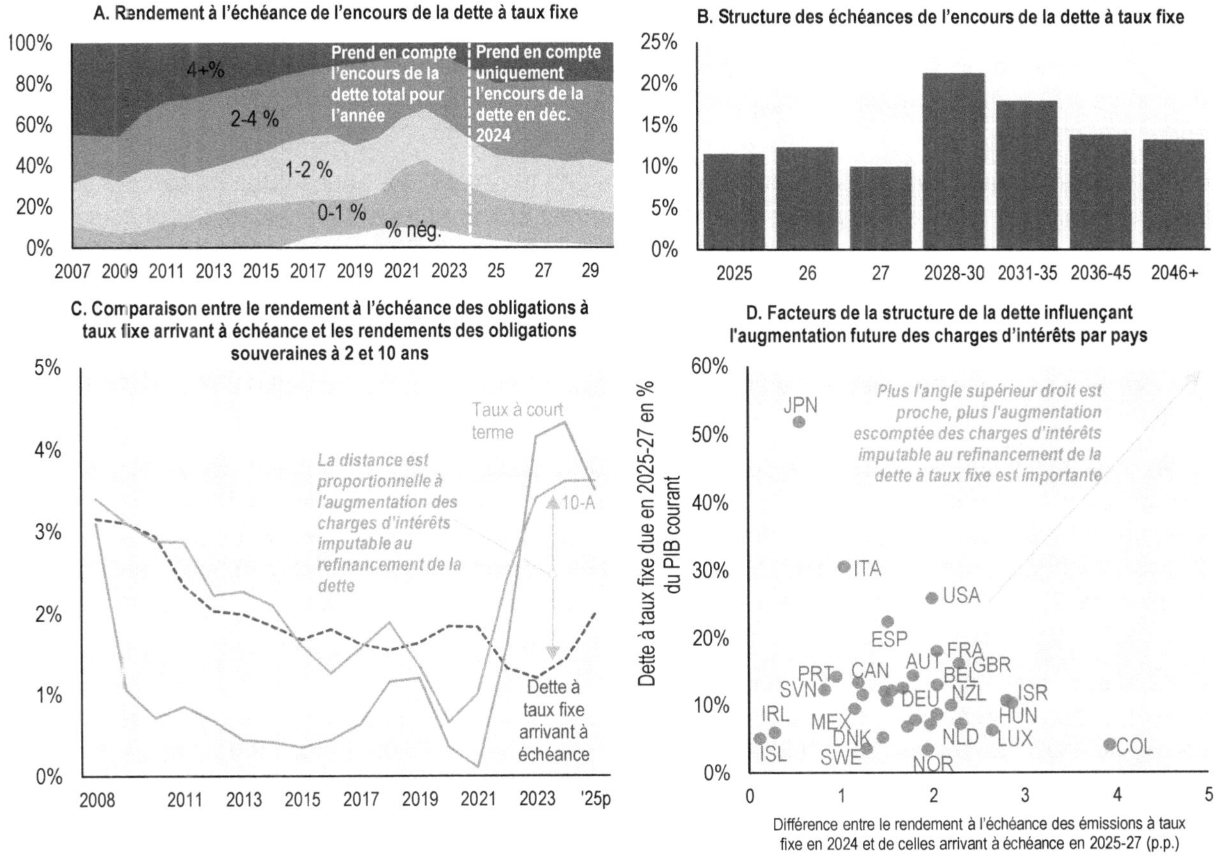

Note : ce graphique renseigne sur les administrations publiques et ne comprend que les pays pour lesquels les Perspectives économiques de l'OCDE contiennent des données suffisantes. La définition des taux à court terme varie d'un pays à l'autre, mais ils correspondent généralement aux taux bancaires à 3 mois. La Partie D comprend uniquement les symboles des pays qui sont « à la frontière » de la distribution, car l'inclusion de tous les symboles occulterait certains points de données. 10-A désigne les rendements des obligations souveraines à 10 ans.
Source : OCDE (2024[1]), Perspectives économiques de l'OCDE, volume 2024, numéro 2, n° 116, https://doi.org/10.1787/0481cf21-fr ; LSEG ; et calculs de l'OCDE.

Sous l'effet de la hausse des charges d'intérêts, le ratio dette/PIB a augmenté pour la première fois depuis 2020

L'augmentation prévue des charges d'intérêts, conjuguée à des déficits primaires supérieurs à leurs niveaux d'avant la pandémie, ont porté le ratio de la dette négociable de l'administration centrale rapportée au PIB de 82 % en 2023 à 84 % en 2024. Il devrait continuer de croître pour atteindre 85 % en 2025 (Graphique 1.1, Partie D, et Graphique 1.14, Partie A). Cette hausse marque un tournant dans l'évolution du ratio dette/PIB, qui est resté globalement inchangé ou a augmenté lentement au cours des cinq années ayant précédé la pandémie, et s'est stabilisé ou a diminué au cours des années suivantes, entre 2021 et 2023.

Ces changements récents de la dynamique du ratio dette/PIB sont largement dus aux variations des taux d'intérêt réels effectifs (effets combinés des taux nominaux et de l'inflation) et des soldes primaires. Entre 2015 et 2019, les taux d'intérêt réels avaient un impact pratiquement nul sur les ratios d'endettement, tandis que les effets des déficits primaires étaient largement compensés par la croissance, permettant de stabiliser les trajectoires de la dette (Graphique 1.14, Parties A et D). Entre 2021 et 2023, la hausse des déficits primaires a été compensée par les taux réels négatifs, car l'inflation était nettement supérieure aux coûts d'emprunt (Graphique 1.14, Partie E). En 2024-25, les taux nominaux effectifs devraient augmenter sous l'effet des nouvelles émissions de dette à des taux plus élevés, tandis que la dette émise à une période où les taux étaient plus bas arrivera à échéance et que l'inflation convergera vers l'objectif. Cette évolution aboutira à un scénario dans lequel les taux d'intérêt effectifs réels seront positifs et le déficit primaire sera élevé par rapport à son niveau d'avant la pandémie, ce qui fera augmenter le ratio d'endettement.

Cette évolution du ratio dette/PIB global dans la zone OCDE reflète une hausse des ratios dans 23 pays de l'OCDE en 2024, contre une baisse dans 15 pays. Les écarts entre pays s'expliquent principalement par les variations des taux d'intérêt nominaux effectifs et des soldes primaires (Graphique 1.14, Parties B et C). Dans les pays où les ratios ont augmenté, les soldes primaires et les taux d'intérêt nominaux sont à l'origine d'une hausse moyenne de respectivement 1.6 et 1.2 point de PIB de ces ratios, contre 0.4 et 1 point de pourcentage dans les pays où le ratio a diminué. Les effets négatifs de la croissance et de l'inflation sur les ratios d'endettement étaient similaires dans les deux groupes, soit 0.6 et environ 1.5 point de PIB.

Sur les huit pays qui ont enregistré les plus fortes hausses du ratio dette/PIB en 2024, cinq sont géographiquement proches de zones de conflit (Graphique 1.14, Partie B). C'est en Israël que la hausse a été la plus forte, dépassant sept points de pourcentage du PIB. L'Estonie, la Finlande, la Lettonie et la Pologne, proches du conflit en Ukraine, ont également été très affectées, le déficit primaire ayant contribué pour plus de 2.5 points de pourcentage à leur ratio d'endettement, soit bien plus que la moyenne de 0.8 point des autres pays de l'OCDE.

Cette hausse des ratios dette/PIB dans la plupart des pays de l'OCDE en 2024, conjuguée à des augmentations substantielles en 2020, s'est soldée par des hausses de plus de cinq points de PIB dans 25 pays de l'OCDE depuis 2019 (Graphique 1.14, Partie F). En 2024, les ratios dette/PIB étaient supérieurs d'au moins 20 points de pourcentage à leur niveau de 2019 aux États-Unis, au Japon et en Nouvelle-Zélande. À l'inverse, les ratios d'endettement ont diminué au cours de la même période dans 13 pays de l'OCDE – tous européens et totalisant moins de 4 % de l'encours de la dette négociable de la zone OCDE en 2024[23].

Graphique 1.14. Décomposition des ratios dette/PIB

Les déficits et la hausse des taux d'intérêt effectifs devraient compenser les effets d'atténuation liés à l'inflation et à la croissance sur les ratios d'endettement en 2024-25

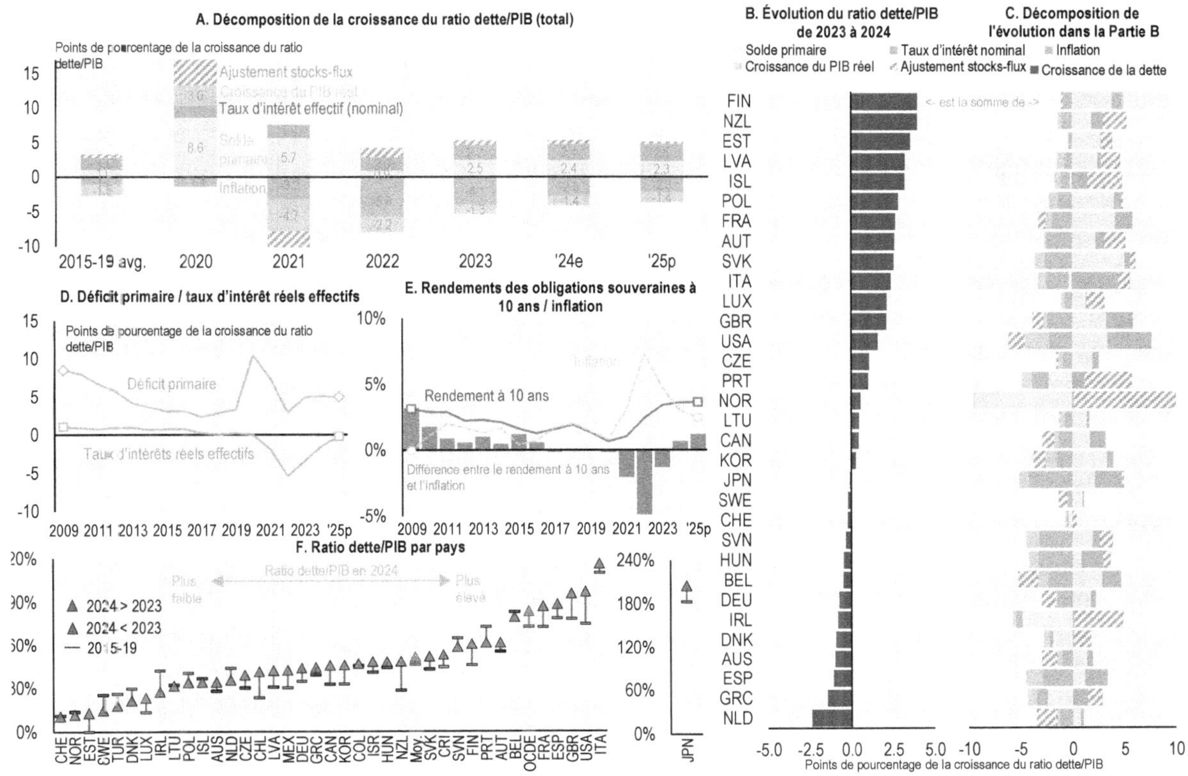

Note : la décomposition des ratios dette/PIB associe des informations provenant de l'administration centrale et des administrations publiques et ne comprend que les pays pour lesquels les Perspectives économiques de l'OCDE contiennent les données nécessaires aux calculs. Pour plus de détails, voir l'Annexe 1.A. Dans la Partie F, l'agrégat OCDE correspond à la somme de l'encours de la dette négociable de l'administration centrale divisée par la somme du PIB.

Source : Enquête 2024 de l'OCDE sur les titres de dette négociables des administrations centrales ; OCDE (2024[1]), Perspectives économiques de l'OCDE, volume 2024, numéro 2, n° 116, https://doi.org/10.1787/0481cf21-fr ; LSEG ; sites web des autorités nationales ; et calculs de l'OCDE.

La capacité des offices de gestion de la dette à influer sur les charges d'intérêts et les trajectoires du ratio dette/PIB est limitée. Leur principal levier d'action est la conception de stratégies d'emprunt visant à minimiser les coûts à long terme tout en maîtrisant les risques. À cette fin, des pratiques saines de gestion de la dette favorisent la transparence et la prévisibilité, ce qui permet de réduire les coûts en garantissant des primes de liquidité à l'émetteur. L'Encadré 1.3 examine comment les offices de gestion de la dette mettent en œuvre cette stratégie et ses implications pour leur capacité à ajuster les plans d'émission afin de réagir à l'évolution des conditions de financement qui affecte les paiements d'intérêts et les trajectoires du ratio dette/PIB.

Encadré 1.3. Comment et pourquoi les émetteurs souverains appliquent des stratégies d'émission régulières et prévisibles

Compte tenu de l'augmentation récente des charges d'intérêts dans la plupart des pays de l'OCDE, les stratégies d'émission de nombreux émetteurs souverains font l'objet d'une surveillance accrue. Il leur est principalement reproché de ne pas réussir à sécuriser des coûts de financement plus faibles en émettant à des échéances plus longues ou en n'empruntant pas plus que nécessaire en période de taux bas, ce qui aurait permis d'atténuer l'impact de la hausse des taux sur les charges d'intérêts. En tant qu'emprunteurs fréquents, les émetteurs souverains se concentrent sur la réduction des coûts et la gestion des risques *à long terme* en suivant une stratégie d'émission prévisible et régulière offrant une certaine souplesse. Cet encadré explique le fonctionnement de cette stratégie.

Une stratégie d'émission prévisible et régulière comprend plusieurs éléments clés. Premièrement, les émetteurs souverains renforcent la transparence en publiant à l'avance les plans d'emprunt et les calendriers des adjudications, y compris, dans certains cas, la taille indicative des adjudications. Deuxièmement, ils émettent régulièrement des titres assortis de diverses échéances afin de favoriser des courbes de rendement de référence fondées sur des instruments liquides. Cela implique de rouvrir plusieurs fois des lignes d'obligations individuelles afin d'augmenter leur encours avant d'en introduire de nouvelles. Troisièmement, ils veillent à ce que les plans d'émission répondent au besoin d'emprunt annuel chaque année, sans sur- ou sous-endettement délibéré.

Outre ces pratiques, les émetteurs souverains cherchent à diversifier leur base d'investisseurs afin de maintenir une demande stable. Pour la plupart des émetteurs des pays de l'OCDE, cela signifie qu'ils émettent en diversifiant les échéances clés, ce qui contribue à couvrir des besoins d'emprunt importants tout en atténuant le risque de concentration des échéances. Une émission excessive sur un segment particulier de la courbe peut détourner des liquidités d'autres segments, risquant d'affaiblir la demande future et de contrarier les objectifs à long terme des OGD. Elle peut également exercer des tensions sur les prix des titres et accroître le risque de souscription, en particulier pour les obligations à plus longue échéance, qui tendent à occuper une plus grande place dans les bilans en raison de leur plus grande duration.

Une stratégie d'émission régulière et prévisible sur l'ensemble de la courbe peut accroître la demande d'obligations souveraines et faire baisser les coûts d'emprunt. Cela passe par une réduction des primes de liquidité, de sorte que les marchés des obligations souveraines comptent parmi les plus liquides et les moins volatils. Cette approche nécessite d'ajuster progressivement les stratégies d'émission, comme en témoigne la relative stabilité de la taille des adjudications entre émetteurs au fil du temps (Graphique 1.15). La plupart des révisions visent à aligner les émissions sur les besoins d'emprunt déterminés par les besoins budgétaires. Les ajustements de la composition en termes d'échéances ou d'instruments sont moins fréquents et s'effectuent généralement de manière graduelle, en réduisant la taille de certaines lignes tout en en augmentant d'autres ou en modifiant la fréquence des adjudications. Dans la mesure du possible, les émetteurs évitent de modifier sensiblement la taille ou les dates prévues des adjudications, car cela pourrait envoyer des signaux d'instabilité ou d'incertitude au marché, susceptibles d'augmenter les primes de risque et de saper la confiance des investisseurs.

Cette stratégie limite la capacité des émetteurs souverains à modifier sensiblement leurs stratégies d'émission en réponse à l'évolution des conditions de financement, comme on l'a vu ces dernières années. Les plans annuels d'émission sont ajustés, mais le plus souvent à la marge, en réponse à l'évolution des conditions du marché ou des besoins d'emprunt. Par exemple, en 2024, la plupart des pays de l'OCDE n'ont signalé aucune modification de divers aspects de leurs plans d'émission. Dans le même temps, les stratégies d'émission à long terme sont rarement modifiées – par exemple, seuls deux pays de l'OCDE ont révisé leurs stratégies d'émission à long terme en 2024. Par conséquent, pour être en mesure de « verrouiller » des coûts de financement plus faibles en période de taux plus bas, il faudrait abandonner les pratiques de longue date fondées sur la régularité et la prévisibilité, qui procurent des avantages substantiels à *long terme*.

En outre, au-delà de la perte potentielle de crédibilité et des effets négatifs sur la liquidité et les prix, tout impact sur les coûts d'emprunt d'une modification brutale des stratégies d'émission serait probablement minime par rapport à des facteurs externes tels que les besoins d'emprunt nets et les conditions du marché. En définitive, les principaux déterminants des coûts d'emprunt sont les besoins d'emprunt globaux et les taux d'intérêt du marché, qui sont tous deux largement déterminés par la politique budgétaire et par les anticipations d'inflation et la politique monétaire.

Graphique 1.15. Lignes obligataires en circulation et taille moyenne des adjudications

Les émetteurs émettent des titres de référence liquides et poursuivent une stratégie d'émission régulière

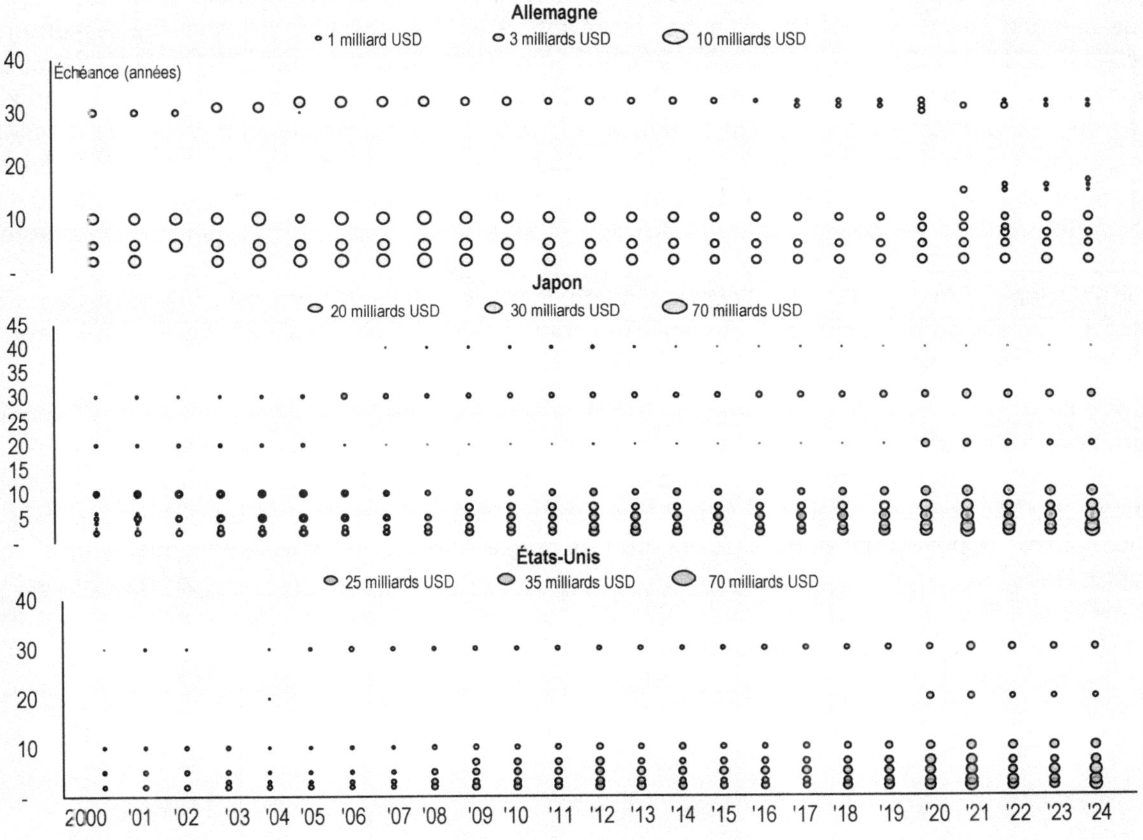

Note : ce graphique comprend uniquement les obligations à taux fixe. L'Annexe 1.C reproduit le même graphique pour d'autres pays.
Source : LSEG ; et calculs de l'OCDE.

Base d'investisseurs de la dette souveraine sur fond de poursuite du resserrement quantitatif

Du fait du resserrement quantitatif et des besoins de financement élevés, un volume record d'obligations souveraines doit être absorbé par le marché

Les avoirs des banques centrales en obligations souveraines nationales, qui ont atteint un niveau record de près de 16 000 milliards USD en 2021, ont diminué pour s'établir à un peu plus de 12 000 milliards USD en 2024 et devraient chuter de 1 000 milliards USD supplémentaires en 2025 (Graphique 1.16, partie A). Les banques centrales adoptent des stratégies très différentes pour réduire ces avoirs : certaines vendent activement des obligations, tandis que d'autres s'abstiennent partiellement ou totalement de réinvestir le produit des titres arrivant à échéance. L'Annexe 1.D contient une synthèse des politiques de resserrement quantitatif mises en œuvre dans certains pays de l'OCDE.

Le rythme de diminution des avoirs en obligations souveraines varie considérablement d'une grande banque centrale de la zone OCDE à l'autre, en raison de la diversité des politiques de resserrement quantitatif et de la structure des échéances des obligations (Graphique 1.16, partie B)[24]. Le portefeuille de la Banque du Canada devrait être réduit de près de 50 % entre le plus niveau le plus élevé atteint en 2021 et la fin du programme de resserrement quantitatif en 2025, ce qui représente la plus grande diminution observée parmi les principales banques centrales au cours de cette période. Viennent ensuite la Banque d'Angleterre, la Réserve fédérale et la BCE, avec une réduction de respectivement 40 %, 30 % et 15 % au cours de la même période. La Banque du Japon, qui a annoncé son programme de resserrement quantitatif à la mi-2024, devrait réduire ses avoirs en obligations souveraines d'environ 7-8 % d'ici mars 2026 (Bank of Japan, 2024[20]). Il convient de noter que le rythme des programmes de resserrement quantitatif a évolué par le passé et qu'il pourrait encore évoluer à l'avenir, sachant que ces projections pour 2025 se fondent sur les informations disponibles au début de 2025.

La principale conséquence du resserrement quantitatif pour les émetteurs souverains est son incidence sur l'offre nette d'obligations à taux fixe qui doit être absorbée par les marchés, laquelle devrait dépasser pour la première fois 3 000 milliards USD par an en 2024-25 (Graphique 1.16, partie C). À titre de comparaison, l'offre nette d'obligations à taux fixe absorbée par les marchés a été en moyenne nulle sur la période 2015-19, puis négative en 2020, lorsque les programmes d'assouplissement quantitatif ont plus que compensé l'absorption du niveau record d'emprunt net lié à la pandémie, et elle a dépassé 2 000 milliards USD par an sur la période 2021-23, certaines banques centrales ayant mis fin à leurs achats d'obligations et amorcé un resserrement quantitatif.

Graphique 1.16. Avoirs des banques centrales en titres d'État nationaux et en obligations à taux fixe à absorber par le marché

Un volume record d'obligations à taux fixe auparavant inscrites au bilan des banques centrales a été absorbé par les acteurs du marché

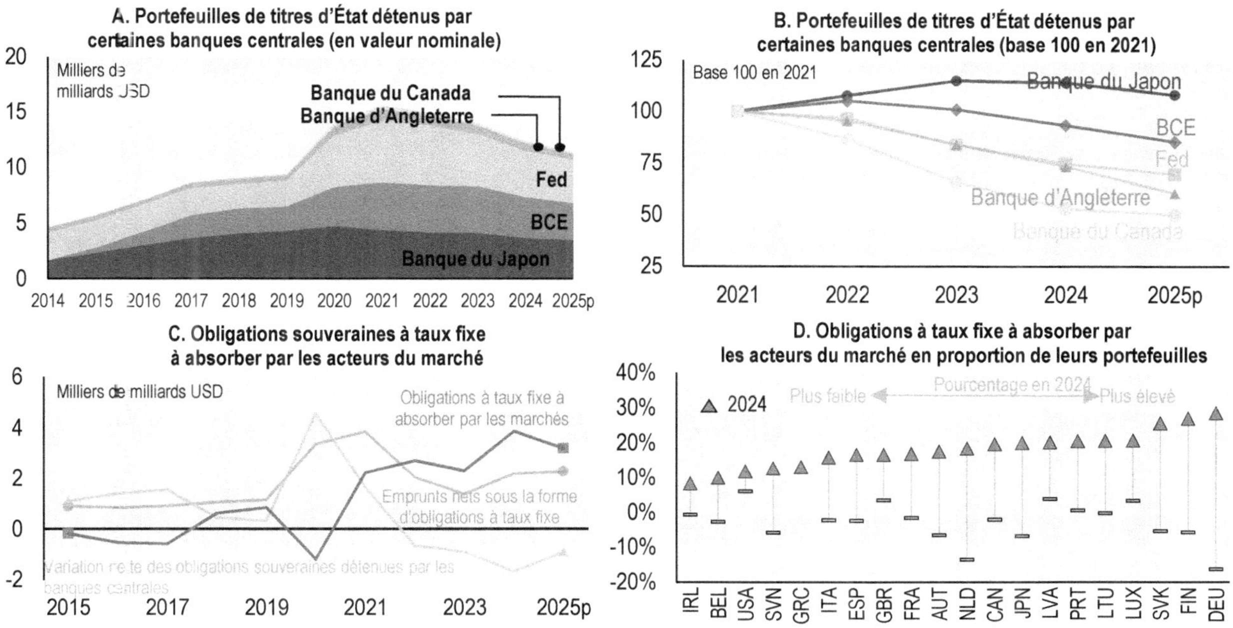

Note : les valeurs relatives à 2025 sont des prévisions fondées sur le rythme de resserrement quantitatif indiqué sur les sites internet des banques centrales, ainsi que sur les calendriers d'échéances de leurs portefeuilles. La partie B débute en 2021, année où les avoirs des banques centrales en obligations souveraines ont atteint un sommet au Canada, au Royaume-Uni et aux États-Unis. Les parties C et D ne couvrent que les pays dont la politique monétaire est définie par l'une des banques centrales figurant dans les parties A et B, ce qui représentait 93 % de la dette négociable des administrations centrales de la zone OCDE en 2024. Dans la partie D, les données d'enquête de l'OCDE utilisées datent de juin 2024 et ne comprennent que les pays où lesquels les banques centrales détiennent des avoirs importants. Seules les obligations détenues au titre du programme d'achats de titres du secteur public (*Public Sector Purchase Programme*, PSPP) et du programme d'achats d'urgence face à la pandémie (*Pandemic emergency purchase programme*, PEPP) sont comprises dans les avoirs de la BCE.
Source : Enquête 2024 de l'OCDE sur les titres de dette négociables des administrations centrales ; OCDE (2024[1]), Perspectives économiques de l'OCDE, volume 2024, numéro 2, n° 116, https://doi.org/10.1787/0481cf21-fr ; LSEG ; sites web des autorités nationales ; Banque du Canada ; Banque d'Angleterre ; Banque du Japon ; Banque centrale européenne ; Réserve fédérale des États-Unis ; et calculs de l'OCDE.

L'augmentation tendancielle de l'offre nette d'obligations à taux fixe devant être absorbée par les marchés est généralisée et concerne chacun des 20 pays analysés. Sur la période 2015-19, l'offre annuelle nette moyenne absorbée par le marché a été négative dans 14 de ces pays (Graphique 1.16, partie D), ce qui a entraîné une diminution des portefeuilles d'obligations souveraines des acteurs du marché au cours de ces cinq années. En revanche, le volume de nouvelles obligations souveraines à taux fixe absorbé par les acteurs du marché en 2024 représentait en moyenne 18 % de leurs portefeuilles. Dans 19 des 20 pays étudiés, le pourcentage d'obligations à taux fixe devant être absorbées par les acteurs du marché s'établissait à pas moins de 10 % de leurs portefeuilles en 2024. Par conséquent, les acteurs du marché sont aujourd'hui davantage exposés au risque de taux d'intérêt.

La duration en dollars des portefeuilles d'obligations à taux fixe des acteurs du marché, qui est une mesure de l'exposition du marché au risque de taux d'intérêt, a augmenté d'environ 75 % entre 2015 et 2024 (Graphique 1.17, partie A). Cela signifie que l'effet négatif d'une hausse des rendements en 2024 sur la valeur de marché des obligations souveraines à taux fixe aurait été presque deux fois plus important qu'en 2015. Ainsi, une hausse parallèle des rendements de 1 % sur l'ensemble de la courbe en 2015 aurait réduit la valeur de marché des obligations souveraines de quelque 1 000 milliards USD, et d'environ 1 750 milliards USD en 2024.

Graphique 1.17. Exposition au risque de taux d'intérêt, portefeuilles des banques centrales et structure des échéances des titres d'emprunt à taux fixe

Le niveau d'exposition du marché au risque de taux d'intérêt lié aux obligations à taux fixe a sensiblement augmenté

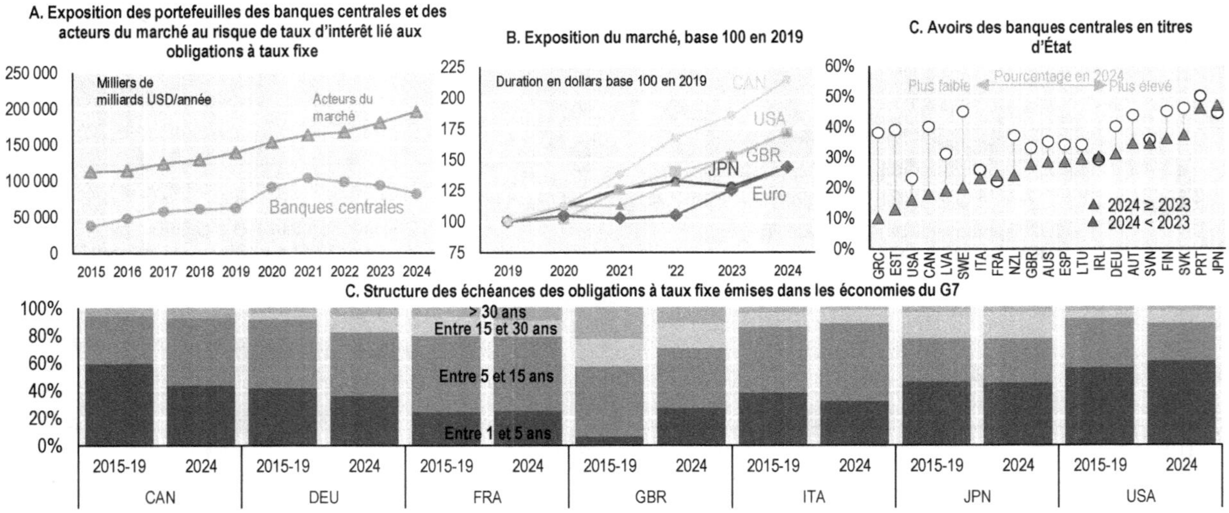

Note : on utilise la duration en dollars pour agréger les obligations en circulation ayant des échéances différentes. Il s'agit d'une mesure de la sensibilité approximative de la valeur d'un portefeuille obligataire à de légères variations des taux d'intérêt. Plus précisément, la duration permet d'estimer la mesure dans laquelle la valeur du portefeuille diminuerait en dollars absolus si les taux d'intérêt augmentaient d'un point de pourcentage. Ainsi, un portefeuille dont la duration en dollars est de 10 milliards USD verrait sa valeur diminuer de 100 millions USD si les taux d'intérêt augmentaient d'un point (1 % multiplié par 10 milliards USD). Les calculs de la duration en dollars présentés ici sont approximatifs : faute de données sur les marchés secondaires pour toutes les obligations, la duration de chaque obligation a été calculée à l'aide du rendement à l'échéance de la dernière émission sur le marché primaire. Toutes les parties du graphique ne couvrent que les pays dont la politique monétaire est définie par l'une des banques centrales figurant dans la partie B, ce qui représente 93 % de l'encours de la dette négociable des administrations centrales de la zone OCDE. Parmi ces banques centrales, seule la Banque d'Angleterre a activement vendu des obligations, tandis que les autres ont suivi une stratégie passive de réduction de la taille de leur bilan.

Source : Enquête 2024 de l'OCDE sur les titres de dette négociables des administrations centrales ; OCDE (2024[1]), Perspectives économiques de l'OCDE, volume 2024, numéro 2, n° 116, https://doi.org/10.1787/0481cf21-fr ; Enquête de l'OCDE sur la liquidité des marchés secondaires des obligations d'État, éditions 2023 et 2024 ; LSEG ; sites web des autorités nationales ; Banque du Canada ; Banque d'Angleterre ; Banque du Japon ; Banque centrale européenne ; Réserve fédérale des États-Unis ; et calculs de l'OCDE.

Cet accroissement de l'exposition du marché au risque de taux d'intérêt varie sensiblement d'un pays à l'autre, les plus fortes augmentations enregistrées depuis 2019 ayant été observées au Canada, aux États-Unis et au Royaume-Uni (Graphique 1.17, partie B). Dans ces pays, la duration en dollars a augmenté de plus de 50 % entre 2019 et 2024. En revanche, la hausse a été plus modeste dans la zone euro et au Japon, ce qui tient aux besoins d'emprunt nets relativement moins importants de ces régions et au rythme plus lent (zone euro) ou à l'adoption plus tardive (Japon) de leur programme de resserrement quantitatif.

Une plus grande exposition du marché au risque de taux d'intérêt peut accroître l'appétence des investisseurs pour des obligations à duration plus longue et, partant, contraindre les émetteurs à raccourcir les échéances de leurs émissions. Par exemple, entre 2019 et 2024, la part des bons du Trésor dans l'encours de la dette a augmenté dans une plus grande mesure au Canada et aux États-Unis (où la hausse de l'exposition du marché à la duration a été la plus forte) que dans la plupart des pays de la zone euro et au Japon (Graphique 1.7, partie C). Au Royaume-Uni, où les émissions de bons du Trésor ont diminué au cours de cette période, la proportion d'obligations à taux fixe assorties d'une échéance supérieure à 30 ans a fortement diminué, passant d'environ un quart durant la période 2015-19, à quelque 12 % en 2024. Cette baisse a été compensée par une augmentation des émissions d'obligations à taux fixe ayant une échéance comprise entre un et cinq ans (Graphique 1.17, partie D).

Le risque de duration dans les bilans des banques centrales peut également avoir une incidence sur les émetteurs souverains, sachant que les pertes des banques centrales peuvent donner lieu à la suspension du versement des bénéfices, voire à une couverture des pertes par l'administration centrale dans quelques pays de l'OCDE (OCDE, 2024[13]). Récemment, la hausse des taux d'intérêt a entraîné des pertes pour les banques centrales en accroissant le coût des dettes portant intérêt et en réduisant la valeur de leurs portefeuilles obligataires, en particulier là où les banques centrales ont mis en œuvre un programme d'assouplissement quantitatif et/ou recouru à la méthode de comptabilisation en valeur du marché. Ces pertes ont donné lieu à une suspension des transferts de bénéfices aux administrations publiques et ont dû être couvertes par l'administration centrale dans certains pays. De telles conséquences peuvent influer sur la situation budgétaire et accroître les besoins d'emprunt.

Les banques centrales détiennent encore d'importants portefeuilles d'obligations souveraines, et l'incertitude demeure quant à l'arrêt des programmes actuels de resserrement quantitatif, qui est l'un des principaux facteurs influant sur l'exposition des marchés à la duration. En 2024, les obligations souveraines détenues par les banques centrales représentaient en moyenne environ un cinquième de l'encours total de la dette souveraine dans une sélection de pays (Graphique 1.17, partie A). Bien que certains acteurs du marché, notamment aux États-Unis, pensent que le cycle de réduction du bilan des banques centrales s'achèvera entre la mi-2025 et le début de 2026 (TBAC, 2025[14]), seules les banques centrales du Canada et de la Suède ont pour le moment annoncé la fin de leur programme de resserrement quantitatif, prévue respectivement en mars 2025 et à la fin de 2025 (Banque du Canada, 2025[21] ; Sveriges Riksbank, 2024[22]).

Une proportion plus importante de l'encours de la dette souveraine est désormais détenue par des investisseurs sensibles aux prix

Ces dernières années, alors que la part des obligations souveraines nationales détenues par les banques centrales a diminué, celle détenue par les ménages et les investisseurs étrangers a augmenté. Dans une sélection de 25 pays de l'OCDE, qui représentaient près de 90 % de l'encours de la dette négociable des administrations centrales des pays de l'OCDE en 2024, la part détenue par les banques centrales est passée de 29 % en 2021 à 19 % en 2024 (Graphique 1.18, partie A)[25], tandis que la proportion détenue par les ménages s'est hissée de 5 % à 11 % et celle des investisseurs étrangers de 29 % à 34 %.

Les ménages ont été les premiers à absorber une grande partie de l'augmentation de l'offre nette d'obligations souveraines, les investisseurs étrangers étant intervenus dans un second temps. Les ménages ont contribué à compenser la diminution de la part détenue par les sociétés financières et les banques centrales en 2022, puis de celle des banques centrales en 2023 et 2024, absorbant l'équivalent d'un tiers de la réduction des avoirs des banques centrales en 2024 (Graphique 1.18, partie B). Les investisseurs étrangers ont commencé à accroître plus sensiblement leur part en 2024, en absorbant une grande partie de l'augmentation de l'offre nette. Leur part actuelle reste similaire, voire inférieure, au niveau observé avant la pandémie, la récente hausse compensant la diminution de leurs portefeuilles durant la pandémie et pendant la période qui a suivi.

Tant les ménages que les investisseurs étrangers du secteur privé sont considérés comme étant plus sensibles aux prix. La persistance de leur demande dépendra donc probablement des niveaux de rendement relatifs. Dans de nombreux pays, les ménages se sont orientés vers les obligations souveraines par l'intermédiaire de produits destinés aux particuliers proposés par les OGD, cherchant à utiliser le surcroît d'épargne accumulé après la pandémie, sur fond de faible rendement des dépôts bancaires (Encadré 1.4). La catégorie des investisseurs étrangers recouvre la demande du secteur public en réserves de change, ainsi que les banques et les gestionnaires d'actifs, ces derniers étant particulièrement sensibles aux prix et généralement attirés par des rendements élevés (Graphique 1.18, parties C et D).

Les investisseurs sensibles aux prix recherchent des rendements relativement plus élevés, ceux-ci pouvant accroître les primes d'échéance et limiter la répercussion de la baisse des taux directeurs sur les taux à long terme. Les préférences spécifiques des investisseurs dépendent de leur appétence pour le risque, de leurs engagements et de leur horizon d'investissement ; certains segments spécifiques de la courbe des rendements sont donc privilégiés. L'augmentation de l'offre dans certains segments tend ainsi à faire baisser les prix des obligations. L'offre abondante d'obligations à long terme, alimentée par le resserrement quantitatif et les emprunts nets élevés, a tiré les rendements à la hausse dans ce segment. Par conséquent, les estimations empiriques des primes d'échéance ont sensiblement augmenté en 2024 (Villeroy de Galhau, 2025[23]). De tels facteurs atténuent l'effet des baisses de taux d'intérêt sur les taux à long terme, si bien que les rendements à l'extrémité longue de la courbe augmentent parfois à la suite d'une baisse des taux directeurs.

Les facteurs géopolitiques peuvent influer sur les marchés de la dette souveraine et la dynamique macrobudgétaire, et ceci au moins de deux façons. Premièrement, les chocs d'offre provoqués par des conflits pourraient alimenter l'inflation et entraîner de ce fait un resserrement monétaire. Compte tenu du niveau actuel sans précédent d'exposition du marché au risque de duration, cela pourrait accroître l'appétence pour la duration, obligeant les émetteurs souverains à raccourcir les échéances ou à payer des primes d'échéance plus élevées. Deuxièmement, les tensions géopolitiques pourraient réduire la demande d'obligations souveraines de la part de pays non alignés politiquement. Ainsi, environ un tiers de la dette souveraine de la zone euro détenue par des investisseurs étrangers est entre les mains de pays non alignés politiquement, ce qui présente des risques, en particulier pour les émetteurs dont les obligations ne sont pas considérées comme des actifs « refuges » (Hudecz, Lauwers et Mimir, 2024[24]).

Les données par pays montrent que depuis la mise en place des programmes de resserrement quantitatif, la hausse des avoirs des investisseurs étrangers a compensé la réduction des portefeuilles d'obligations souveraines nationales des banques centrales dans un plus grand nombre de pays que celle des ménages (Graphique 1.19). Entre juin 2022 et juin 2024, la part de la dette souveraine détenue par des investisseurs étrangers a augmenté de plus d'un point de pourcentage dans 16 des 25 pays analysés, et de plus de cinq points de pourcentage dans huit d'entre eux. En revanche, la part détenue par les ménages a augmenté de plus d'un point de pourcentage dans six pays, et de plus de cinq points seulement en Italie et aux États-Unis (Encadré 1.4) au cours de la même période[26]. Le fait que la part détenue par les ménages ait, dans l'ensemble, plus fortement augmenté que celle des investisseurs étrangers tient donc essentiellement à la hausse de la demande des ménages dans ces deux grands pays émetteurs.

Graphique 1.18. Composition de la base d'investisseurs

La majeure partie des avoirs des banques centrales en obligations souveraines nationales a été absorbée par les ménages depuis 2022, puis par les investisseurs étrangers en 2024

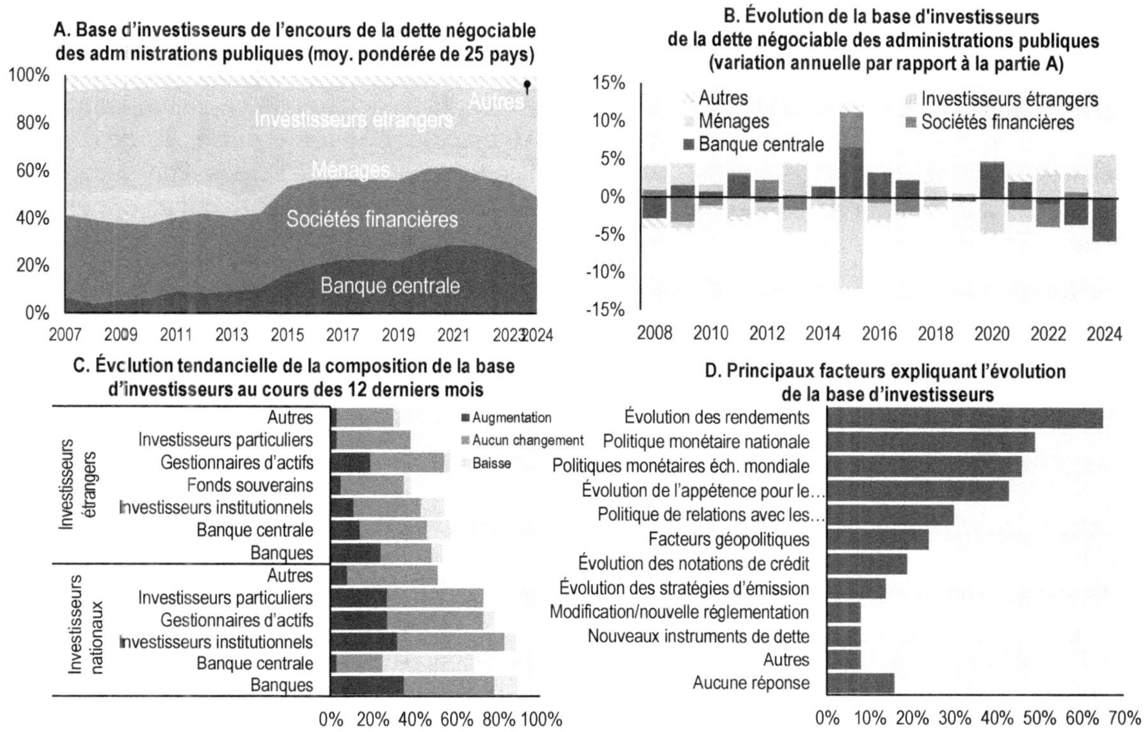

Note : les valeurs correspondent à la dette négociable des administrations publiques au deuxième trimestre de 2024 pour le Japon et au troisième trimestre de 2024 pour les autres pays. Les ménages englobent les institutions sans but lucratif au service des ménages. Les parties A et B couvrent 25 pays, qui représentent près de 90 % de la dette négociable des administrations centrales des pays de l'OCDE en 2024 ; il s'agit des pays énumérés dans le graphique suivant. Dans les parties C et D, les réponses à l'enquête sont présentées en pourcentage des personnes ayant répondu aux questions.

Source : Enquête 2024 sur la liquidité des marchés secondaires des obligations d'État ; Enquête 2024 de l'OCDE sur les titres de dette négociables des administrations centrales ; OCDE (2024[1]), Perspectives économiques de l'OCDE, volume 2024, numéro 2, n° 116, https://doi.org/10.1787/0481cf21-fr ; LSEG ; sites web des autorités nationales ; Banque du Canada ; Banque du Japon ; Banque centrale européenne ; Réserve fédérale des États-Unis ; et calculs de l'OCDE.

Encadré 1.4. Exemples de hausse de la demande d'obligations souveraines de la part des particuliers en 2022-24

Plusieurs émetteurs souverains se sont efforcés de mieux répondre à la demande des investisseurs particuliers au cours des deux dernières années, sur fond d'augmentation des besoins d'emprunt bruts, de rendements réels positifs et de resserrement quantitatif. Le nombre de pays de l'OCDE proposant des programmes destinés aux particuliers est passé de 14 en 2019 à 18 en 2024, soit le nombre le plus élevé observé depuis la crise financière mondiale. Au cours de l'année écoulée, les obligations destinées aux investisseurs particuliers sont, avec les obligations durables, les types d'obligations les plus récemment introduits. Par conséquent, la part de l'encours de la dette détenue par des investisseurs particuliers a sensiblement augmenté dans plusieurs pays de l'OCDE.

- La **Belgique** et l'**Italie** disposent depuis longtemps de programmes destinés aux particuliers, qui ont suscité un regain d'intérêt à la suite de l'émission de nouveaux produits. En Belgique, les premières obligations à un an destinées aux particuliers ont été émises en 2023, notamment en vue de stimuler la concurrence sur le marché de l'épargne. Cette mesure a porté ses fruits, les taux des produits proposés par le secteur privé ayant augmenté dans le sillage de l'émission. C'est d'ailleurs l'une des raisons pour lesquelles la demande des investisseurs particuliers a fléchi en 2024. Quant à l'Italie, elle figure désormais parmi les pays de l'OCDE où la part de la dette souveraine détenue par les ménages est la plus élevée (environ 14 %), après la Hongrie et les États-Unis, grâce au succès de l'émission de nouveaux produits destinés aux particuliers depuis la pandémie de COVID-19.
- La **Grèce** et l'**Espagne** n'ont pas de programmes ou de produits destinés aux particuliers, mais ces derniers peuvent participer directement aux adjudications. En Grèce, cette possibilité est récente et limitée aux bons du Trésor, alors qu'en Espagne, elle est offerte par le biais d'un dispositif bien établi géré par la banque centrale. La proportion de l'encours de la dette grecque détenue par des investisseurs particuliers s'est hissée de 1 % en 2022 à 4 % en 2024. En Espagne, la part des emprunts bruts financés par des particuliers est passée de 0 % en 2021 à 9 % en 2023, les investisseurs particuliers détenant 40 % de l'encours des bons du Trésor espagnols en juillet 2024.
- La **Slovénie** a émis sa toute première obligation souveraine destinée aux investisseurs particuliers en 2024 afin de répondre aux besoins de financement accrus dus en partie aux efforts de reconstruction déployés après les inondations. Le pays se caractérise en outre par un niveau élevé d'épargne intérieure. Ces émissions visaient à accroître la diversification de la base d'investisseurs en stimulant le financement intérieur, en augmentant l'intérêt des petits investisseurs pour les marchés financiers et en offrant une alternative intéressante aux dépôts auprès de banques commerciales. L'ampleur des émissions a été légèrement supérieure au montant initialement prévu, ce qui témoigne de la vigueur de la demande de titres de dette souveraine émanant des investisseurs particuliers.
- Les **États-Unis** ont été l'un des pays où la demande de titres d'emprunt souverain de la part des particuliers a été la plus forte ces dernières années. La proportion de l'encours de la dette détenue par des investisseurs particuliers est passée de 12 % en 2022 à 15 % en 2024. La demande s'est essentiellement portée sur les obligations négociables, malgré la disponibilité de produits non négociables destinés aux particuliers.

Source : Foxall, S. et Policino, L. (2025[25]), « Sovereign Retail Debt Programmes and Instruments: A review of country practices », *OECD Working Papers on Sovereign Borrowing and Public Debt Management*, n° 10, https://doi.org/10.1787/e2a782d0-en.

Alors que la part détenue par les ménages a augmenté dans les pays proposant des produits ou des programmes destinés aux investisseurs particuliers, les investisseurs étrangers ont considérablement étoffé leurs avoirs, principalement sur les petits marchés où un resserrement quantitatif est en cours. En moyenne, les programmes de resserrement quantitatif ont donné lieu à une réduction de la taille des portefeuilles d'obligations souveraines des banques centrales d'environ 10 points de pourcentage entre 2022 et 2024 (Graphique 1.17, partie C). Seuls les portefeuilles de quelques petits émetteurs, qui ne représentent que 2 % de la dette souveraine totale de la zone OCDE[27], ont connu une réduction plus importante.

Graphique 1.19. Évolution de la composition de la base d'investisseurs entre juin 2022 et juin 2024

Les investisseurs étrangers ont absorbé l'offre découlant de la réduction des avoirs des banques centrales dans la plupart des pays de la zone euro, tandis que l'absorption par les ménages a été plus importante dans un petit nombre pays qui disposent de programmes ou de produits destinés aux investisseurs particuliers

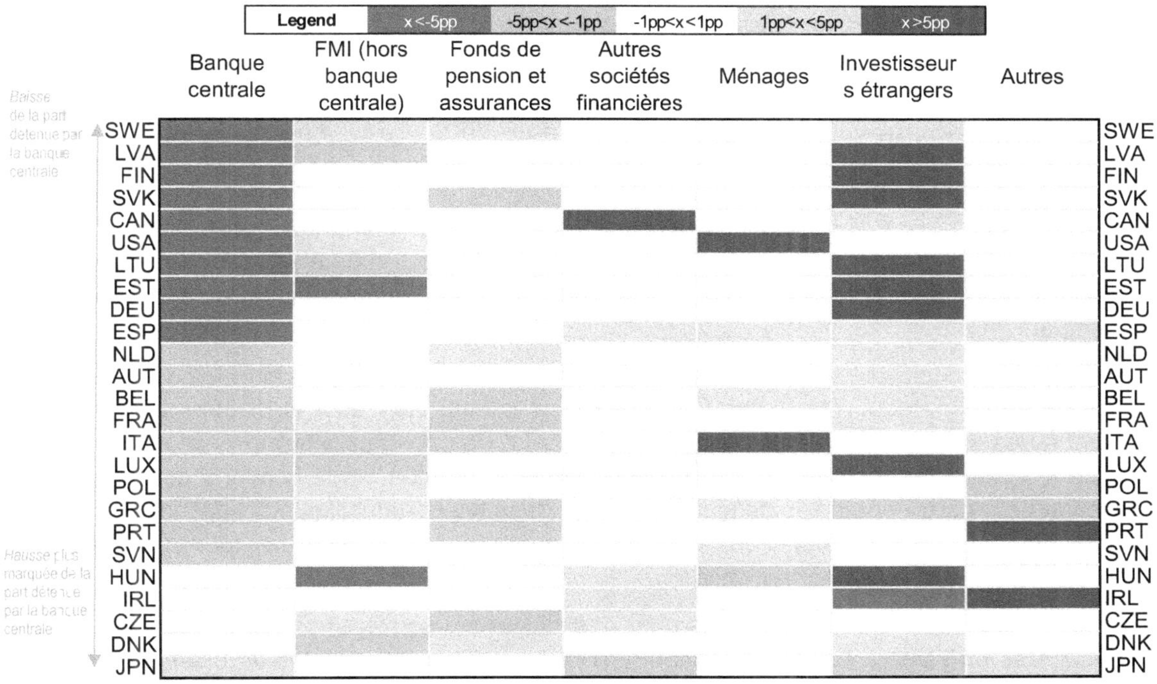

Note : les valeurs correspondent à la dette négociable des administrations publiques. Les IFM désignent les institutions financières monétaires. Les « Autres sociétés financières » englobent les fonds de pension et les compagnies d'assurance pour le Canada et le Japon.
Source : Banque du Canada ; Banque d'Angleterre ; Banque du Japon ; Banque centrale européenne ; Réserve fédérale des États-Unis ; et calculs de l'OCDE.

Liquidité des marchés de la dette souveraine et des marchés connexes

La liquidité a retrouvé les niveaux observés avant la pandémie, mais la volatilité reste élevée

Une grande liquidité est essentielle au bon fonctionnement des marchés et à la mise en œuvre efficace des stratégies des émetteurs souverains. Lorsque la liquidité est faible, les coûts de transaction augmentent, car les transactions peuvent causer d'importantes fluctuations de prix. À l'inverse, des marchés liquides peuvent absorber des volumes d'emprunt plus importants, avec un effet minimal sur les prix, ce qui permet aux gestionnaires de la dette d'exécuter efficacement les stratégies de financement, même dans un contexte d'incertitude macrofinancière ou de volatilité des besoins d'emprunt.

En 2024, la liquidité des marchés des obligations souveraines aurait augmenté dans 40 % des pays de l'OCDE. Il s'agit de la deuxième année consécutive où une proportion accrue de pays ont fait état d'une amélioration ; 40 % est également le niveau le plus élevé enregistré depuis 2018, soit le début de la série (Graphique 1.20, partie A). Cette amélioration fait suite à une forte dégradation de la liquidité au cours du cycle de resserrement monétaire qui a débuté en 2022. Elle se concrétise par la réduction des écarts de cotation, lesquels constituent un indicateur clé de la réduction des coûts de transaction et de l'amélioration de l'efficience des marchés (Graphique 1.20, partie B)[28].

En ce qui concerne les titres de dette souveraine, la liquidité des marchés des pensions et des marchés obligataires étrangers s'est améliorée dans plus d'un tiers des pays de l'OCDE, le nombre de pays faisant état d'une détérioration n'ayant jamais été aussi bas (Graphique 1.20, partie A). La part croissante de la dette souveraine de plusieurs pays détenue par des investisseurs étrangers souligne l'importance d'une forte liquidité des marchés obligataires étrangers (Graphique 1.19).

Les opérations de pension remplissent deux fonctions essentielles sur les marchés des obligations souveraines. Sur le marché primaire, elles permettent aux spécialistes en valeurs du Trésor de financer leurs offres lors d'adjudications d'obligations et leurs positions de souscription dans des obligations syndiquées à un coût raisonnable, offrant ainsi aux émetteurs un accès moins coûteux et moins risqué aux marchés financiers. Sur le marché secondaire, elles contribuent à assurer la liquidité en permettant aux teneurs de marché d'offrir une « immédiateté » aux investisseurs en indiquant en permanence les prix auxquels ils s'engagent à négocier à la demande. Dans de nombreux pays, les banques jouent habituellement le rôle de spécialistes en valeurs du Trésor, même si dans quelques cas, des établissements non bancaires remplissent également ce rôle (en Allemagne, au Canada et aux États-Unis, par exemple).

Les marchés de produits dérivés jouent également un rôle essentiel dans les activités d'intermédiation des spécialistes en valeurs du Trésor. Les spécialistes en valeurs du Trésor et d'autres acteurs du marché recourent à des contrats d'échange de taux d'intérêt et à des contrats à terme pour se couvrir contre le risque de marché. Ces contrats d'échange, ou « swaps », permettent de convertir des flux fixes en flux variables et de neutraliser ainsi le risque de duration dans les portefeuilles d'obligations. En compensant la baisse de la valeur de marché des obligations induite par la hausse des taux d'intérêt, les swaps contribuent à atténuer le risque de pertes.

Malgré l'amélioration de la liquidité des marchés des obligations souveraines et des opérations de pension, les spécialistes en valeurs du Trésor se heurtent toujours à des contraintes de bilan, environ 40 % des bureaux de gestion de la dette des pays de l'OCDE faisant état de préoccupations quant à leur rentabilité[29]. Le durcissement des exigences réglementaires (Bâle III) après la crise financière mondiale (voir Encadré 1.5 sur les États-Unis) et le niveau sans précédent d'exposition au risque de duration lié aux obligations souveraines (Graphique 1.17) ont alourdi les coûts de portage pour les spécialistes en valeurs du Trésor. Durant la période d'assouplissement quantitatif, les banques centrales ont absorbé d'importants volumes d'obligations souveraines sur le marché secondaire, ce qui a réduit la volatilité du marché et facilité les opérations des spécialistes en valeurs du Trésor. Les banques centrales étant à présent passées à un resserrement quantitatif, les spécialistes en valeurs du Trésor doivent, au moins temporairement, conserver un volume plus important d'obligations, ce qui augmente leurs exigences minimales de fonds propres. Faute de fonds propres supplémentaires, ils devront composer avec le coût d'opportunité lié à la mobilisation accrue de leur bilan restreint pour assurer la tenue de marché sur les obligations souveraines.

Graphique 1.20. Conditions de liquidité, écarts de cotation et écarts de swap à cinq ans

La liquidité s'est améliorée sur les marchés des obligations souveraines et les marchés connexes, mais les écarts de swap sont tombés à leurs plus bas niveaux depuis dix ans

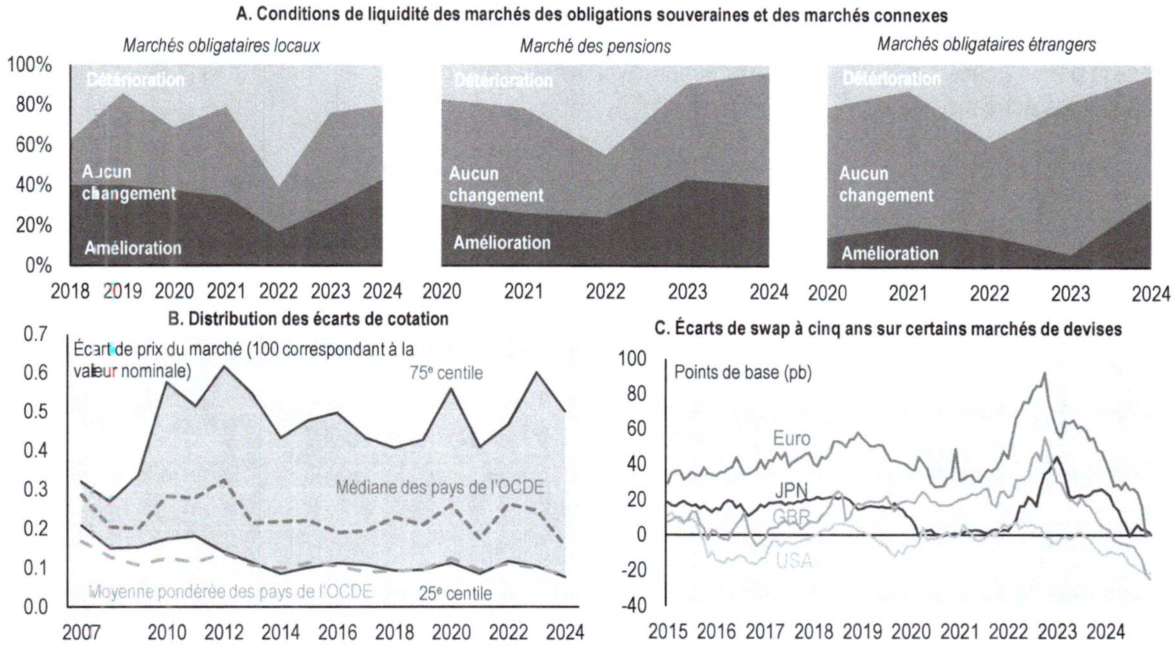

Note : la partie B comprend tous les pays de l'OCDE à l'exception de la Corée, de l'Estonie, de la Lettonie et de la Lituanie en raison de l'indisponibilité des données. Dans la partie C, l'écart de swap correspond à la différence entre le taux fixe sur un contrat d'échange (swap) de taux d'intérêt à 5 ans et le rendement d'une obligation souveraine à 5 ans.
Source : Enquête sur la liquidité des marchés secondaires des obligations d'État, éditions 2018-2024 ; LSEG ; et calculs de l'OCDE.

Cette hausse des coûts de bilan se traduit par des écarts de swap historiquement bas, voire négatifs, sur certains marchés (Graphique 1.20, partie C). Compte tenu de l'existence d'une relation d'arbitrage entre les contrats d'échange et les obligations d'État, l'écart entre les taux d'échange et les rendements obligataires ne devrait normalement pas être très important, même s'il est souvent positif en raison de la valeur de garantie des obligations. Les écarts de rendement négatifs sont relativement rares et témoignent de tensions sur la capacité d'absorption de la dette publique. En concluant des contrats d'échange permettant de payer des taux fixes inférieurs aux rendements des obligations qu'ils détiennent, les spécialistes en valeurs du Trésor couvrent le risque de marché (principalement le risque de duration) et peuvent réaliser des bénéfices pour compenser le coût d'opportunité lié à la conservation des obligations souveraines dans leur bilan (BRI, 2024[18]). Les spécialistes en valeurs du Trésor peuvent en outre céder leurs stocks à des acteurs du marché plus sensibles aux prix, tels que les fonds spéculatifs, moyennant de fortes décotes, faisant ainsi baisser les prix du marché. Ces acteurs assument alors en partie le rôle de portage traditionnellement dévolu aux spécialistes en valeurs du Trésor.

La volatilité des marchés, qui s'est envolée à l'amorce du cycle de resserrement monétaire en 2022, reste supérieure à son niveau antérieur à la pandémie dans plusieurs pays et pour différentes échéances (Graphique 1.21). Les fortes fluctuations des rendements observées à la suite d'événements défavorables en attestent (Gomez-Cram, Kung et Lustig, 2024[26]). Les incertitudes géopolitiques et macrofinancières ont influé sur cette volatilité accrue. Les tensions géopolitiques, notamment l'invasion à grande échelle de l'Ukraine par la Russie et le conflit au Moyen-Orient, ont perturbé les échanges mondiaux et les marchés de l'énergie, ce qui a fait grimper les prix de l'énergie et l'inflation et transformé l'environnement macroéconomique (OCDE, 2024[1]). Ces difficultés sont accentuées par le niveau élevé des ratios dette/PIB, qui se traduit par des marges de manœuvre budgétaires réduites pour absorber les chocs.

Graphique 1.21. Volatilité des marchés obligataires dans certains pays et pour différentes échéances

La volatilité des marchés secondaires reste supérieure au niveau antérieur à la pandémie dans plusieurs pays et pour différentes échéances

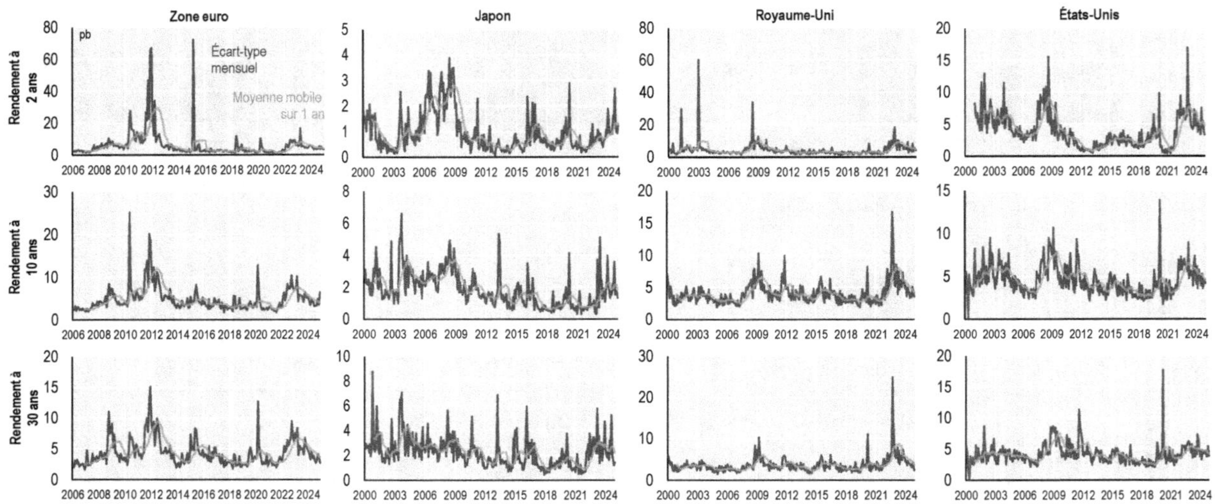

Source : LSEG ; et calculs de l'OCDE.

L'une des conséquences potentielles de cette volatilité accrue pour les émetteurs souverains est une augmentation des écarts d'adjudication. Les écarts d'adjudication correspondent à la différence de rendement entre le prix accepté moyen et le prix accepté le plus bas dans le cadre d'enchères à prix multiples. Il s'agit donc d'un indicateur essentiel de la demande et du bon fonctionnement des marchés. Des écarts plus importants indiquent une plus grande dispersion des soumissions, et donc une divergence entre les prix offerts par les différents acteurs du marché, et laissent entrevoir des incertitudes ou une confiance du marché en demi-teinte. En revanche, des écarts faibles, voire nuls, sont le signe de conditions de marché favorables, caractérisées par une plus grande certitude quant au prix des titres et par une demande plus vigoureuse et plus uniforme.

Là où ils sont communiqués, les écarts d'adjudication ont généralement augmenté pour toutes les échéances dans les grands pays émetteurs de l'OCDE depuis la pandémie et restent nettement supérieurs à ceux observés au cours de la dernière décennie (Graphique 1.22). Cette tendance s'explique par le degré élevé d'incertitude qui entoure le processus de détermination des prix et s'accompagne souvent de prix plus faibles (l'émetteur ne pouvant vendre les titres qu'à un prix inférieur à celui pratiqué sur le marché). La volatilité et l'incertitude accrues entraînent de ce fait une hausse des coûts d'émission[30].

Graphique 1.22. Écarts d'adjudication dans une sélection de pays

Les écarts d'adjudication ont été plus marqués en 2023-24 que pendant la période qui a précédé la pandémie

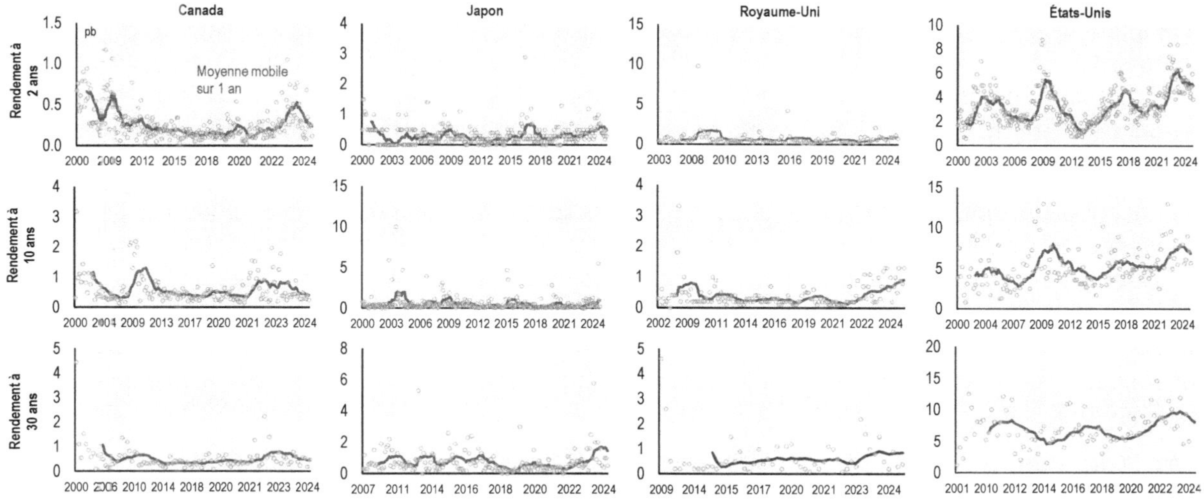

Note : ce graphique ne porte que sur les pays qui communiquent des données suffisamment détaillées sur les résultats des adjudications pour permettre le calcul des écarts d'adjudication. Chaque point correspond à l'adjudication d'une obligation à taux fixe assortie de l'échéance indiquée. Pour des raisons de disponibilité des données, différentes années sont affichées. S'agissant du Royaume-Uni, le rendement de référence est celui des obligations à 5 ans, au lieu des obligations à 2 ans.
Source : sites web des autorités nationales ; et calculs de l'OCDE.

Les émetteurs souverains ont mis en œuvre plusieurs mesures visant à améliorer la liquidité des marchés, notamment des réformes structurelles et un système de compensation centrale dans certains pays

Les offices de gestion de la dette ont mis en place diverses mesures destinées à améliorer la liquidité des marchés en 2024. Ils ont non seulement mis en œuvre des stratégies d'émission fondées sur la régularité et la prévisibilité, mais ont aussi pris diverses autres mesures (voir Encadré 1.3). L'émission de titres dits « *on-the-run* », c'est-à-dire ceux émis le plus récemment, a été la mesure la plus mise en œuvre dans la zone OCDE en 2024 (22 pays) ; elle garantit l'offre régulière d'obligations couramment négociées. Les opérations de rachat et de conversion, qui permettent aux gestionnaires de la dette de lisser leurs échéanciers de remboursement et de renforcer la liquidité des marchés, ont également été largement utilisées (par 21 pays)[31]. En 2024, 18 pays ont procédé à des émissions ponctuelles de titres dits « *off-the-run* », c'est-à-dire des obligations émises antérieurement, ce qui a permis de rendre certaines obligations plus liquides en fonction des besoins. En outre, 11 pays ont eu recours à des opérations de prise ou de mise en pension ou à des facilités de prêt de titres pour faciliter les transactions et renforcer la liquidité des marchés.

Encadré 1.5. Capacité de bilan des spécialistes en valeurs du Trésor aux États-Unis

L'activité des spécialistes en valeurs du Trésor (SVT) sur les marchés primaire et secondaire s'intensifie généralement à mesure que le montant de l'encours des titres du Trésor augmente du fait de leur rôle d'intermédiaires sur ces marchés. Sur le marché primaire, les SVT sont tenus de participer aux adjudications de titres du Trésor, tandis que sur le marché secondaire, ils facilitent les transactions en prenant des obligations dans leur inventaire et en finançant les achats de leurs clients. Ils interviennent également sur les marchés des pensions pour financer leurs opérations et prêter de l'argent à leurs clients.

En conséquence, l'offre accrue de bons du Trésor des États-Unis découlant de la hausse de l'emprunt et du resserrement quantitatif s'est traduite par une progression de l'activité d'intermédiation de marché des SVT depuis la mi-2022, comme en témoignent l'augmentation de leur position brute en bons du Trésor des États-Unis et leur financement (Graphique 1.23, partie A). À mesure que l'offre d'obligations et la demande des acteurs du marché augmentent, les bilans des SVT sont susceptibles de se rapprocher de leur capacité maximale, ce qui pourrait limiter leur disposition à soutenir le marché des valeurs du Trésor des États-Unis.

Dans la mesure où la plupart des SVT sont des établissements bancaires, ils sont soumis à des contraintes réglementaires en matière de fonds propres. Le ratio de levier supplémentaire (SLR ou *supplementary leverage ratio* en anglais), mis en place en 2014 au titre des réformes de Bâle III, est la règle la plus contraignante imposée aux SVT depuis la crise financière mondiale. Ce ratio permet de mesurer les fonds propres de base d'une banque par rapport à son endettement total. Il revêt une importance particulière pour l'activité d'intermédiation sur le marché des valeurs du Trésor, dans la mesure où il peut donner lieu à l'imposition d'exigences de fonds propres réglementaires élevées pour une activité peu risquée mais caractérisée par des volumes importants. Un SLR de 5 % s'applique à la plupart des SVT, soit ceux désignés comme des banques d'importance systémique actives au niveau international.

Graphique 1.23. Activité d'intermédiation des spécialistes en valeurs du Trésor des États-Unis et marge de manœuvre par rapport au SLR minimum

L'activité d'intermédiation des spécialistes en valeurs du Trésor s'intensifie alors que la marge de manœuvre disponible dans leur bilan se réduit

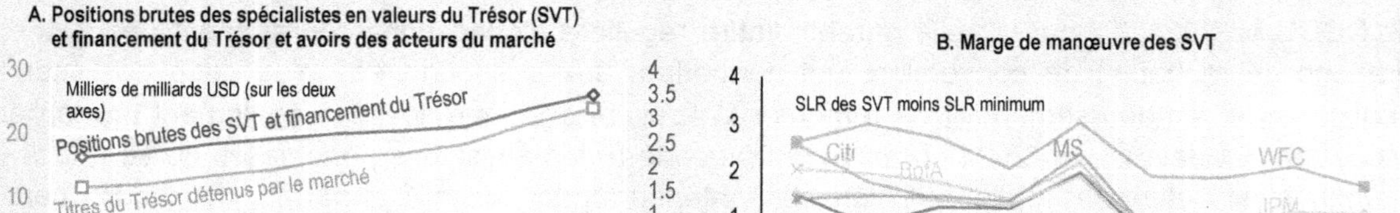

Note : dans la partie B, BofA, Citi, GS, JPM, MS et WFC désignent respectivement BofA Securities, Citigroup Global Markets, Goldman Sachs, J.P. Morgan Securities, Morgan Stanley et Wells Fargo Securities. La marge de manœuvre par rapport au ratio de levier supplémentaire (SLR, *supplementary leverage ratio*) minimum correspond à la différence entre le SLR de chaque spécialiste en valeurs du Trésor et le SLR minimum imposé par la réglementation. Les données datent du deuxième trimestre de 2024 (partie A : juillet 2024 ; partie B : juin 2024).
Source : Réserve fédérale des États-Unis ; et calculs de l'OCDE.

Par conséquent, l'augmentation de l'offre obligataire et de l'activité sur le marché des valeurs du Trésor américain s'est traduite par une mobilisation accrue des bilans des SVT à l'appui des opérations du Trésor américain et par une réduction de leur marge de manœuvre réglementaire. Depuis 2021, la marge de manœuvre dont disposent les six plus grands spécialistes en valeurs du Trésor des États-Unis par rapport au SLR minimum est plus faible qu'avant la pandémie (Graphique 1.23, partie B).

Cette marge de manœuvre réduite dont ils disposent pour des opérations peut amplifier les pics de volatilité et augmenter l'intermédiation financière par d'autres acteurs, tels que les fonds spéculatifs. En période de crise, les SVT peuvent se retirer de l'intermédiation avant d'atteindre ces limites. Des données empiriques laissent penser qu'une intermédiation réduite accroît la sensibilité des rendements aux variations nettes de la demande et, partant, la volatilité (Brauning et Stein, 2024[27]), et qu'elle risque d'entraîner d'importants dysfonctionnements sur les marchés en période de crise (Duffie et Van Tassel, 2023[28]). En outre, si les bilans des SVT sont limités, des acteurs non bancaires tels que des fonds spéculatifs peuvent devoir intervenir, en recourant au marché des pensions à des fins de levier pour assumer le rôle d'intermédiaire des SVT. Cela pourrait contribuer à accroître encore la volatilité à l'avenir.

Outre ces mesures, certains émetteurs souverains ont mis en œuvre des réformes structurelles visant à améliorer la transparence et l'efficience du marché. Aux États-Unis, par exemple, les opérations en numéraire et les opérations de pensions se feront exclusivement par l'intermédiaire d'une chambre de compensation à compter de décembre 2026 pour les premières et de juin 2027 pour les secondes (SEC, 2025[29])[32]. Accroître le volume des transactions faisant l'objet d'une compensation centrale pourrait contribuer à atténuer les risques pesant sur le bon fonctionnement du marché en libérant une plus grande partie des bilans des spécialistes en valeurs du Trésor et en permettant à tous les intervenants sur le marché de négocier entre eux (*all-to-all trading*) (OCDE, 2024[13]). Cela étant, la compensation centrale de toutes les opérations sur les obligations d'État et les opérations de pensions n'éliminerait pas totalement le risque sur les marchés financiers ; elle en modifierait plutôt la nature, en entraînant des appels de marge plus élevés et des difficultés liées aux flux asymétriques qui ne se compensent pas (Aquilina, Scheicher et Schrimpf, 2024[30]).

L'amélioration de la transparence des marchés constitue un autre domaine de réforme structurelle important. Ces mesures de réforme visent à fournir aux acteurs du marché des informations plus complètes et de meilleure qualité sur les transactions (les prix et les positions, par exemple) afin de faciliter le processus de détermination des prix et la gestion des risques. Une plus grande transparence permettrait de résoudre des problèmes communs, notamment les lacunes d'information sur certains segments de marché et la fragmentation des données de marché. Ces problèmes touchent particulièrement les marchés des obligations souveraines, qui se caractérisent par la négociation de gré à gré et par la dépendance à l'égard des spécialistes en valeurs du Trésor pour les transactions intermédiaires, par opposition à la négociation ouverte à tous les acteurs (*all-to-all trading*), généralement utilisée pour la négociation d'actions sur les marchés boursiers.

S'agissant plus précisément de la transparence (et de la surveillance) des marchés, les États-Unis et la zone euro ont procédé ou prévoient de procéder à des changements. Les réformes mises en œuvre sur le marché des valeurs du Trésor des États-Unis depuis 2020 ont amélioré la transparence en augmentant la fréquence et le niveau de détail des données sur les transactions et en renforçant le suivi des risques concernant les fonds spéculatifs et les opérations de pensions, tandis que les réformes prévues visent à améliorer la surveillance des transactions ne faisant pas l'objet d'une compensation centrale et à renforcer la communication d'informations sur les activités des fonds et les pratiques de négociation[33]. Dans la zone euro, la Commission européenne entend améliorer la transparence des marchés des obligations souveraines en renforçant les obligations de communication de données pré- et post-négociation, en révisant le régime de publication différée et en garantissant un accès non discriminatoire. Ces mesures sont conçues de manière à être compatibles avec la mise en œuvre du système consolidé de publication, qui fournira une source unifiée de données sur le marché afin d'améliorer la transparence et l'accessibilité (AEMF, 2024[31]).

Bien qu'une transparence accrue présente des avantages, une approche prudente et progressive s'impose compte tenu de l'incidence des réformes et du fait que, une fois ces dernières mises en œuvre, un retour en arrière pourrait entraîner des dysfonctionnements du marché. Certains problèmes pourraient se poser en raison de la relation courtier-client qui caractérise les marchés des obligations souveraines. Ainsi, la divulgation en temps réel des données sur le volume des transactions pourrait amener des acteurs du marché à creuser les écarts entre les cours acheteur et vendeur en prévision de l'activité d'un autre acteur ayant effectué une transaction importante. Les spécialistes en valeurs du Trésor sont tout particulièrement concernés, dans la mesure où ils assument souvent temporairement le risque lié aux transactions importantes avant de le redistribuer. Il est donc essentiel de consulter les acteurs du marché, y compris les bureaux de gestion de la dette et les spécialistes en valeurs du Trésor, et de procéder à une mise en œuvre progressive des réformes, afin de définir le niveau optimal de transparence tout en préservant l'efficience du marché.

Références

AEMF (2024), « MiFIR review », *Final Report*, https://www.esma.europa.eu/sites/default/files/2024-12/ESMA74-2134169708-7775_MiFIR_Review_Final_Report_on_amendment_of_RTS_2_and_RTS_on_RCB.pdf. [31]

Aquilina, M., M. Scheicher et A. Schrimpf (2024), « Central clearing in government bond markets: keeping the "safe asset" safe? », *BIS Bulletin No 92*, https://www.bis.org/publ/bisbull92.htm. [30]

Bank of England (2024), *Letter to Rt Hon Rachel Reeves from Andrew Bailey*, https://www.bankofengland.co.uk/-/media/boe/files/letter/2024/governor-apf-november-2024.pdf. [38]

Bank of England (2023), *Letter from the Governor to the Chancellor*, https://www.bankofengland.co.uk/-/media/boe/files/letter/2023/november/governor-apf-letter-november-2023.pdf. [37]

Bank of England (2022), *Asset Purchase Facility: Gilt Sales – Market Notice*, https://www.bankofengland.co.uk/markets/market-notices/2022/october/asset-purchase-facility-gilt-sales-market-notice-20-october-2022. [36]

Bank of England (2022), *Monetary Policy Summary, February 2022*, https://www.bankofengland.co.uk/monetary-policy-summary-and-minutes/2022/february-2022. [35]

Bank of Japan (2024), *Change in the Guideline for Money Market Operations and Decision on the Plan for the Reduction of the Purchase Amount of Japanese Government Bonds*, https://www.boj.or.jp/en/mopo/mpmdeci/mpr_2024/k240731a.pdf. [48]

Bank of Japan (2024), *Decisions at the July 2024 MPM*, https://www.boj.or.jp/en/mopo/mpmdeci/mpr_2024/k240731b.pdf. [20]

Bank of Japan (2024), *Key Points of the 95th Meeting of JGB Investors*, https://www.mof.go.jp/english/about_mof/councils/jgb_investor/investor-95th.html. [5]

Banque du Canada (2025), « Bank of Canada provides operational details for restarting asset purchases to end quantitative tightening », *Market notice*, https://www.bankofcanada.ca/2025/01/bank-canada-operational-details-restarting-asset-purchases-end-quantitative-tightening/. [40]

Banque du Canada (2025), « The end of quantitative tightening and what comes next », *Parole*, https://www.bankofcanada.ca/2025/01/the-end-of-quantitative-tightening-and-what-comes-next/. [21]

Banque du Canada (2022), *Bank of Canada increases policy interest rate by 50 basis points, begins quantitative tightening*, https://www.bankofcanada.ca/2022/04/fad-press-release-2022-04-13/. [39]

BCE (2024), « Asset purchase programmes », *ECB website*, https://www.ecb.europa.eu/mopo/implement/app/html/index.en.html. [19]

BCE (2023), *Monetary policy decisions*, https://www.ecb.europa.eu/press/pr/date/2023/html/ecb.mp230504~cdfd11a697.en.html. [46]

BCE (2023), *Monetary policy decisions*, https://www.ecb.europa.eu/press/pr/date/2023/html/ecb.mp231214~9846e62f62.en.html. [47]

BCE (2022), *Monetary policy decisions*, https://www.ecb.europa.eu/press/pr/date/2022/html/ecb.mp221215~f3461d7b6e.en.html. [45]

Board of Governors of the Fed (2024), *Federal Reserve issues FOMC statement*, https://www.federalreserve.gov/newsevents/pressreleases/monetary20240501a.htm. [42]

Board of Governors of the Fed (2022), *Plans for Reducing the Size of the Federal Reserve's Balance Sheet*, https://www.federalreserve.gov/newsevents/pressreleases/monetary20220504b.htm. [41]

Brauning, F. et H. Stein (2024), « The Effect of Primary Dealer Constraints on Intermediation in the Treasury Market », *Federal Reserve Bank of Boston Working Paper*, https://www.bostonfed.org/publications/research-department-working-paper/2024/the-effect-of-primary-dealer-constraints-on-intermediation-in-the-treasury-market.aspx. [27]

BRI (2024), « BIS Quarterly Review », *International banking and financial market developments*, https://www.bis.org/publ/qtrpdf/r_qt2412.pdf. [18]

BRI (2022), « Annual Economic Report », *Juin 2022*, https://www.bis.org/publ/arpdf/ar2022e.pdf. [54]

Duffie, D. et P. Van Tassel (2023), « Dealer Capacity and U.S. Treasury Market Functionality », *New York Fed Staff Report No. 1070*, https://doi.org/10.59576/sr.1070. [28]

Escolano, J. (2010), « A Practical Guide to Public Debt Dynamics, Fiscal Sustainability, and Cyclical Adjustment of Budgetary Aggregates ». [32]

Foxall, S. et L. Policino (2025), *Sovereign retail debt programmes and instruments : A review of country practices*, Éditions OCDE, Paris, https://doi.org/10.1787/e2a782d0-en. [25]

Gomez-Cram, R., H. Kung et H. Lustig (2024), « Government Debt in Mature Economies. Safe or Risky? », *Economic Policy Symposium 2024*, https://www.kansascityfed.org/documents/10341/Hanno_Lustig_Paper_JH.pdf. [26]

Gouvernement de l'Allemagne (2023), « Federal government discontinues programme for inflation-linked bonds », *Deutsche Finanzagentur, Press Release, 22 November 2023*, https://www.deutsche-finanzagentur.de/en/federal-securities/types-of-federal-securities/inflation-linked-federal-securities. [7]

Gouvernement de la Suède (2024), « Guidelines for central government debt management 2025 », *Ministère des finances*, https://www.government.se/reports/2024/11/guidelines-for-central-government-debt-management-in-2025/. [9]

Gouvernement du Canada (2022), « Update on the 2022-23 Debt Management Strategy », *Budget Canada*, https://www.budget.canada.ca/fes-eea/2022/report-rapport/anx2-en.html. [6]

Gouvernement du Japon (2024), *Debt Management Report 2024*, https://www.mof.go.jp/english/policy/jgbs/publication/debt_management_report/2024/index.html. [4]

Hudecz, G., A. Lauwers et Y. Mimir (2024), « Geoeconomic fragmentation looms over euro area financial stability », *ESM Blog*, https://www.esm.europa.eu/blog/geoeconomic-fragmentation-looms-over-euro-area-financial-stability. [24]

Litterman, Robert et Scheinkman (1991), « Common Factors Affecting Bond Returns », *Journal of Fixed Income*, vol. 1, pp. 54–61., https://doi.org/10.3905/jfi.1991.692347. [50]

Lunsford, K. et K. West (2019), « Some Evidence on Secular Drivers of US Safe Real Rates », *American Economic Journal: Macroeconomics*, vol. 11, pp. 113-139. [15]

NY Fed (2024), « Measuring the Natural Rate of Interest », https://www.newyorkfed.org/research/policy/rstar#:~:text=R%2Dstar%20is%20the%20real,or%20below%20this%20sustainable%20level. [53]

OCDE (2025), *Managing Government Cash : A Review of Practices in OECD Countries*, Éditions OCDE, Paris, https://doi.org/10.1787/7675eb58-en. [2]

OCDE (2024), *Perspectives économiques de l'OCDE, Volume 2024 Numéro 1 L'amorce d'une reprise*, Éditions OCDE, Paris, https://doi.org/10.1787/bd18c5ae-fr. [52]

OCDE (2024), *Perspectives économiques de l'OCDE, Volume 2024 Numéro 2*, Éditions OCDE, Paris, https://doi.org/10.1787/0481cf21-fr. [1]

OCDE (2024), *Rapport sur la dette mondiale 2024 : Les marchés obligataires dans un contexte de dette élevée*, Éditions OCDE, Paris, https://doi.org/10.1787/63ccad6c-fr. [13]

Rachel, L. et L. Summers (2019), « On Falling Neutral Real Rates, Fiscal Policy, and the Risk of Secular Stagnation », *BPEA Conference of March 7-8*. [16]

Ranaldo, A., P. Schaffner et M. Vasios (2021), « Regulatory effects on short-term interest rates », *Journal of Financial Economics*, vol. 141/2, pp. 750-770, https://doi.org/10.1016/j.jfineco.2021.04.016. [17]

République de Türkiye (2025), *Public Debt Management Report January 2025*, Ministry of Treasury and Finance. [12]

République de Türkiye (2024), *Public Debt Management Report 2024*, Ministry of Treasury and Finance. [11]

Reserve Bank of Australia (2022), *Statement by Philip Lowe, Governor: Monetary Policy Decision*, https://www.rba.gov.au/media-releases/2022/mr-22-12.html. [33]

Reserve Bank of New Zealand (2022), *Reserve Bank details planned sales of New Zealand Government Bonds*, https://www.rbnz.govt.nz/hub/domestic-markets-media-releases/reserve-bank-details-planned-sales-of-new-zealand-government-bonds. [34]

Riksgalden (2025), « Swedish government debt grew but cost less », *Communiqué de presse*, https://www.riksgalden.se/en/press-and-publications/press-releases-and-news/news/2025/swedish-government-debt-grew-but-cost-less/. [51]

SEC (2025), « Extension of Compliance Dates for Standards for Covered Clearing Agencies for U.S. Treasury Securities and Application of the Broker-Dealer Customer Protection Rule With Respect to U.S. Treasury Securities », https://www.sec.gov/files/rules/final/2025/34-102487.pdf. [29]

Shida, J. (2023), « Primary Market Demand for German Government Bonds », *Journal of International Money and Finance*, vol. vol. 137. [49]

Sveriges Riksbank (2024), *Riksbank decides on long-term holding of government bonds of SEK 20 billion*, https://www.riksbank.se/en-gb/press-and-published/notices-and-press-releases/press-releases/2024/riksbank-decides-on-long-term-holding-of-government-bonds-of-sek-20-billion/. [22]

Sveriges Riksbank (2023), *Decision on policy rate, sales of government bonds and increased volume of Riksbank Certificates*, https://www.riksbank.se/globalassets/media/rapporter/ppr/penningpolitiskt-beslutsdokument/engelska/2023/monetary-policy-decision-february-2023-decision-on-policy-rate-sales-of-government-bonds-and-increased-volume-of-riksbank-certificates.pdf. [44]

Sveriges Riksbank (2022), *Policy rate raised by 1 percentage point*, https://www.riksbank.se/en-gb/press-and-published/notices-and-press-releases/press-releases/2022/policy-rate-raised-by-1-percentage-point/. [43]

TBAC (2025), « Report to the Secretary of the Treasury from the Treasury Borrowing Advisory Committee », *Communiqué de presse*, https://home.treasury.gov/news/press-releases/sb0011. [14]

TBAC (2024), « Treasury Presentation to TBAC », *Fiscal Year 2024 Q3 Report*, https://home.treasury.gov/system/files/221/CombinedChargesforArchivesQ32024.pdf. [3]

UK DMO (2024), « Debt Management Report 2023-24 », https://assets.publishing.service.gov.uk/media/6502e166702634000d89b835/M5237_Debt_Management_Report_2023-24_FINAL_corrected.pdf. [8]

Villeroy de Galhau, F. (2025), « Short-term and long-term yields: a diverging perspective? », *Speech of the Governor of the Banque de France at OMFIF, London, 31 January 2025*. [23]

von Wayland, E. et D. Schedvin (2024), *Debt Office Commentary: The choice of auction format is influenced by market dynamics*, Swedish National Debt Office. [10]

Annexe 1.A. Méthodes et sources

Définitions et concepts utilisés dans l'enquête sous-jacente aux Perspectives sur les emprunts souverains

Dans le cadre de l'enquête qui sous-tend les Perspectives sur les emprunts souverains sont collectées des données relatives aux besoins d'emprunt bruts, aux amortissements et à l'encours de la dette, les données de chaque catégorie étant ventilées par échéance, par monnaie, par type de taux d'intérêt et par label ESG (obligations durables, par exemple). Dans le cadre de cette enquête sont également réunies des données sur les avoirs des offices de gestion de la dette (OGD), les prêts accordés dans le cadre du programme Next Generation EU et les spécificités méthodologiques nationales. L'enquête repose sur la définition stricte de la dette souveraine et de la dette négociable de l'administration centrale, principalement en raison de la comparabilité des données relatives à cet indicateur et de leur disponibilité. Cette mesure, qui est directement liée au financement du budget de l'administration centrale, a permis à l'OCDE de collecter des données non seulement sur les montants effectifs mais aussi sur les estimations des besoins d'emprunt, des stratégies de financement et de l'encours de la dette publics, ventilées par instrument, par échéance et par monnaie.

Institutions couvertes : les administrations centrales

Le champ institutionnel couvert par les statistiques sur la dette varie du secteur public à l'administration centrale. Le secteur public représente la couverture institutionnelle la plus vaste, dans la mesure où il englobe les dettes des collectivités locales, des fonds d'État, des sociétés publiques financières et non financières ainsi que de l'administration centrale. Les administrations publiques, telles qu'elles sont définies par exemple dans le système de comptabilité nationale (SCN) utilisé par l'OCDE, recouvrent l'administration centrale, les États fédérés (le cas échéant), les collectivités locales et les administrations de sécurité sociale contrôlées par ces entités. L'administration centrale englobe tous les ministères, bureaux, établissements et autres organismes intégrés dans les administrations publiques qui sont des organes ou des instruments de l'autorité centrale d'un pays, à l'exception des administrations de sécurité sociale organisées de façon distincte et des fonds extrabudgétaires. En termes d'étendue de la couverture institutionnelle, l'administration centrale correspond à la définition stricte de la dette publique. La dette de l'administration centrale est émise, gérée et amortie par l'OGD national au nom de cette administration. L'avantage de cette définition relativement étroite de la dette, c'est qu'elle permet aux pays de fournir des données comparables, en particulier aux fins d'estimation.

Types de dette couverts : la dette négociable

En termes d'instruments, les engagements de l'État peuvent prendre la forme de titres de créance, de prêts, de régimes d'assurances, de pensions et de garanties standard, de numéraire et dépôts, ainsi que d'autres comptes à payer. Les instruments de dette peuvent être négociables ou non négociables. La dette négociable est définie comme l'ensemble des titres et autres instruments financiers pouvant être achetés et vendus sur le marché secondaire, tandis que la dette non négociable n'est pas transférable. Ainsi, les obligations et les bons à court terme émis sur les marchés de capitaux sont des formes de dette négociable, tandis que les prêts multilatéraux et bilatéraux accordés par le secteur public relèvent de la dette non négociable.

L'enquête sous-jacente aux Perspectives sur les emprunts souverains est axée sur les instruments de dette négociables, tandis que la plupart des statistiques sur la dette publique – comme celles de l'OCDE fondées sur le SCN, les statistiques sur la dette au sens de Maastricht et les Statistiques de la dette du secteur public élaborées par le Fonds monétaire international (FMI) – couvrent à la fois la dette négociable et non négociable. Les administrations publiques de l'OCDE se financent de manière prédominante au moyen d'instruments de dette négociables. Ce concept joue un rôle central pour toute analyse concernant différentes questions relatives à la gestion de la dette, notamment les conditions d'emprunt, la composition du portefeuille, les préférences des investisseurs et la liquidité du marché. L'utilisation de ce concept présente l'avantage d'indiquer aux investisseurs quels instruments sont négociables sur les marchés secondaires, et lesquels ne le sont pas. Par ailleurs, elle permet à l'émetteur de calculer différentes caractéristiques de la dette, telles que sa duration ou son échéance résiduelle, qu'il serait difficile d'établir dans le cas de la dette non négociable.

Terminologie

- Les besoins d'emprunt bruts standard pour une année sont égaux aux besoins d'emprunt nets au cours de cette année augmentés des amortissements d'instruments à long terme effectués la même année et des amortissements d'instruments à court terme émis l'année précédente. Cet indicateur couvre donc tous les titres émis, hormis ceux qui ont été émis et amortis au cours de la même année civile. En d'autres termes, l'ampleur des besoins d'emprunt bruts au cours d'une année civile correspond au montant de la dette que doit émettre l'OGD en termes nominaux pour rembourser intégralement la dette arrivant à échéance qui avait été émise au cours des années précédentes, augmenté des besoins d'emprunt nets en valeur nominale, indépendamment du mécanisme d'émission employé.
- Les besoins d'emprunt nets désignent le montant requis pour financer le déficit budgétaire courant. Le refinancement des dettes amorties consiste à renouveler le même montant de dette, tandis que les besoins d'emprunt nets correspondent à l'émission d'une dette supplémentaire sur le marché, c'est-à-dire à de nouveaux emprunts.
- La dette brute, c'est-à-dire l'encours de la dette, correspond au montant des dettes émises qui reste à rembourser à la fin de l'année civile. Cette mesure ne tient pas compte des effets de valorisation découlant de l'inflation et des fluctuations des taux de change ; elle est donc égale au montant nominal total de la dette devant être amortie.
- Les amortissements désignent le montant total des remboursements du principal des dettes correspondantes, y compris les paiements de principal effectués par le biais d'opérations de rachat au cours d'une année civile.

Agrégats régionaux

- La zone OCDE dans son ensemble recouvre les 38 pays suivants : l'Allemagne, l'Australie, l'Autriche, la Belgique, le Canada, le Chili, la Colombie, la Corée, le Costa Rica, le Danemark, l'Espagne, l'Estonie, les États-Unis, la Finlande, la France, la Grèce, la Hongrie, l'Irlande, l'Islande, Israël, l'Italie, le Japon, la Lettonie, la Lituanie, le Luxembourg, le Mexique, la Norvège, la Nouvelle-Zélande, les Pays-Bas, la Pologne, le Portugal, la République slovaque, le Royaume-Uni, la Slovénie, la Suède, la Suisse, la Tchéquie et la Türkiye.
- Les pays candidats à l'adhésion à l'OCDE sont les suivants : Argentine, Brésil, Bulgarie, Croatie, Indonésie, Pérou, Roumanie et Thaïlande.
- Le Groupe des Sept (G7) englobe l'Allemagne, le Canada, les États-Unis, la France, l'Italie, le Japon et le Royaume-Uni.

- Les pays de l'OCDE membres de la zone euro sont les 17 pays suivants : l'Allemagne, l'Autriche, la Belgique, l'Espagne, l'Estonie, la Finlande, la France, la Grèce, l'Irlande, l'Italie, la Lettonie, la Lituanie, le Luxembourg, les Pays-Bas, le Portugal, la République slovaque et la Slovénie.
- L'euro (EUR) est la monnaie officielle de 20 des 27 États membres de l'Union européenne (UE). L'ensemble constitué par ces pays est appelé la zone euro. Les pays de la zone euro sont l'Allemagne, l'Autriche, la Belgique, la Croatie, Chypre, l'Espagne, l'Estonie, la Finlande, la France, la Grèce, l'Irlande, l'Italie, la Lettonie, la Lituanie, le Luxembourg, Malte, les Pays-Bas, le Portugal, la République slovaque et la Slovénie. Dans ce rapport, les données relatives à la zone euro se rapportent uniquement aux pays qui sont à la fois membres de la zone euro et de l'OCDE.

Calculs et sources des données

- Pour des raisons de cohérence, les estimations présentées en pourcentage du PIB se fondent sur les estimations de produit intérieur brut tirées de la dernière édition des *Perspectives économiques de l'OCDE* parue l'année précédente (donc l'édition de décembre 2024 dans le cas présent) et sont calculées à partir de données nominales relatives au PIB.
- La dette est mesurée à la valeur nominale de l'encours actuel de la dette de l'administration centrale. Cette valeur nominale, qui est le montant non actualisé du principal à rembourser, ne varie pas, sauf en cas de nouvelle émission d'un instrument de dette existant. Elle coïncide avec l'engagement initial (et donc l'obligation contractuelle) de l'émetteur. Les OGD utilisent souvent la valeur faciale lorsqu'ils indiquent le montant de la dette nominale qui arrivera à échéance au cours de périodes futures. Une raison importante pour laquelle on utilise la valeur faciale de la dette réside dans le fait que c'est celle qui est couramment employée pour la cotation et le négoce de volumes spécifiques d'un instrument donné sur le marché.
- Les monnaies sont converties en dollars des États-Unis (USD) à l'aide des taux de change historiques respectifs, les données provenant du London Stock Exchange Group (LSEG).
- Sauf indication contraire, tous les chiffres correspondent aux années civiles.
- Toutes les statistiques (médianes, moyennes, par exemple) présentées dans les graphiques ne prennent en compte que les pays figurant dans le graphique et n'incluent pas forcément tous les membres de l'OCDE.
- Les chiffres agrégés relatifs aux besoins d'emprunt bruts, aux besoins d'emprunt nets, à la dette négociable de l'administration centrale, aux amortissements et à la dette arrivant à échéance sont calculés à partir des réponses recueillies dans le cadre de l'enquête sous-jacente aux Perspectives sur les emprunts souverains. Le Secrétariat de l'OCDE a élaboré ses propres estimations ou prévisions lorsque des données étaient manquantes pour 2024 et 2025, en utilisant des données officielles librement accessibles sur les amortissements et les soldes budgétaires des administrations centrales. Lorsque le gouvernement avait annoncé des mesures qu'il prévoyait d'adopter, mais ne les avait pas intégrées dans son programme de financement à la fin de décembre 2024, elles n'ont pas été prises en compte dans les prévisions présentées dans cette publication. Par ailleurs, les dernières estimations de la capacité (ou du besoin) de financement des administrations publiques figurant dans la base de données des *Perspectives économiques de l'OCDE* ont été utilisées pour estimer certaines données manquantes.
- Tant l'enquête de 2024 sur l'évolution des marchés primaires que l'enquête de 2024 sur la liquidité des marchés secondaires des obligations d'État menées par l'OCDE ont eu lieu en octobre 2024.

Définitions révisées

- Les titres de dette indexés sur l'inflation sont des instruments dont le coupon et/ou les paiements de principal sont liés à un indice d'inflation. Les données tiennent compte de l'inflation cumulée sur l'ensemble des années écoulées jusqu'à l'année de l'enquête incluse, à la date de déclaration.
- Les obligations à taux variable sont assorties d'un taux d'intérêt ou d'un taux de coupon qui est révisable ou variable. Il s'agit de titres d'emprunt à long terme dont le coupon est révisé périodiquement à une « date de refixation » en fonction d'un indice de taux d'intérêt indépendant tel que le taux moyen des prêts au jour le jour en livres sterling (SONIA, *Sterling Overnight Index Average*) ou le taux interbancaire offert en euros (EURIBOR). Ainsi, les obligations à taux variable à moyen et long terme sont des titres d'emprunt assortis d'un taux d'intérêt variable qui est révisé périodiquement (généralement chaque mois, trimestre ou semestre). Le niveau auquel est fixé ce taux d'intérêt est généralement égal à un indice de taux d'intérêt augmenté d'un écart prédéfini. Pour l'établissement des prévisions relatives à la dette à taux variable, on utilise le taux correspondant au niveau auquel a été fixé le coupon pour la dernière fois.
- Les chiffres relatifs à la durée moyenne jusqu'à l'échéance ont la même couverture que celle indiquée au début de cette annexe, les aspects méthodologiques spécifiques à certains pays étant décrits ci-après :
  - Allemagne : Les titres d'emprunt que l'OGD détient dans son propre portefeuille ne sont pas pris en compte. Un coefficient de pondération de 0.75 est appliqué aux titres de dette indexés sur l'inflation.
  - Hongrie : Les données ne couvrent pas les titres destinés aux investisseurs individuels, les obligations en devises émises sur le marché local et les prêts, ni, depuis 2020, les obligations non négociables émises pour financer les communes. Les données incluent les contrats d'échange de devises.
  - Italie : Les engagements au titre de l'instrument européen de soutien temporaire à l'atténuation des risques de chômage en situation d'urgence (SURE) et du programme Next Generation EU (qui porteraient à 7.4 le chiffre considéré) ne sont pas pris en compte.
  - Japon : La durée moyenne jusqu'à l'échéance indiquée par le ministère des Finances se fonde sur l'exercice budgétaire, et non sur l'année civile. Les données relatives à 2006 et 2023 ne couvrent pas les bons d'épargne. Le chiffre de 2024 est une estimation et inclut les bons d'épargne.
  - Nouvelle-Zélande : Les chiffres incluent l'ensemble des obligations d'État, des bons du Trésor et des billets de trésorerie libellés en euros, calculés sur la base du taux de change au 31 décembre.
  - Pays-Bas : Les chiffres correspondent à l'encours d'obligations et de bons du Trésor et n'incluent pas l'encours de billets de trésorerie.
  - Royaume-Uni : Pour calculer la durée moyenne jusqu'à l'échéance, on utilise comme coefficients de pondération le montant nominal de l'encours des fonds d'État et des bons du Trésor émis aux fins de gestion de la dette, à la date de déclaration. Le montant nominal des fonds d'État tient compte des titres détenus par l'administration centrale ; la valeur nominale des fonds d'État indexés tient compte également de l'inflation cumulée jusqu'à la date de déclaration.
  - Suède : Les chiffres de la durée jusqu'à l'échéance (calculée pour le montant ajusté au taux de change courant) correspondent aux obligations d'État, aux obligations indexées sur l'inflation, aux obligations publiques en devises, aux obligations vertes et aux bons du Trésor.

Modèle de décomposition de la dette

Pays individuels

Afin de calculer la décomposition de la dette des pays de l'OCDE, on a adopté dans le présent chapitre une variante de la méthodologie décrite par Escolano (2010[32]) et utilisé l'équation ci-dessous pour rendre compte de l'évolution du ratio dette/PIB entre un moment t et un moment t-1 :

$$d - d_{(t-1)} = \frac{ip}{(1+y)} * d_{(t-1)} - \frac{\pi}{(1+y)} * d_{(t-1)} - \frac{g}{1+g} * d_{(t-1)} - pb + sf$$

Où :

- *d* correspond au ratio entre l'encours de dette des administrations centrales tel qu'il ressort de l'enquête annuelle sur les besoins d'emprunts souverains et le PIB des pays de l'OCDE (2024[1])
- *ip* correspond aux taux d'intérêt effectif, exprimé sous la forme du ratio entre les charges d'intérêts brutes des administrations publiques de la zone OCDE (2024[1]) à un moment t et la valeur de *d* au moment t-1
- *y* est le taux de croissance du PIB nominal de la zone OCDE (2024[1]) entre le moment t et le moment t-1
- π correspond à l'inflation, définie comme la variation du déflateur du PIB de la zone OCDE (2024[1]) entre le moment t et le moment t-1
- *g* est le taux de croissance du PIB réel de la zone OCDE (2024[1]) entre le moment t et le moment t-1
- *pb* est le ratio entre le solde primaire des administrations publiques de la zone OCDE et le PIB de la zone OCDE (2024[1])
- *sf* correspond aux ajustements stocks-flux

Zone OCDE

Pour la décomposition de la zone OCDE, on a utilisé les variables suivantes :

- *d* représente la somme des encours de dette des administrations centrales de chaque pays divisée par la somme des PIB de chaque pays
- *ip* est la somme des charges d'intérêts brutes des administrations publiques de chaque pays divisée par la somme des valeurs de *d* de chaque pays au moment t-1
- *y* est le taux de croissance issu de la somme des PIB nominaux de chaque pays
- π est la somme des valeurs de π de chaque pays, pondérée par le PIB
- *g* est la somme des valeurs de *g* de chaque pays, pondérée par le PIB
- *pb* est la somme des soldes primaires des administrations publiques de chaque pays, divisée par la somme des PIB de chaque pays
- *sf* correspond aux ajustements stocks-flux

Pour calculer les valeurs de la zone OCDE, les chiffres relatifs aux différents pays ont été convertis en dollars des États-Unis à l'aide des taux de change de fin d'année tels que communiqués par le London Stock Exchange Group (LSEG).

Autres informations

Les calculs n'incluent pas le Chili, la Colombie, le Costa Rica, Israël, le Mexique et la Türkiye en raison de l'absence de données générales relatives aux charges d'intérêts dans ces pays. Ils couvrent par conséquent 97 % de la dette totale des administrations centrales de la zone OCDE.

Annexe 1.B. Courbes des rendements dans certains pays

Le graphique ci-dessous illustre les rendements moyens quotidiens au cours du dernier trimestre de l'année. Pour la période 2015-19, les valeurs représentent la moyenne des moyennes trimestrielles sur les cinq années de la période 2015-19. Les pays sélectionnés correspond à ceux pour lesquels des données sont fournies par LSEG.

Graphique d'annexe 1.B.1. Courbes des rendements dans certains pays

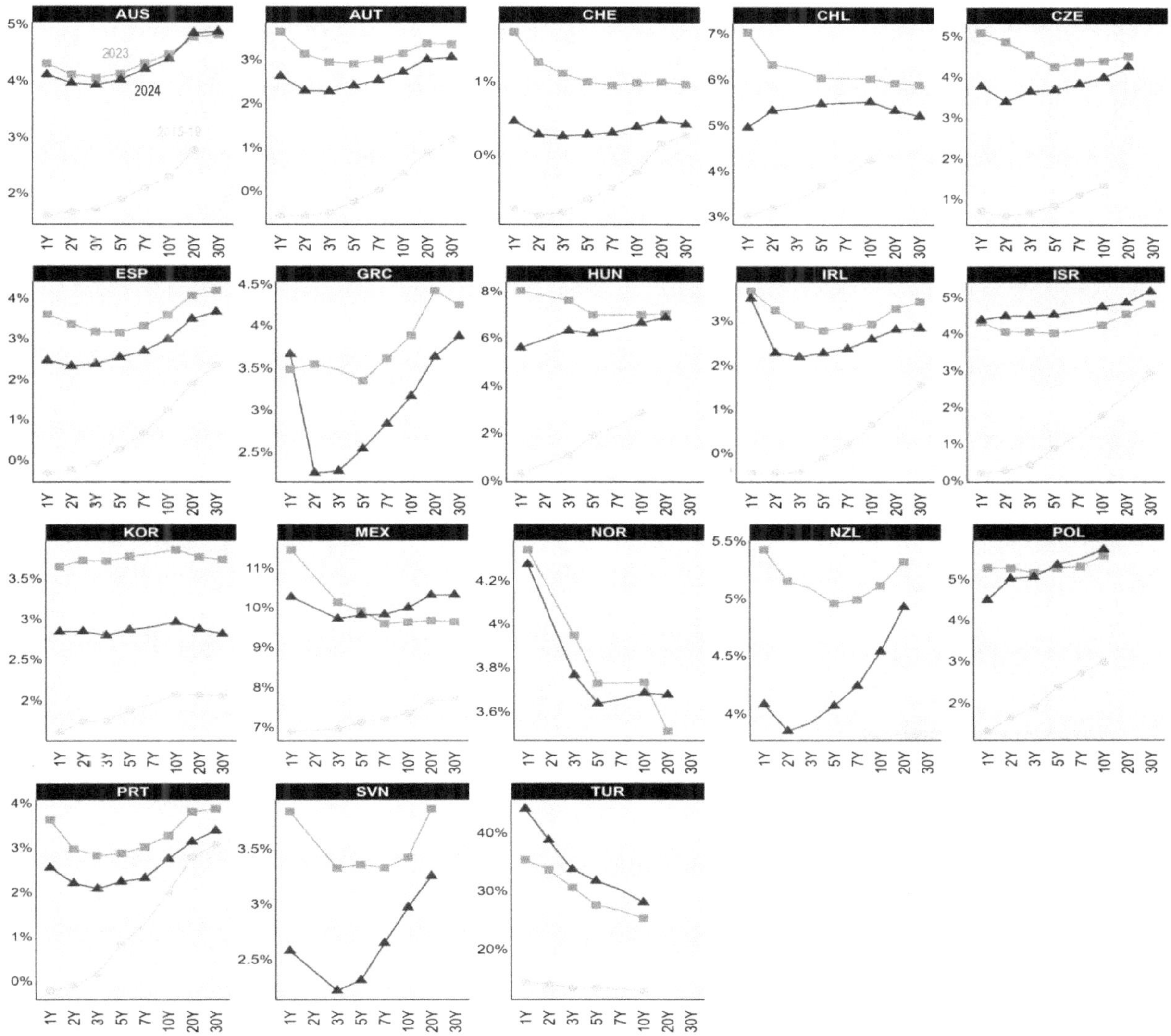

Source : LSEG ; et calculs de l'OCDE.

Annexe 1.C. Analyse de la taille des adjudications dans certains pays

Le graphique ci-dessous illustre la taille moyenne des adjudications d'obligations à taux fixe par échéance. Les pays sélectionnés sont ceux pour lesquels on dispose de données.

Graphique d'annexe 1.C.1. Taille moyenne des adjudications par échéance dans certains pays (1 sur 2), 2000-24

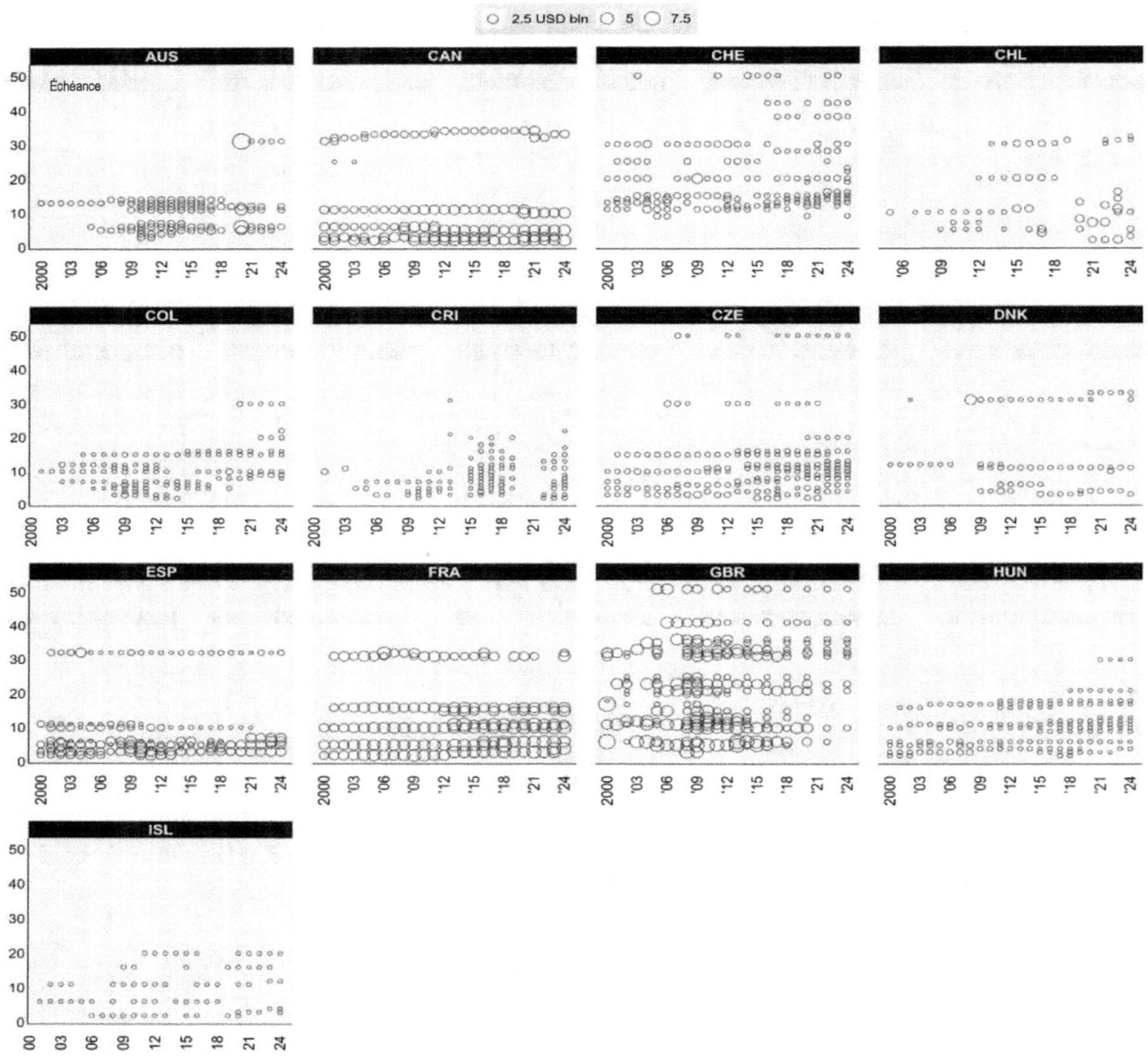

Source : LSEG ; et calculs de l'OCDE.

Graphique d'annexe 1.C.2. Taille moyenne des adjudications par échéance dans certains pays (2 sur 2), 2000-24

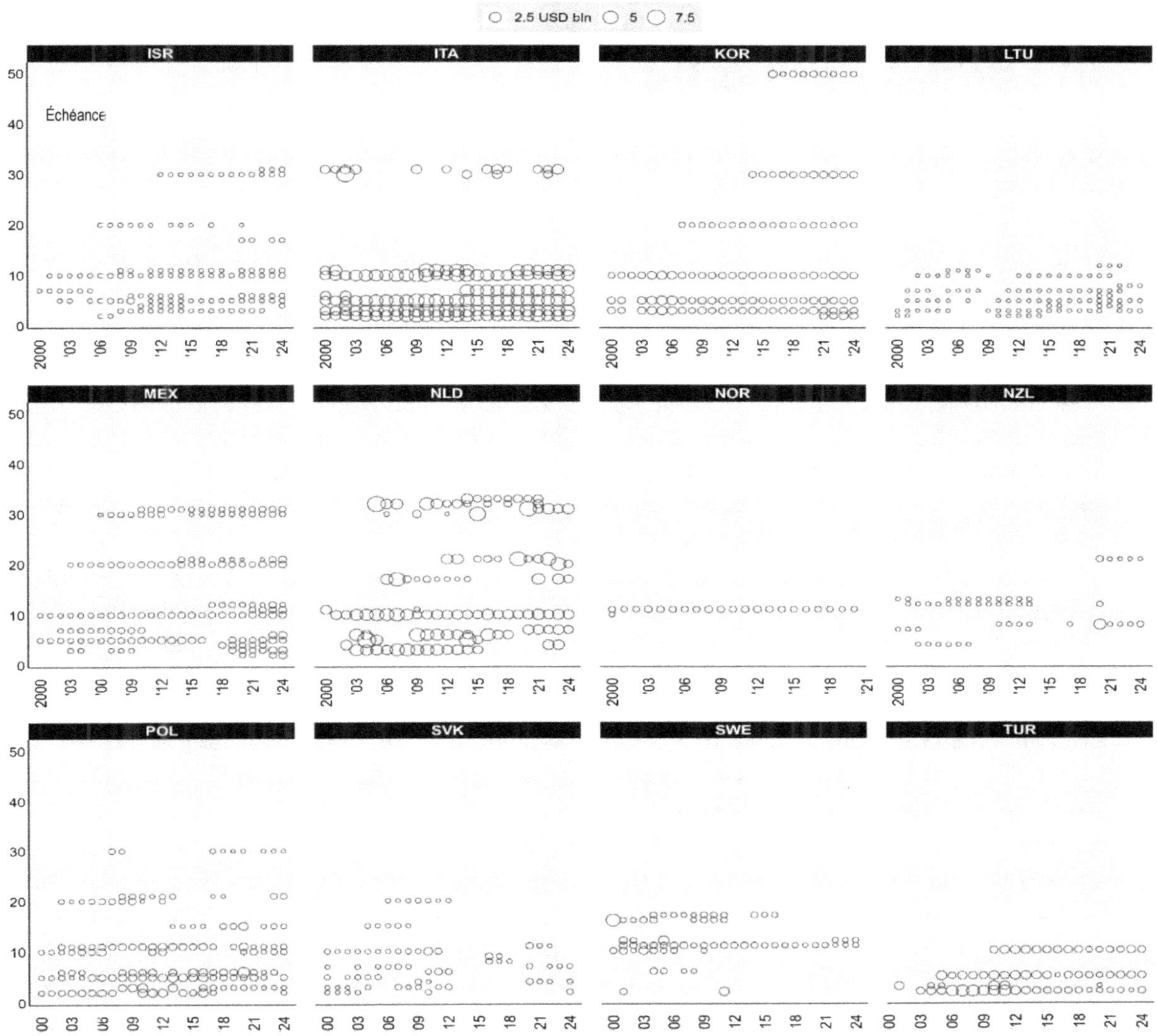

Source : LSEG ; et calculs de l'OCDE.

Annexe 1.D. Synthèse des mesures de resserrement quantitatif mises en œuvre dans une sélection de pays

Les points qui suivent résument, par ordre de début des programmes, les mesures de resserrement quantitatif mises en œuvre dans certains pays, en particulier celles qui concernent les portefeuilles d'obligations d'État.

- Australie : en février 2022, la Banque de réserve d'Australie (RBA, *Reserve Bank of Australia*) a mis fin à ses achats d'obligations. Elle a décidé dans la foulée de conserver les titres jusqu'à leur échéance, laissant ses avoirs en obligations diminuer progressivement, et réexamine sa stratégie à intervalles réguliers (Reserve Bank of Australia, 2022[33]).
- Nouvelle-Zélande : en février 2022, la Banque de réserve de Nouvelle-Zélande (RBNZ, *Reserve Bank of New Zealand*) a décidé de réduire progressivement son portefeuille d'obligations en cédant un nombre limité de titres par ordre de date d'échéance, en commençant par la plus longue échéance, tout en laissant les obligations à plus court terme arriver à échéance sans en réinvestir le produit (Reserve Bank of New Zealand, 2022[34]).
- Royaume-Uni : en février 2022, le Comité de politique monétaire de la Banque d'Angleterre a cessé de réinvestir le produit des obligations d'État arrivant à échéance. En septembre 2022, il a décidé de commencer à vendre des obligations d'État à partir de novembre, selon un calendrier trimestriel ciblant les échéances courtes à moyennes (3 à 20 ans). En septembre 2023, le Comité a décidé de réduire le portefeuille d'obligations d'État de la Banque d'Angleterre de 100 milliards GBP entre octobre 2023 et septembre 2024, puis, en septembre 2024, de 100 milliards GBP supplémentaires entre octobre 2024 et septembre 2025 (Bank of England, 2022[35] ; 2022[36] ; 2023[37] ; 2024[38]).
- Canada : en avril 2022, la Banque du Canada a mis fin à son programme d'achat d'obligations, ne prévoyant pas de réinvestir le produit des obligations arrivant à échéance (Banque du Canada, 2022[39]). En janvier 2025, elle a annoncé son plan pour achever la normalisation de son bilan et mettre fin au resserrement quantitatif en mars 2025 (Banque du Canada, 2025[40]).
- États-Unis : en mai 2022, le Conseil des gouverneurs de la Réserve fédérale a annoncé que la taille du portefeuille d'intervention de la Réserve fédérale (SOMA, *System Open Market Account*) serait réduite de manière progressive et prévisible par le non-réinvestissement du produit des obligations arrivées à échéance jusqu'à un plafond mensuel de 30 milliards USD pendant les trois premiers mois, de 60 milliards USD jusqu'en mai 2024, puis de 25 milliards USD (Board of Governors of the Fed, 2022[41] ; 2024[42]).
- Suède : en septembre 2022, la Banque de Suède (*Sveriges Riksbank*) a annoncé que son programme d'achats d'actifs devait prendre à la fin de l'année et que son bilan allait donc être progressivement réduit, toutes échéances confondues. En février 2023, elle a annoncé qu'elle commencerait à vendre des obligations d'État à compter d'avril 2023. En novembre 2024, la banque a annoncé que les ventes devraient prendre fin à la fin de 2025 et qu'elle comptait conserver dans son bilan 20 milliards SEK d'obligations d'État à long terme (Sveriges Riksbank, 2022[43] ; 2024[22] ; 2023[44]).
- Zone euro : en décembre 2022, le Conseil des gouverneurs de la BCE a décidé que le portefeuille d'obligations d'État achetées dans le cadre du programme d'achats d'actifs (APP) serait réduit à un rythme mesuré et prévisible, puisque le produit des titres arrivant à échéance ne serait que partiellement réinvesti à compter de mars 2023. En mai 2023, le Conseil a décidé qu'il mettrait un terme aux réinvestissements dans le cadre de l'APP à compter de juillet 2023. En décembre 2023,

il a décidé qu'il réduirait le portefeuille du Programme d'achats d'urgence face à la pandémie (FEPP) au second semestre de 2024 et qu'il mettrait entièrement fin aux réinvestissements à la fin de 2024 (BCE, 2022[45] ; 2023[46] ; 2023[47]).

- Japon : en juillet 2024, la Banque du Japon a décidé de réduire progressivement, chaque trimestre, le montant de ses achats d'obligations d'État jusqu'en mars 2026 (Bank of Japan, 2024[48]).

Notes

[1] Corrigé de l'indice des prix à la consommation (IPC) des États-Unis.

[2] Il s'agit des besoins d'emprunt bruts moyens rapportés au PIB pour la période 2015-19.

[3] La moyenne 2015-19 est corrigée de l'IPC sur les valeurs réelles de 2024.

[4] Les écarts entre le déficit des administrations publiques et les besoins d'emprunt nets de l'administration centrale sur les marchés proviennent de trois sources principales, ce qui complique l'attribution précise à la gestion des soldes de trésorerie. En premier lieu, il existe une différence de périmètre : dans cette analyse, les besoins d'emprunt nets se rapportent l'administration centrale, tandis que le déficit budgétaire englobe les administrations publiques, y compris les administrations provinciales, les collectivités locales et les caisses de sécurité sociale. En second lieu, la dette négociable de l'administration centrale n'évolue pas forcément au même rythme que le déficit si les besoins budgétaires sont couverts par la vente d'actifs financiers, tels que des biens immobiliers ou des entreprises publiques. Cela inclut également l'utilisation (prélèvement) des soldes de trésorerie. Enfin, les pouvoirs publics peuvent accroître leurs passifs nets au moyen d'instruments de dette non négociables, tels que des prêts ou des arriérés. Malgré ces sources de différences, dans la plupart des pays de l'OCDE, les administrations infranationales ont des excédents ou des déficits bien moindres que les soldes budgétaires des administrations centrales. Dans le même temps, les ventes d'actifs et le financement par recours à des instruments de dette non négociables sont relativement rares. Aussi, une grande partie de la différence peut être imputée à l'utilisation de soldes de trésorerie en conditions normales.

[5] Les besoins d'emprunt bruts ont augmenté de façon inégale entre les pays ces dernières années, la part des États-Unis ayant considérablement progressé. Plus précisément, la part des États-Unis est passée d'environ 40 % en 2007-08 à 50 % en 2017, et devrait avoisiner 70 % en 2024. Cette croissance s'est accélérée après le milieu des années 2010, portée par le creusement des déficits budgétaires et par l'accélération de la croissance du PIB (par rapport à la moyenne de l'OCDE), parallèlement à l'appréciation du dollar américain. Ce dernier facteur explique à lui seul environ un tiers de la hausse de près de 20 points de pourcentage depuis 2017.

[6] Les stratégies d'émission sont influencées non seulement par l'arbitrage entre risques et coûts, mais aussi par la demande du marché et la flexibilité des différents instruments. Une demande inégale entre différentes échéances et la nécessité de préserver la liquidité du marché influent sur les choix des émetteurs souverains. Les titres à plus longue échéance, souvent achetés par les fonds de pension et les compagnies d'assurance, sont moins demandés à l'échelle mondiale, ce qui réduit les options stratégiques des émetteurs. En outre, les gestionnaires de la dette rouvrent souvent des lignes individuelles jusqu'à atteindre une taille de référence, ce qui soutient la liquidité. Néanmoins, cette pratique peut être coûteuse, surtout pour les titres à long terme émis en dessous du pair, dont la durée plus longue amplifie la sensibilité des prix aux variations du taux d'intérêt, générant des entrées de trésorerie plus faibles lorsque les taux

augmentent. À l'inverse, les instruments à plus court terme offrent une plus grande souplesse d'émission, permettant l'émission de volumes plus importants à bref délai, souvent sans nécessiter de syndication.

[7] Pour ces fonds, les bons du Trésor font partie des rares types de garanties appropriées et jouent un rôle crucial dans la gestion de l'échéance de leur portefeuille, en particulier lorsque les bilans des entreprises soutenues par l'État (par exemple Fannie Mae et Freddie Mac) se sont contractés et que la disponibilité de titres de dette émis par les organismes fédéraux a diminué.

[8] Les réserves de liquidité, généralement constituées grâce aux produits des émissions obligataires, sont souvent investies dans des instruments à court terme ou déposées auprès de la banque centrale, qui applique généralement des taux courts plus faibles que les coûts d'emprunt à long terme.

[9] Les États-Unis n'ont lancé leur programme à taux variable qu'en 2014-15, de sorte que les comparaisons avec la totalité de la dernière décennie seraient faussées.

[10] Il convient d'observer que les Perspectives de l'OCDE sur les emprunts souverains utilisent la méthodologie standard pour calculer l'endettement brut et les besoins de refinancement, en excluant le refinancement des bons du Trésor émis et arrivant à échéance au cours de la même année. Pour en savoir plus, voir l'annexe 1.A.

[11] Cette analyse n'inclut pas le Chili et l'Estonie faute de données disponibles.

[12] Les primes d'échéance donnent des indications précieuses sur les attentes du marché en ce qui concerne la politique monétaire et les conditions économiques. Elles intègrent la compensation accordée par le marché en contrepartie de la détention d'obligations à long terme plutôt qu'au renouvellement de titres sans risque à court terme, en tenant compte du risque que les rendements des obligations à long terme soient inférieurs aux rendements futurs cumulés à court terme. S'agissant des obligations souveraines dans la zone OCDE, où le risque de crédit est négligeable, les primes d'échéance reflètent principalement les anticipations de taux d'intérêt à court terme et le risque de duration - la sensibilité des prix des obligations aux changements de la courbe des rendements. Sachant que les taux d'intérêt futurs sont influencés par les décisions futures des banques centrales, qui tentent de maîtriser l'inflation tout en évitant de provoquer des dommages inutiles à l'économie (BRI, 2022[54]), la forme de la courbe des rendements dépend principalement des anticipations d'inflation, mais aussi des perspectives de l'emploi et de la croissance.

[13] Une courbe des rendements peut évoluer selon trois principaux paramètres : le niveau, l'inclinaison et la courbure (Litterman, Robert et Scheinkman, 1991[50]). Un changement de niveau se produit lorsque les rendements pour toutes les échéances augmentent ou diminuent d'un ordre de grandeur similaire, ce qui reflète une évolution parallèle. Un changement d'inclinaison se produit lorsque les rendements à court terme évoluent davantage que ceux à long terme (ou vice-versa), entraînant une évolution non parallèle de la pente de la courbe. Enfin, un changement de courbure signifie que les changements se concentrent au milieu de la fourchette des échéances, où les rendements intermédiaires augmentent ou diminuent par rapport aux taux courts et longs.

[14] Le taux neutre d'intérêt désigne le taux d'intérêt réel à court terme qui devrait prévaloir lorsque l'écart de production est nul ou négligeable et que l'inflation est stable (NY Fed, 2024[53]).

[15] Les rendements réels correspondent au taux de rendement d'investissements après correction de l'inflation. Ils peuvent être mesurés comme la différence entre les rendements nominaux et le point mort d'inflation, qui reflète les anticipations d'inflation et la prime de risque d'inflation — la rémunération supplémentaire versée par le marché en contrepartie du verrouillage des rendements sur la base des prévisions actuelles d'inflation, notamment en situation d'incertitude quant à l'inflation future.

[16] Des données sur le point mort d'inflation sont disponibles uniquement pour les pays ayant des obligations indexées sur l'inflation en circulation qui permettent le calcul d'anticipations d'inflation à dix ans.

[17] À la date de publication du présent rapport, les dernières données disponibles sur les dépenses publiques par fonction dataient de 2022.

[18] Il s'agit des variations des charges d'intérêts brutes des administrations publiques. L'évolution d'autres indicateurs des charges d'intérêts, comme ceux spécifiques à l'administration centrale, peut diverger. Par exemple, en Suède, les charges d'intérêts de l'administration centrale ont baissé en 2024 (Riksgalden, 2025[51]).

[19] L'écart entre l'agrégat OCDE et le ratio médian des charges d'intérêts au PIB s'explique principalement par le fait que trois grands émetteurs - l'Italie, les États-Unis et le Royaume-Uni - figurent parmi les six pays présentant les ratios les plus élevés.

[20] Il s'agit de la part de dette à taux fixe émise avant 2024 générant des rendements inférieurs à 1 %.

[21] Il s'agit de la part de dette à taux fixe émise avant 2024 générant des rendements supérieurs à 4 %.

[22] En 2026, l'OCDE prévoit une augmentation des taux à 10 ans - une échéance plus représentative du profil d'emprunt des pays de l'OCDE que les taux à court terme - dans 23 pays sur 38. En revanche, des baisses plus généralisées sont attendues pour les taux courts, qui ne représentent qu'une minorité des emprunts des pays de l'OCDE (OCDE, 2024[52]).

[23] Belgique, Danemark, Irlande, Islande, Lituanie, Norvège, Pays-Bas, Pologne, Portugal, Slovénie, Suède, Suisse et Türkiye.

[24] Les calendriers d'échéances des obligations souveraines détenues par les banques centrales ont été examinés dans l'édition 2024 des Perspectives sur les emprunts souverains (OCDE, 2024[13]).

[25] Ces données se rapportent à la dette négociable des administrations publiques. La dette négociable des administrations publiques se compose essentiellement de la dette négociable de l'administration centrale. Dans 18 des 25 pays analysés, l'administration centrale représente la quasi-totalité (plus de 95 %) de la dette négociable des administrations publiques au deuxième trimestre de 2024 ou à la dernière période connue. Les administrations infranationales représentent environ la moitié de la dette négociable des administrations publiques au Canada, environ un quart au Danemark, un cinquième en Allemagne et en Suède, 10 % en Belgique et en France, et 6 % aux États-Unis.

[26] Aux États-Unis, les données relatives aux avoirs des ménages englobent les fonds spéculatifs nationaux, les fonds de capital-investissement et les fonds fiduciaires de gestion de patrimoine.

[27] Il s'agit du Canada, de l'Estonie, de la Grèce, de la Lettonie, de la Nouvelle-Zélande et de la Suède.

[28] L'écart de cotation correspond à l'écart entre le cours vendeur et le cours acheteur d'une obligation sur le marché secondaire. Il correspond essentiellement à la différence entre le prix le plus élevé qu'un acheteur est prêt à payer pour un actif et le prix le plus bas qu'un vendeur est prêt à accepter.

[29] Enquête 2023 sur la liquidité des marchés secondaires des obligations d'État.

[30] Par exemple, dans le cas des adjudications d'obligations de l'État fédéral allemand, une augmentation d'un point de pourcentage de la volatilité implicite annualisée du rendement des options se traduit par une hausse du rendement des soumissions, qui est, en moyenne, de 0.3 point de base (0.03 %) (Shida, 2023[49]).

[31] Elles ont notamment été utilisées dans le cadre du nouveau programme de rachat mis en place aux États-Unis pour renforcer la liquidité et améliorer la gestion de la trésorerie. Lancées en mai 2024, ces opérations de rachat visant à renforcer la liquidité, appelées « *liquidity support buybacks* », donnent aux acteurs du marché des occasions prévisibles de vendre des titres émis plus anciennement. En octobre 2024, le Trésor américain avait réalisé une vingtaine d'opérations de ce type, achetant près de 30 milliards USD de titres tout en recevant des offres pour un montant total d'environ 150 milliards USD. Des opérations de rachat d'obligations aux fins de gestion de la trésorerie, qui visent à réduire la volatilité des soldes de trésorerie et des émissions de bons du Trésor, ont en outre débuté en septembre 2024. Le Trésor américain a entrepris de réaliser quatre opérations de ce type pour un montant d'environ 20 milliards USD. Bien que ce programme de rachat soit modeste par rapport à la taille globale du marché américain des obligations souveraines, il n'est pas négligeable par rapport à l'encours de certaines lignes obligataires et a donc une incidence considérable sur les lignes visées (TBAC, 2025[14]).

[32] Seront exclues les opérations dont l'une des contreparties est une banque centrale, une entité souveraine, une institution financière internationale ou une personne physique.

[33] Les récentes modifications apportées à la réglementation aux États-Unis ont nettement amélioré la transparence et la surveillance du marché des valeurs du Trésor. Depuis 2020, l'Autorité de réglementation du secteur financier (FINRA, *Financial Industry Regulatory Authority*) a progressivement augmenté la fréquence et le niveau de détail de ses rapports *Trade Reporting and Compliance Engine* (TRACE), en passant d'une publication mensuelle à une publication hebdomadaire et en introduisant, en 2024, la publication des données de fin de journée concernant les transactions réalisées sur des émissions « on-the-run » en deçà d'une certaine taille, en complément des statistiques agrégées. Par ailleurs, le Bureau de recherche financière (OFR, *Office of Financial Research*) a mis au point en 2024 un outil de suivi des fonds spéculatifs qui permet d'évaluer les risques liés à la liquidité et à l'endettement, et la Réserve fédérale a imposé aux spécialistes en valeurs du Trésor, à des fins d'amélioration du suivi du marché, de communiquer séparément les transactions effectuées sur le marché général des pensions et sur le marché des pensions tripartites. À compter de décembre 2024, l'OFR exige que certaines sociétés de bourse et entités financières déclarent quotidiennement les transactions effectuées sur le marché des pensions bilatérales non compensées de manière centralisée, ce qui représente environ 75 % du volume de transactions ne faisant pas l'objet d'une compensation centrale. S'agissant des réformes prévues, la Commission des opérations de bourse (SEC, *Securities and Exchange Commission*) des États-Unis appliquera les règles d'enregistrement des courtiers à compter de mai 2025, en exigeant des fournisseurs de liquidités importants qu'ils s'enregistrent, qu'ils adhèrent à une organisme professionnel et qu'ils se conforment aux dispositions réglementaires connexes ; et, en mars 2025, la SEC, la Commission fédérale de surveillance des marchés à terme (*Commodity Futures Trading Commission*) et le Conseil de surveillance de la stabilité financière (*Financial Stability Oversight Council*) mettront en place des exigences de communication renforcées, en vue d'améliorer les données sur les transactions, la liquidité et les stratégies des grands fonds spéculatifs, tout en faisant la distinction entre les positions de trésorerie et les positions sur produits dérivés.

2 Les marchés de la dette des entreprises face aux incertitudes mondiales

La dette obligataire des entreprises à l'échelle du monde a de nouveau augmenté en 2024 après deux années de désendettement induit par l'inflation. Le coût effectif de la plus grande partie de l'encours de la dette est inférieur aux taux actuels, ce qui signifie que le coût du service de la dette augmentera probablement à l'avenir. Depuis 2008, le lien entre la dette des entreprises et l'investissement a été rompu, les émissions de dette étant nettement supérieures à leur niveau tendanciel d'avant la crise, tandis que l'investissement est resté inférieur à son niveau tendanciel. Plutôt que de financer l'investissement, les fonds levés au cours des deux dernières décennies ont principalement été utilisés pour des opérations financières. Il est donc peu probable que la dette existante se rembourse d'elle-même via les rendements des investissements productifs. Les incertitudes qui entourent actuellement l'action publique à l'échelle mondiale suscitent des inquiétudes quant à la stabilité de la demande des investisseurs étrangers, qui constitue une composante essentielle des principaux marchés de la dette d'entreprise.

Introduction

Le présent chapitre illustre les évolutions récentes des emprunts des entreprises, estime les coûts futurs de la hausse des taux d'intérêt et examine les perspectives et les implications d'un désendettement généralisé des entreprises. Il cherche également à évaluer les vulnérabilités des marchés et leur exposition aux chocs. Il est essentiellement consacré aux obligations d'entreprise, mais les évolutions sur les marchés des prêts syndiqués et du crédit privé sont également examinées.

Principaux constats

- **L'encours de la dette des entreprises est reparti à la hausse.** L'encours mondial des obligations d'entreprise a atteint 35 000 milliards USD en 2024, renouant avec la tendance continue à la hausse qui avait été observée pendant plus de deux décennies et qui s'était temporairement interrompue en 2022.
- **Le coût du service de la dette augmentera probablement par rapport aux niveaux actuels malgré la baisse des taux d'intérêt.** Près de la moitié de la dette mondiale en obligations d'entreprise est actuellement assortie d'un taux d'intérêt inférieur ou égal à 4 %. Il existe une disparité entre le coût de l'encours de la dette et le coût actuel de la dette : à l'échelle mondiale, fin 2024, 63 % de la dette de catégorie investissement et 74 % de la dette de catégorie spéculative présentaient des charges d'intérêts inférieures aux taux du marché en vigueur. Même si les taux directeurs des banques centrales continuent de baisser comme prévu, la plus grande partie de l'encours sera probablement refinancée à un coût plus élevé.
- **L'augmentation des charges d'intérêts sera relativement minime à court terme.** Le taux d'intérêt moyen de la dette arrivant à échéance entre 2025 et 2029 est inférieur de 148 points de base aux taux du marché à la fin de 2024, ce qui implique des hausses de charges d'intérêts relativement faibles à court terme. Toutefois, si le coût effectif de l'encours de la dette augmentait d'un point de pourcentage, les charges d'intérêts annuelles augmenteraient de 151 milliards USD au total, pour atteindre 784 milliards USD.
- **L'encours de la dette a été principalement utilisé pour des opérations financières plutôt que pour des investissements réels.** L'une des raisons les plus courantes pour émettre des obligations au cours des deux dernières décennies a été le refinancement de la dette existante. D'autres opérations financières, comme la constitution de réserves de trésorerie et les versements aux actionnaires, ont également été relativement répandues. Cela a permis aux entreprises de diminuer continûment leur coût effectif d'emprunt, mais implique également que la dette en cours ne « se remboursera » probablement pas grâce au rendement des investissements productifs. Depuis 2008, il existe un décalage entre l'investissement des entreprises et leurs emprunts, l'investissement étant actuellement inférieur à son niveau tendanciel tandis que les émissions d'obligations d'entreprise sont nettement supérieures à leur niveau tendanciel.
- **L'incertitude qui entoure l'action publique à l'échelle mondiale accentue les préoccupations relatives à la stabilité de la demande étrangère.** La poursuite du retrait du soutien des banques centrales aux marchés obligataires, conjuguée à l'augmentation des émissions obligataires, signifie que de nouveaux investisseurs devront combler le déficit de demande sur certains segments du marché ou que les investisseurs existants devront accroître le montant de leurs prêts. Les investisseurs étrangers, qui représentent plus d'un tiers du total des participations dans certains grands marchés, joueront un rôle important, mais les incertitudes qui entourent l'action publique à l'échelle mondiale, notamment en ce qui concerne

les écarts internationaux de taux d'intérêt et la politique commerciale, suscitent des inquiétudes quant à la stabilité de leur demande.

- **La dette des entreprises augmente sur tous les segments du marché.** La hausse de la dette des entreprises ne se limite pas aux marchés obligataires. Les prêts syndiqués, qui représentent un marché de 25 000 milliards USD et constituent une forme dominante d'emprunt pour les sociétés non financières, ont également fortement augmenté au fil du temps. Le crédit privé, une catégorie de prêts qui a pris une importance considérable relativement récemment, représente aujourd'hui au moins 1 600 milliards USD d'actifs à l'échelle mondiale. Ses interconnexions croissantes avec le système financier traditionnel, notamment les fonds de pension et les compagnies d'assurance, conjuguées à de multiples niveaux d'endettement, appellent à la vigilance des autorités de réglementation et de surveillance.

Les marchés mondiaux de la dette confrontés à des perspectives incertaines

Les cinq dernières années ont été caractérisées par des changements rapides et importants sur les marchés mondiaux de la dette. Après deux décennies d'accumulation soutenue, la dette a atteint de nouveaux sommets sous l'effet de la relance monétaire et budgétaire importante qui a suivi la pandémie de COVID-19 en 2020 et 2021, les montants des émissions mondiales atteignant des niveaux sans précédent. Cette tendance a pris fin brutalement en 2022, lorsque la politique monétaire s'est resserrée pour faire face aux niveaux d'inflation les plus élevés observés dans les pays de l'OCDE depuis trente ans. Les taux directeurs ont augmenté plus rapidement qu'à tout autre moment de l'histoire récente. La possibilité d'avoir à gérer un scénario de taux prohibitifs dans un environnement de niveaux d'endettement élevés a été largement considérée comme plausible, même si les échéances moyennes longues et la structure majoritairement à taux fixe des obligations d'entreprise devraient retarder les effets de la hausse des taux, protégeant ainsi partiellement et temporairement les entreprises du plein effet des nouvelles conditions financières.

L'inflation a depuis suffisamment diminué pour qu'un tel résultat ne se concrétise pas. L'économie mondiale et les marchés financiers se sont également révélés plus résilients que beaucoup le prévoyaient. À la fin de 2024, l'inflation était égale ou inférieure à l'objectif dans plus de 60 % des pays, et supérieure de moins de 1 % dans plus de 75 % d'entre eux (OCDE, 2024[1]). Les grandes banques centrales des pays de l'OCDE ont commencé des cycles d'assouplissement à la mi-2024, et les taux directeurs futurs implicites tirés du marché laissent clairement entrevoir une baisse dans la quasi-totalité des grandes économies. Les conditions monétaires restent favorables. Les taux de défaut mondiaux, bien que légèrement supérieurs aux moyennes historiques, sont restés relativement faibles et devraient passer en dessous de la moyenne sur quatre décennies en 2025 (Moody's, 2024[2]).

Malgré ces conditions favorables, les marchés mondiaux de la dette sont confrontés à des perspectives incertaines. Cela tient principalement aux incertitudes macroéconomiques, notamment en ce qui concerne le risque géopolitique et, de manière étroitement liée, la politique économique internationale (OCDE, 2024[3]). La publication d'informations par les entreprises – déclarations financières et non financières et transcriptions des communications des résultats financiers par téléconférence – donne à penser que si les risques étroitement définis liés à la dette, comme les défauts de paiement et les révisions à la baisse des notations, sont relativement peu préoccupants, les risques liés au refinancement et les risques géopolitiques demeurent importants (Graphique 2.1). Cette incertitude peut exposer le marché à des épisodes de volatilité, dont la gravité est difficile à évaluer à l'avance.

Graphique 2.1. Mentions d'indicateurs de risques liés à la dette par les grandes entreprises aux États-Unis, en Europe et au Japon

Le niveau d'inquiétude liée aux risques géopolitiques et de refinancement reste élevé

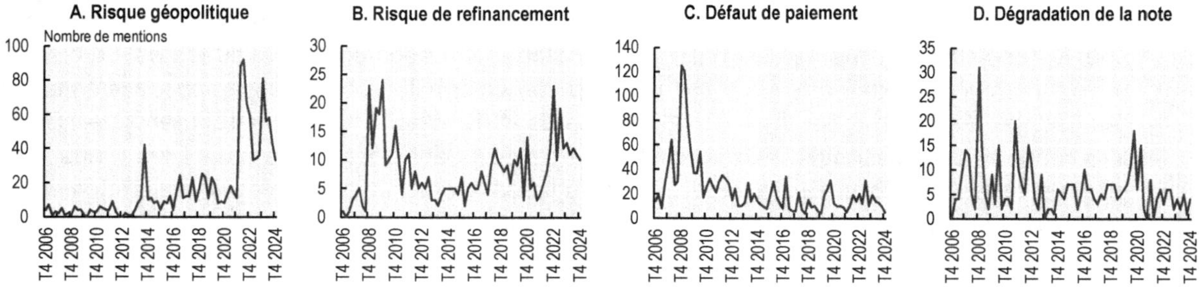

Note : Les données portent sur les sociétés des indices Russell 3000, Euro STOXX 600 et NIKKEI 225. Mentions dans les documents déposés par les entreprises et les transcriptions des communications des résultats financiers par téléconférence.
Source : Analyse des documents d'entreprises via Bloomberg, voir Annexe 2.A pour plus de détails.

Cette situation génère à son tour une plus grande incertitude liée aux résultats macroéconomiques et, partant, à la trajectoire des taux d'intérêt, ce qui a des effets sur la dynamique du marché de la dette. Cela se traduit par des variations à court terme des anticipations de taux d'intérêt. Le Graphique 2.2 illustre les variations intra-annuelles (la différence entre la valeur la plus élevée et la valeur la plus faible d'une année) du contrat d'échange à 2 ans indexé sur le taux à un jour (*Overnight Indexed Swap*, OIS) sur trois grands marchés. Une valeur plus élevée implique de plus grandes variations des anticipations de taux d'intérêt au cours d'une même année. Pour la première fois dans l'histoire récente, cette valeur est, sur trois années consécutives, supérieure aux moyennes historiques aux États-Unis, dans la zone euro et au Japon, ce qui illustre l'incertitude engendrée par le choc inflationniste.

Graphique 2.2. Fluctuation intra-annuelle des anticipations de taux d'intérêt à deux ans

Au cours des trois dernières années, une forte volatilité des anticipations de taux d'intérêt a pu être observée

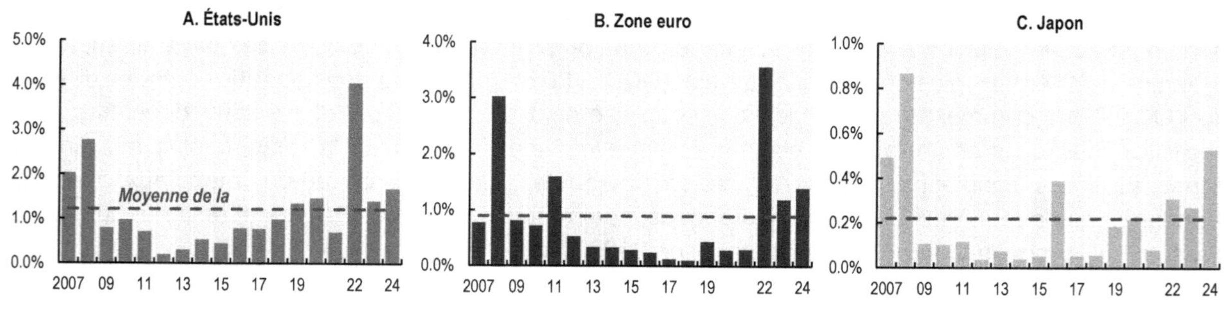

Note : Sur la base des différences entre la valeur la plus élevée et la valeur la plus basse du contrat d'échange (*swap*) à 2 ans indexé sur le taux à un jour (OIS) pour chaque marché au cours d'une année donnée.
Source : Bloomberg.

En outre, malgré les baisses rapides des taux directeurs et des rendements, les taux d'intérêt n'ont généralement pas baissé aussi rapidement que les marchés l'avaient anticipé en 2022. Aux États-Unis, les taux directeurs étaient supérieurs de près de 200 points de base aux anticipations implicites du marché en mars 2022, de 141 points dans la zone euro, de 286 points au Royaume-Uni et de 48 points au Japon. La seule exception est la Chine, où les taux sont inférieurs de 76 points de base aux prévisions des marchés en 2022, en raison de perspectives de croissance plus faibles (Graphique 2.3).

Si l'on y ajoute le fait que le retour à des niveaux élevés d'inflation en 2022 a conduit les banques centrales à mettre fin à leur soutien structurellement important aux marchés de la dette au moyen d'achats massifs d'obligations – libérant ainsi les pressions à la baisse sur le prix des obligations –, on peut se demander si les niveaux actuels d'endettement peuvent être maintenus, et à quel coût, ou si un désendettement généralisé est nécessaire. C'est à ces questions que le présent chapitre cherche à apporter des réponses.

Graphique 2.3. Comparaison des anticipations de taux des marchés aux taux actuels

Les marchés ont eu tendance à sous-estimer dans leurs anticipations le niveau des taux directeurs

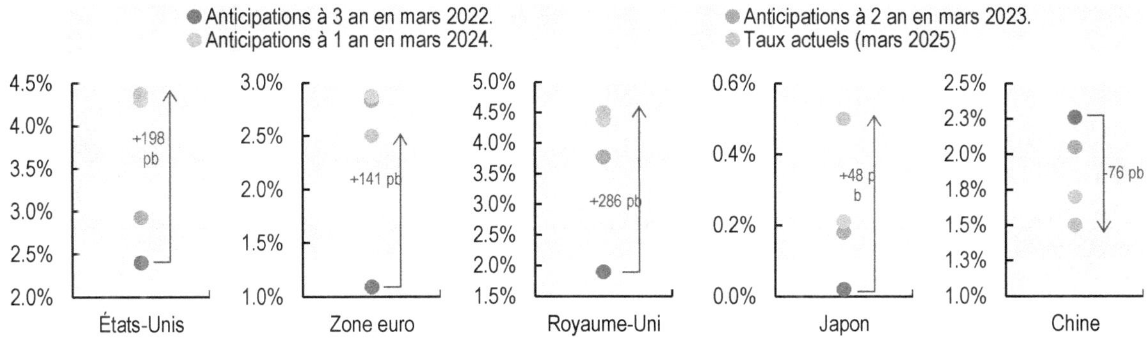

Note : Les données relatives à la Chine correspondent au taux des mises en pension à sept jours.
Source : Bloomberg.

Évolution des emprunts sur le marché des obligations d'entreprises

Après deux années de diminution en termes réels, l'encours de la dette mondiale repart à la hausse

L'encours mondial de la dette des entreprises s'élevait à 35 000 milliards USD à la fin de 2024, soit une augmentation en termes réels de 1.4 % par rapport à l'année précédente. Cela marque le retour d'une tendance à long terme d'augmentation de l'encours de la dette. L'encours des obligations d'entreprise a enregistré une croissance en glissement annuel en termes réels pendant 22 années consécutives entre 2000 et 2021, une tendance qui s'est temporairement interrompue avec les chocs sur les taux d'intérêt de 2022 et 2023 (Graphique 2.4, partie A). Il convient toutefois de souligner que cette brève période de diminution de la dette s'explique par les niveaux élevés d'inflation en 2022 et 2023, qui ont conduit à un ajustement à la hausse correspondant de la dette en termes réels pour les années antérieures, plutôt qu'à un désendettement actif généralisé. Les émissions nettes (nouvelles émissions moins remboursements) sont en fait restées positives globalement en 2022 et 2023.

L'encours en 2024 a crû de 62 % en termes réels depuis 2008, quand la relance monétaire consécutive à la crise a été mise en place. Cette hausse a été alimentée en grande partie par l'augmentation du volume de titres émis par des sociétés non financières, dont la dette a presque doublé depuis 2008 et s'établit actuellement à 15 700 milliards USD (Graphique 2.4, partie A). Les émissions des sociétés non financières se sont également concentrées dans la partie inférieure de l'échelle de notation. Plus de la moitié des titres de catégorie investissement émis depuis 2014 ont été notés BBB, la note la plus basse de cette catégorie (OCDE, 2024[3]). Il en résulte que le segment non financier du marché a été plus durement touché par la modification soudaine des conditions financières en 2022, la contraction des émissions des sociétés non financières étant plus de deux fois supérieure à celle des émissions des sociétés financières (partie B).

Graphique 2.4. Dette obligataire des entreprises à l'échelle du monde

L'encours de la dette des obligations d'entreprise a augmenté en termes réels en 2024 pour la première fois en trois ans

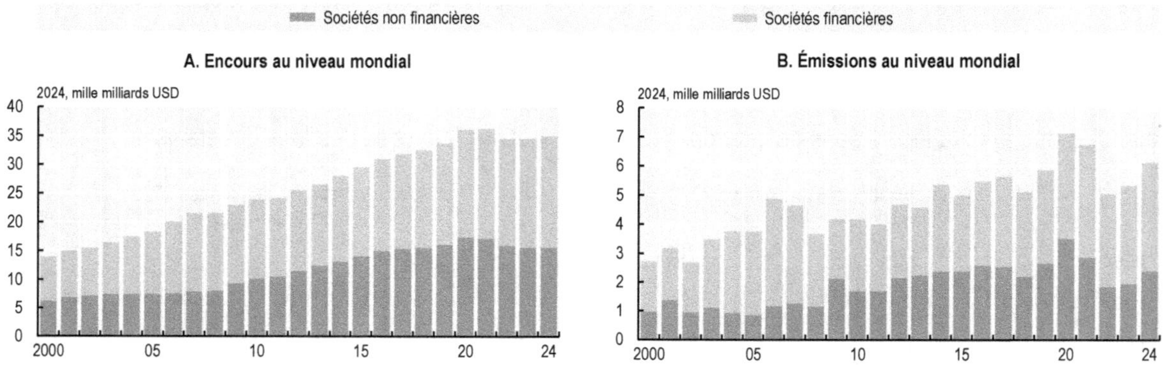

Source : Ensemble de données issu de la série sur les marchés de capitaux de l'OCDE ; et London Stock Exchange Group (LSEG) ; voir Annexe 2.A pour plus d'informations.

Le niveau de la dette et sa répartition entre les émetteurs financiers et non financiers varient considérablement d'un pays à l'autre (Graphique 2.5, partie A). Les États-Unis représentent de loin le plus grand marché d'obligations d'entreprise au monde, avec un encours de 11 400 milliards USD à la fin de 2024, dont plus de 60 % correspondent à des titres de sociétés non financières. Vient ensuite la Chine, où le montant total des emprunts sur le marché obligataire s'élève à 6 700 milliards USD. Les sociétés financières sont prépondérantes en Chine, où elles représentent plus de 60 % de l'encours total. Il en va de même dans de nombreux pays de l'OCDE, la part de la dette des sociétés financières dans l'encours total étant supérieure à 60 % dans 24 des 38 pays membres. Cette prédominance est particulièrement prononcée dans les économies européennes caractérisées par l'importance du secteur bancaire : la dette des sociétés financières représente en moyenne plus de 70 % de la dette totale en Allemagne, en Espagne, en France et en Italie.

On observe également de fortes disparités entre les pays en termes de poids de la dette des entreprises par rapport à la taille de l'économie. L'encours des obligations d'entreprise représente plus de 50 % du PIB dans neuf pays de l'OCDE. Le Luxembourg affiche de loin le ratio le plus élevé (447 %), en raison de son rôle de centre financier majeur où de grands établissements ont leur siège, ainsi que de la taille relativement modeste de son économie. Une dynamique similaire est à l'œuvre aux Pays-Bas, où de nombreuses grandes entreprises multinationales ont leur siège social.

La plupart des pays de l'OCDE ont vu leur endettement augmenter au fil du temps : depuis 2008, les ratios dette/PIB ont augmenté dans 30 pays sur 38, la médiane étant supérieure de neuf points de pourcentage. Seuls trois pays de l'OCDE ont connu un désendettement substantiel depuis 2008 : l'Irlande, l'Islande et le Portugal, qui ont tous été très durement touchés par la crise financière de 2008. Conformément aux tendances qui caractérisent la dette souveraine, les marchés émergents sont moins endettés que les économies avancées. Parmi les marchés émergents du G20, seule la Chine affiche un ratio dette obligataire des entreprises/PIB supérieur à 15 % (Graphique 2.5, partie B).

Graphique 2.5. Encours de la dette obligataire des entreprises par pays à la fin 2024

Les marchés mondiaux des obligations d'entreprise sont concentrés dans quelques pays

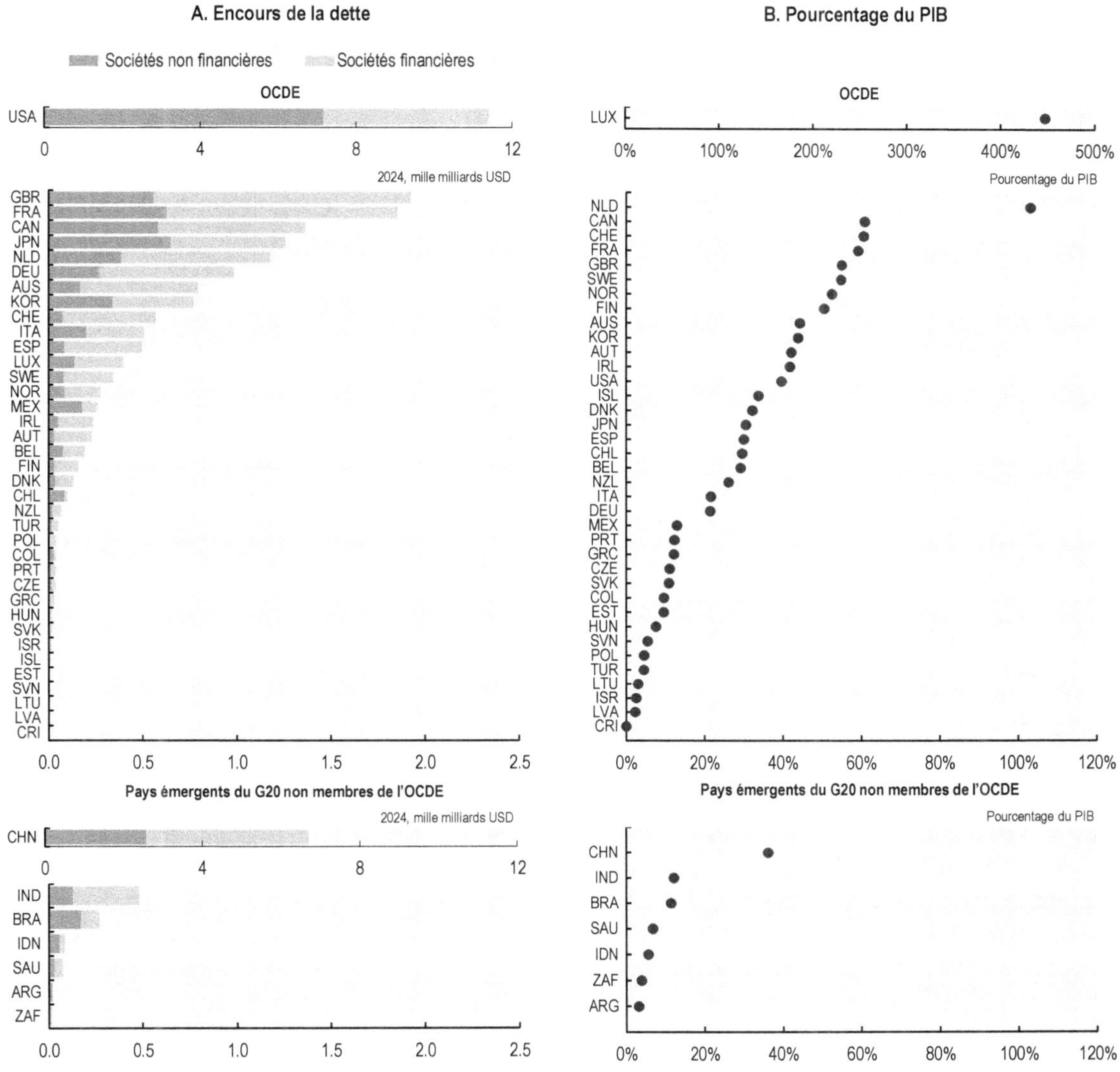

Note : Sur la base du pays où les entreprises sont domiciliées.
Source : Ensemble de données issu de la série sur les marchés de capitaux de l'OCDE, London Stock Exchange Group (LSEG), voir Annexe 2.A pour plus d'informations ; et FMI.

Les segments de marché à haut risque ont également rebondi

Les segments de marché plus à risque ont naturellement été plus durement touchés par le choc de taux d'intérêt en 2022. Les entreprises de catégorie investissement – à l'exception des sociétés financières en 2009 – ont enregistré des émissions nettes positives chaque année depuis 2000, ce qui signifie que l'encours de la dette n'a cessé d'augmenter. Comme indiqué plus haut, cette tendance s'est poursuivie tout au long de la récente période de resserrement de la politique monétaire (Graphique 2.6, partie A). Il n'en va pas de même pour les émissions de titres classés dans la catégorie spéculative, qui sont devenues fortement négatives pour les sociétés non financières en 2022 et 2023. Si cela s'était déjà produit pendant les périodes de tensions sur les marchés (notamment en 2008), la contraction observée en 2022 n'avait jamais été aussi forte. Celle-ci a été supérieure de 18 % en termes réels à celle de 2008 pour les sociétés non financières (Graphique 2.6, partie B). Les émissions des sociétés financières ont également fortement diminué, mais sont restées positives. Ces évolutions ont commencé à s'inverser en 2024, les émissions de titres de catégorie spéculative étant redevenues nettement positives pour les sociétés financières et, même si toujours négatives, sont revenues à un niveau proche de zéro pour les sociétés non financières en raison de la baisse des taux d'intérêt.

Graphique 2.6. Émissions nettes d'obligations d'entreprises

Après deux années de désendettement actif, les émissions nettes des émetteurs à haut risque augmentent de nouveau

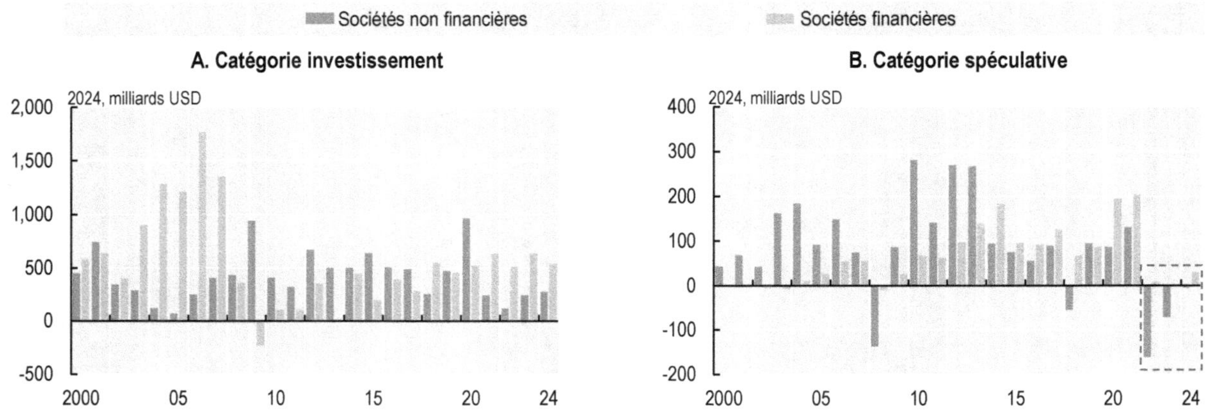

Source : Ensemble de données issu de la série sur les marchés de capitaux de l'OCDE ; et London Stock Exchange Group (LSEG) ; voir Annexe 2.A pour plus d'informations.

Les marchés des obligations d'entreprise ne sont donc pas sur la voie d'une réduction de la dette. La baisse des taux par rapport à 2022-23, et l'orientation à la baisse de la trajectoire des taux directeurs futurs ont atténué les préoccupations relatives à la viabilité d'un encours de dette important. Toutefois, la plupart des titres de dette de l' encours ont été émis dans un environnement où les taux d'intérêt étaient extrêmement bas par rapport au niveau actuel du marché. Un encours de dette de même ampleur, ou plus important, signifie donc inévitablement que les charges d'intérêts globales augmenteront dans les années à venir, à mesure que la dette existante arrivera à maturité et devra être refinancée. La section suivante vise à quantifier ces coûts.

Les coûts d'une accumulation de dette à long terme

L'augmentation des emprunts obligataires d'entreprises n'est pas une évolution négative en soi. Les marchés de la dette peuvent fournir aux entreprises des financements pour des projets d'investissement, souvent de nature contracyclique et moins dépendants des garanties que les prêts bancaires. Les coûts et les risques associés à des niveaux d'endettement élevés au niveau macroéconomique doivent donc être mis en balance avec les avantages que procure, à l'échelle de l'économie, un accès généralisé au financement. Toutefois, plus le coût de la dette est élevé, plus les avantages correspondants doivent être importants pour compenser l'augmentation des dépenses. En ce sens, les variations des taux d'intérêt influent sur la nature de l'encours de la dette, rendant potentiellement non viables des dettes qui ne l'étaient pas auparavant (Minsky, 1995[4] ; OCDE, 2024[3]).

Jusqu'à présent, les charges d'intérêts des entreprises ont le plus souvent été épargnées par les hausses de taux en raison du recours généralisé à des emprunts à taux fixe et à échéances longues

Ce risque ne s'est jusqu'à présent pas matérialisé. En raison de maturités longues et de la prédominance de la dette à taux fixe, le coût actuel de l'encours de la dette obligataire reste très proche de ce qu'il était avant 2022, lorsque les taux directeurs et les rendements étaient nettement inférieurs. Près de la moitié de l'encours de la dette obligataire des entreprises à l'échelle mondiale affichait un taux d'intérêt de 4 % ou moins à la fin de 2024, soit plus de 50 points de base en deçà du coût des emprunts à 10 ans de l'État américain.

Le Graphique 2.7 illustre la place de plus en plus prépondérante des coupons les moins élevés dans la dette totale au fil du temps, en particulier depuis la crise financière de 2008. En 2000, moins de 10 % des obligations de catégorie investissement présentaient un coupon inférieur ou égal à 4 %. En 2024, ce chiffre était de 50 %. Les obligations à coupons supérieurs à 6 % représentent 10 % de la dette totale, contre 69 % en 2000 (partie A). Des évolutions équivalentes se sont produites dans le segment de la catégorie spéculative, où près d'un quart de la dette avait un coût inférieur au rendement de référence moyen à 10 ans des États-Unis à la fin de 2024 (partie B).

Graphique 2.7. Encours de la dette obligataire mondiale par taux d'intérêt (coupon), sociétés non financières

Les coûts d'emprunt des entreprises ont évolué structurellement à la baisse depuis 2008 et restent faibles

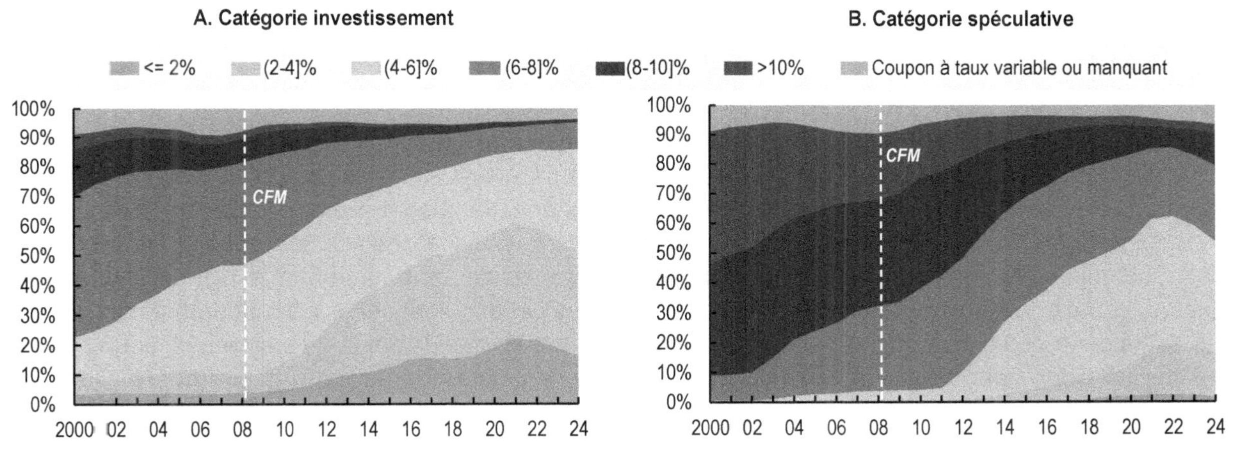

Note : Lorsque les données relatives aux coupons ne sont pas disponibles, c'est le rendement à l'échéance à la date d'émission qui est utilisé.
CFM : Crise financière mondiale de 2008
Source : Ensemble de données issu de la série sur les marchés de capitaux de l'OCDE ; et London Stock Exchange Group (LSEG) ; voir Annexe 2.A pour plus d'informations.

Bien que les augmentations rapides des taux d'intérêt n'aient pas encore eu d'incidence significative sur l'encours total de la dette, elles sont clairement visibles dans les nouveaux flux. Le taux d'intérêt médian mondial à l'émission a augmenté de 263 points de base pour les entreprises de catégorie investissement depuis le point bas de 2021, atteignant ainsi 4.8 %. Sur la même période, l'augmentation pour les obligations de catégorie spéculative a été de 225 points de base, portant ainsi le taux d'intérêt mondial à l'émission à 7.3 %. Comme le montre le Graphique 2.8, ce taux est nettement supérieur au coût pondéré de l'encours de la dette (ligne bleue en pointillés). L'écart entre le coût de l'encours de la dette et le taux médian à l'émission est de 98 points de base pour les obligations de catégorie investissement et de

139 points de base pour les obligations de catégorie spéculative. Pour celles-ci, le taux d'intérêt, même au vingt-cinquième centile des nouvelles émissions (limite inférieure de la zone en vert) est supérieur de plus de 50 points de base au coût effectif de l'encours.

Graphique 2.8. Comparaison du taux d'intérêt à l'émission par rapport au coût effectif de l'encours de la dette à l'échelle mondiale

Le coût de l'émission de nouveaux titres de dette est nettement plus élevé que celui de l'encours de la dette

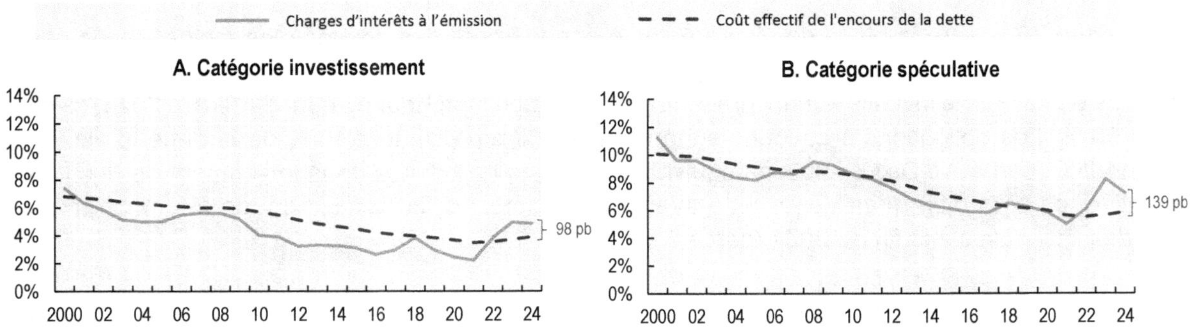

Note : Ce graphique concerne les sociétés non financières. Les charges d'intérêts se fondent sur les coupons ou, en cas d'indisponibilité, sur le rendement à l'échéance à la date d'émission. Les lignes pleines représentent les médianes, les zones colorées représentent la fourchette entre le 25e et le 75e centile. Le coût de l'encours de la dette est estimé pour la dette à taux fixe en pondérant chaque tranche de coupons (de 50 points de base) par le montant de l'encours correspondant ; voir l'Annexe pour plus d'informations.
Source : Ensemble de données issu de la série sur les marchés de capitaux de l'OCDE ; et London Stock Exchange Group (LSEG) ; voir Annexe 2.A pour plus d'informations.

La mesure dans laquelle ces écarts se répercuteront in fine sur le coût de l'encours de la dette dépend naturellement de l'ampleur de l'émission à un coût plus élevé. Comme on pouvait s'y attendre, les montants des émissions par les sociétés non financières sont très négativement corrélés aux rendements (Graphique 2.9). Cela ralentit encore la répercussion de la hausse des rendements sur l'encours de la dette, ce qui ajoute aux effets de la dispersion des échéances de remboursement et des structures à taux fixe. Au cours des deux dernières décennies, les périodes pendant lesquelles les rendements ont dépassé les coûts de la dette existants ont été assez courtes, et les émissions ont suffisamment diminué au cours de ces périodes pour que le taux d'intérêt pondéré de l'encours de la dette n'évolue guère. Comme le montre le Graphique 2.8, le coût de l'encours a suivi une tendance linéaire à la baisse avec très peu de fluctuations, tandis que les rendements, bien qu'ils aient aussi suivi une tendance structurelle à la baisse, ont affiché une volatilité beaucoup plus élevée.

Toutefois, dans un contexte de dette élevée et de besoins de refinancement importants à court terme, il y a lieu de s'attendre à ce que le rythme de cette répercussion augmente. L'hypothèse principale qui sous-tend cette prévision est que, contrairement aux périodes antérieures, les rendements resteront supérieurs au coût pondéré de l'encours de la dette pendant une longue période.

Graphique 2.9. Montants des émissions et rendements de référence moyens

Les entreprises émettent moins lorsque les coûts d'emprunt sont plus élevés, ce qui retarde la répercussion de la hausse des taux d'intérêt

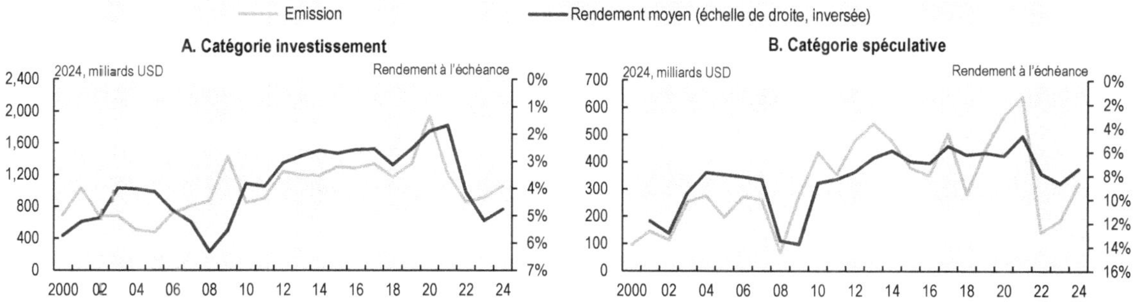

Note : Les indices de référence sont le Bloomberg Global Aggregate Corporate Index pour les obligations de catégorie investissement et le Bloomberg Global High Yield Corporate Index pour les obligations de catégorie spéculative. Les deux indices sont exprimés en USD. Moyennes annuelles.

Source : Ensemble de données issu de la série sur les marchés de capitaux de l'OCDE, London Stock Exchange Group (LSEG), voir Annexe 2.A pour plus d'informations ; et Bloomberg.

Gérer des taux d'intérêt supérieurs lorsque le niveau d'endettement est élevé

L'ampleur du décalage entre les rendements observés et le coût de l'encours de la dette rend la période actuelle unique à l'échelle de l'histoire récente. À la fin de 2024, 63 % des obligations de catégorie investissement dans le monde affichaient des charges d'intérêts inférieures au rendement de référence qui constitue une approximation du coût actuel de refinancement de cette même dette. Ce chiffre marque une baisse par rapport au sommet de 77 % atteint en 2023, mais reste le deuxième plus élevé sur la période étudiée, de 12 points de pourcentage supérieur à ce qu'il était en 2008 lorsque des pics de rendement ont été observés à la suite de la crise financière (Graphique 2.10, partie A). S'agissant des obligations de catégorie spéculative, ce chiffre s'élève à 74 % en 2024, avec 2022 et 2023 les trois années qui enregistrent le niveau le plus élevé depuis la crise financière de 2008, lorsque l'incertitude et le surendettement dans le segment des obligations moins bien notées ont amené les rendements à un niveau suffisamment élevé pour dépasser le coût de tout l'encours de la dette (partie B). En 2008, le marché des titres de catégorie spéculative a marqué le pas, les nouvelles émissions chutant de près de 75 % (voir partie B du Graphique 2.9). Les rendements ont ensuite baissé assez vite, grâce à un soutien budgétaire et monétaire de grande ampleur, et sont restés suffisamment bas pour que le coût de l'encours ne change pas.

Graphique 2.10. Part de l'encours de la dette dont les charges d'intérêts sont inférieures aux taux du marché en vigueur

La part de l'encours de la dette dont le coût effectif est inférieur aux rendements en vigueur est à son plus haut niveau depuis 25 ans

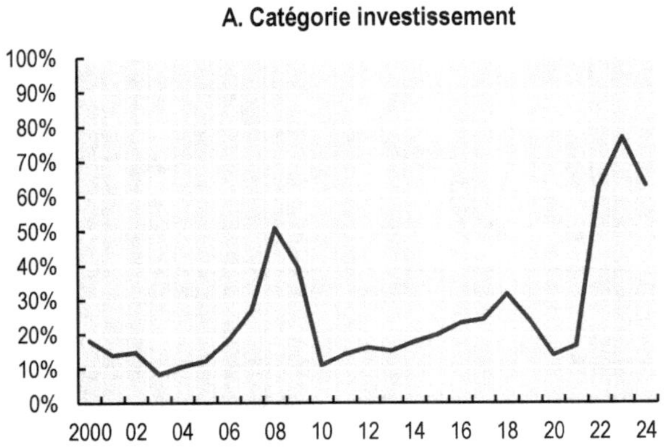

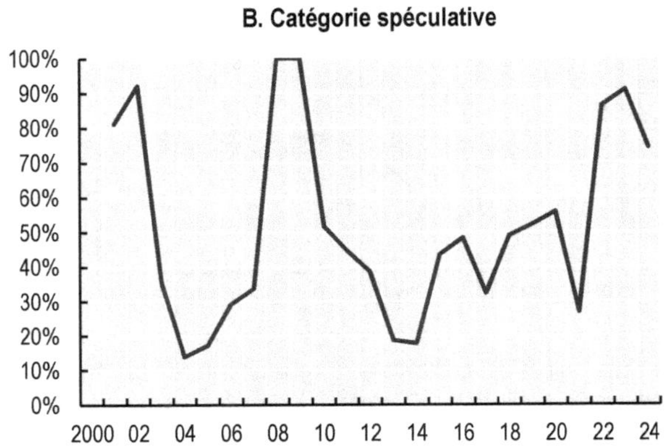

Note : Ce graphique fait référence aux obligations à taux fixe émises par des sociétés non financières à l'échelle mondiale. Le coût de l'encours de la dette est estimé en pondérant chaque tranche de coupons (de 50 points de base) par le montant de l'encours correspondant ; voir Annexe 2.A pour plus d'informations. Les indices de référence sont le Bloomberg Global Aggregate Corporate Index pour les obligations de catégorie investissement et le Bloomberg Global High Yield Corporate Index pour les obligations de catégorie spéculative. Les deux indices sont exprimés en USD.
Source : Ensemble de données issu de la série sur les marchés de capitaux de l'OCDE, London Stock Exchange Group (LSEG), voir l'Annexe pour plus d'informations ; et Bloomberg.

Cette fois, les rendements diminuent plus lentement et les niveaux d'endettement sont nettement plus élevés. 72 % (65 %) des dettes de catégorie investissement arrivant à échéance au cours des trois (cinq) prochaines années ont un coupon de 4 % ou moins. De même, plus de 60 % de la dette de catégorie spéculative arrivant à échéance d'ici à 2029 présente un coupon de 6 % ou moins (Graphique 2.11). En moyenne, le taux d'intérêt de la dette arrivant à échéance entre 2025 et 2029 est inférieur de 140 points de base au rendement de référence à la fin de 2024 pour les entreprises de catégorie investissement et de 156 points de base pour les entreprises de catégorie spéculative. Si toute la dette arrivant à échéance au cours de ces années est refinancée aux rendements en vigueur, cela représentera une augmentation moyenne des charges d'intérêts annuelles sur cette dette de 34.1 milliards USD et 11.6 milliards USD, respectivement, pour les entreprises de catégorie investissement et les entreprises de catégorie spéculative jusqu'en 2030. Même si l'on tient compte de la hausse des coûts à laquelle sont confrontés les émetteurs d'obligations non notées et d'autres types de dette, les dépenses supplémentaires liées au refinancement à court terme restent relativement limitées au niveau macroéconomique et ne devraient pas être difficiles à absorber par l'ensemble du secteur des entreprises, ni poser de problèmes économiques majeurs.

Graphique 2.11. Besoins de refinancement au cours des cinq prochaines années par coût de l'encours

Le coût de la dette arrivant à échéance au cours des cinq prochaines années est pour chacune d'entre elles nettement inférieur aux rendements à la fin de 2024

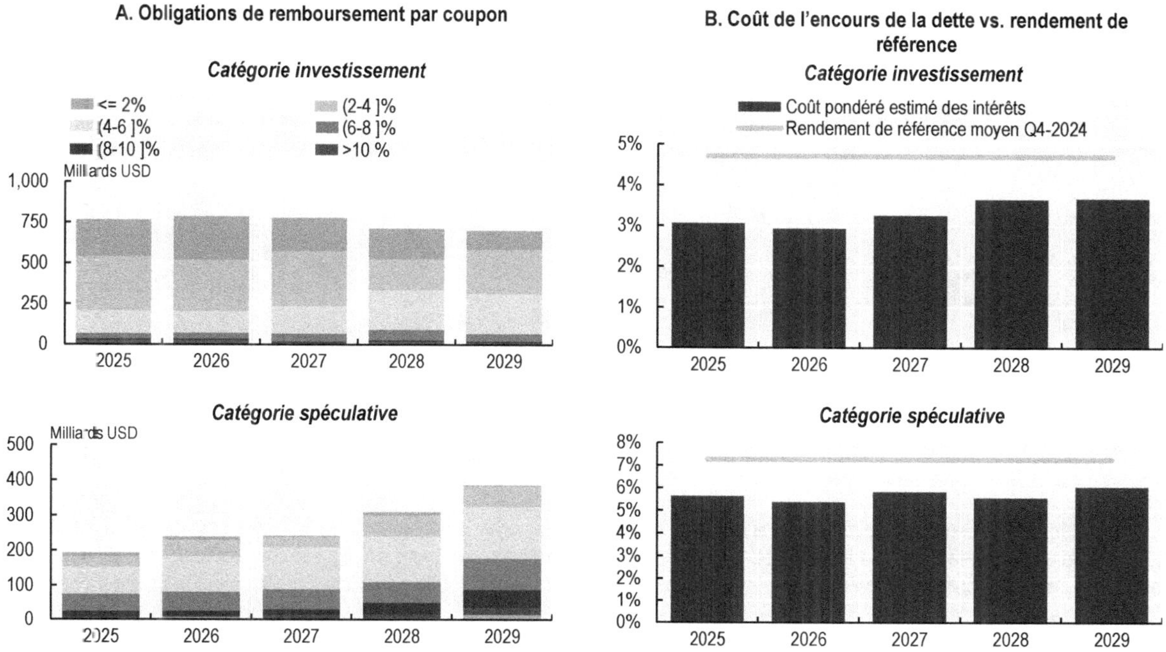

Note : La partie B fait référence à la dette à taux fixe. Le coût de l'encours de la dette est estimé pour la dette à taux fixe en pondérant chaque tranche de coupons (de 50 points de base) par le montant de l'encours correspondant ; voir l'Annexe pour plus d'informations. Les indices de référence sont le Bloomberg Global Aggregate Corporate Index pour les obligations de catégorie investissement et le Bloomberg Global High Yield Corporate Index pour les obligations de catégorie spéculative. Les deux indices sont exprimés en USD.
Source : Ensemble de données issu de la série sur les marchés de capitaux de l'OCDE, London Stock Exchange Group (LSEG), voir Annexe 2.A pour plus d'informations ; et Bloomberg.

Le phénomène serait de bien plus grande ampleur si le coût effectif de l'encours de la dette dans son ensemble devait augmenter. Si le coût de la dette augmentait pour atteindre le niveau des rendements au dernier trimestre de 2024, les charges d'intérêts annuelles augmenteraient de 108 milliards USD pour atteindre 605 milliards USD pour les entreprises de catégorie investissement et de 32 milliards USD pour atteindre 168 milliards USD pour les entreprises de catégorie spéculative. Dans un scénario où le coût pondéré de la dette finirait 200 points de base au-dessus du niveau de la fin 2024 (soit 6 %, contre 4 % actuellement), les charges d'intérêts sur la dette obligataire des entreprises s'élèveraient à l'échelle du monde à plus de 935 milliards USD par an. Même une hausse relativement modeste des coûts effectifs, d'un point de pourcentage, entraînerait une augmentation des charges d'intérêts annuelles de 151 milliards USD (Graphique 2.12). Toutefois, une telle augmentation ne se produira que très progressivement. Si les charges d'intérêts à l'émission et le coût effectif de l'encours de la dette se sont étroitement suivis au cours des deux dernières décennies (voir Graphique 2.8), c'est parce que les taux d'intérêt ont évolué structurellement à la baisse. Il ne faut toutefois pas s'attendre à ce que cette relation se maintienne lorsque les taux sont plus élevés. Les entreprises refinancent leur dette lorsque le coût de celle-ci est supérieur aux taux en vigueur. Naturellement, elles ne feront pas de même lorsque les taux en vigueur sont supérieurs au coût de leur dette, ce qui ralentit l'augmentation des coûts totaux et affaiblit son lien avec les taux à l'émission. Les structures de taux d'intérêt fixes et la dispersion des échéances de remboursement permettent aux entreprises débitrices de ne pas être fortement exposées aux chocs de taux d'intérêt sur leurs emprunts obligataires à court terme.

Graphique 2.12. Analyse de scénarios : charges d'intérêts annuelles supplémentaires pour différents écarts de taux

Si le coût de l'encours de la dette augmentait de 200 points de base, les charges d'intérêts annuelles augmenteraient de plus de 300 milliards USD

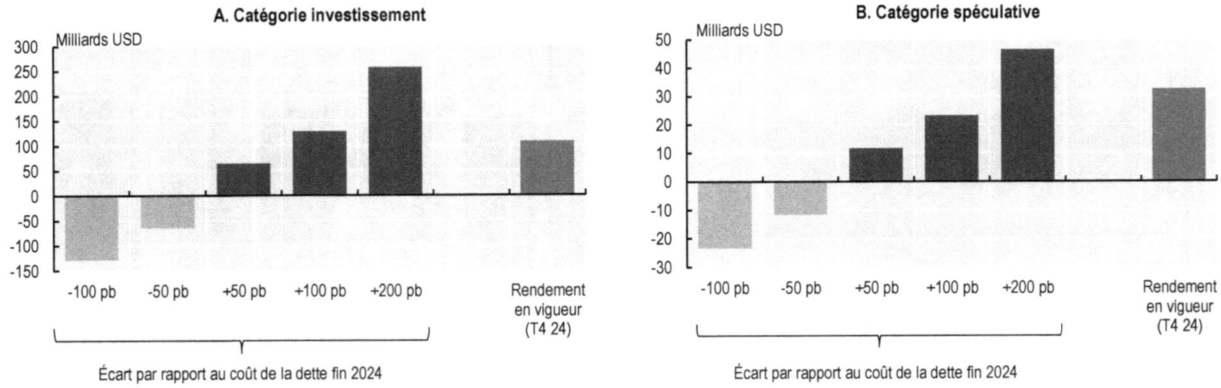

Note : Ce graphique fait référence aux obligations à taux fixe émises par des sociétés non financières à l'échelle mondiale. Écarts par rapport au coût pondéré estimé de la dette à la fin de 2024. Les indices utilisés pour les rendements en vigueur sont le Bloomberg Global Aggregate Corporate Index pour les obligations de catégorie investissement et le Bloomberg Global High Yield Corporate Index pour les obligations de catégorie spéculative. Les deux indices sont exprimés en USD. Pour rendre compte de l'ensemble de l'encours de la dette, le total de la dette obligataire non notée (26 % de l'encours total) a été réparti entre la catégorie investissement et la catégorie spéculative sur la base de la distribution de la dette notée entre ces deux catégories.
Source : Ensemble de données issu de la série sur les marchés de capitaux de l'OCDE, London Stock Exchange Group (LSEG), voir Annexe 2.A pour plus d'informations ; et Bloomberg.

Les débiteurs ont alors deux grandes options : se désendetter pour réduire leurs charges d'intérêts à l'avenir ou maintenir les niveaux d'endettement existants à un coût plus élevé. Ces deux scénarios sont examinés tour à tour ci-après.

Option une : désendettement généralisé

Le désendettement de l'ensemble de l'économie peut prendre deux formes. La première est passive, c'est-à-dire que la taille de l'économie (ou les recettes et les actifs dans le cas d'une entreprise particulière) augmente, ce qui réduit la charge d'endettement relative sans qu'il soit nécessaire de consacrer activement plus d'argent au service de la dette. Un désendettement passif peut se produire lorsque l'économie croît en termes réels ou que l'inflation augmente – ces deux facteurs faisant croître le PIB en valeur nominale, réduisant ainsi le ratio dette/PIB pour l'économie dans son ensemble. Pour les emprunteurs souverains de l'OCDE, par exemple, l'inflation a contribué près de deux fois plus que la croissance économique réelle à la réduction des ratios dette/PIB entre 2021 et 2023. Toutefois, le désendettement induit par l'inflation n'améliore pas fondamentalement la viabilité de la dette à long terme, étant donné que les primes d'inflation seront in fine intégrées dans le coût d'emprunt (OCDE, 2024[3]). La deuxième forme est le désendettement actif, les emprunteurs consacrant simplement une plus grande part de leurs flux de trésorerie au service de la dette, réduisant ainsi activement le montant de celle-ci (le numérateur et non le dénominateur dans le cas du ratio dette/PIB). Le marché mondial des obligations d'entreprise n'a connu aucun désendettement actif au cours des 25 dernières années. Rien n'indique non plus que cela se produise actuellement, étant donné que les émissions nettes ont été fortement positives en 2024, même si cela pourrait changer si les taux d'intérêt restent nettement supérieurs au coût effectif actuel de la dette.

Toutes choses égales par ailleurs, un désendettement actif implique nécessairement que moins de fonds sont disponibles pour d'autres usages que dans le cas d'un désendettement passif. Lorsque les entreprises, les pouvoirs publics et les ménages consacrent davantage d'argent au service de la dette, les fonds disponibles pour l'investissement et la consommation sont moindres, avec les effets correspondants sur la croissance économique. Au niveau global, la réduction des fonds disponibles pour la consommation et l'investissement des débiteurs est bien sûr compensée par une augmentation correspondante des fonds des créanciers. Toutefois, étant donné que les créanciers nets ont tendance à avoir une moindre propension à dépenser, et que l'épargne accrue de ces créanciers sera davantage orientée vers la dette des ménages et des administrations publiques que vers l'investissement productif des entreprises, un transfert des fonds disponibles des débiteurs vers les créanciers entraînera probablement une baisse de la demande globale (Mian, Straub et Sufi, 2021[5]). En d'autres termes, des flux plus importants de fonds en faveur des créanciers nets ne compensent pas nécessairement l'effet négatif sur la croissance économique découlant de la réduction des fonds disponibles pour les débiteurs nets.

Qu'en est-il des perspectives d'un désendettement passif important dû à la croissance ? C'est le scénario idéal d'un point de vue macroéconomique. L'emprunt peut effectivement se rentabiliser au fil du temps s'il est utilisé pour des investissements productifs qui renforcent la croissance et, par conséquent, les capacités de remboursement. Cela souligne l'importance de distinguer les différents types d'emprunt, notamment la dette utilisée pour financer l'investissement réel de celle utilisée pour financer la consommation et les opérations en dehors de l'économie réelle. À court terme, les emprunts d'investissement et de consommation ont le même effet – celui d'augmenter la demande globale – mais leurs effets à long terme diffèrent. Alors que les premiers peuvent directement accroître la capacité de production, les seconds ne le peuvent pas (Mian, 2024[6]). Il est ainsi essentiel de savoir comment les entreprises ont utilisé la dette qu'elles ont contractée au cours des deux dernières décennies pour estimer s'il est faisable d'en « sortir par la croissance ».

Pour cela, le Graphique 2.13 examine à quelles fins les sociétés non financières qui empruntent indiquent qu'elles utiliseront les fonds levés, en se fondant sur plus de 36 000 obligations émises entre 2000 et 2024. Jusqu'au choc de taux d'intérêt de 2022, le financement de différentes opérations financières a été de loin la raison la plus courante d'emprunter. Parmi celles-ci, les opérations de refinancement (partie A), mentionnées dans 72 % des prospectus (pondérés par le montant de l'émission) entre 2000 et 2021, ont été les plus courantes. C'est ce qui a permis aux entreprises de réduire continument leurs coûts effectifs d'emprunt (voir Graphique 2.8) parallèlement à la baisse structurelle des rendements au cours de la même période. Les versements aux actionnaires (rachats d'actions ou dividendes) financés par endettement – qui sont en fait un moyen de réduire le coût total du capital lorsque le coût des fonds propres est supérieur au coût de la dette – sont également devenus plus fréquents au cours de cette période, étant mentionnés dans 9 % des prospectus (partie D).

La forte augmentation du coût de la dette a depuis eu une incidence marquée non seulement sur le montant emprunté par les entreprises, mais aussi sur la finalité de ces emprunts. Plus précisément, la dette contractée pour financer des investissements réels (dépenses d'investissement et R-D, par exemple) est devenue beaucoup plus répandue (partie B), tandis que le financement par emprunt des opérations financières est devenu beaucoup moins courant (parties A, C et D). En d'autres termes, les flux sur les marchés de la dette d'aujourd'hui sont fondamentalement différents de ceux des deux dernières décennies. À mesure que le coût de la dette a augmenté, les motifs justifiant l'émission de titres de dette en vue d'un refinancement, de la constitution de réserves de trésorerie ou du financement de versements aux actionnaires ont été moins nombreux, les fonds étant affectés à des investissements réels plutôt qu'à ces opérations financières.

Graphique 2.13. Utilisations déclarées du produit des obligations d’entreprises, sociétés non financières

Au cours des deux décennies qui ont précédé 2022, la plupart des emprunts ont été utilisés pour financer des opérations financières plutôt que des investissements réels

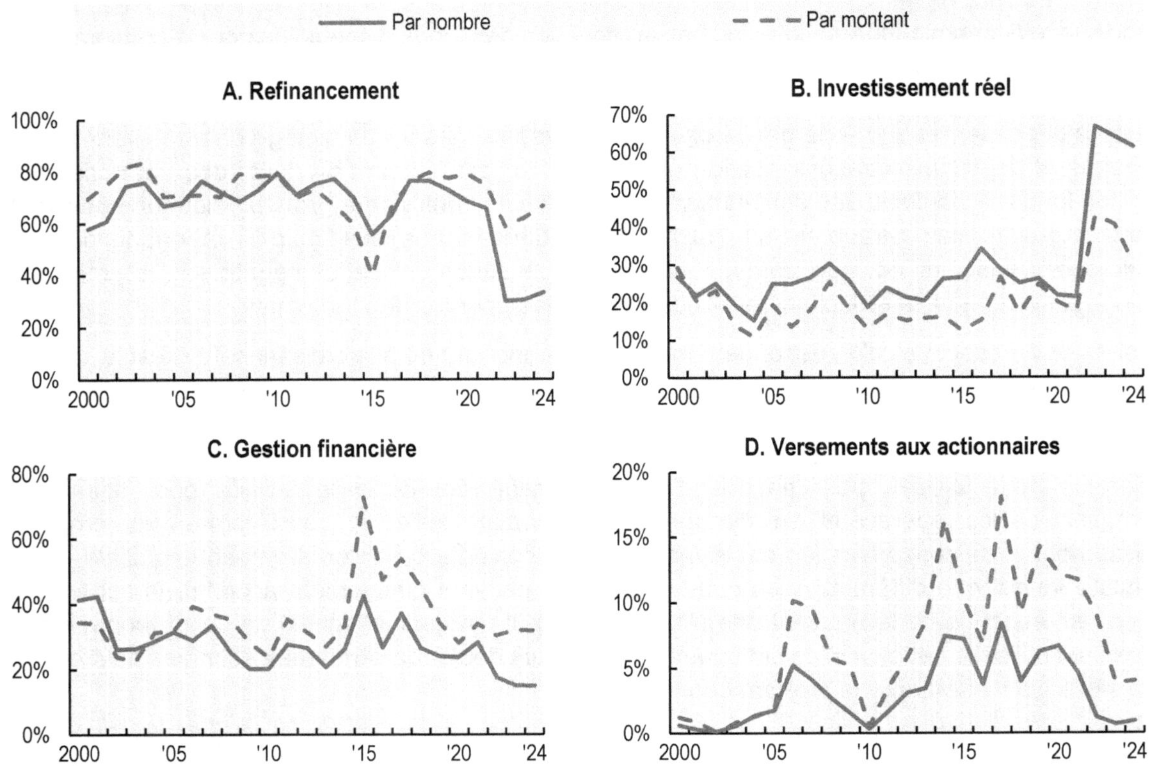

Note : Sur la base de 36 728 émissions obligataires pour lesquelles l’utilisation déclarée des produits est plus spécifique que « besoins généraux de l’entreprise ». 169 utilisations déclarées uniques des fonds sont classées manuellement dans des groupes de niveau supérieur. Le refinancement désigne les opérations de remboursement ou de restructuration d’emprunts existants. L’investissement réel désigne les projets d’investissement non financiers, par exemple les « autoroutes », les « dépenses d’investissement », les « énergies renouvelables », la « R-D ». La gestion financière désigne les opérations autres que de refinancement qui relèvent de la gestion de bilan, par exemple l’« investissement dans des actifs liquides », les « réserves de trésorerie », le « fonds de roulement ». Les versements aux actionnaires correspondent soit à des rachats d’actions, soit à des dividendes. L’utilisation du produit d’une obligation peut être multiple.
Source : Ensemble de données issu de la série sur les marchés de capitaux de l’OCDE ; et London Stock Exchange Group (LSEG) ; voir Annexe 2.A pour plus d’informations.

Le fait que l’investissement réel soit l’objectif le plus courant de l’emprunt est un phénomène relativement nouveau. Dans la mesure où la plupart des emprunts contractés au cours des deux décennies qui ont précédé 2022 ont été utilisés pour financer des activités autres que de l’investissement, il est peu probable que l’encours de la dette produise les rendements nécessaires à son remboursement. Cela vaut tout particulièrement pour les titres de dette émis pendant la période comprise entre 2008 et 2022 où les taux étaient bas. Si les émissions d’obligations d'entreprise ont augmenté de manière nettement supérieure à la tendance historique au cours de cette période, tel n’a pas été le cas de l’investissement des entreprises (mesuré par la somme des dépenses en capital et de la R-D), qui a même été légèrement inférieur à la tendance ces dernières années (Graphique 2.14). Entre 2009 et 2023, les émissions obligataires cumulées des sociétés non financières ont été supérieures de 12 900 milliards USD à ce qu’elles auraient été si elles avaient correspondu à la tendance antérieure à 2008, tandis que les investissements cumulés ont été inférieurs de 8 400 milliards USD à leur niveau tendanciel au cours de la même période. En d'autres termes, l'augmentation des emprunts depuis 2008 n'a pas été associée à une hausse des investissements. Cela donne à penser que si un désendettement généralisé, non induit par l'inflation, doit avoir lieu, il devra probablement être actif en grande partie.

Graphique 2.14. Investissement et emprunts des entreprises à l'échelle mondiale

Depuis 2008, les entreprises ont nettement accru leurs emprunts, mais pas leurs investissements

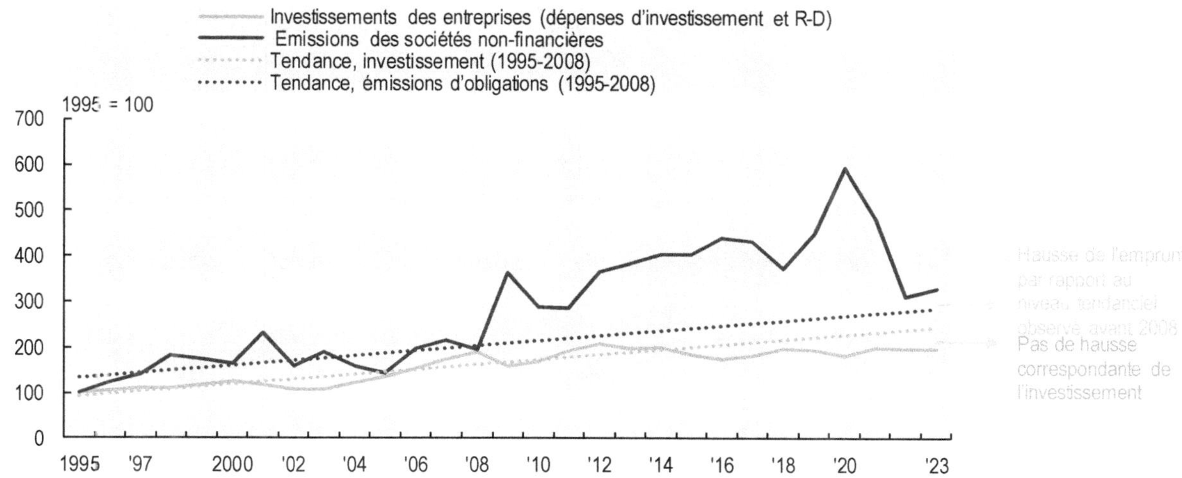

Source : Ensemble de données issu de la série sur les marchés de capitaux de l'OCDE ; et London Stock Exchange Group (LSEG) ; voir Annexe 2.A pour plus d'informations.

Option deux : Maintenir les niveaux actuels d'endettement à un coût plus élevé

La deuxième option consisterait pour les entreprises à maintenir (voire à accroître) leur endettement actuel en renouvelant les emprunts arrivant à échéance plutôt qu'en les remboursant, avec une augmentation correspondante des charges d'intérêts à mesure que les taux d'intérêt effectifs augmentent (voir Graphique 2.11 et Graphique 2.12). Compte tenu des tendances récentes en matière d'émissions nettes et d'encours de la dette, cette approche semble être celle qui correspond le mieux à la réalité. Il faudra pour cela que les investisseurs achètent davantage de dette. Compte tenu du retrait des banques centrales des marchés obligataires, cet argent devra provenir soit d'une nouvelle base d'investisseurs, qui compensera cette perte de demande, soit de la base d'investisseurs existante, qui devra dans ce cas acheter davantage de dette. Il est donc important, pour évaluer ces marchés, de comprendre la structure (origine et stabilité) de la demande qui permet aux entreprises d'emprunter au niveau actuel.

L'un des effets escomptés des initiatives d'assouplissement monétaire dans le monde ces dernières années, en particulier de l'assouplissement quantitatif, a été de faire baisser les charges d'intérêts à long terme, notamment pour les entreprises. Cette baisse est rendue possible en partie par l'orientation d'un plus grand nombre de fonds vers des segments de marché plus risqués en réaction à la faiblesse et à la baisse des rendements d'actifs sûrs tels que les obligations d'État. C'est pourquoi il a été constaté que l'assouplissement quantitatif augmentait les émissions d'obligations de sociétés (OCDE, 2024[3] ; US Federal Reserve System[7] ; Gagnon et al., 2011[8] ; Krishnamurthy et Vissing-Jorgensen, 2011[9] ; Todorov, 2020[10] ; Lo Duca, Nicoletti et Martinez, 2014[11]). L'inversion de ce processus sous la forme d'un resserrement quantitatif entraînera donc une baisse de la demande d'obligations d'entreprise, en particulier sur les segments plus risqués, même si les programmes d'achats d'obligations à grande échelle n'ont pas ciblé directement ces segments. Des travaux de recherche donnent à penser que l'effet négatif du resserrement quantitatif a été jusqu'à présent nettement inférieur à l'effet positif (inverse) de l'assouplissement quantitatif, en particulier pour le resserrement quantitatif passif, mais que cet effet pourrait s'amplifier à l'avenir (Du, Forbes et Luzzetti, 2024[12]).

La demande étrangère est une composante très importante de certains marchés d'obligations d'entreprises. À l'instar de l'économie dans son ensemble, la mondialisation des marchés financiers s'est nettement intensifiée depuis les années 1970. En 1980, les obligations d'entreprise américaines étaient détenues principalement par des investisseurs américains – seulement 4 % de l'encours total des obligations de sociétés financières et non financières étaient détenus par des investisseurs étrangers. Depuis lors, le marché a connu une croissance soutenue de la participation des investisseurs étrangers. Ces derniers détenaient 43 % des obligations de sociétés non-financières en 2020, soit plus de dix fois plus que quarante ans auparavant. Cette part a fortement diminué en 2022, mais elle est repartie à la hausse depuis.

Graphique 2.15. Part des obligations d'entreprise détenues par des investisseurs étrangers

Les investisseurs étrangers représentent une part importante de la demande totale sur les principaux marchés

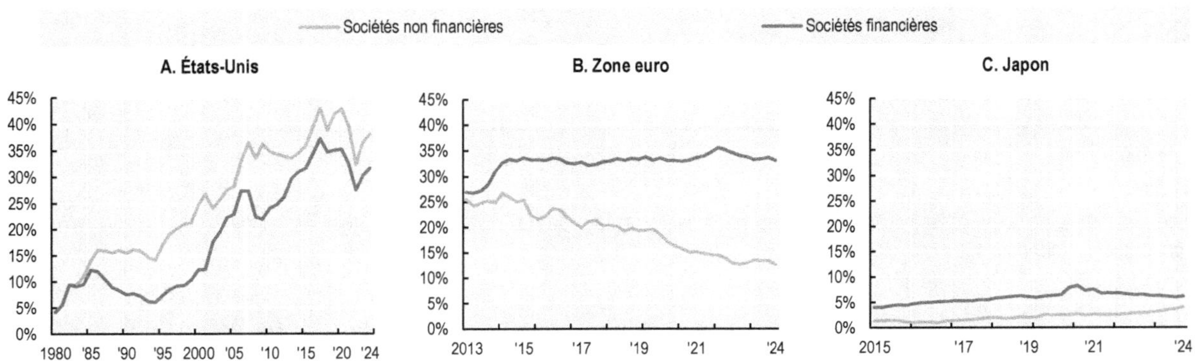

Note : Les titres suivants sont pris en compte : États-Unis – « corporate and foreign bonds » (comprend les obligations émises par des entreprises américaines à la fois aux États-Unis et dans des pays étrangers, mais pas les obligations émises dans des pays étrangers par des filiales étrangères d'entreprises américaines) ; zone euro – « titres de dette » (à long terme) ; Japon – « titres de dette» (sur la base de la Norme spéciale de diffusion des données Plus). Les séries de données relatives à la zone euro et au Japon débutent respectivement en 2013 et 2015.
Source : Réserve fédérale des États-Unis ; Banque centrale européenne (BCE) ; et Banque du Japon.

Les obligations de sociétés financières ont suivi une trajectoire similaire (Graphique 2.15, partie A). La zone euro, pour laquelle des données sont disponibles pour la dernière décennie, a connu une baisse de la part des détenteurs étrangers d'obligations de sociétés non financières depuis le début de la série de données en 2013, qui s'est accélérée avec la crise liée à la pandémie de COVID-19 en 2020. La part des investisseurs étrangers détenant des obligations de sociétés financières est restée constante (partie B). Le marché japonais n'a pas connu de baisse correspondante, mais la part des investisseurs étrangers n'a jamais été très élevée au Japon. Au troisième trimestre de 2024, les investisseurs étangers détenteurs de titres de dette d'entreprises japonaises représentaient 4 % de l'encours d'obligations de sociétés non financières et 6 % de l'encours d'obligations de sociétés financières, soit un niveau comparable à celui des États-Unis au début des années 1980. Toutefois, certains signes indiquent que la part des investisseurs étrangers détenteurs d'obligations de sociétés non financières japonaises a commencé à augmenter à la suite du changement d'orientation de la politique monétaire du Japon, de plus de 50 % depuis 2022 (partie C).

Il y a trois raisons principales d'anticiper une évolution de la dynamique actuelle de la demande étrangère : les incertitudes géopolitiques ; les variations des taux d'intérêt relatifs ; et le resserrement quantitatif.

Premièrement, à court terme, les incertitudes géopolitiques peuvent accroître l'aversion au risque et modifier les attentes en matière de rendements relatifs, ce qui a des répercussions sur les flux internationaux d'investissements de portefeuille. Elles peuvent également avoir des effets à plus long terme. Le niveau d'incertitude concernant la politique commerciale est actuellement élevé, en grande partie en raison des tensions géopolitiques (OCDE, 2024[1]). Si ces incertitudes finissent par inaugurer un nouvel environnement commercial mondial, elles pourraient entraîner ou accélérer des changements dans les choix politiques et les modèles économiques nationaux, notamment en réduisant les excédents importants qui sous-tendent la demande actuelle. Cela n'est en aucun cas certain, et il devrait bien sûr y avoir des changements correspondants dans les déficits au fil du temps, réduisant l'emprunt, mais au niveau actuel de la dette, cette possibilité ajoute un aspect d'incertitude quant à la stabilité de la demande étrangère.

Deuxièmement, les écarts internationaux de taux d'intérêt ont une incidence significative sur la détention de titres par des investisseurs étrangers. Depuis l'assouplissement monétaire consécutif à la crise financière de 2008, dans le cadre duquel de nombreuses banques centrales ont ramené les taux d'intérêt à un niveau proche de zéro, les fluctuations des taux d'intérêt des grandes économies ont eu tendance à être plus fortement corrélées que lors d'autres périodes de l'histoire récente (Graphique 2.16). Le Japon constitue une exception notable, puisqu'il a maintenu une politique monétaire expansionniste lorsque d'autres grandes économies resserraient de manière significative la leur, ce qui a affaibli la corrélation. Des rendements structurellement faibles au Japon ont ainsi longtemps poussé les investisseurs japonais à investir à l'étranger, mais des évolutions macroéconomiques divergentes sont en train d'inverser cette tendance. Alors que les autres grandes économies ont généralement commencé à assouplir l'orientation de leur politique monétaire en raison de la baisse de l'inflation, la Banque du Japon a relevé ses taux. Cette modification des écarts de taux d'intérêt a une grande incidence sur les incitations des investisseurs japonais, rendant les investissements nationaux plus attrayants, en particulier si l'on considère les rendements nets des coûts de couverture de change. Ces dynamiques sont déjà visibles sur les marchés de la dette souveraine, où les ventes nettes de titres de dette publique européenne à faible rendement réalisées par les investisseurs japonais ont atteint leur plus haut niveau depuis plus d'une décennie (Novik, Smith et Keohane, 2025[13]).

Cela illustre la possibilité d'évolutions similaires de grande ampleur de la demande étrangère, les hypothèses de longue date concernant les écarts de taux d'intérêt devant être réévaluées. Cela vaut tout particulièrement pour les écarts entre les marchés où les corrélations de taux d'intérêt sont élevées et augmentent depuis quelques années, les investisseurs se trouvant dans ce cas exposés à des inversions inattendues des corrélations. Par exemple, une divergence semble apparaître entre la BCE et la Réserve fédérale des États-Unis dont l'orientation de la politique monétaire est comparativement plus stricte, là encore en raison d'évolutions macroéconomiques divergentes.

Graphique 2.16. Corrélation des fluctuations de taux directeurs dans les grandes économies

Depuis 2008, les taux directeurs ont eu tendance à fluctuer conjointement dans la plupart des grandes économies ; les marchés se positionnent en conséquence

A. Taux directeurs de grandes économies

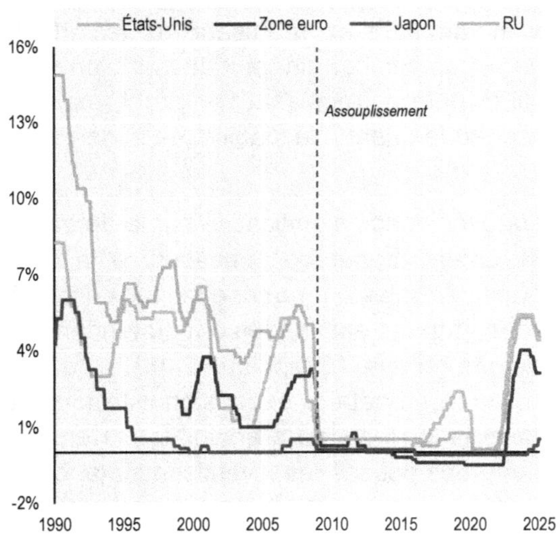

B. Corrélation entre les taux directeurs des différents pays

1990-1999

	États-Unis	Japon	RU	Zone euro
États-Unis	1.00			
Japon	0.28	1.00		
RU	0.64	0.85	1.00	
Zone euro	n.d.	n.d.	n.d.	n.d.

2000-2008

	États-Unis	Japon	RU	Zone euro
États-Unis	1.00			
Japon	0.32	1.00		
RU	0.82	0.45	1.00	
Zone euro	0.52	0.57	0.62	1.00

2008-2024

	États-Unis	Japon	RU	Zone euro
États-Unis	1.00			
Japon	-0.15	1.00		
RU	0.94	0.09	1.00	
Zone euro	0.84	0.23	0.97	1.00

Source : Calculs de l'OCDE d'après les données du London Stock Exchange Group.

Troisièmement, le retrait des banques centrales correspondant au resserrement quantitatif pourrait avoir un impact sur les flux d'investissement étranger. La présence des banques centrales a été l'une des principales caractéristiques des marchés mondiaux de la dette, souveraine et d'entreprise, depuis la crise financière de 2008. Les avoirs en titres de dette des banques centrales dans le monde ont été multipliés par plus de cinq entre 2007 et 2022, pour atteindre plus de 18 000 milliards USD (OCDE, 2024[3]). Le retrait de ces investisseurs est de ce fait l'une des caractéristiques déterminantes des marchés de la dette d'aujourd'hui. Il est donc important d'évaluer si leur présence a modifié la nature des marchés mondiaux de la dette en ce qui concerne la demande internationale et, par conséquent, ce que leur absence pourrait impliquer. Dans la zone euro, par exemple, la part des titres détenus par des étrangers a diminué de plus de moitié (de 13 points de pourcentage) depuis 2013. Il apparaît que cette baisse a été entièrement compensée par une augmentation des avoirs de la banque centrale d'un montant équivalent. En d'autres termes, 100 % de l'augmentation de 13 points de pourcentage de la part des titres détenus par la banque centrale correspond à une diminution de la part détenue par les investisseurs étrangers (Graphique 2.17). Cela s'explique probablement en grande partie par les écarts de taux d'intérêt (compte tenu de l'orientation plus accommodante de la politique monétaire de la BCE par rapport à d'autres grandes banques centrales pendant la majeure partie de cette période), mais les chiffres soulèvent la question plus large de savoir si, partant du constat que l'intervention des banques centrales a principalement pour effet d'évincer les investisseurs étrangers, on peut s'attendre à ce que la demande étrangère augmente à nouveau pour compenser le retrait des banques centrales en période de resserrement quantitatif. Certains éléments indiquent que cela se produit sur certains marchés de la dette souveraine (voir le chapitre 1), mais rien ne garantit que la même dynamique s'applique aux marchés des obligations d'entreprise.

Graphique 2.17. Détention d'obligations de sociétés non financières, zone euro

L'augmentation de la part des obligations d'entreprise détenues par la banque centrale a été entièrement compensée par une diminution de la part des titres détenus par des investisseurs étrangers

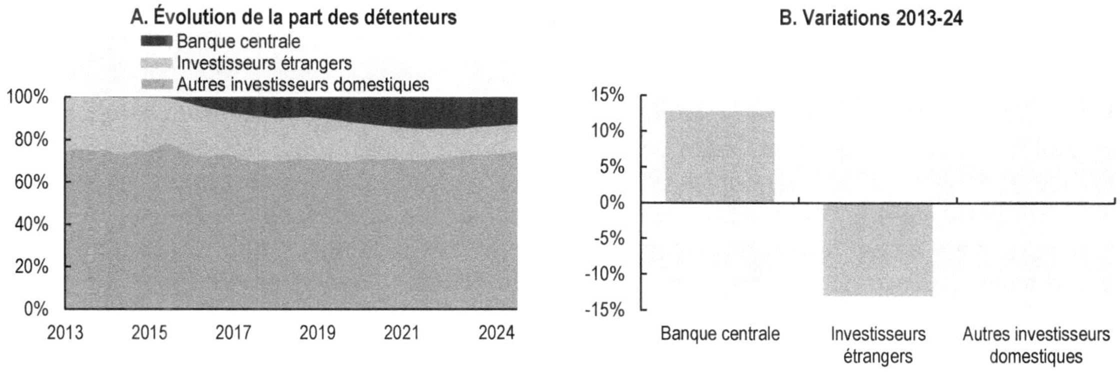

Note : Ce graphique fait référence aux titres de dette à long terme (échéance > 1 an) émis par des sociétés non financières.
Source : Banque centrale européenne.

En résumé, les fortes hausses de taux d'intérêt ne se sont répercutées que très partiellement sur l'important stock d'obligations d'entreprise au niveau mondial. La grande majorité de l'encours de la dette a actuellement un coût effectif nettement inférieur aux rendements en vigueur. Les charges d'intérêts finiront par augmenter si les rendements restent supérieurs aux moyennes postérieures à 2008 pendant une longue période, mais cette évolution sera progressive et ne devrait donc pas poser de problèmes macroéconomiques directs majeurs à court terme. Néanmoins, d'autres difficultés subsistent sur les marchés mondiaux des obligations d'entreprise. Aucun signe ne montre qu'un désendettement, actif ou non, est en cours. Au contraire, le stock de dette a continué de croître en 2024. Le maintien de ce niveau d'endettement à un coût soutenable nécessite une base d'investisseurs suffisamment large, diversifiée et internationale, mais des incertitudes géopolitiques et macroéconomiques plus larges remettent en question la disponibilité et la stabilité de leur demande.

Des niveaux élevés de concentration pourraient amplifier les chocs sur les marchés obligataires

La mesure dans laquelle les marchés d'obligations d'entreprise sont exposés à des chocs négatifs sur la demande dépend également de caractéristiques de la structure des marchés autres que le niveau de détention de titres par des investisseurs étrangers. Le degré de concentration est un autre aspect important, mais relativement peu étudié, de la sensibilité des marchés de la dette aux chocs. Il donne une indication de l'accès aux marchés du côté des émetteurs et constitue également un déterminant de la sensibilité des marchés au sens large aux tensions financières et de l'ampleur des risques de ventes à prix bradés. La croissance de la taille des marchés d'obligations d'entreprise ces dernières années est bien établie (voir Graphique 2.4), mais on sait moins si et comment elle a influé sur la structure des marchés en termes de concentration. Il existe trois grands types de concentration : au niveau des émetteurs, des investisseurs et du portefeuille. Ces trois types sont abordés tour à tour ci-après.

Concentration au niveau des émetteurs

La concentration potentielle du côté des émetteurs apporte une nuance importante à un environnement d'endettement croissant – il existe des différences fondamentales entre un marché qui se développe parce que davantage d'entreprises empruntent et un marché qui se développe parce qu'un petit nombre d'entreprises empruntent des montants plus élevés. Le Graphique 2.18 donne une estimation de la concentration des émetteurs en examinant la part, dans l'encours total de la dette des obligations d'entreprise, des plus grandes sociétés au regard de la dette à long terme inscrite dans leur bilan.

La tendance la plus évidente à l'échelle mondiale est que la concentration est actuellement plus élevée dans le secteur financier que dans le secteur non financier. Toutefois, les niveaux actuels de concentration et les évolutions dans le temps varient considérablement d'un pays à l'autre. Dans les économies avancées, qui représentent les trois quarts de la dette totale des obligations d'entreprise à l'échelle mondiale, la concentration est restée relativement constante dans le temps, même si elle a connu une tendance à la hausse jusqu'en 2008 pour les obligations de sociétés financières. En 2024, les 100 plus grandes sociétés financières et les 100 plus grandes sociétés non financières représentaient respectivement 37 % et 28 % de l'encours total de la dette (partie A). Les niveaux actuels de concentration et les évolutions dans le temps sont similaires pour les sociétés financières des économies émergentes, mais avec une hausse plus prononcée avant 2008. À l'inverse, la concentration a diminué parmi les sociétés non financières, les 100 premières représentant 16 % de la dette totale à la fin de 2024 (partie B). À l'échelle mondiale, les 100 plus grandes sociétés non financières et les 100 plus grandes sociétés financières représentent respectivement 22 % et 32 % de l'encours de la dette.

Au niveau régional, étant donné que le nombre total d'émetteurs est moindre que pour les agrégats des grandes catégories de revenu, la mesure porte en revanche sur les dix plus grandes sociétés. Il est possible de distinguer certaines tendances. Premièrement, la concentration dans le secteur non financier est généralement relativement faible, inférieure à 15 % dans toutes les régions mentionnées dans le graphique ci-dessous. Deuxièmement, la concentration du secteur non financier a généralement diminué au fil du temps. Les États-Unis constituent l'exception notable, puisque la part des dix premières sociétés augmente depuis 2015. L'évolution du secteur financier est moins homogène. Aux États-Unis, la concentration s'est accrue assez fortement jusqu'à la crise financière de 2008, mais elle suit depuis une légère tendance à la baisse. En Europe, la concentration a toujours été relativement faible, mais elle n'a cessé d'augmenter au cours des deux dernières décennies. Les données chinoises sont rares jusqu'en 2010, mais les informations disponibles laissent entrevoir une forte baisse de la concentration jusqu'en 2019, année après laquelle elle a commencé à augmenter quelque peu.

En résumé, aucune tendance claire à la hausse ou à la baisse de la concentration des émetteurs ne se dessine au fil du temps à l'échelle mondiale. Il apparaît clairement que les marchés des obligations de sociétés non financières se sont quelque peu diversifiés au cours des dernières années, l'inverse étant vrai pour les sociétés financières. Dans les deux secteurs, les plus grandes entreprises représentent une part très importante du marché total. Un marché correspondant à un grand groupe de pays sur lequel les 100 plus grands émetteurs représentent environ un tiers du total de l'encours doit être considéré comme assez concentré.

Graphique 2.18. Part des principaux émetteurs dans l'encours total de la dette obligataire

Les 100 plus grands émetteurs représentent environ un tiers de la dette obligataire mondiale, mais il existe de grandes différences entre les marchés

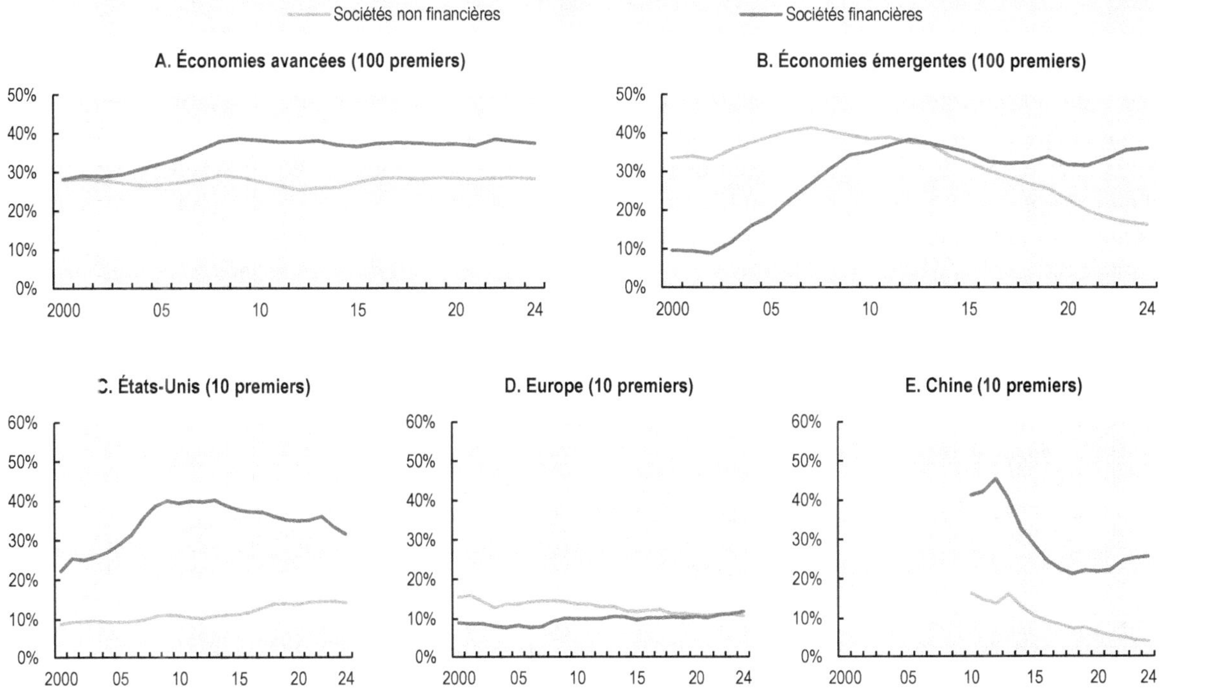

Note : Les plus grands émetteurs au titre d'une année donnée sont ceux dont la dette à long terme qui figure à leur bilan est la plus élevée. 100 premières entreprises pour les parties A et B, 10 premières entreprises pour les parties C à E.
Source : Ensemble de données issu de la série sur les marchés de capitaux de l'OCDE ; et London Stock Exchange Group (LSEG) ; voir Annexe 2.A pour plus d'informations.

La méthodologie décrite dans le Graphique 2.18 présente certaines limites en matière de comparabilité internationale. Les différences de nombre total d'émetteurs entre les marchés signifient qu'une mesure simple des dix premiers émetteurs représentera naturellement des parts très différentes du marché intérieur total. Par exemple, plus de 1 600 sociétés financières chinoises ont émis des obligations en 2024, contre 380 aux États-Unis. En outre, comme les plus grands émetteurs sont déterminés annuellement, il peut se produire que la concentration diminue si certains très grands émetteurs s'abstiennent d'émettre une année donnée, puisque le numérateur (encours de la dette obligataire des dix plus grands émetteurs cette année-là) diminuerait par rapport aux années précédentes alors que le dénominateur (encours total de la dette obligataire cette année-là) resterait identique.

Pour pallier ce problème, le Graphique 2.19 propose une autre méthode de mesure de la concentration qui utilise l'indice de Herfindahl-Hirschman (IHH). L'IHH est couramment utilisé pour évaluer la concentration d'un marché, qui tient compte de la taille relative de chaque entreprise au sein de leur secteur (voir l'annexe pour de plus amples informations). Cette méthode s'avère utile pour réaliser des comparaisons internationales lorsque la taille du marché diffère d'un pays à l'autre, car elle fournit une indication de la concentration relative. Ainsi, sur un marché où les principaux émetteurs détiennent 90 % de la dette totale, à parts égales, et les 10 % restants sont supposés être répartis entre une multitude d'entreprises, chacune en détenant une petite fraction, l'IHH serait similaire, que 90 % du marché soient détenus par 100 entreprises (IHH de 0.018) ou par 1 000 (IHH de 0.018). Ce qui est primordial, c'est la répartition entre les plus grandes entreprises. Si un marché ne compte que dix émetteurs, l'IHH serait très différent selon que la dette totale est répartie équitablement entre eux (IHH de 0.1) ou qu'un émetteur en détient 50 % et les neuf autres se partagent le reste à parts égales (IHH de 0.28). À l'inverse, dans le Graphique 2.18, la concentration serait de 100 % dans les deux cas.

L'IHH peut varier d'une valeur comprise entre 0 (concurrence parfaite/absence de concentration) à 1 (concentration totale). Dans le contexte des marchés mondiaux de la dette, il n'existe pas de définitions précises indiquant quel niveau de l'IHH caractériserait un marché concentré. Toutefois, quels que soient les seuils retenus, le Graphique 2.19 fournit une indication de la concentration relative entre les marchés (tandis que le Graphique 2.18 permet de mesurer la concentration « absolue » au niveau régional/national). Les résultats sont globalement similaires. Dans toutes les régions, les marchés des obligations d'entreprises financières sont plus concentrés que les marchés des obligations d'entreprises non financières (parties A et B). Le marché chinois des obligations d'entreprises non financières est le plus concentré, tandis que le marché des obligations d'entreprises financières affiche le niveau de concentration le plus élevé aux États-Unis, quoique de peu. Une différence significative par rapport au Graphique 2.18 réside dans le fait que, selon cette mesure, les marchés chinois semblent plus concentrés, tant pour les entreprises financières que non financières.

Graphique 2.19. Indice de concentration Herfindahl-Hirschman des marchés mondiaux des obligations d'entreprise, 2024

C'est en Chine et aux États-Unis que la concentration relative des émetteurs est la plus forte.

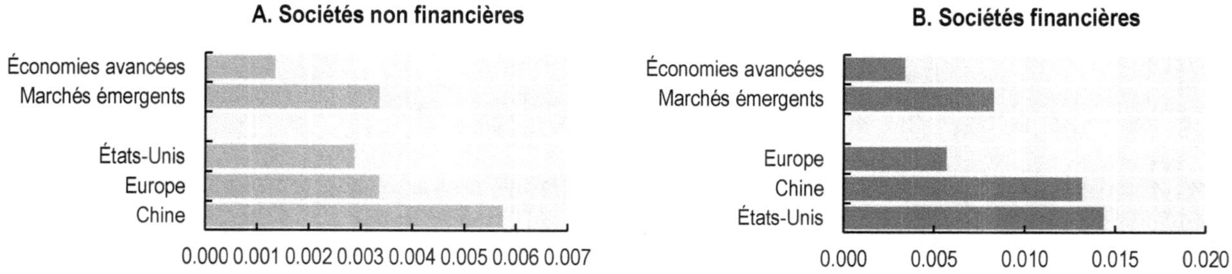

Note : l'indice de Herfindahl-Hirschman permet de mesurer la concentration d'un marché. Dans ce document, il est calculé sur la base de l'encours de la dette de chaque entreprise, en pourcentage de la dette totale, pour chaque combinaison région/secteur (voir l'annexe pour plus de détails).
Source : données issues de la série sur les marchés de capitaux de l'OCDE, LSEG, voir Annexe 2.A pour plus d'informations.

Concentration des investisseurs

La concentration des investisseurs (c'est-à-dire la concentration de l'actionnariat) peut rendre les marchés plus vulnérables à des chocs sectoriels (voire à des chocs spécifiques aux investisseurs), ce qui accroît la volatilité des prix des obligations (Huang, Wang et Wang, 2024[14]). Selon les données provenant du secteur bancaire, une forte concentration des créanciers peut aussi avoir un effet négatif sur les coûts de financement des entreprises (Bonini et al., 2016[15]). Des études antérieures ont fait état de niveaux de concentration des investisseurs relativement élevés sur les principaux marchés des obligations d'entreprise (Li et Yu, 2022[16] ; Boermans, 2015[17]). Il est essentiel de prendre en compte le niveau de concentration des investisseurs susceptibles d'adopter des comportements procycliques, car cela peut accentuer les pressions à la vente en période de récession. Les instruments permettant aux investisseurs finaux de revendre leurs parts à tout moment, tels que les fonds communs de placement à capital variable ou les fonds indiciels cotés, y sont plus exposés que lorsque les possibilités de revente sont plus limitées (comme avec les fonds à capital fermé ou les fonds de pension). La faible liquidité des actifs sous-jacents, comme les obligations d'entreprise, peut aggraver le problème. Il est important de souligner que le débat concernant les fonds communs de placement en obligations d'entreprise et l'influence des ETF sur la liquidité du marché, ainsi que leur rôle potentiel sur la dynamique de vente à prix bradés, demeure ouvert. Les études disponibles ne permettent pas encore de conclure de manière définitive que les fonds obligataires à capital variable favorisent effectivement à ces ventes à prix bradés. Outre la structure des fonds, la réglementation joue également un rôle important (OCDE, 2024[3] ; Shim et Todorov, 2021[18] ; Choi et al., 2020[19] ; Mirza et al., 2020[20] ; Wang, Zhang et Zhang, 2020[21]).

Une concentration élevée d'investisseurs susceptibles d'être amenés à vendre leurs parts demeure néanmoins un point de vigilance légitime. Il convient également de noter que les investisseurs nationaux non bancaires ont, dans une large mesure, comblé le vide laissé par les banques centrales après la fin des programmes d'assouplissement quantitatif, les fonds d'investissement jouant un rôle crucial dans certains pays (Du, Forbes et Luzzetti, 2024[12]). Dans un contexte marqué par la croissance rapide des fonds d'investissement à capital variable et des ETF, devenus des acteurs dominants sur les marchés des obligations d'entreprise (voir OCDE (2024[3])), il est essentiel d'analyser les caractéristiques de ce secteur. L'analyse portera donc plus particulièrement sur le niveau de concentration au sein de ces fonds (définis comme ces fonds à capital variable et des ETF détenant une exposition nette d'au moins 25 % en obligations d'entreprise).

Les données révèlent une concentration significative dans ce secteur. À l'échelle mondiale, les dix plus grands fonds représentaient 16 % des actifs sous gestion en 2024, tandis que les cent premiers concentraient 37 % des actifs (sur un total de plus de 12 000 fonds dont les actifs cumulés s'élevaient à 7 900 milliards USD en 2024). Cette concentration est particulièrement marquée pour les fonds privilégiant les investissements aux États-Unis, où les dix plus gros fonds détiennent pas moins de 42 % du total des actifs et les cent premiers en concentrent 84 % (Graphique 2.20). Toutefois, même si une part substantielle du marché est contrôlée par un nombre relativement restreint de fonds, cela ne signifie pas nécessairement que le secteur soit particulièrement exposé à une dynamique de vente à prix bradés. En effet, étant donné que les fonds sont des organismes de placement collectif, ce qui compte en définitive, l'élément déterminant reste le niveau de concentration des investisseurs finaux au sein de ces fonds, ainsi que le degré de synchronisation de leurs comportements d'investissement. À l'heure actuelle, les données nécessaires pour mener une analyse systématique ne sont pas disponibles.

Graphique 2.20. Parts des plus grands fonds dans le total des actifs des fonds d'investissement en obligations d'entreprise, fin 2024

À l'échelle mondiale, les 100 plus grands fonds d'obligations d'entreprise du monde représentent bien plus d'un tiers des actifs.

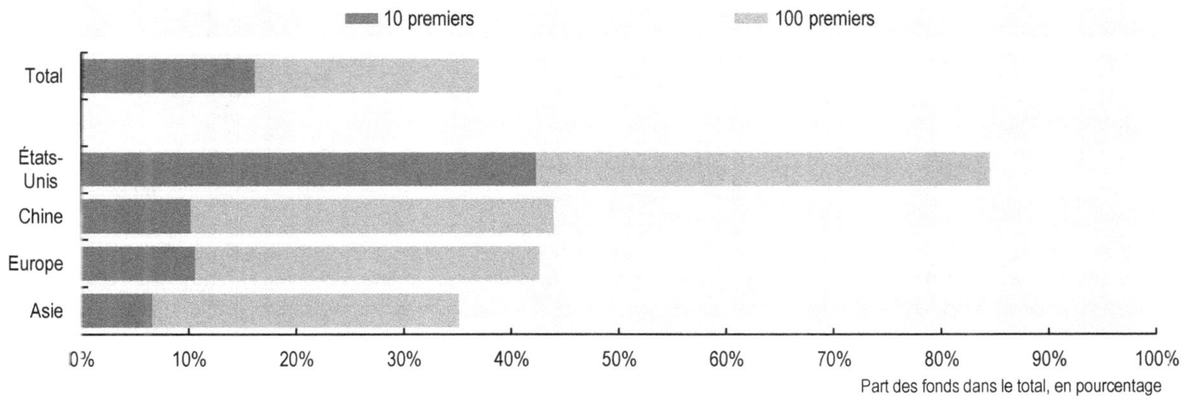

Note : fonds à capital variable et fonds indiciels cotés enregistrés dans le monde détenant une exposition nette d'au moins 25 % aux obligations d'entreprise (en pourcentage du portefeuille total). Sur la base de la zone géographique déclarée sur laquelle les fonds concentrent leurs investissements. La catégorie « Total » n'impose aucune restriction selon la zone d'investissement. Les catégories régionales (Asie, Europe) incluent les fonds ciblant un marché national spécifique (la Chine, par exemple, relève entièrement de la catégorie « Asie »).
Source : Morningstar Direct, calculs de l'OCDE, voir Annexe 2.A pour plus de détails.

Concentration des portefeuilles

Les portefeuilles des fonds d'investissement sont concentrés sur au moins deux dimensions : la part relative des positions les plus importantes dans le portefeuille total et l'exposition géographique.

On observe des différences notables entre les marchés concernant la concentration des portefeuilles sur les positions les plus importantes, mais la concentration moyenne est significative à l'échelle mondiale. Si l'on utilise la part des dix principales positions dans la valeur totale du portefeuille comme indicateur indirect, la concentration est la plus élevée (42 %) parmi les fonds orientés sur la Chine, bien que la moyenne mondiale pour l'ensemble des fonds soit globalement similaire (38 %). Les fonds orientés sur les États-Unis et l'Europe présentent des niveaux de concentration plus faibles, de 24 % et 27 % respectivement (Graphique 2.21, partie A). La concentration est généralement plus faible dans les ETF que dans les autres fonds à capital variable.

Sur le plan géographique, près de la moitié (46 %) du total des actifs des fonds spécialisés sur les obligations d'entreprise à l'échelle mondiale sont concentrés aux États-Unis (Graphique 2.21, partie b). Cette prédominance américaine est restée stable au fil du temps, et a même légèrement augmenté, tandis que les poids relatifs des autres régions ont considérablement évolué. La dernière édition du Rapport de l'OCDE sur la dette mondiale (2024[3]) illustre l'évolution de la répartition géographique de l'encours des obligations à l'échelle mondiale au fil du temps, marquée par la croissance rapide de la Chine et le recul relatif de l'Europe et des États-Unis. Cette dynamique a naturellement eu des conséquences sur les stratégies des investisseurs. S'agissant des fonds investis dans les obligations d'entreprise, les investissements en Chine ne représentent que 2 % (limite inférieure) des actifs mondiaux, mais l'exposition moyenne a été multipliée par près de neuf depuis 2012. Sur la même période, l'exposition moyenne aux marchés développés européens a reculé de plus de neuf points de pourcentage.

Graphique 2.21. Concentration au sein des portefeuilles des fonds d'investissement

Les dix principales positions représentent une part moyenne significative des portefeuilles à l'échelle mondiale.

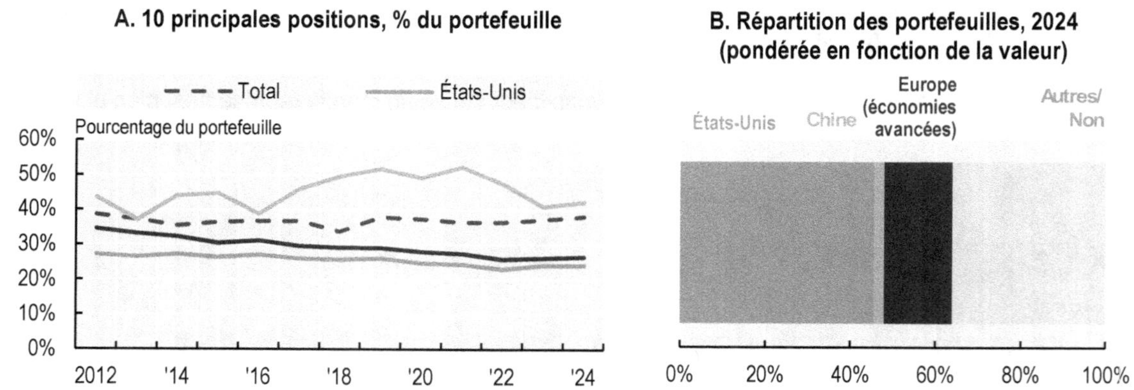

Note : fonds à capital variable et fonds indiciels cotés enregistrés dans le monde détenant une exposition nette d'au moins 25 % aux obligations d'entreprise (en pourcentage du portefeuille total). La partie A se fonde sur la zone géographique déclarée sur laquelle les fonds concentrent leurs investissements ; la catégorie « Total » n'impose aucune restriction selon la zone d'investissement. Elle présente des moyennes équipondérées et inclut toutes les participations, y compris les titres souverains et ceux des collectivités locales. La partie B présente la répartition en USD, fondée sur la taille des fonds la plus récente et pondérée par l'exposition moyenne des fonds en 2024. Les expositions géographiques couvrent l'ensemble de la composante obligataire des portefeuilles.
Source : Morningstar Direct, calculs de l'OCDE, voir Annexe 2.A pour plus de détails.

La prédominance des actifs américains s'observe à la fois sur les marchés des titres à revenu fixe en général, et plus spécifiquement sur le segment des obligations d'entreprise Les titres de dette américains

— qu'ils soient souverains, émis par des collectivités locales ou des entreprises — ont attiré près de 1 500 milliards USD de flux nets cumulés supplémentaires par rapport au reste du monde depuis 2008 (Graphique 2.22, partie A). Cela s'explique non seulement par l'ampleur des emprunts souverains aux États-Unis (voir chapitre 1), mais aussi par le poids des obligations émises par les entreprises américaines sur le marché mondial de la dette d'entreprise. L'un des principaux ETF d'obligations d'entreprise exposé aux émetteurs de la catégorie investissement à l'échelle mondiale et conçu pour répliquer l'indice Bloomberg Global Aggregate Corporate Bond, affichait début 2025 une concentration de près de 56 % de ses participations sur des sociétés américaines (partie B). Comme le souligne le Graphique 2.15, une part très importante de ces investissements provient d'investisseurs étrangers. Autrement dit, l'évolution des marchés obligataires internationaux est étroitement liée à celle d'un seul marché.

En résumé, les marchés des obligations d'entreprise semblent concentrés sur au moins trois dimensions. Premièrement, au niveau des émetteurs, un nombre relativement restreint d'entreprises représente une part substantielle de la dette mondiale. Deuxièmement, au niveau des investisseurs (pour les fonds), les entités les plus importantes représentent une part non négligeable du total des actifs. Enfin, au niveau des portefeuilles (y compris ceux des fonds), les actifs sont fortement concentrés sur les positions majeures et sur un marché, celui des États-Unis. Cette configuration s'inscrit dans un contexte marqué par une augmentation prolongée de l'endettement obligataire des entreprises, une volatilité des conditions financières et une reconfiguration de la base d'investisseurs à l'échelle mondiale, avec notamment le retrait des banques centrales et la montée en puissance d'acteurs étrangers.

Graphique 2.22. Concentration géographique des flux d'investissement

Les investissements obligataires sont fortement concentrés aux États-Unis.

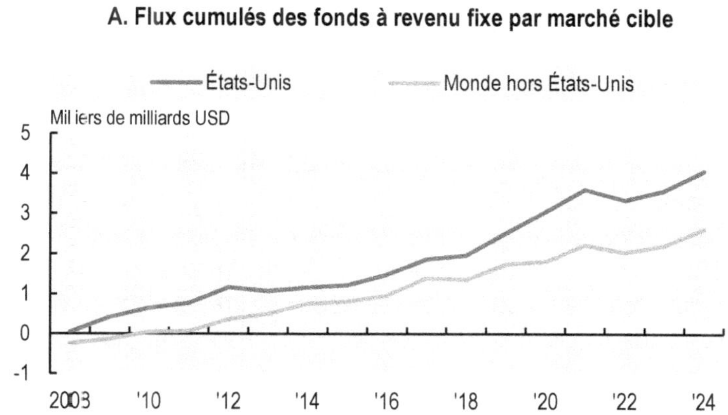

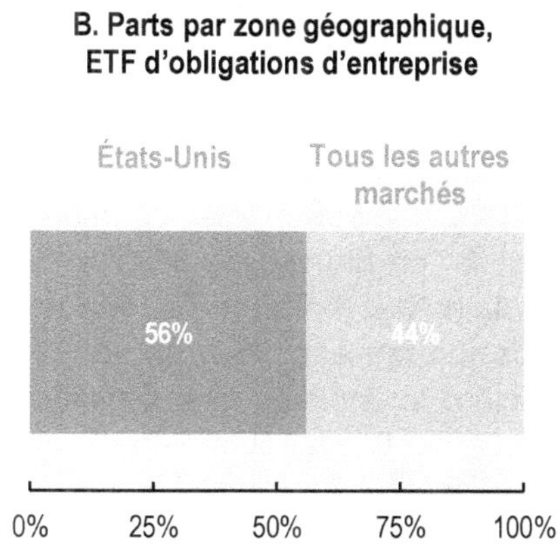

Note : la partie A inclut les titres souverains, de collectivités locales et d'entreprises. Les flux obligataires américains correspondent à la dette libellée en dollars des États-Unis (catégories mondiales Morningstar : « Obligations américaines » et « Obligations des collectivités locales américaines »). Le reste du monde, hors États-Unis, désigne la valeur totale de la catégorie « Obligations » établie par Morningstar, après soustraction des obligations américaines. La partie B montre le poids des positions par marché pour un fonds indiciel coté majeur suivant les marchés mondiaux des obligations d'entreprise de catégorie investissement, en répliquant l'indice Bloomberg Global Aggregate Corporate Bond Index.
Source : Morningstar Direct, calculs de l'OCDE, voir Annexe 2.A pour plus de détails.

Évolutions sur les autres marchés de la dette d'entreprise

Les informations sur les marchés des obligations d'entreprise étant largement accessibles, elles permettent d'effectuer des analyses détaillées de divers aspects tels que l'évolution de leur dynamique, de leur taille, de leur solvabilité, de leur base d'investisseurs, etc. Avec un encours total de

35 000 milliards USD, ces marchés constituent un indicateur clé des tendances des marchés de la dette des entreprises au sens large. Ils ne représentent cependant qu'une fraction de l'endettement total des entreprises, dont une part croissante des besoins de financement s'est déplacée hors des marchés obligataires, sur des segments caractérisés par moins de transparence et de régulation. Le marché des prêts syndiqués, dont la taille est à peu près comparable à celle du marché des obligations d'entreprise, représente une autre composante importante. Le marché du crédit privé, bien que de taille nettement plus modeste que les marchés des obligations et des prêts syndiqués, connaît une expansion très rapide depuis quelques années, suscitant des inquiétudes quant à son manque de transparence, à la dégradation des conditions de prêt ainsi qu'à l'existence de liens non détectés avec d'autres segments du marché.

Prêts syndiqués

Les prêts syndiqués permettent aux entreprises d'avoir accès à des financements à grande échelle auprès de multiples prêteurs. Plusieurs prêteurs octroient conjointement des crédits à un emprunteur, et l'un d'entre eux (l'agent) coordonne le processus pour le compte du syndicat. Ces opérations sont généralement structurées sous la forme soit de prêts à terme, qui consistent en la mise à disposition d'un montant fixe assorti d'un calendrier de remboursement prédéfini, soit de facilités de crédit renouvelable qui permettent aux emprunteurs de retirer des fonds jusqu'à une certaine limite tout au long de la durée du prêt.

Le marché des prêts syndiqués est actif depuis des décennies et a connu une forte expansion dans les années 90 (Armstrong, 2003[22]). À l'origine dominée par les banques, la syndication s'est développée essentiellement comme un mécanisme de mutualisation des risques dans le domaine des prêts aux entreprises. Toutefois, le marché a considérablement évolué depuis, les prêteurs non bancaires jouant un rôle de plus en plus important. Les investisseurs institutionnels y participent désormais non seulement au moyen d'investissements directs, mais aussi en convertissant des prêts syndiqués en fonds communs de placement et en produits structurés, tels que les obligations structurées adossées à des prêts. L'émergence d'un vaste marché secondaire a encore élargi l'accès à un éventail diversifié d'investisseurs, y compris aux particuliers (Mason et Goldwasser, 2024[23]).

Fin 2024, l'encours total du marché des prêts syndiqués atteignait 25 400 milliards USD à l'échelle mondiale, en hausse de 31 % en termes réels depuis 2010, soit la moitié de la croissance de la dette obligataire des entreprises (Graphique 2.23, partie A). Après cinq années de croissance, les volumes d'émission ont atteint un pic de 7 200 milliards USD en 2007, à la veille du déclenchement de la crise financière mondiale. Les émissions ont diminué au cours des années suivantes en raison d'un durcissement de la réglementation bancaire et des exigences de fonds propres visant à réduire les risques dans le secteur bancaire. L'activité s'est toutefois redressée au fil du temps et malgré un net recul durant la pandémie de COVID-19 en 2020 — à la différence des marchés des obligations d'entreprise, qui ont continué de croître — les émissions ont atteint en 2021 le deuxième plus haut niveau jamais enregistré (partie B).

Le marché des prêts syndiqués présente une procyclicité plus marquée que celui des obligations d'entreprise, avec des contractions plus fortes en période de ralentissement économique. Bien que comparables en termes d'encours et de volumes d'émissions annuelles, ces deux marchés diffèrent par la composition des emprunteurs. Les prêts syndiqués sont principalement utilisés par les entreprises non financières, représentant 84 % de l'encours à la fin de 2024, contre 45 % sur le marché des obligations d'entreprise. Sur le plan géographique, les entreprises américaines dominent, comme sur le marché obligataire, puisqu'elles représentent la moitié de l'encours total des prêts syndiqués aux entreprises non financières dans le monde (partie C). Le poids relatif des entreprises européennes (22 %) et asiatiques (16 %) est légèrement plus important que sur les marchés obligataires (OCDE, 2024[3]).

Graphique 2.23. Prêts syndiqués aux entreprises

Les prêts syndiqués sont majoritairement utilisés par des entreprises non financières.

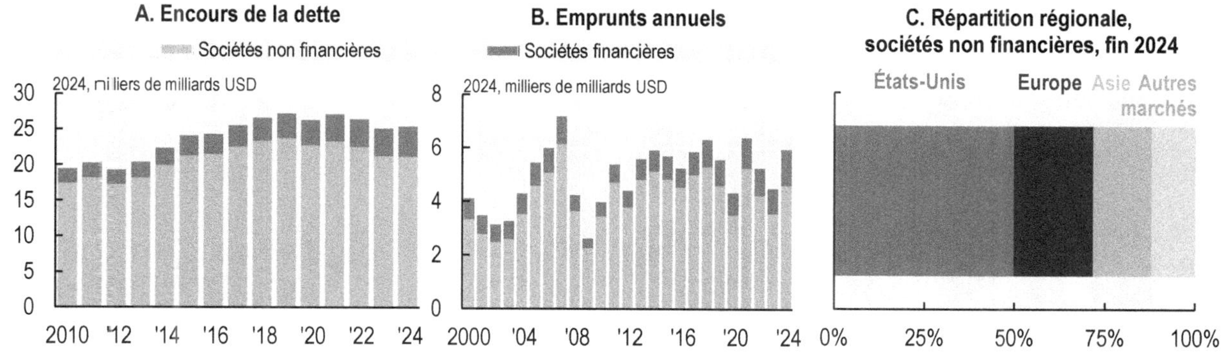

Note : la partie C est fondée sur les montants d'encours.
Source : LSEG, calculs de l'OCDE, voir Annexe 2.A pour plus de détails.

Bien que la tendance soit moins marquée que sur le marché des obligations d'entreprise, on observe au fil des ans un glissement vers des emprunteurs au profil plus risqué sur le marché des prêts syndiqués, un phénomène provoqué par la baisse de taux d'intérêt qui a renforcé l'appétence pour le risque des prêteurs (Lee, Liu et Stebunovs, 2017[24]). Entre 2000 et 2012, les prêts de la catégorie investissement représentaient en moyenne annuelle 62 % des prêts accordés aux entreprises non financières, avant de reculer à 57 % sur la période 2013-2024 (Graphique 2.24, partie A). En 2024, les prêts de la catégorie investissement représentaient moins de la moitié (49 %) du total des emprunts. Cette tendance s'explique en partie par la hausse de la demande de la part d'investisseurs en quête de rendements élevés, ainsi que par la multiplication des dégradations de notations de crédit provoquées par les récessions économiques (McKinsey, 2024[25]). Toutefois, l'accroissement de l'exposition au risque s'est concentré sur les prêts à effet de levier plutôt que sur ceux à fort effet de levier.

Les prêts syndiqués sont généralement d'un montant inférieur à celui des obligations d'entreprise. Entre 2000 et 2024, tandis que le montant médian des prêts variait entre 161 millions USD et 322 millions USD aux États-Unis, celui des émissions d'obligations d'entreprise n'a cessé d'augmenter pour atteindre près de 650 millions USD en 2024. L'Europe a connu une évolution différente : le montant médian des prêts syndiqués était supérieur à celui des émissions d'obligations d'entreprise durant la période qui a précédé la crise financière de 2008, pour atteindre 675 millions USD en 2005. Toutefois, au cours des dix dernières années, le montant médian des prêts en Europe s'est rapproché de celui observé aux États-Unis et est désormais inférieur à celui des émissions d'obligations d'entreprise (Graphique 2.24, partie B).

Une autre différence fondamentale entre les deux marchés réside dans la structure des taux d'intérêt. Si la grande majorité des émissions d'obligations d'entreprise sont à taux fixe, les prêts syndiqués sont pour l'essentiel à taux variable. Cette différence est particulièrement marquée dans les économies avancées : entre 2014 et 2024, 69 % en moyenne des prêts syndiqués accordés à des entreprises non financières étaient à taux variables (Graphique 2.24, partie C). Sur la même période, la part des obligations d'entreprise à taux variable était inférieure à 10 % pour toutes les années (OCDE, 2024[3]). À l'échelle mondiale, les prêts syndiqués affichent généralement des durations de moyen terme, avec des échéances moyennes annuelles d'environ cinq ans, soit une durée inférieure à celle des obligations d'entreprise. Toutefois, les échéances des prêts aux entreprises sur les marchés émergents ont évolué à la hausse, en particulier au cours des dix dernières années, avec des échéances annuelles pondérées variant entre 7 et 11 ans (Graphique 2.24, partie D).

Graphique 2.24. Caractéristiques des prêts syndiqués aux entreprises non financières

La qualité du crédit s'est quelque peu détériorée sur les marchés des prêts syndiqués, avec une utilisation fréquente des prêts à taux variable.

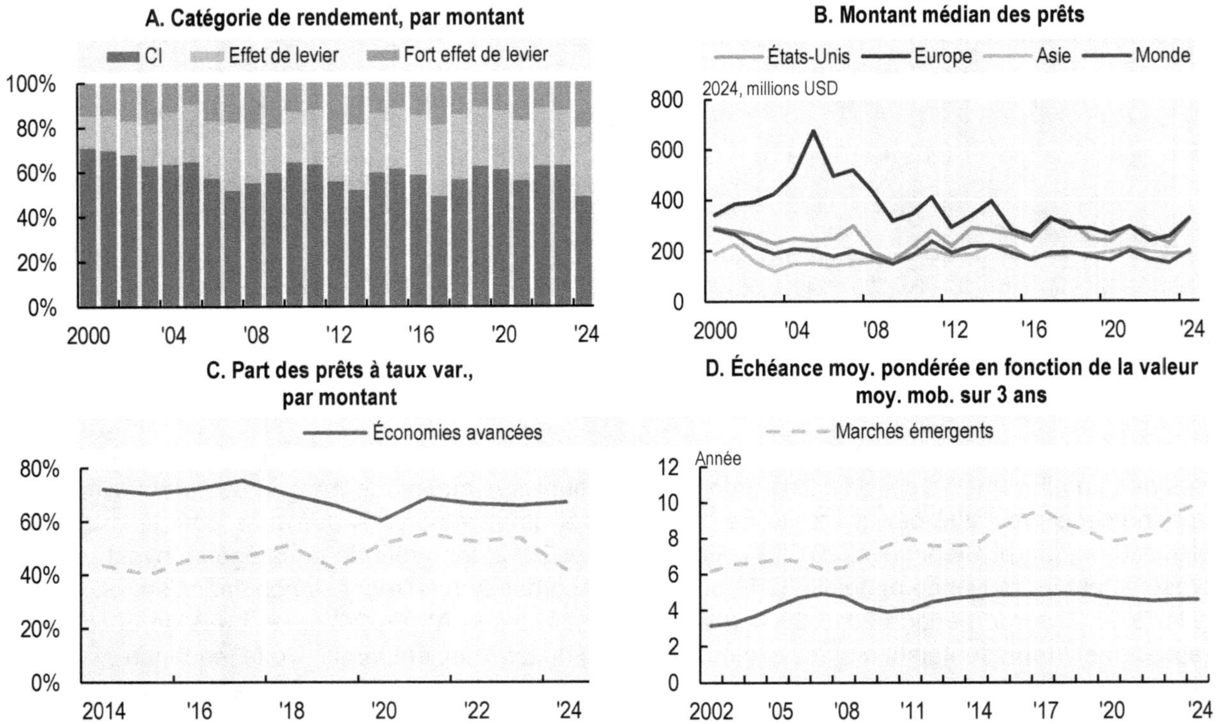

Note : la partie A repose sur un échantillon limité d'observations pour lesquelles on dispose d'informations sur les rendements. Les catégories de rendement sont déterminées en fonction des écarts de rendement par rapport au taux de base, comme précisé dans l'annexe.
Source : LSEG, calculs de l'OCDE, voir Annexe 2.A pour plus de détails.

Crédit privé

Le crédit privé, autrefois une composante restreinte et spécialisée de la finance mondiale, s'est développé pour devenir un segment important et diversifié des marchés de la dette d'entreprise. Ce mode de financement est assuré par des acteurs non bancaires spécialisés, opérant en dehors du marché obligataire, sous la forme de prêts directs ou de produits structurés. En 2024, les actifs de crédit privés s'élevaient à au moins 1 600 milliards USD au niveau mondial, dont 431 milliards USD de capitaux levés restant à investir (« poudre sèche »). En incluant les fonds cotés, les obligations structurées adossées à des créances du marché intermédiaire, ainsi que les structures semi-liquides et à capital variable, les actifs de crédit privé sur le marché atteignent un volume total estimé à 2 100 milliards USD environ (FMI, 2024[26]). Le marché nord-américain représentait 65 % du total, suivi de l'Europe et du marché asiatique, de taille relativement plus restreinte (Graphique 2.25, partie A). La croissance a été très soutenue au cours de ces dernières années. En Amérique du Nord, le marché a progressé à un taux annuel composé réel supérieur à 11 % entre 2018 et 2023. Le renforcement de la réglementation et le resserrement des exigences de fonds propres imposées aux banques au lendemain de la crise financière ont contribué à cette croissance. Ces évolutions ont favorisé l'émergence d'un segment idéal pour le crédit privé : celui des entreprises de taille intermédiaire, trop grandes ou présentant un profil trop risqué pour les banques commerciales, mais trop petites pour accéder aux marchés obligataires. Aux États-Unis, ce secteur représente aujourd'hui environ 6 % du total des crédits accordés aux sociétés non financières, comparables aux prêts à effet de levier et aux obligations d'entreprise à haut rendement (Sløk, 2024[27]).

Graphique 2.25. Vue d'ensemble du marché mondial du crédit privé

Depuis l'an 2000, le marché mondial du crédit privé a été multiplié par 19, tiré principalement par les fonds américains

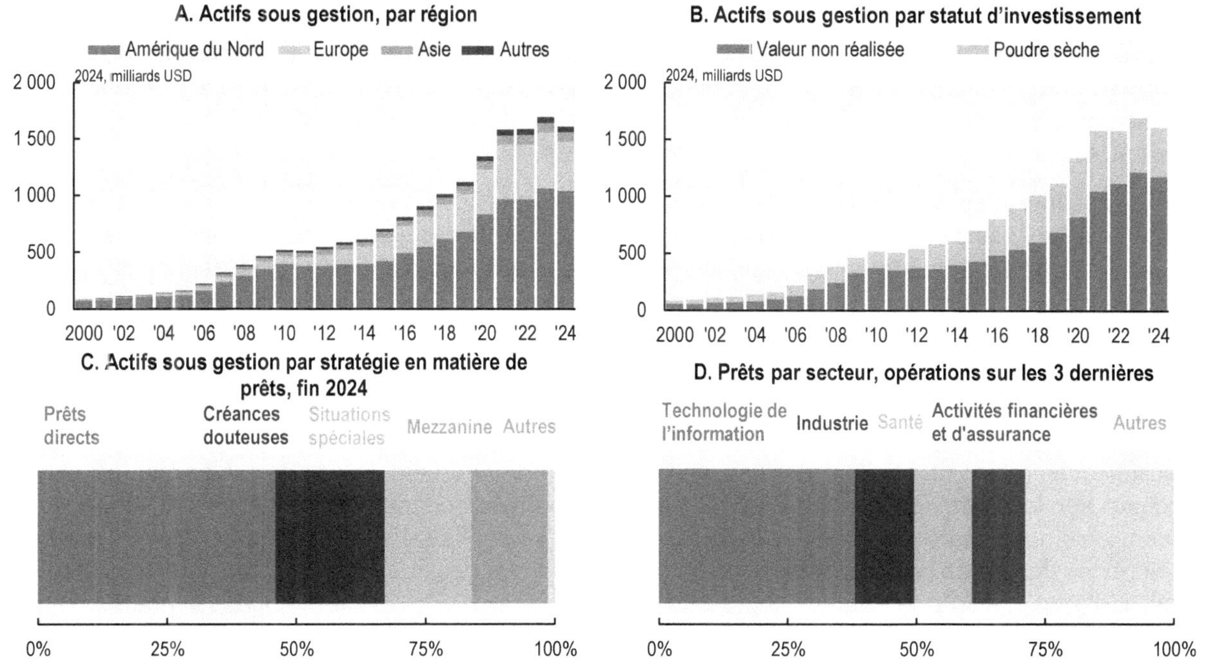

Note : les données relatives aux actifs sous gestion correspondent aux fonds de crédit privé non cotés à capital fixe.
Source : Preqin, calculs de l'OCDE, voir Annexe 2.A pour plus de détails.

Les prêts directs représentent la stratégie la plus couramment utilisée dans le domaine du crédit privé, totalisant environ la moitié du volume mondial. Les financements sont négociés directement avec les prêteurs, généralement sous la forme de prêts à terme garantis de premier rang et assortis d'un taux d'intérêt variable jusqu'à l'échéance. Les créances douteuses, les créances en situation spéciale et les dettes mezzanines sont des solutions moins fréquemment utilisées (Graphique 2.25, partie C). À l'instar des fonds de capital-investissement, les fonds de crédit privé sont généralement structurés comme des fonds à capital fixe, avec un modèle reposant sur un mécanisme d'appel de capitaux et une durée de vie limitée. Ils représentent environ 81 % du marché total (FMI, 2024[26]). Parmi les autres instruments figurent les CLO et, aux États-Unis, les sociétés de développement d'entreprises (BDC).

À l'échelle mondiale, les principaux bénéficiaires des crédits privés sont les entreprises des secteurs des technologies de l'information (38 %), de l'industrie (12 %), de la santé (11 %) et de la finance et de l'assurance (11 %) (Graphique 2.25, partie D). Les prêts sont souvent utilisés pour diverses opérations financières. Aux États-Unis, 47 % des opérations sont destinées au financement des « besoins généraux de l'entreprise », 26 % à des rachats par des fonds de capital-investissement ou des LBO, et 21 % au refinancement de la dette. En d'autres termes, près de la moitié des fonds levés *via* le crédit privé sert à financer des opérations financières plutôt que des investissements productifs. Il s'agit d'une estimation basse puisque la catégorie « besoins généraux de l'entreprise » comprend généralement des opérations telles que le rachat d'actions ou les besoins en fonds de roulement (Federal Reserve, 2024[28]).

Intérêt du crédit privé pour les emprunteurs et les investisseurs

Pour les emprunteurs, le crédit privé présente des avantages non négligeables en termes de rapidité, de flexibilité et de confidentialité. Contrairement aux prêts bancaires syndiqués, les prêts directs font intervenir moins de parties (souvent un prêteur unique), et permettent de contourner les réglementations prudentielles strictes imposées aux banques. Les financements sont conçus pour répondre aux besoins spécifiques des emprunteurs, tout en offrant une plus grande souplesse en matière de renégociation en cas de difficultés financières. Le crédit privé permet par ailleurs aux investisseurs de s'affranchir des obligations de transparence souvent strictes imposées par les marchés financiers (Ellias et de Fontenay, 2025[29]). Le marché du crédit privé reste par ailleurs plus accessible que les marchés obligataires en période de crise. Ainsi, en mars 2020, au plus fort des turbulences provoquées par la pandémie de COVID-19, le marché du crédit privé est resté actif, à la différence des marchés des obligations à haut rendement et des prêts à effet de levier, qui se sont tous deux fortement contractés (FMI, 2024[26]).

Du côté des investisseurs, le crédit privé assure une diversification des portefeuilles, des flux de revenus constants et la possibilité de rendements plus élevés que de nombreux autres produits à revenu fixe. Le fait que la plupart des fonds de crédit privé soient à capital fixe, limitant les remboursements en période de récession économique, correspond aux stratégies d'investissement à long terme des fonds de pension et des compagnies d'assurance-vie, par exemple. La structure à taux variable des prêts permet également aux investisseurs de bénéficier des hausses éventuelles de taux d'intérêt. Le crédit privé génère ces derniers temps des rendements supérieurs à ceux de produits similaires, tels que les obligations à haut rendement ou les prêts à effet de levier. Ces rendements plus élevés découlent principalement d'une volatilité (mesurable) plus faible et d'une prime d'illiquidité inhérente aux prêts privés, qui ne sont pas négociés sur les marchés secondaires et sont généralement conservés jusqu'à leur l'échéance. Par ailleurs, les emprunteurs sont prêts à accepter des taux d'intérêt plus élevés en contrepartie d'un traitement accéléré des dossiers et de la possibilité de ne devoir divulguer des informations financières confidentielles (Ares, 2024[30]). Selon une analyse sectorielle, entre 2016 et 2023, les prêts privés de premier rang ont affiché des rendements annualisés moyens de 9 %, supérieurs à ceux des prêts à effet de levier et des obligations à haut rendement (BNP Paribas, 2024[31]). Cependant, plusieurs études suggèrent que ces rendements excédentaires s'estompent si l'on tient compte des frais imputés par les fonds de crédit privé et du risque d'investissement accru associé à certaines expositions assimilables à des titres de participation inhérentes aux produits de crédit privé (Erel, Flanagan et Weisbach, 2024[32]). Certaines opérations de crédit privé comportent de fait des instruments adossés à des actions, tels que des bons de souscription, qui peuvent représenter 25 à 30 % du rendement total, même si l'utilisation de tels instruments demeure limitée (PitchBook, 2024[33]).

Certaines structures réglementaires privilégient également le crédit privé. En Europe, les exigences réglementaires en matière de fonds propres applicables aux compagnies d'assurance sont similaires pour les prêts directs et les obligations de catégorie investissement. Aux États-Unis, les prêts privés n'entraînent pas d'exigences de fonds propres supplémentaires par rapport aux titres équivalents émis sur les marchés, tout en offrant des rendements plus élevés dans les deux cas (Barings, 2023[34] ; Candriam, 2021[35]).

Les banques, les compagnies d'assurance et les fonds de pension sont de plus en plus exposés au crédit privé

Les marchés du crédit privé ont des liens étroits, directs et indirects, avec le système financier traditionnel. À l'échelle mondiale, les compagnies d'assurance et les fonds de pension représentent 86 % des investissements dans les fonds de crédit privé, suivis par des entités plus petites telles que des fonds souverains et des gestionnaires de patrimoine (BCE, 2024[36] ; BRI, 2021[37]). Dans les économies avancées, les assureurs et les fonds de pension ont quintuplé leur exposition aux fonds de crédit privé au cours des dix dernières années, cherchant des rendements plus élevés face à la faiblesse des rendements offerts par les titres à revenu fixe traditionnels (FMI, 2024[26]). Les banques aussi sont liées au crédit privé, directement en accordant des facilités de crédit aux fonds, et indirectement en prêtant à des entreprises qui sont également financées par le crédit privé (Graphique 2.26). Les partenariats entre banques et sociétés d'investissement en crédit privé se sont récemment multipliés. Ces dernières y gagnent un accès aux réseaux de clientèle étendus des banques pour identifier des opportunités d'investissement, tandis que les banques peuvent transférer des prêts non conformes aux exigences réglementaires (ces fonds étant comptabilisés hors bilan). Ces partenariats permettent d'offrir aux clients de nouvelles solutions de financement. Les banques ont également recours aux « transferts de risques synthétiques » pour gérer leurs obligations réglementaires. Cette approche leur permet de transférer une partie du risque de crédit sur des prêts à des fonds de crédit privé. Ainsi, elles réduisent leurs besoins en fonds propres et augmentent leurs revenus, tout en conservant les prêts dans leur bilan et en préservant les relations avec leurs clients. Toutefois, malgré cette interdépendance croissante, l'exposition directe des banques au crédit privé reste globalement faible. En 2023, une enquête mondiale menée auprès de 32 banques collaborant activement avec des acteurs du crédit privé a montré que les engagements de prêts privés des banques représentaient moins de 4 % du total des prêts (Moody's, 2024[38]). Les expositions indirectes aux risques de marché peuvent toutefois être bien plus importantes, mais elles restent difficiles à estimer en raison de la complexité de la structure multicouche de l'écosystème, associée à des obligations d'information limitées.

Il convient également de souligner les liens étroits qui existent entre le crédit privé et le capital-investissement. Rapporté à la taille du portefeuille d'actifs de crédit privé sous gestion, 81 % des sociétés d'investissement qui gèrent des fonds de crédit privé gèrent aussi des fonds de capital-investissement, et environ 70 % des opérations de crédit privé sont le fait d'entreprises financées par des sociétés de capital-investissement. En outre, en 2023, plus de 86 % des emprunts d'entreprises américaines adossés à des fonds de capital-investissement ont pris la forme de prêts directs ou de prêts à effet de levier institutionnels (FMI, 2024[26]). Cette proportion est nettement supérieure à celle observée aux États-Unis, où les prêts ne représentent qu'un tiers environ du crédit total, l'essentiel des capitaux empruntés provenant du financement obligataire (OCDE, 2021[39]). Les sociétés de capital-investissement se tournent de plus en plus vers le crédit privé face à la réticence croissante des banques commerciales à financer les opérations à effet de levier (LBO). Les fonds de crédit privé interviennent directement dans le financement de ce type d'opérations ou rachètent la dette à effet de levier émise par les banques (FMI, 2023[40]). En 2024, les fonds de crédit privé ont financé pas moins de 77 % des opérations de LBO à l'échelle mondiale (S&P Global, 2025[41]).

Graphique 2.26. Vue d'ensemble schématique de l'écosystème du crédit privé

Les fonds de crédit privé sont liés au système financier traditionnel, à la fois directement et indirectement.

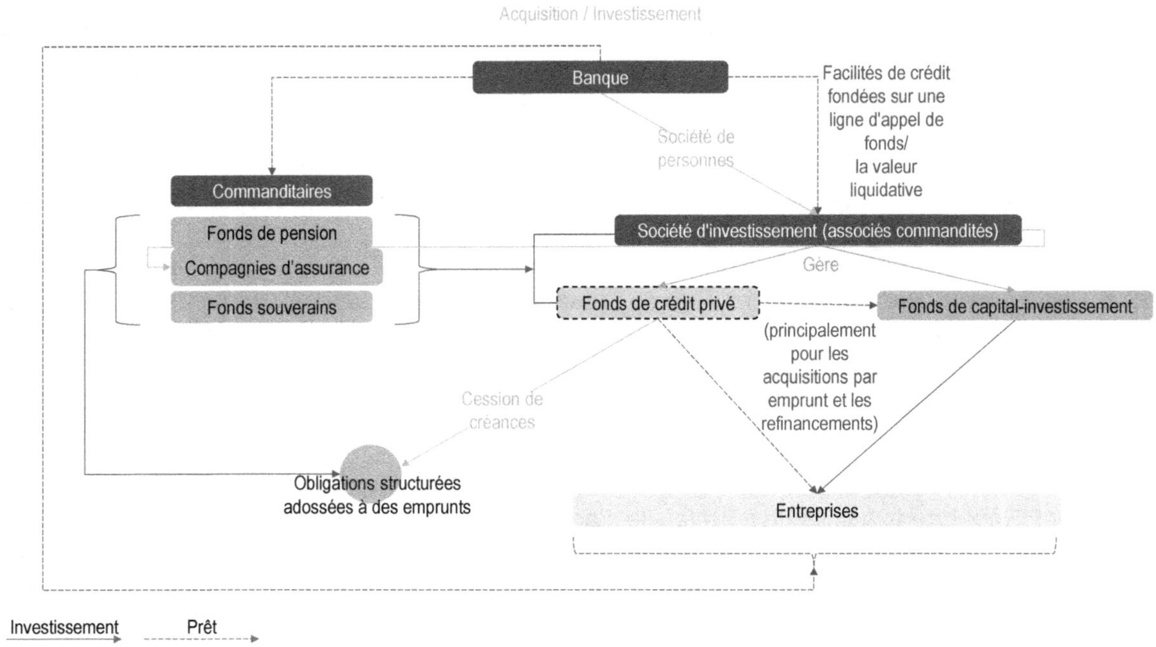

Note : ce graphique vise à illustrer les liens possibles entre les principaux acteurs de l'écosystème du crédit privé. Cela ne signifie pas que chaque acteur est toujours et simultanément exposé à tous les autres acteurs de la manière indiquée ici.

L'interconnexion croissante entre les sociétés de crédit privé/capital-investissement (sociétés d'investissement) et les assureurs, en particulier les compagnies d'assurance-vie, constitue une évolution notable observée ces dernières années. Les sociétés d'investissement détiennent depuis longtemps des participations dans les compagnies d'assurance-vie, mais ce lien s'est renforcé et s'est transformé au cours des dernières années. Cette évolution s'explique en partie par la faiblesse des taux d'intérêt au lendemain de la crise financière de 2008, qui a rendu les contrats de rentes viagères peu attractifs pour les assureurs. Les sociétés d'investissement en ont profité pour racheter une partie de ces contrats à prix décotés et les réinvestir dans des actifs plus rentables. Depuis, certaines entreprises d'investissement ont renforcé leur présence dans le secteur de l'assurance en prenant des participations directes dans des compagnies d'assurance, allant parfois jusqu'à détenir la totalité du capital. Les sociétés d'investissement ont ainsi accès à des capitaux à long terme supplémentaires pour financer l'octroi de crédits privés. Les actifs à long terme peuvent ensuite être investis dans des produits de crédit structurés, tels que des CLO, générant des revenus réguliers grâce aux commissions. Il en est résulté une transformation des profils de risque des assureurs. Certaines études révèlent que les assureurs influencés par le capital-investissement détiennent davantage d'actifs non liquides par rapport aux autres assureurs (FMI, 2023[40] ; Vandevelde et Indap, 2021[42]).

En effet, à la suite d'une série d'acquisitions et de partenariats stratégiques intervenus au cours des dernières années, le secteur de l'assurance est désormais une pierre angulaire du marché du crédit privé. Si l'exposition globale des assureurs et des fonds de pension au crédit privé demeure faible, aux alentours de 3.6 % du total des actifs, ils occupent une place très importante sur certains segments du marché (FMI, 2024[26]). Fin 2024, les compagnies d'assurance détenaient 43 % des actifs de crédit des sept plus grandes entreprises cotées sur le marché du crédit privé, représentant plus de la moitié des entrées de capitaux (Oliver Wyman, 2025[43]). Les entreprises d'investissement présentes sur le marché du crédit privé voient deux avantages principaux à prendre des participations dans des compagnies d'assurance. Premièrement, un cercle vertueux se crée entre la capacité des entreprises d'investissement à octroyer des crédits (par le biais d'opérations de crédit privé) et le besoin des compagnies d'assurance de disposer d'actifs de crédit de haute qualité. Deuxièmement, la société d'investissement peut s'appuyer sur le bilan des compagnies d'assurance, en complément d'investissements externes, afin de réduire l'intensité capitalistique liée à l'octroi de crédits. Ces investissements externes génèrent également des revenus additionnels *via* la perception de frais de gestion d'actifs et de commissions d'intéressement. Le Graphique 2.27 illustre une application concrète de cette approche. Dans la partie A, l'entreprise d'investissement contrôle une opération de crédit privé adossée à des actifs, à laquelle participent également des investisseurs externes. Cela lui permet de réduire son intensité capitalistique et de percevoir des commissions d'intéressement. Dans cet exemple simplifié, le crédit octroyé par le prêteur (c'est-à-dire les prêts accordés aux entreprises) est ensuite transféré à (acheté par) la compagnie d'assurance. Cela peut passer par l'attribution d'une partie d'une transaction syndiquée ou par un produit structuré comme un CLO.

La compagnie d'assurance peut également investir directement dans l'opération de crédit privé pilotée par l'entreprise d'investissement, ce qui permet à cette dernière de percevoir des frais supplémentaires de gestion d'actifs. La partie B illustre un exemple concret d'une structure de ce type, dans laquelle les actifs de la compagnie d'assurance sous forme de participations sont utilisés pour investir dans un fonds de crédit privé. Ce processus s'effectue *via* un fonds permanent (« evergreen fund ») associant des investisseurs externes, ce qui réduit encore l'intensité capitalistique. Tant que l'assureur poursuit le développement de ses activités (en augmentant ses engagements au titre des rentes), il peut utiliser cet apport continu de capitaux à long terme pour transférer des actifs de crédit de l'opération de crédit privé vers son propre bilan. Cette stratégie réduit la part des actifs détenus sous forme de participations, libérant ainsi des capacités pour de nouveaux investissements en fonds propres, tout en maintenant un ratio constant entre fonds propres et actifs. Ces nouveaux capitaux peuvent ensuite être réinvestis dans le fonds permanent, alimentant ainsi un cycle vertueux de renforcement du capital. Grâce à cette dynamique, l'investissement initial en fonds propres de la société d'investissement dans la compagnie d'assurance permet de démultiplier les capitaux injectés dans l'opération de crédit privé. Cela se réalise dans un premier temps en utilisant les actifs sous forme de participations de la société d'assurance, auxquels s'ajoute un investissement externe dans le fonds permanent. En résumé, l'acquisition de compagnies d'assurance par des entreprises d'investissement leur permet d'accroître leurs investissements, tout en percevant des frais de gestion et des commissions d'intéressement au fil du temps.

Graphique 2.27. Présentation schématique d'un modèle d'investissement reliant entreprises d'investissement, compagnies d'assura et crédit privé

Les entreprises d'investissement peuvent accroître leurs investissements par l'intermédiaire de compagnies d'assurance.

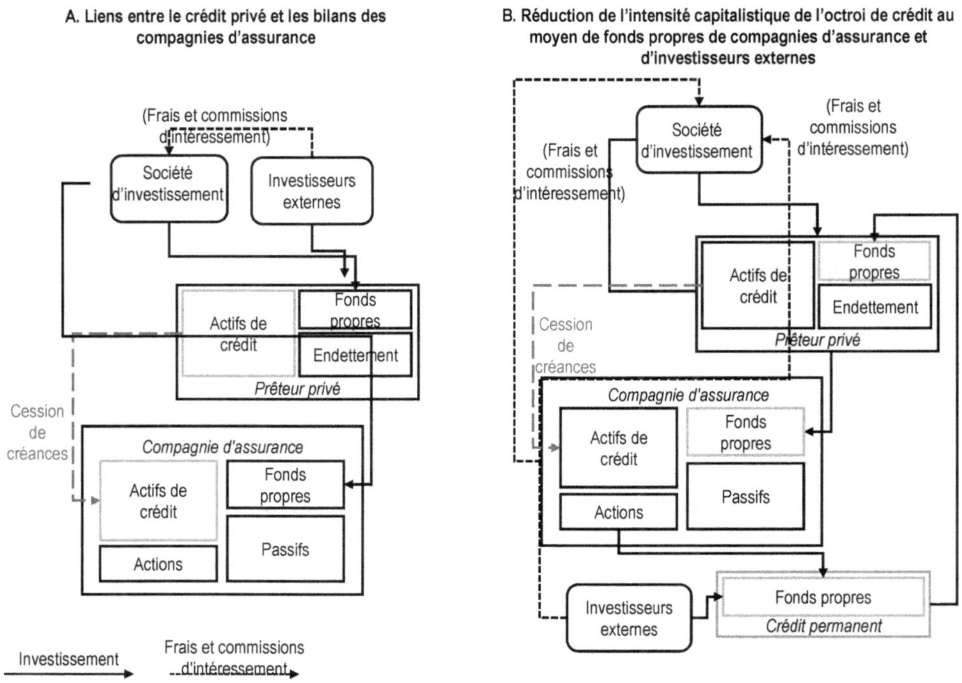

Notons qu'il ne s'agit pas du seul modèle utilisé par les entreprises d'investissement pour générer des revenus *via* des participations dans des compagnies d'assurance. Une autre stratégie adoptée par certaines grandes entreprises consiste à acquérir une participation minoritaire dans une société d'assurance, à réorienter l'allocation de ses actifs vers des actifs alternatifs, tout en percevant des commissions au titre de la gestion de ces investissements (FMI, 2023[40]).

Le crédit privé élargit l'accès des entreprises au financement, mais les risques plus généraux pour la stabilité financière demeurent largement méconnus

L'essor du crédit privé peut offrir un accès au crédit à des secteurs de l'économie qui autrement en seraient exclus. Les études révèlent que les emprunteurs qui se tournent vers le crédit privé présentent souvent un fort endettement, des bénéfices faibles ou négatifs, une notation de crédit insuffisante et des garanties limitées, caractéristiques typiques des entreprises en phase de démarrage et à forte croissance (S&P Global, 2021[44] ; Federal Reserve, 2024[28] ; FMI, 2024[26]).

La croissance du marché du crédit privé comporte également des risques. Comme les prêts sont en règle générale non notés, rarement négociés, et que leur valorisation repose sur des modèles internes non standardisés, donc dépendante des hypothèses retenues, il est plus difficile d'évaluer correctement les risques à l'avance. Malgré un nombre de défaillances relativement faible par rapport à d'autres instruments similaires, la multiplication récente des clauses relatives aux paiements en nature, qui permettent aux emprunteurs de reporter les paiements d'intérêts, en les ajoutant au capital moyennant des taux plus élevés, a suscité des inquiétudes au sujet de la visibilité des risques dans le secteur (Fitch Ratings, 2024[45]). De plus, le fait que le crédit privé soit généralement assorti de taux variables peut se révéler pénalisant pour les emprunteurs en cas de remontée rapide des taux.

Enfin, deux évolutions récentes pourraient également avoir une incidence sur le marché et les risques pour les investisseurs et les emprunteurs. Premièrement, bien que les fonds de crédit privé soient généralement à capital fixe, ces dernières années ont vu une augmentation du nombre de fonds semi-liquides (permettant des remboursements plus fréquents). Cela accroît le risque de liquidité en période de récession économique et de difficultés financières. L'émergence récente d'ETF de crédit privé, qui proposent des transactions quotidiennes pour attirer des investisseurs individuels, amplifie ce risque. Deuxièmement, les annonces récentes de grands gestionnaires de placements alternatifs visant à structurer des marchés secondaires pour le crédit privé pourraient fondamentalement modifier la perception des risques dans le secteur (Bloomberg, 2024[46]). Cela pourrait certes offrir aux investisseurs finaux une meilleure visibilité sur les entreprises auxquelles ils octroient des prêts, mais aussi accroître la probabilité de ventes à prix bradés et de pénuries de liquidités en période de volatilité. Ainsi, alors que le crédit privé continue de progresser, les risques systémiques qu'il comporte, notamment ses interconnexions avec l'écosystème financier au sens large, appellent une analyse plus approfondie.

Références

Ares (2024), *Private Debt Dominance: What drives private credit's outsized yield and lower risk, and is it sustainable?*, https://www.areswms.com.au/wp-content/uploads/Ares_PMI_Private-Debt-Dominance.pdf. [30]

Armstrong, J. (2003), *The Syndicated Loan Market: Developments in the North American Context*, https://www.bankofcanada.ca/wp-content/uploads/2012/02/fsr-0603-armstrong.pdf. [22]

Barings (2023), *Private Credit's "Free Lunch« for Insurers*, https://www.barings.com/en-us/guest/perspectives/viewpoints/private-credit-s-free-lunch-for-insurers. [34]

BCE (2024), *Private markets, public risk? Financial stability implications of alternative funding sources*, https://www.ecb.europa.eu/press/financial-stability-publications/fsr/special/html/ecb.fsrart202405_03~bc23a48dbc.en.html. [36]

Bloomberg (2024), *Apollo Plans to Build the First Marketplace for Private Credit*, https://www.bloomberg.com/news/articles/2025-02-05/apollo-plans-to-build-the-first-marketplace-for-private-credit?srnd=phx-markets. [46]

BNP Paribas (2024), *Private Credit: A Growing Asset Class Gaining Traction*, https://wealthmanagement.bnpparibas/ch/en/your-goals/wealth-focus/private-credit-a-growing-asset-class-gaining-tract.html. [31]

Boermans, M. (2015), « Market concentration in the euro area bond markets - an application with granular sectoral securities holdings statistics », *IFC workshop on "Combining micro and macro statistical data for financial stability analysis. Experiences, opportunities and challenges" - Warsaw, Poland, 14-15 December 2015*, https://www.bis.org/ifc/publ/ifcb41n.pdf. [17]

Bonini, S. et al. (2016), « Credit market concentration, relationship lending and the cost of debt », *International Review of Financial Analysis*, vol. 45, pp. 172-179, https://doi.org/10.1016/j.irfa.2016.03.013. [15]

BRI (2021), *The rise of private markets*, https://www.bis.org/publ/qtrpdf/r_qt2112e.pdf. [37]

Candriam (2021), *Insurers and Direct Lending: Diversification, Performance, and Attractive Regulatory Capital Cost*, https://www.candriam.com/siteassets/medias/insights/topics/private-debt/kartesia---insurance---en.pdf. [35]

Choi, J. et al. (2020), « Corporate bond mutual funds and asset fire sales », *Journal of Financial Economics*, vol. 138/2, pp. 432-457, https://doi.org/10.1016/j.jfineco.2020.05.006. [19]

Du, W., K. Forbes et M. Luzzetti (2024), « Quantitative Tightening Around the Globe: What Have We Learned » NBER Working Paper Series, Working Paper 32321, https://doi.org/10.3386/w32321. [12]

Ellias, J. et E. de Fontenay (2025), « The Credit Markets Go Dark », *Yale Law Journal; Duke Law School Public Law & Legal Theory Series; European Corporate Governance Institute*, vol. 696/No. 2024-45/No. 810/2024, https://doi.org/10.2139/ssrn.4879742. [29]

Erel, I., T. Flanagan et M. Weisbach (2024), « Risk-Adjusting Returns to Private Debt Funds », *NBER Working paper series*, https://www.nber.org/system/files/working_papers/w32278/w32278.pdf. [32]

Federal Reserve (2024), « Private Credit: Characteristics and Risks », *FEDS Notes*, https://www.federalreserve.gov/econres/notes/feds-notes/private-credit-characteristics-and-risks-20240223.html. [28]

Fitch Ratings (2024), *Rising Payment-in-Kind Trends in Private Credit Will Have a Mixed Impact*, https://www.fitchratings.com/research/corporate-finance/rising-payment-in-kind-trends-in-private-credit-will-have-mixed-impact-27-03-2024. [45]

FMI (2024), *The Rise and Risks of Private Credit*, https://www.imf.org/en/Publications/GFSR/Issues/2024/04/16/global-financial-stability-report-april-2024?cid=bl-com-SM2024-GFSREA2024001. [26]

FMI (2023), *Private Equity and Life Insurers*, https://www.imf.org/-/media/Files/Publications/gfs-notes/2023/English/GFSNEA2023001.ashx. [40]

Gagnon, J. et al. (2011), « The Financial Market Effects of the Federal Reserve's Large-Scale Asset Purchases », *International Journal of Central Banking*, https://www.ijcb.org/journal/ijcb11q1a1.pdf. [8]

Huang, J., Y. Wang et Y. Wang (2024), « Does ownership concentration affect corporate bond volatility? Evidence from bond mutual funds », *Journal of Banking & Finance*, vol. 165, https://doi.org/10.1016/j.jbankfin.2024.107217. [14]

Krishnamurthy, A. et A. Vissing-Jorgensen (2011), « The Effects of Quantitative Easing on Interest Rates: Channels and Implications for Policy », *National Bureau of Economic Research Working Papers*, https://doi.org/10.3386/w17555. [9]

Lee, S., L. Liu et V. Stebunovs (2017), « Risk Taking and Interest Rates: Evidence from Decades in the Global Syndicated Loan Market », *Document de travail du FMI* WP/17/16, https://www.imf.org/en/Publications/WP/Issues/2017/01/27/Risk-Taking-and-Interest-Rates-Evidence-from-Decades-in-the-Global-Syndicated-Loan-Market-44595. [24]

Li, J. et H. Yu (2022), « Investor Concentration, Liquidity and Bond Price Dynamics », https://doi.org/10.2139/ssrn.4083526. [16]

Lo Duca, M., G. Nicoletti et A. Martinez (2014), « Global Corporate Bond Issuance: What Role for US Quantitative Easing? », *Documents de travail de la BCE*, vol. No. 1649, https://doi.org/10.2139/ssrn.2397787. [11]

Mason, J. et T. Goldwasser (2024), *The Recent History and Development of Syndicated Loan Markets*, https://doi.org/10.2139/ssrn.4798316. [23]

McKinsey (2024), *Modernizing corporate-loan operations*, https://www.mckinsey.com/industries/financial-services/our-insights/modernizing-corporate-loan-operations. [25]

Mian, A. (2024), « Breaking the Debt Supercycle », *Finance and Development Magazine*, pp. 26-27, https://www.imf.org/en/Publications/fandd/issues/2024/03/Symposium-Breaking-the-debt-supercycle-Atif-Mian. [6]

Mian, A., L. Straub et A. Sufi (2021), « Indebted Demand », *The Quarterly Journal of Economics*, vol. 136/4, pp. 2243–2307, https://doi.org/10.1093/qje/qjab007. [5]

Minsky, H. (1995), « Financial Factors in the Economics of Capitalism », *Journal of Financial Services Research*, pp. 197-208, https://doi.org/10.1007/BF01051746. [4]

Mirza, H. et al. (2020), « Fire sales by euro area banks and funds: what is their asset price impact? », *ECB Working Paper Series*, vol. 2491, https://www.ecb.europa.eu/pub/pdf/scpwps/ecb.wp2491~9c8deab24b.en.pdf. [20]

Moody's (2024), *Bank funding of private credit grows rapidly, in step with sector's capital-raising*, https://www.moodys.com/web/en/us/private-credit/bank-survey.html. [38]

Moody's (2024), *December 2024 Default Report*, https://www.moodys.com/research/Default-Trends-Global-December-2024-Default-Report-Default-Report--PBC_1435511?lang=zh-cn&cy=chn#97f9aa625c5064375e09d47bd1cf4f5f. [2]

Novik, M., I. Smith et D. Keohane (2025), *Japanese investors dump Eurozone bonds at fastest pace in a decade*, https://www.ft.com/content/7f6b6ed7-7c55-4a41-a068-67131922363c. [13]

OCDE (2024), *Perspectives économiques de l'OCDE, Volume 2024 Numéro 2*, Éditions OCDE, Paris, https://doi.org/10.1787/0481cf21-fr. [1]

OCDE (2024), *Rapport sur la dette mondiale 2024 : Les marchés obligataires dans un contexte de dette élevée*, Éditions OCDE, Paris, https://doi.org/10.1787/63ccad6c-fr. [3]

OCDE (2021), *The Future of Corporate Governance in Capital Markets Following the COVID-19 Crisis*, Gouvernement d'entreprise, Éditions OCDE, Paris, https://doi.org/10.1787/efb2013c-en. [39]

Oliver Wyman (2025), *Private Credit's Next Act Is Being Fueled By Insurers*, https://www.oliverwyman.com/content/dam/oliver-wyman/v2/publications/2025/jan/private-credits-next-act-fueled-by-insurers.pdf. [43]

PitchBook (2024), *Private Credit 101: High rates, scarce exits prompt inclusion of equity warrants*, https://pitchbook.com/news/articles/private-credit-101-high-rates-scarce-exits-prompt-inclusion-of-equity-warrants. [33]

S&P Global (2025), *Private debt's share of LBO financing grows; Asia-focused fundraising sinks*, https://www.spglobal.com/market-intelligence/en/news-insights/articles/2025/2/private-debts-share-of-lbo-financing-grows-asiafocused-fundraising-sinks-87449811. [41]

S&P Global (2021), *Private Debt: A Lesser-Known Corner Of Finance Finds The Spotlight*, https://www.spglobal.com/en/research-insights/special-reports/private-debt. [44]

Shim, J. et K. Todorov (2021), « ETFs, illiquid assets, and fire sales », *BIS Working Papers*, https://www.bis.org/publ/work975.pdf. [18]

Sløk, T. (2024), *Private Credit is a Small Share of Total Lending to Corporates*, https://www.apolloacademy.com/private-credit-is-a-small-share-of-total-lending-to-corporates/#:~:text=Looking%20at%20the%20sum%20of,to%20corporates%2C%20see%20chart%20below. [27]

Todorov, K. (2020), « Quantify the quantitative easing: Impact on bonds and corporate debt issuance », *Journal of Financial Economics*, vol. 135/2, pp. 340-358, https://doi.org/10.1016/j.jfineco.2019.08.003. [10]

US Department of Justice and the Federal Trade Commission (2023), *Lignes directrices sur les fusions*, https://www.justice.gov/d9/2023-12/2023%20Merger%20Guidelines.pdf. [47]

US Federal Reserve System (s.d.), *Credit and Liquidity Programs and the Balance Sheet*, https://www.federalreserve.gov/monetarypolicy/bst_crisisresponse.htm. [7]

Vandevelde, M. et S. Indap (2021), *Apollo-Athene: the new Berkshire Hathaway?*, https://www.ft.com/content/5b1a1c63-5920-4876-829f-e3f1552a3903. [42]

Wang, Z., H. Zhang et X. Zhang (2020), « Fire Sales and Impediments to Liquidity Provision in the Corporate Bond Market », *Journal of Financial and Quantitative Analysis*, vol. 55/8, pp. 2613-2640, https://doi.org/10.1017/S0022109019000991. [21]

Annexe 2.A. Méthodologie – Dette d'entreprise

Données relatives aux obligations d'entreprise

Les données concernant les émissions d'obligations d'entreprise reposent sur des calculs de l'OCDE effectués à partir de données transactionnelles obtenues auprès de LSEG concernant les émissions mondiales d'obligations d'entreprise souscrites par des banques d'investissement. La base de données contient des données détaillées pour chaque émission d'obligations d'entreprise, notamment l'identité, la nationalité et le secteur d'activité de l'émetteur, la nature, la structure des taux d'intérêt, la date d'échéance et la catégorie de notes de l'obligation, le montant et l'utilisation prévue du produit tiré de l'émission.

Les obligations convertibles, les opérations enregistrées, mais non réalisées, les actions privilégiées, les obligations sukuk, les obligations ayant une échéance initiale inférieure ou égale à un an ou dont la taille de l'émission est inférieure à 1 million USD sont exclues du jeu de données. La classification sectorielle est établie à partir de The Reference Data Business Classification (TRBC) de LSEG. Les montants annuels initialement collectés en USD ont été ajustés en fonction de l'indice des prix à la consommation (IPC) des États-Unis de 2024.

Comme une fraction importante des obligations est émise à l'échelle internationale, il n'est pas possible de rattacher systématiquement ces émissions à un pays donné. Pour cette raison, la ventilation par pays est effectuée sur la base du pays dans lequel l'émetteur est domicilié. La distinction marchés développés/émergents repose sur la classification des pays établie par le FMI.

Données relatives aux notes de crédit

Les données qui concernent les notes de crédit reposent sur des calculs de l'OCDE effectués à partir de données obtenues auprès de LSEG qui publie des informations sur les notes octroyées par trois grandes agences de notation : S&P, Fitch et Moody's. Pour chaque obligation pour laquelle des informations sur la note figurent dans le jeu de données, une valeur de 1 est attribuée à la note correspondant à la qualité de crédit la plus basse (C) et de 21 à la note correspondant à la qualité de crédit la plus élevée (AAA pour S&P et Fitch et Aaa pour Moody's). La catégorie spéculative compte onze échelons : cinq notes C (C à CCC+) et six notes B (B- à BB+). La catégorie investissement en compte dix : trois notes B (BBB- à BBB+) et sept notes A (A- à AAA).

Si une émission fait l'objet d'une notation par plusieurs agences, on utilise la moyenne des notes attribuées. Pour certaines émissions figurant dans le jeu de données, il n'existe en revanche aucune note. En pareil cas, on utilise la note moyenne de toutes les obligations émises par le même émetteur au cours de la même année (t). Lorsque l'émetteur n'a émis aucune obligation notée au cours de l'année t, on examine dans l'ordre l'année t-1 et l'année t-2. Cette procédure permet d'accroître le nombre d'obligations notées dans le jeu de données et améliore ainsi la représentativité de l'analyse fondée sur la note. Lorsqu'on distingue les obligations de catégorie investissement des obligations de catégorie spéculative, la note finale est arrondie à l'entier le plus proche et les émissions dont la notation arrondie est inférieure ou égale à 11 sont classées dans la catégorie spéculative.

Données relatives aux remboursements anticipés

Pour calculer l'encours d'obligations d'entreprise au cours d'une année, il faut déduire de ce montant les obligations remboursées par anticipation. Les données concernant les remboursements par anticipation sont obtenues auprès de LSEG et concernent les obligations ayant fait l'objet d'un remboursement anticipé en raison d'une procédure de distribution finale consécutive à une défaillance, de l'exercice d'une option d'achat ou d'une option de vente, d'une liquidation ou d'un rachat. Les données sur les remboursements anticipés sont fusionnées avec les données du marché primaire des obligations d'entreprise au moyen des numéros internationaux d'identification des titres (ISIN).

Coût de l'encours de la dette

Le coût moyen pondéré d'une dette à taux fixe est estimé en calculant l'encours total de la dette sur 26 tranches de coupons comprises entre 0 et 1 250 points de base (avec des paliers de 50 points de base, c'est-à-dire de 0 à 50, de > 50 à 100, etc.). Les montants obtenus sont ensuite multipliés par le coût médian de la tranche correspondante (25 points de base pour la tranche de 0 à 50, 975 points de base pour la tranche de 950 à 1 000, par exemple) et divisés par l'encours total de l'ensemble de la dette obligataire à taux fixe. La somme de ces produits permet d'obtenir une estimation du taux d'intérêt pondéré en fonction de la valeur pour l'encours total de la dette. Les obligations assorties de coupons supérieurs à 1 250 points de base se voient attribuer une valeur médiane de 1 275. Lorsque les données relatives aux coupons ne sont pas disponibles, le rendement à l'échéance à la date d'émission est utilisé. Si les obligations ne sont pas émises au pair, ce taux peut différer du taux du coupon.

Données relatives aux fonds d'investissement

Les analyses concernant les fonds d'investissement reposent sur des calculs de l'OCDE réalisés à partir de données sur les fonds obtenues auprès de Morningstar Direct. Le jeu de données de référence est réparti en neuf grandes catégories (Morningstar Global Broad Category Group) correspondant à la principale classe d'actifs du fonds : Allocation, Alternatives, Matières premières, Convertibles, Actions, Obligations, Divers, Monétaires et Immobilier. Au total, le jeu de données comprend plus de 281 000 fonds à capital variable et fonds indiciels cotés.

Pour recenser les fonds actifs sur le marché des obligations d'entreprise, le jeu de données est limité à un sous-ensemble de fonds ayant une exposition nette d'au moins 25 % (exposition longue moins exposition courte, en pourcentage du portefeuille total) aux obligations d'entreprise, sur la base des dernières observations disponibles (généralement début 2025).

Toutes les données chronologiques (nombre d'obligations, part des dix principales positions dans le portefeuille et exposition géographique) sont observées mensuellement. Cependant, tous les fonds ne disposent pas de données mensuelles. On calcule par conséquent une moyenne annuelle (fondée sur les observations disponibles en fin de mois) pour chaque fonds. Pour calculer l'exposition du fonds en valeurs absolues, la taille totale du fonds est multipliée par cette exposition moyenne. Seules les observations se rapportant aux fonds dont la taille est communiquée en 2024 ou plus tard sont prises en compte dans l'analyse. Les analyses des séries chronologiques incluent tous les fonds actifs au cours d'une année donnée, même ceux qui ont été liquidés par la suite.

Pour les analyses ventilées par région, on utilise la zone d'investissement du fonds. Il s'agit de la zone géographique dans laquelle le fonds concentre ses investissements et qui peut être différente du lieu où le fonds est domicilié ou de la région où le fonds est actif. Les catégories régionales plus vastes (Asie, Europe, par exemple) sont classées manuellement et incluent les fonds qui se concentrent sur des pays spécifiques (la Chine, par exemple, relève entièrement de la catégorie « Asie »). Les classifications des économies avancées et des économies émergentes sont fournies par Morningstar.

Indice de concentration du marché de Herfindahl-Hirschman

L'indice Herfindahl-Hirschman (IHH) est une mesure couramment utilisée pour évaluer la concentration du marché. Il est calculé en élevant au carré la part de marché de chaque entreprise active dans un secteur donné puis en additionnant les chiffres obtenus. Pour analyser la concentration des marchés mondiaux des obligations d'entreprise, on calcule l'encours de la dette de chaque entreprise présente dans le jeu de données. Le montant est ensuite divisé par l'encours total sur le marché concerné. La part obtenue est élevée au carré. Cette opération est répétée pour chaque entreprise du groupe concerné, après quoi toutes les valeurs sont additionnées. En termes généraux :

$$IHH_s = \sum_{i=1}^{N}\left(\frac{Encours_{\ i,s}}{Encours\ \ total_s}\right)^2$$

Dans cette formule $Encours_{i,s}$ désigne le montant dû par l'entreprise i dans le secteur s, $Encours\ total$ représente le montant total de l'encours dans ce secteur et N correspond au nombre d'entreprises dans le secteur. Les « secteurs » désignent ici les différents groupes utilisés pour l'analyse (par exemple, les entreprises non financières dans les économies avancées).

L'IHH peut être exprimé sur une échelle allant de 0 à 1 (lorsque les parts de marché sont indiquées sous forme décimale) ou de 0 à 10 000 (si elles sont exprimées sous forme d'entiers). Les seuils généralement utilisés pour définir un marché concentré sont établis par des lignes directrices réglementaires et par la jurisprudence en droit de la concurrence. L'indice est souvent utilisé pour évaluer l'effet qu'une fusion aurait sur la concurrence sur le marché. Par exemple, selon les lignes directrices sur les fusions du ministère américain de la Justice et de la Federal Trade Commission (2023[47]), un marché est considéré comme concentré lorsque l'IHH est supérieur à 0.1. Plus précisément, un marché est « modérément concentré » si l'IHH est compris entre 0.1 et 0.18 et « fortement concentré » au-delà de 0.18. Ces lignes directrices utilisent une échelle sur 10 000 points qui a été convertie en une échelle de 0 à 1 pour des raisons de comparabilité.

Données relatives aux prêts syndiqués

Les données sur les prêts syndiqués présentées au chapitre 2 reposent sur des calculs de l'OCDE fondés sur des données transactionnelles obtenues auprès de LSEG. Cette base de données contient des informations détaillées sur chaque prêt, notamment l'identité de l'emprunteur, sa nationalité et son secteur d'activité, ainsi que la structure des taux d'intérêt, la date d'échéance et le montant du prêt. La catégorie de notation de crédit est définie selon les critères suivants :

- Catégorie investissement : niveau de prix initial jusqu'à 299 points de base au-dessus du taux de base.
- Prêts à effet de levier : niveau de prix initial compris entre 300 et 399 points de base au-dessus du taux de base.
- Prêts à fort effet de levier : niveau de prix initial supérieur de 400 points de base ou plus au taux de base.

Seuls les prêts « syndiqués » ou relevant de la catégorie« club deal » sont inclus dans l'analyse. Les opérations dont l'échéance est inférieure à 90 jours sont exclues. Les données annuelles sont établies à partir de la date de clôture, correspondant au moment où la syndication a été signée et finalisée pour tous les niveaux ou tranches. Les analyses sectorielles suivent la classification TRBC (Reference Data Business Classification) de LSEG, tandis que les ventilations par pays sont basées sur le domicile de l'emprunteur. Pour tenir compte de l'inflation, les montants des émissions initialement enregistrés en USD ont été ajustés en utilisant l'indice des prix à la consommation (IPC) des États-Unis de 2024.

Données relatives au crédit privé

Les données sur le crédit privé présentées au chapitre 2 reposent sur des calculs de l'OCDE fondés sur des données transactionnelles et des données sur les fonds obtenues auprès de Preqin. Cette base de données contient des informations détaillées sur les opérations de crédit privé, notamment l'année, l'identité des prêteurs, le volume, le secteur et la stratégie de prêt. Elle fournit également des détails sur l'exposition des fonds au crédit privé, notamment sur les actifs sous gestion, les secteurs bénéficiaires des prêts ainsi que la répartition régionale de ces investissements.

Les actifs sous gestion sont évalués à la fin de chaque année civile, sauf pour l'année 2024, où ils sont calculés à la fin du mois de juin. Les chiffres ne prennent en compte que les fonds de dette privée à capital fixe non cotés, en englobent les sociétés de développement d'entreprises (BDC) non cotées. Les obligations adossées à des créances (CDO) sont exclues. Les analyses sectorielles sont réalisées selon la taxonomie interne de Preqin, tandis que les répartitions régionales sont déterminées en fonction du pays de résidence de l'emprunteur. Les stratégies de prêt sont classées selon des catégories internes.

En ce qui concerne les répartitions régionales, l'Amérique du Nord comprend les Bermudes, le Canada, les Îles Caïmanes, les États-Unis et les Îles Vierges américaines. L'Europe comprend l'UE27, l'Albanie, Aurigny, Andorre, l'Arménie, l'Azerbaïdjan, le Bélarus, la Bosnie-Herzégovine, les Îles Féroé, la Géorgie, Gibraltar, le Groenland, Guernesey, l'Île de Man, l'Islande, Jersey, le Kosovo, le Liechtenstein, la Moldova, Monaco, le Monténégro, la Macédoine du Nord, la Norvège, le Royaume-Uni, la Russie, Saint-Marin, la Serbie, la Suisse, la Türkiye et l'Ukraine. L'Asie comprend l'Afghanistan, le Bangladesh, le Bhoutan, Brunei Darussalam, le Cambodge, la Chine, la République populaire démocratique de Corée, les Fidji, Hong Kong (Chine), l'Inde, l'Indonésie, le Japon, le Kazakhstan, le Kirghizistan, Macao (Chine), la Malaisie, les Maldives, la Mongolie, le Myanmar, le Népal, le Pakistan, les Philippines, la République démocratique populaire lao, Singapour, le Sri Lanka, le Taipei chinois, Tadjikistan, Thaïlande, Timor-Leste, Turkménistan, Ouzbékistan et Viet Nam.

Pour tenir compte de l'inflation, les montants des émissions initialement enregistrés en USD ont été ajustés en utilisant l'indice des prix à la consommation (IPC) des États-Unis de 2024.

Analyse des documents d'entreprises

Les mentions des différents indicateurs de risque dans les informations publiées par les entreprises renvoient aux documents déposés par les entreprises et aux transcriptions des communications des résultats financiers par téléconférence des entreprises composant les indices Russell 3000 (États-Unis), Euro STOXX 600 (Europe) et NIKKEI 225 (Japon) et figurant dans la base de données Bloomberg Document Search. Les types de documents incluent les rapports annuels, semestriels et trimestriels, les formulaires 10-K, 10-Q, 8-K, 6-K, ainsi que les transcriptions des communications des résultats financiers par téléconférence, les documents présentés en téléconférence, les comptes-rendus d'assemblées générales d'actionnaires et les supports de présentation institutionnelle. Les résultats sont obtenus par traitement du langage naturel intégré à la fonction de recherche Bloomberg. Les mots-clés utilisés dans les graphiques sont enrichis par des synonymes proches ou exacts afin d'élargir les résultats, par exemple : « obligation », « crédit » et « prêt » pour « dette » ou encore « politique mondiale » pour « géopolitique »

3 Les marchés de la dette souveraine dans les économies de marché émergentes et en développement

Les emprunts souverains des économies de marché émergentes et en développement (MEED) sur les marchés ont continué d'augmenter en 2024, malgré des coûts d'emprunt proches de leur plus haut niveau depuis 15 ans.

Les pays à revenu faible ou intermédiaire ont fait face à des conditions de financement particulièrement difficiles, beaucoup d'entre eux ayant rencontré des difficultés à accéder aux marchés obligataires mondiaux. Le nombre de pays dont la note de risque de crédit est élevée étant proche de son niveau record, les besoins importants de refinancement et les coûts d'emprunt élevés menacent de contraindre davantage les marges de manœuvre budgétaires. Les pays qui dépendent des marchés étrangers sont particulièrement vulnérables. Il est essentiel d'accélérer le développement des marchés obligataires en monnaie locale pour permettre à ces pays de bénéficier d'un financement souverain durable et résilient.

Introduction

Le cycle de resserrement de la politique monétaire amorcé au début de 2022 a été l'un des plus rapides de ces dernières décennies et, historiquement, la hausse des taux d'intérêt mondiaux a toujours été l'un des principaux déclencheurs des crises financières dans les MEED. Les MEED, dont l'épargne et les recettes intérieures sont souvent modestes, doivent emprunter pour financer les investissements qui favorisent la croissance et la stabilité économiques. L'objet du présent chapitre est d'analyser les marchés des obligations souveraines des MEED dans cet environnement difficile. Ses auteurs examinent les tendances en matière d'émission, les coûts d'emprunt, l'accès aux marchés étrangers, ainsi que l'évolution des notations de crédit ; ils concluent en présentant des perspectives en matière de refinancement. Ils s'appuient essentiellement sur les sources de données de marché disponibles concernant l'émission d'obligations par les administrations centrales. Des précisions méthodologiques figurent à l'Annexe 3.A.

Principaux constats

- **Les marchés des obligations souveraines des MEED ont connu une croissance considérable depuis 2007.** L'encours de la dette obligataire, qui s'établissait à 4 000 milliards USD en 2007, a frôlé les 12 000 milliards USD en 2024. Au cours de la même période, les emprunts annuels des MEED sur les marchés ont triplé, passant de 1 000 milliards USD à 3 000 milliards USD, les montants des émissions enregistrant une augmentation de 12 % en 2024. La Chine représentait 45 % du volume total des émissions en 2024, contre 15 % sur la période 2007-14.
- **Les coûts d'emprunt en monnaie locale ont augmenté depuis 2022, l'incidence de cette hausse ayant été la plus forte sur les pays à faible revenu et sur ceux dont la notation de crédit est égale ou inférieure à B.** Les rendements réels à l'émission ont augmenté, passant de niveaux négatifs à près de 4 % entre 2020 et 2024 dans les MEED, hors Chine. Dans les pays à faible revenu, ils ont atteint 7 % contre 4 % précédemment. L'échéance moyenne plus courte de leur dette rend l'encours plus sensible aux variations des taux. La moitié de l'encours actuel de la dette a été émis au cours des trois dernières années et offre des rendements plus élevés, accroissant la pression qui s'exerce sur les finances publiques.
- **Les MEED s'endettent davantage en devises étrangères que les économies avancées, ce qui accroît les risques de change et les coûts d'emprunt.** Hors Chine et Inde, les dettes en devises représentent quelque 20 % du total de la dette des MEED, contre seulement 6 % en moyenne dans la zone OCDE. En ce qui concerne les MEED plus petites, la dette en devises représente environ 40 % de l'encours total de la dette depuis 2018. Fait significatif, sur le long terme le coût total de la dette en devises est souvent nettement supérieur à celui de la dette en monnaie locale, lorsque l'on prend en compte la dépréciation de la monnaie.
- **Les coûts d'emprunt dans les MEED sous forme d'obligations libellées en USD ont augmenté entre 2020 et 2024, passant de 4 % à 6 %,** et dépassant 8 % dans les pays de catégorie spéculative. En conséquence, ces pays affichent un niveau d'emprunt net négatif sur les marchés étrangers depuis 2022.
- **Environ la moitié des MEED notées en 2024 étaient classées comme présentant un risque élevé, et 10 comme présentant un risque très élevé ou comme étant en défaut de paiement.** Malgré cela, la part des obligations de catégorie investissement dans le total de l'encours de la dette souveraine des MEED a atteint un niveau record proche de 80 % en 2024, alors qu'elle n'en représentait que moins de la moitié en 2007, principalement sous l'effet de

l'augmentation de l'émission d'obligations par les plus grandes MEED de catégorie investissement.

- **Dans les MEED, plus de 4 500 milliards USD de dette obligataire arrivera à échéance d'ici à 2027, soit environ 40 % de l'encours total.** Les pays à faible revenu et présentant un risque élevé affichent les risques de refinancement les plus importants, sachant que plus de la moitié de leur dette arrive à échéance au cours de cette période, et pas moins de 20 % rien qu'en 2025.
- **Les émetteurs souverains faisant partie des MEED devraient donner la priorité au développement des marchés obligataires en monnaie locale afin de réduire la dépendance à la dette extérieure et d'atténuer les risques liés aux taux de change.** Pour cela, il faut une infrastructure de marché solide, de la transparence, un large éventail d'investisseurs, une courbe de rendement crédible et de la stabilité.

Émissions d'obligations

Depuis 2007, les émissions d'obligations par les émetteurs souverains à faible revenu ont augmenté davantage que celles des MEED à revenu élevé.

Les marchés des obligations souveraines des MEED se sont considérablement développés dans tous les groupes de revenu depuis 2007. Dans les MEED, l'encours de la dette souveraine a atteint près de 12 000 milliards USD (environ 30 % du PIB) en 2024, contre moins de 4 000 milliards USD (environ 20 % du PIB) en 2007 (Graphique 3.1, Partie A). Au cours de la même période, les émissions d'obligations annuelles des MEED ont triplé, passant de quelque 1 000 milliards USD en 2007 à plus de 3 000 milliards USD en 2024 (Graphique 3.1, Partie B)[1]. Cela représente un taux de croissance annuel en dollars américains de près de 7 %, ce qui constitue une augmentation considérable étant donné que le dollar américain s'est apprécié de plus de 80 % par rapport aux devises des MEED pendant cette période.

Graphique 3.1. Émissions d'obligations souveraines des MEED et encours de la dette obligataire

L'encours des obligations souveraines et les montants des émissions des MEED ont augmenté tant en valeur nominale qu'en proportion du PIB

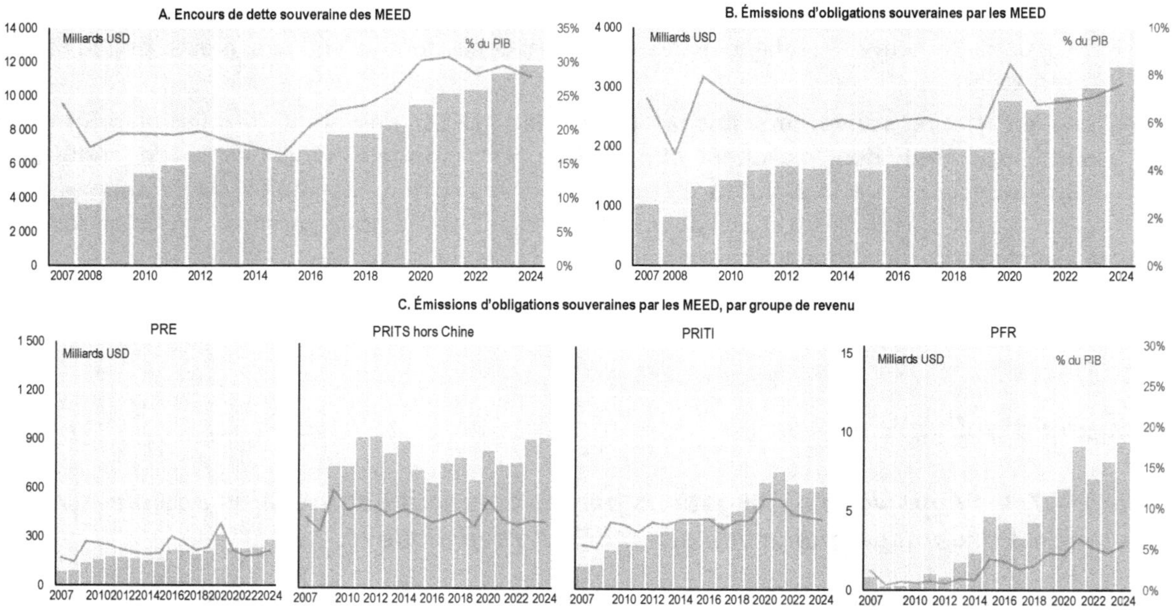

Remarque : Seule la valeur en pourcentage du PIB des obligations en circulation des émetteurs souverains (Partie A) ou des obligations émises par ceux-ci (Parties B et C) au cours de chacune des années considérées a été incluse dans la partie droite du graphique.
Source : LSEG ; et calculs de l'OCDE.

L'augmentation des émissions d'obligations a été particulièrement marquée depuis le début de la pandémie de COVID-19. Entre 2007 et 2019, les émissions d'obligations annuelles des MEED ont augmenté de quelque 90 % pour atteindre un peu moins de 2 000 milliards USD en 2019. Dans le sillage de la pandémie, les émissions d'obligations ont augmenté d'environ 1 000 milliards USD, s'établissant à 3 000 milliards en 2024. Cette tendance est fortement influencée par la Chine, dont les obligations émises par l'administration centrale ont représenté 45 % des émissions sur les marchés des obligations souveraines des MEED en 2024, contre 2 % en moyenne durant la période 2015-19 et quelque 17 % en 2007-14. L'augmentation significative des emprunts de la Chine est examinée plus en détail à l'Encadré 3.1.

Les émissions d'obligations souveraines des MEED appartenant à tous les groupes de revenu ont augmenté, à des niveaux toutefois variables (Graphique 3.1, Partie C). La hausse la plus importante a été enregistrée dans les pays à faible revenu, les émissions d'obligations ayant été multipliées par 12 entre 2007 et 2024 ; viennent ensuite les pays à revenu intermédiaire de la tranche inférieure (PRITI) (émissions d'obligations multipliées par 5), les pays à revenu élevé (émissions multipliées par 3), puis les pays à revenu intermédiaire de la tranche supérieure (PRITS), dans lesquels les émissions d'obligations ont presque doublé. Malgré cette croissance rapide, les marchés des obligations souveraines des pays à faible revenu restent insuffisamment développés, les ratios émissions brutes d'obligations/PIB étant nettement inférieurs à ceux des autres groupes de revenu et n'atteignant que 4 % du PIB en 2024, contre près du double pour les MEED en général.

La part des émissions d'obligations souveraines des pays à revenu intermédiaire de la tranche inférieure dans le total des MEED a augmenté, passant de 13 % en 2007 à 19 % en 2024. À l'inverse, la part de celles des pays à revenu intermédiaire de la tranche supérieure, hors Chine, a diminué, reculant de 50 %

à 28 %. Dans le même temps, les parts émissions d'obligations des pays à revenu élevé et des pays à faible revenu sont restées largement stables, autour de 8 % et en dessous de 1 %, respectivement.

La croissance des marchés des obligations souveraines des pays à revenu intermédiaire de la tranche inférieure s'est partiellement inversée suite au resserrement monétaire intervenu dans les économies avancées à partir de 2022, et les émissions d'obligations souveraines ont diminué entre 2022 et 2024, tant en valeur nominale qu'en proportion du PIB. Cette baisse ne se reflète pas dans les émissions totales des MEED, qui sont majoritairement portées par les pays à revenu intermédiaire de la tranche supérieure, dont les émissions ont continué de croître après 2023.

Dans les MEED, les marchés obligataires en monnaie locale se sont renforcés, mais les échéances restent plus courtes que dans les économies avancées et certains pays continuent de dépendre fortement des devises étrangères

Les crises de la dette passées intervenues lors de cycles de resserrement mondiaux ont montré que la panoplie d'instruments de dette et leurs échéances étaient essentielles à la réduction de la vulnérabilité d'un pays aux chocs mondiaux. L'hypothèse du péché originel suppose que les pays qui ne sont pas en mesure d'emprunter à long terme dans leur propre monnaie sont plus fragiles en raison de l'asymétrie entre les actifs et les engagements en termes de devises ou d'échéances (Eichengreen et Hausmann, 1999[1])[2]. Il peut arriver que ces pays contractent des obligations en devises sans percevoir de recettes correspondantes dans ces devises, ce qui accroît le risque de change. Ils peuvent également financer des projets à long terme à l'aide de dettes à court terme, ce qui augmente leur vulnérabilité aux variations des taux d'intérêt. Par conséquent, les évolutions des conditions du marché et des besoins d'emprunt sont susceptibles de déclencher plus facilement une crise.

Bien que les conditions de financement et les besoins d'emprunt soient des sources importantes de vulnérabilité et échappent souvent au contrôle des gestionnaires de la dette, une gestion prudente de la dette contribue à atténuer ces risques, en minimisant les pressions liées au refinancement et en limitant l'exposition aux variations des taux de change et des taux d'intérêt. Lors de la définition de leurs stratégies d'emprunt, les émetteurs souverains adoptent une approche à long terme et examinent les avantages et inconvénients entre des obligations libellées en devises étrangères et des obligations en monnaie locale, en prenant en considération les coûts de financement, la demande des investisseurs, le risque de refinancement et les risques liés aux taux d'intérêt et aux taux de change.

Les émetteurs souverains des MEED se heurtent à des difficultés particulières pour améliorer le profil de risque de leurs portefeuilles de dette publique, en raison du manque de profondeur des marchés obligataires en monnaie locale, des coûts d'emprunt élevés et de la volatilité des taux de change, qui restreignent leur capacité à émettre de la dette en monnaie locale à long terme. La dette libellée en devises étrangères bénéficie de taux d'intérêt plus bas, d'une demande mondiale forte et d'échéances plus longues, mais elle expose les émetteurs au risque de change, à la volatilité des coûts de service de la dette et aux chocs extérieurs.

Encadré 3.1. La part croissante de la Chine sur le marché de dette publique des MEED

Depuis 2007, le marché des obligations de l'administration centrale de la Chine a enregistré une croissance nettement supérieure à celle des administrations centrales des autres MEED, et tout particulièrement depuis le début de la pandémie de COVID-19. Les émissions annuelles de l'administration centrale, qui représentaient en moyenne moins de 5 % du PIB du pays entre 2007 et 2019 sans afficher de tendance haussière manifeste, ont dépassé 8 % du PIB en 2024 et atteint 1 500 milliards USD, ce qui correspondait à 45 % des émissions souveraines des MEED.

La part des émissions de l'administration centrale de la Chine ne constitue qu'une partie du marché obligataire des administrations publiques chinoises, qui comprend également la dette des administrations infranationales. L'encours de la dette des administrations infranationales de la Chine est plus élevé que celui de l'administration centrale[1] ; en 2024, il s'élevait à 6 000 milliards USD contre 5 000 milliards USD (Graphique 3.2, Parties A et B). L'encours obligataire des administrations infranationales de la Chine est plus grand que les marchés des obligations souveraines de tous les pays de l'OCDE, à l'exception de ceux des États-Unis et du Japon.

Le marché obligataire des administrations infranationales a officiellement vu le jour à la fin de 2014, lorsque l'administration centrale a autorisé celles-ci à émettre des obligations à hauteur d'un plafond défini annuellement Graphique 3.2, Parties C et D). Auparavant, les administrations locales n'étaient en règle générale pas autorisées à émettre de la dette[2] et finançaient une partie de leurs dépenses publiques grâce aux recettes tirées de la vente de droits fonciers et à des emprunts hors bilan, principalement par l'intermédiaire des instruments de placement des collectivités locales. Ces opérations étaient considérables, l'encours estimé de la dette émise par ces instruments atteignant environ 60 % du PIB en 2019 (OCDE, 2022[2]). Par conséquent, plus de la moitié des obligations émises par les administrations infranationales depuis la fin de 2014 pourrait correspondre à la conversion en dette négociable de dette existante contractée par l'intermédiaire des instruments de placement des collectivités locales.

Graphique 3.2. Émissions d'obligations et encours de la dette obligataire des administrations centrale et infranationales en Chine

Les administrations infranationales représentent une part importante des marchés obligataires des administrations publiques chinoises

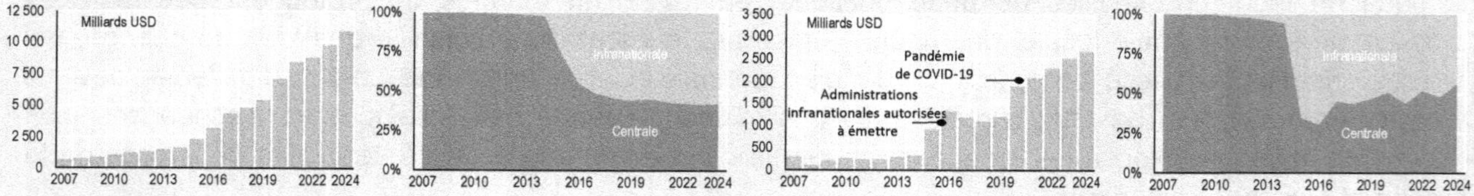

Remarques :
[1]L'Afrique du Sud et l'Inde comptent parmi les autres MEED dont les marchés obligataires des administrations infranationales relativement importants. L'encours combiné de ces marchés s'élève à près de 600 milliards USD (Brochado et Dougherty, 2024[3]). Dans les économies avancées, les marchés obligataires des administrations infranationales atteignent quelque 7 milliards USD, les États-Unis en constituant plus de la moitié.
[2] Bien que les administrations infranationales n'étaient pas autorisées à émettre des titres obligataires avant 2014, l'administration centrale pouvait émettre en leur nom. En outre, certaines administrations infranationales ont émis des obligations avant 2014 dans le cadre d'un programme pilote ouvert à certaines juridictions données.
Source : LSEG ; et calculs de l'OCDE.

Les émissions de titres obligataires par l'administration centrale se sont envolées après 2020, portées par les besoins budgétaires liés aux mesures d'atténuation du COVID-19 et les efforts déployés pour stimuler l'économie dans un contexte de ralentissement. Dans l'avenir, les émissions d'obligations par l'administration centrale devraient continuer d'augmenter à court terme (OCDE, 2024[4]). Il se pourrait que les administrations locales se heurtent à des difficultés budgétaires étant donné que les recettes liées aux concessions foncières, qui représentaient une part importante de leurs recettes budgétaires avant la pandémie, dépendent des marchés immobiliers (Kim et Dougherty, 2020[5]). Si la politique monétaire de la Chine reste accommodante, l'incidence sur les charges d'intérêt de l'augmentation des coûts d'emprunt pourrait se voir réduite, d'autant plus que le gouvernement chinois emprunte presque exclusivement en monnaie locale.

Dans un certain nombre de MEED, plusieurs facteurs macrofinanciers ont contribué au développement des marchés obligataires en monnaie locale. D'abord, le boom des produits de base qui s'est étendu sur la période 2000-14 a permis à un certain nombre de MEED de renforcer leurs soldes budgétaires et d'augmenter leurs réserves de change. Ensuite, les programmes d'assouplissement quantitatif mis en place pour lutter contre la crise financière mondiale ont entraîné une baisse des taux d'intérêt à long terme en dollars américains, ce qui a incité certains investisseurs à diversifier leurs portefeuilles et à se tourner vers les MEED. Puis, profitant de ces conditions favorables, de nombreuses MEED ont pu renforcer leurs bilans et la crédibilité de leur politique monétaire, en adoptant de plus en plus des cadres ciblant davantage l'inflation et des taux de change flottants (Kalemli-Ozcan et Unsal, 2024[6]), tout ceci ayant permis de réduire les risques associés à la détention de dettes en monnaie locale des MEED.

La part de la dette obligataire en devises étrangères a considérablement diminué dans les pays à plus faible revenu (pays à faible revenu et pays à revenu intermédiaire de la tranche inférieure) entre 2007 et le milieu des années 2010, suivant un mouvement plus général amorcé au début des années 2000, à mesure que ces pays ont développé leurs marchés obligataires en monnaie locale. Dans les pays à faible revenu, la part est passée de 40 % en 2007 à 20 % en 2015, tandis que dans les pays à revenu intermédiaire de la tranche inférieure, elle s'est établie à 15 % en 2015 contre un peu plus de 30 % en 2015 (Graphique 3.3, Partie A). À l'inverse, la part de la dette obligataire en devises étrangères a augmenté dans les pays à revenu intermédiaire de la tranche supérieure, bien qu'elle soit restée inférieure à 20 %, et a fluctué autour de 35 % dans les pays à revenu élevé.

Depuis 2018, la part de l'encours de la dette obligataire libellée en devises est la plus forte dans les pays à revenu élevé, suivis des pays à revenu intermédiaire de la tranche inférieure, des pays à revenu intermédiaire de la tranche supérieure et des pays à faible revenu (Graphique 3.3, Partie A). Cela s'explique notamment par les différences en matière de sources de financement. Les pays à faible revenu et certains pays à revenu intermédiaire de la tranche inférieure recourent davantage aux prêts, y compris à des prêts concessionnels, pour les financements en devises, et ont donc moins besoin d'émettre des titres obligataires en devises sur les marchés. En revanche, les pays à revenu intermédiaire de la tranche supérieure et les pays à revenu élevé sont plus susceptibles de se tourner vers les marchés de capitaux pour les financements en devises.

Graphique 3.3. Part de l'encours de la dette obligataire libellée en devises des MEED et base d'investisseurs

Les petites MEED dépendent davantage de la dette en devises et des investisseurs étrangers

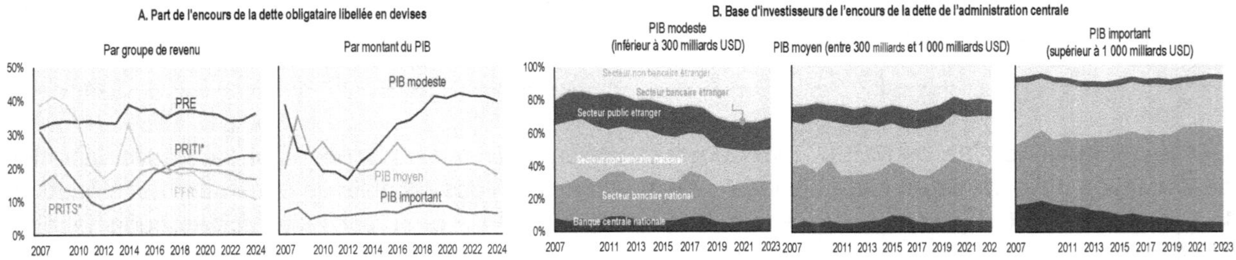

Remarque : PRITS* désigne les pays à revenu intermédiaire de la tranche supérieure à l'exclusion de la Chine et PRITI* désigne les pays à revenu intermédiaire de la tranche inférieure à l'exclusion de l'Inde. Les valeurs figurant dans chacune des parties du graphique sont des moyennes pondérées basées sur l'encours de la dette obligataire.
Source : LSEG (Partie A), FMI (Partie B) et calculs de l'OCDE.

Malgré ces améliorations, les MEED demeurent beaucoup plus dépendantes de la dette en devises que les économies avancées. Dans les pays de l'OCDE, la part moyenne de la dette libellée en devises était de 6 % en 2024, une grande partie de cette exposition étant couverte. Dans les MEED cette part s'élève à 20 %, à l'exclusion de la Chine et de l'Inde, les deux plus grands émetteurs parmi les MEED, dont les marchés obligataires en monnaie locale sont bien développés.

Bien qu'il n'y ait pas de lien explicite entre le groupe de revenu auquel appartient un pays et la part de sa dette souveraine en monnaie locale, il semble y avoir une corrélation entre la taille du PIB et le développement des marchés obligataires en monnaie locale. Les MEED ayant un PIB élevé (supérieur à 1 000 milliards USD) ont toujours maintenu leur dette obligataire en devises étrangères en dessous de 10 % de l'encours total (Graphique 3.3, Partie A). En revanche, dans les pays dont le PIB est compris entre 300 et 1 000 milliards USD elle a fluctué au cours de la dernière décennie, s'établissant dans une fourchette allant d'un peu moins de 20 % à environ 30 %. Pour les pays dont le PIB est inférieur à 300 milliards USD, la dette en devises représente environ 40 % de l'encours total de la dette depuis 2018.

Il existe des exceptions, plus de 25 % de l'encours de la dette obligataire de certaines MEED dont le PIB est supérieur à 300 milliards USD étant libellé en devises en 2024. Ces pays étaient l'Arabie saoudite, l'Argentine, le Chili, la Colombie, l'Égypte, la Roumanie et la Türkiye. Néanmoins, dans l'ensemble de ces pays la dette obligataire en devises comptait pour la moitié ou moins de la moitié de l'encours total en 2024. En revanche, l'ensemble des 16 pays dont plus de la moitié de la dette obligataire était libellée en devises avait un PIB inférieur à 300 milliards USD en 2024. De ces 16 pays, 5 étaient des PRITI, 5 sont des pays à revenu élevé et les 6 autres sont des PRITS, ce qui montre que le recours aux marchés en devises n'est pas directement corrélé avec le revenu mais plutôt avec la taille.

L'un des facteurs favorisant le développement des marchés obligataires en monnaie locale dans les grandes économies est la capacité de celles-ci d'entretenir une base d'investisseurs nationaux diverse. Les grandes économies comptent souvent des investisseurs nationaux dont les horizons d'investissement et les profils de risque sont plus variés, ce qui permet aux marchés locaux d'être plus profonds et plus résilients (Graphique 3.3, Partie B). Cette base d'investisseurs comprend notamment des banques commerciales et des fonds de placement monétaire, qui font généralement l'acquisition de titres obligataires à plus courte échéance, et des fonds de pension et des compagnies d'assurance, qui achètent en général des obligations à plus long terme. Les investisseurs institutionnels ayant un horizon d'investissement à long terme pourraient être particulièrement utiles pour atténuer les mouvements de vente en période de crise, dans la mesure où ils ne cherchent pas à réaliser des gains à court terme, mais plutôt à maximiser les rendements à long terme.

Un élément clé de la diversification des investisseurs est de ne pas trop dépendre d'un seul groupe d'investisseurs, en particulier des investisseurs étrangers. Les pays qui dépendent majoritairement d'investisseurs étrangers, même si leurs dettes sont libellées en monnaie locale, peuvent être exposés au risque de « péché originel *redux* » (*Original Sin Redux*) (Carstens et Shin, 2019[7]), phénomène qui se produit lorsque les investisseurs étrangers se retirent précipitamment d'un marché lors d'une crise. Ces retraits se sont produits à la fois pendant la crise financière mondiale et la pandémie de COVID-19 (Onen, Shin et Von Peter, 2023[8]) et sont déclenchés par la combinaison et le renforcement des effets de la durée (sensibilité du prix des obligations aux variations des taux d'intérêt) et des risques de change sur les prix des obligations.

Une dépendance excessive à l'égard des banques locales en tant qu'investisseurs dans les obligations souveraines peut également être source de risques en raison du lien entre l'émetteur souverain et les banques. Dans les MEED, l'exposition des banques nationales s'est accrue rapidement dans la dernière décennie (Dunz et al., 2024[9]). Lorsque les banques nationales détiennent de grandes quantités de dette publique nationale et que par conséquent, les secteurs public et financier sont étroitement liés, les tensions qui affectent l'un des deux peuvent déstabiliser l'autre. Une chute de la valeur des obligations souveraines affaiblit les institutions financières qui les détiennent et accroît les risques pesant sur la stabilité financière. Si ces institutions sont amenées à avoir besoin du soutien des pouvoirs publics, les tensions budgétaires qui en résultent peuvent ébranler davantage la confiance dans les finances publiques, influant négativement sur les prix des obligations et créant un cycle se renforçant de lui-même.

Allonger les échéances du portefeuille de dette réduit les risques de refinancement en étalant les obligations de remboursement sur une période plus longue, réduisant ainsi la probabilité qu'un pays doive refinancer des volumes considérables de dette lorsque les conditions du marché sont défavorables. Par ailleurs, cette approche diminue l'exposition à la volatilité des taux d'intérêt à court terme, offrant ainsi une plus grande stabilité des coûts de service de la dette. Les échéances à plus long terme peuvent aider les émetteurs souverains des MEED à accéder plus facilement à des financements en période de tensions financières, car elles réduisent la fréquence de l'exposition au marché et renforcent la confiance des investisseurs dans la viabilité de la dette du pays.

Depuis le début des années 2010, la durée moyenne pondérée jusqu'à l'échéance de l'encours de la dette souveraine est plus courte dans les pays à faible revenu et les pays à revenu intermédiaire de la tranche inférieure que dans les pays à revenu intermédiaire de la tranche supérieure et les pays à revenu élevé (Graphique 3.4, Partie A). Depuis 2015, dans les pays à faible revenu la durée moyenne jusqu'à l'échéance oscille entre trois et cinq ans. Dans les pays à revenu intermédiaire de la tranche inférieure, elle s'est maintenue entre cinq et six ans depuis 2017 tandis que dans les pays à revenu intermédiaire de la tranche supérieure et dans les pays à revenu élevé, elle est supérieure à sept ans depuis 2015 et 2019, respectivement. Toutes ces valeurs sont inférieures à la durée moyenne jusqu'à l'échéance dans les pays de l'OCDE, qui était d'environ huit ans en 2024 (voir le Chapitre 1).

Graphique 3.4. Durée moyenne pondérée jusqu'à l'échéance de l'encours de la dette obligataire dans les MEED

Depuis le milieu des années 2010, les MEED ont repoussé les échéances de leurs dettes, mais les pays à faible revenu comptent encore du retard sur les pays à revenu élevé

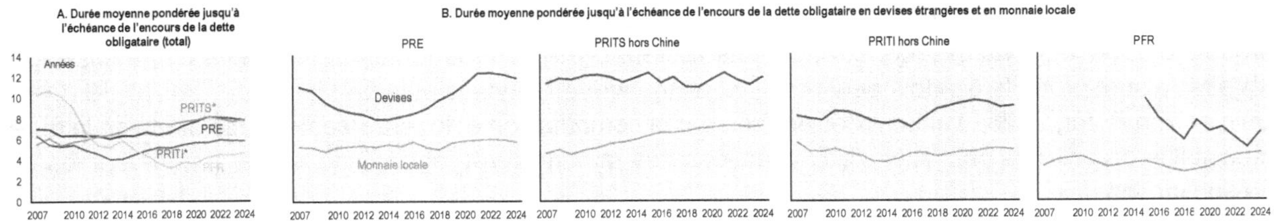

Remarque : PRITS* désigne les pays à revenu intermédiaire de la tranche supérieure à l'exclusion de la Chine et PRITI* désigne les pays à revenu intermédiaire de la tranche inférieure à l'exclusion de l'Inde. L'Inde n'est pas incluse dans ce graphique pour deux raisons : elle compte pour plus de la moitié de l'encours de la dette obligataire des pays à revenu intermédiaire de la tranche inférieure et la durée moyenne jusqu'à l'échéance exceptionnellement élevée de sa dette obligataire, plus de 15 ans, fausse l'analyse. La durée moyenne jusqu'à l'échéance de l'encours de la dette en devises des pays à faible revenu n'est calculée qu'à partir de 2015 car seul un nombre très limité d'obligations en devises étrangères émises par ces pays étaient en circulation avant cette année-là. Les valeurs figurant dans chacune des parties du graphique sont des moyennes pondérées basées sur l'encours de la dette obligataire.
Source : LSEG ; et calculs de l'OCDE.

La durée moyenne jusqu'à l'échéance de la dette souveraine a augmenté dans tous les groupes de revenu avant la pandémie puis diminué à partir de 2022, sauf dans les pays à faible revenu où elle a continué d'augmenter lentement. La plupart des MEED ont tiré parti des conditions de financement favorables au cours de la dernière décennie pour repousser l'échéance de l'encours de leur dette. Néanmoins, suite au resserrement des conditions monétaires dans les économies avancées après 2022, la durée moyenne jusqu'à l'échéance de la dette souveraine de ces pays a commencé à diminuer, inversant une tendance à long terme d'allongement des échéances.

La réduction de la durée moyenne jusqu'à l'échéance de la dette souveraine des pays à faible revenu intervenue au début des années 2010 ne témoigne pas nécessairement d'une détérioration de leur profil de risque, cette réduction étant partiellement imputable à l'augmentation de la proportion de la dette libellée en monnaie locale. La durée moyenne jusqu'à l'échéance de la dette libellée en devises est plus longue que celle de la dette en monnaie locale dans tous les groupes de revenu (Graphique 3.4, Partie B)[3]. En raison du risque de change, la demande d'obligations à long terme dans les monnaies locales des MEED est plus faible que celle de la dette en devises. Ainsi, à mesure que les pays émettent davantage de dette en monnaie locale, ils tendent à raccourcir leur durée jusqu'à l'échéance. Dans ce cas, les pays réduisent le risque de change auquel ils sont exposés tout en augmentant légèrement leur exposition au risque de refinancement et de taux d'intérêt, réduisant ainsi certainement l'exposition globale au risque de leurs portefeuilles de dette.

Les MEED ont réalisé des avancées en matière de développement des marchés obligataires en monnaie locale et d'allongement des échéances. Toutefois, ces avancées ont été inégales entre les grands et les petits émetteurs, ainsi qu'entre les pays à faible revenu et les pays à revenu élevé. Les grands émetteurs tendent à disposer de marchés obligataires en monnaie locale plus développés et soutenus par des bases plus larges d'investisseurs nationaux, qui accroissent la profondeur des marchés et renforcent la résilience de ceux-ci, tandis que les petits émetteurs comptent du retard. En outre, la durée jusqu'à l'échéance de l'encours de la dette souveraine est plus courte dans les pays à faible revenu et les pays à revenu intermédiaire de la tranche inférieure que dans les pays à revenu intermédiaire de la tranche supérieure et les pays à revenu élevé, ce qui les rend plus vulnérables aux risques de refinancement et de taux d'intérêt. Le renforcement des marchés obligataires en monnaie locale et l'allongement des échéances de leurs portefeuilles de dette restent des éléments essentiels pour les MEED de sorte à atténuer les chocs extérieurs.

Coûts d'emprunt et accès aux marchés

Les cycles de resserrement monétaire dans les économies avancées, en particulier aux États-Unis, peuvent avoir des retombées importantes sur les marchés obligataires mondiaux. Ces retombées incluent souvent une hausse des rendements sur l'ensemble de la courbe, une dépréciation des monnaies des MEED et une augmentation des risques de crédit. Les coûts d'emprunt sont soumis à la pression non seulement des rendements plus élevés à la fois sur les marchés locaux et étrangers, mais aussi des répercussions de la dépréciation des monnaies sur les obligations libellées en devises. Ensemble, ces facteurs peuvent restreindre l'accès des émetteurs vulnérables aux marchés et, dans certains cas, conduire à des défauts de paiement.

Les retombées mentionnées ci-avant trouvent leur origine dans le fait que les hausses de rendement en dollars américains, associées à l'appréciation de cette monnaie, entraînent en règle générale une augmentation du coût des importations libellées en monnaie locale, ce qui accroît l'incertitude entourant l'inflation et les primes d'inflation et contraint les banques centrales des MEED à relever les taux d'intérêt pour maîtriser les prix. En outre, dans les scénarios de ralentissement de la croissance économique mondiale, les investisseurs étrangers - qui sont essentiels à la base d'investisseurs des émetteurs souverains des MEED tant en ce qui concerne la dette en devises que celle en monnaie locale, comme le montre la section précédente - peuvent privilégier les émetteurs dont la notation de crédit est plus élevée, un phénomène connu sous le nom de « fuite vers la qualité ».

Le resserrement monétaire aux États-Unis entamé en 2022 a eu des répercussions importantes sur les MEED, le taux directeur élevé des États-Unis étant associé à une inflation mondiale importante, à une appréciation du dollar américain et à un ralentissement de la croissance économique. Au cours de ce cycle de resserrement monétaire, l'augmentation des rendements des obligations de référence à deux et dix ans des États-Unis est la plus importante que l'on ait connu depuis l'année 1994 au moins, l'indice du dollar américain atteignant quasiment son niveau le plus élevé depuis 25 ans. Par ailleurs, l'environnement économique actuel est marqué par des perspectives de croissance mondiale relativement lentes et des incertitudes macroéconomiques et géopolitiques relativement prononcées, qui peuvent contribuer à des chocs d'offre et à une hausse de l'inflation (OCDE, 2024[10]). Des données empiriques montrent que les retombées sur les MEED des cycles de resserrement monétaire aux États-Unis s'amplifient lorsque le dollar américain s'apprécie et les anticipations mondiales d'inflation augmentent (Caballero et Upper, 2023[11]).

Bien que plusieurs banques centrales d'économies avancées aient commencé à assouplir leur politique monétaire en 2024 (voir le Chapitre 1), les taux à long terme restent élevés et ont augmenté dans certains pays, notamment aux États-Unis. Dans un certain nombre d'économies avancées, les taux d'intérêt à long terme sont actuellement à leur plus haut niveau depuis 15 ans ou à une valeur proche de celui-ci. Dans ce contexte, les conditions de financement demeurent restrictives et devraient le rester cette année.

Cette détérioration des conditions de financement fait suite à la pandémie de COVID-19, au cours de laquelle la charge de la dette des MEED s'est considérablement alourdie. Les ratios dette/PIB des MEED étaient de 47 % en 2000 et de 35 % en 2007[4]. À la fin de 2021, juste avant que la Réserve fédérale américaine ne procède à la première augmentation de son taux directeur au premier trimestre 2022, ce ratio avait atteint 64 %. Ce haut niveau d'endettement peut accroître les pressions sur le marché et limiter les capacités budgétaires globales.

Les coûts d'emprunt des MEED ont grimpé en flèche depuis 2022, et ce sont les pays à faible revenu et les pays à haut risque qui en pâtissent le plus

En règle générale, la première conséquence des cycles de resserrement monétaire mondiaux qui affecte les émetteurs souverains est la hausse des coûts d'emprunt, comme en témoignent les fluctuations des rendements sur les marchés primaires (à savoir, des rendements au moment de l'émission). La hausse de ces coûts peut restreindre les marges de manœuvre budgétaires, étant donné qu'une part plus importante des recettes publiques est affectée aux paiements d'intérêts, ce qui élève les niveaux des soldes primaires nécessaires aux pouvoirs publics pour maintenir les ratios dette/PIB sur des trajectoires viables.

Les facteurs clés qui ont une influence sur les fluctuations des rendements des obligations souveraines des MEED sont différents selon que ces dernières sont libellées en monnaie locale ou en devises étrangères. Les rendements des obligations souveraines libellées en monnaie locale servent généralement d'indice de référence pour cette monnaie, constituant ainsi le meilleur indicateur du taux de rendement nominal sans risque. Ce taux de rendement intègre une compensation de l'inflation, un taux de rendement réel, une prime d'échéance (pour protéger les investisseurs des incertitudes futures liées à l'inflation et aux rendements) et, dans une certaine mesure, le risque de crédit.

Comparer les rendements nominaux n'a de sens que lorsque les obligations sont libellées dans la même devise ; les taux réels sont plus représentatifs des coûts d'emprunt réels et des contraintes budgétaires auxquelles les pouvoirs publics sont confrontés en ce qui concerne la dette libellée en monnaie locale. En raison des écarts importants en matière d'inflation entre les monnaies, les rendements nominaux et réels peuvent varier considérablement d'un pays à l'autre, certains affichant des rendements nominaux à deux chiffres mais des rendements réels négatifs et d'autres des rendements nominaux à un chiffre mais des rendements réels positifs. En ce qui concerne la viabilité budgétaire, le ratio dette/PIB est influencé par les taux réels plutôt que par les taux nominaux. À titre d'exemple, des rendements nominaux élevés peuvent ne pas avoir d'incidence négative sur la viabilité de la dette si les rendements réels sont faibles ou négatifs. En revanche, les fluctuations des taux réels peuvent modifier sensiblement les trajectoires du ratio dette/PIB, et ce même si les rendements nominaux restent stables.

Dans les MEED (à l'exclusion de la Chine), les rendements réels estimés sur le marché primaire des obligations souveraines émises en monnaie locale sont passés d'un niveau négatif à près de 4 % entre 2020 et 2024 (Graphique 3.5, Partie A). Il s'agit d'un niveau comparable au niveau le plus élevé des rendements réels sur les marchés obligataires en monnaie locale des MEED, observé au milieu des années 2010 et dans le sillage de la crise financière mondiale. Dans les pays de l'OCDE, les rendements réels, bien qu'en hausse, restent nettement inférieurs et s'établissent à quelque 2 %, soit moins de la moitié du niveau atteint dans les MEED (voir le Chapitre 1). La hausse des coûts d'emprunt revêt une importance considérable, car dans les MEED la plupart des financements par le marché reposent sur les marchés obligataires en monnaie locale.

Bien que les rendements réels à l'émission aient augmenté dans tous les groupes de revenu et de notation de crédit, ils demeurent supérieurs dans les pays à faible revenu et les économies de catégorie spéculative. Dans les pays à revenu élevé, les rendements ont augmenté, passant d'un niveau négatif en 2018-21 à plus de 2 % en 2024 (Graphique 3.5, Partie A). Dans les pays à revenu intermédiaire de la tranche supérieure et ceux de la tranche inférieure, ils sont passés d'un niveau négatif en 2020 à 4 % et 3 % respectivement en 2024. Dans les pays à faible revenu, les rendements réels sont passés de 3 % en 2020 à plus de 7 % en 2024, s'établissant à un niveau beaucoup plus haut que celui des autres groupes de revenu. Dans le même temps, les rendements réels à l'émission des pays de la catégorie investissement étaient d'environ 1 % en 2024, tandis qu'ils avaient augmenté pour atteindre un niveau proche de 4 % dans les pays de la catégorie spéculative, un niveau déjà vu dans la foulée de la crise financière mondiale.

Graphique 3.5. Rendement des marchés primaires des MEED en monnaie locale et USD

Dans les MEED, les rendements à l'émission ont augmenté tant en monnaie locale qu'en devises étrangères

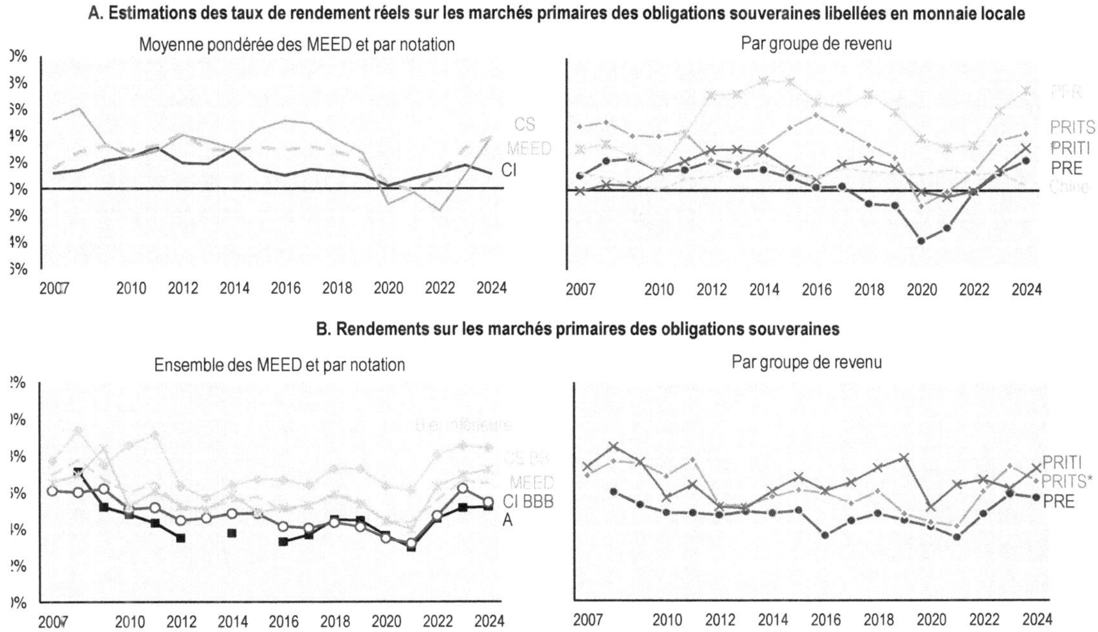

Remarque : CI et CS désignent la catégorie investissement et la catégorie spéculative, respectivement. MEED* exclut la Chine. Les valeurs correspondent à un échantillon d'obligations dont le rendement à l'échéance sur le marché primaire est disponible dans LSEG. Toutes les valeurs sont des moyennes pondérées en fonction des montants d'émission dans les instruments respectifs de chaque pays. Les taux de rendement réels sont estimatifs, dans la mesure où ils ne peuvent être calculés avec précision que pour les obligations arrivées à échéance. Ils ont été estimés en ajustant les rendements nominaux à partir d'un échantillon d'émissions sur le marché primaire pour tenir compte de l'inflation réalisée et des prévisions d'inflation pour la période 2007-29. Les obligations qui ne sont pas prises en compte dans la Partie A sont celles qui arrivent à échéance après 2029, dont le rendement à l'échéance n'est pas disponible dans LSEG, ainsi que celles de la Chine et des pays où l'inflation est relativement forte, à savoir l'Argentine, le Liban, la Türkiye, le Venezuela et la Zambie. La Chine n'est pas incluse dans la Partie B car elle n'émet pas souvent des obligations libellées en USD, et les données relatives aux pays à faible revenu sont limitées car il n'y a que peu d'obligations libellées en USD émises par ce groupe de revenu.
Source : LSEG pour les rendements obligataires, Perspectives économiques mondiales du FMI pour l'inflation et calculs de l'OCDE.

Plusieurs pays font exception : la Chine, où les taux réels sont tombés à près de zéro en 2024 sur fond de marché immobilier en difficulté ; l'Égypte, où les taux réels ont augmenté de quatre points de pourcentage (de près de 0 % en 2021 à 4 % en 2024) en raison de l'aggravation de la situation économique ; et l'Ukraine, où les taux réels ont dépassé 8 % en 2024 dans un contexte de poursuite de la guerre. Plusieurs pays à faible revenu et pays à revenu intermédiaire de la tranche inférieure ont connu des augmentations marquées approchant ou atteignant 5 % en rendements réels. Il s'agit du Kenya, du Mali et du Nigéria, tous trois des pays d'Afrique subsaharienne dont la notation de crédit indique un risque élevé[5].

Pour les obligations souveraines des MEED libellées en dollars américains les rendements sur les marchés primaires ont augmenté, passant de 4 % en 2020 à plus de 6 % en 2024 (Graphique 3.5, Partie B). Cette augmentation est légèrement inférieure à celle du rendement des obligations de référence à 10 ans des États-Unis, qui est passé de 1 % en 2021 à plus de 4 % pendant la majeure partie de 2023 et 2024. En conséquence, les écarts se sont légèrement resserrés en moyenne, le rendement de référence en dollar américain ayant augmenté davantage que les rendements des dettes des MEED libellées en USD. Cependant, les rendements des dettes libellées en USD sont restés à leur plus haut niveau depuis 2011 (à l'exception de 2023), tandis que les coûts d'emprunt des dettes libellées en devises étrangères sont supérieurs aux rendements et tiennent également compte des effets de l'appréciation de la monnaie sur le coupon et le paiement du principal (voir l'Encadré 3.2).

Les émetteurs de la catégorie spéculative se heurtent aux coûts d'emprunt en dollars américains les plus élevés depuis plus d'une décennie, les coûts moyens pondérés se situant entre 7 % et 8 %, soit un niveau proche du seuil de 10 %, qui indique que le marché est en crise. Précisément, les rendements à l'émission entre 2021 et 2024 sont passés de 6 % à plus de 8 % pour les MEED à haut risque[6], de 4 % à plus de 7 % pour les pays notés BB de la catégorie spéculative, et de 3 % à plus de 5 % pour les pays de la catégorie investissement.

Les pays à revenu intermédiaire de la tranche inférieure se sont heurtés à des coûts d'emprunt plus élevés en matière d'obligations libellées en dollars américains que les pays à revenu intermédiaire de la tranche supérieure et les pays à revenu élevé. En 2024, les coûts d'emprunt des pays à revenu intermédiaire de la tranche inférieure ont dépassé 7 %, tandis que ceux des pays à revenu intermédiaire de la tranche supérieure et des pays à revenu élevé se sont maintenus en dessous de 7 % et 6 % respectivement. Cette tendance, qui voit les pays à faible revenu supporter des coûts d'emprunt plus élevés pour les obligations libellées en USD, est courante - elle s'est vérifiée tous les ans depuis 2007, excepté en 2023 et en 2010-13.

Encadré 3.2. Le coût de la dette libellée est dollars américains est plus élevé pour les pays dont la notation de crédit est basse

Il y a deux composantes au coût pour les MEED de la dette libellée en dollars américains : le rendement nominal et l'effet de change. Les rendements de la dette en monnaie locale des MEED sont généralement supérieurs à ceux de la dette libellée en dollars américains, car une prime de risque de change est calculée en considérant l'instabilité macroéconomique et l'inflation plus élevées dans les MEED. Toutefois, comme le dollar américain a eu tendance à s'apprécier au fil du temps par rapport aux monnaies des MEED, le coupon et le paiement du principal deviennent généralement plus coûteux lorsqu'ils sont convertis en monnaies locales (c'est l'effet de change).

Parce que les rendements nominaux sont plus faibles, les coûts de portage de la dette libellée en dollars américains sont souvent inférieurs à ceux de la dette libellée en monnaie locale. Néanmoins, ses coûts totaux sont souvent plus élevés (Graphique 3.6, Parties A et C). Il n'est pas possible de calculer le coût total en monnaie locale de la dette en devises étrangères avant l'échéance, car la valeur du principal et des coupons en monnaie locale à la date d'échéance n'est pas connue. Par conséquent, les calculs reposent sur des estimations de données actuelles, qui peuvent sous-estimer les dépenses futures, les monnaies des MEED se dépréciant généralement à long terme.

Cet état de fait est aggravé par le fait que les dettes en devises étrangères ont souvent des échéances plus longues (Graphique 3.4) et que les taux de change sont souvent très volatils. Tout au long de la vie d'une obligation, les taux de change peuvent fluctuer de manière significative, en particulier dans les pays à haut risque (Graphique 3.6, Parties B et D). Ces pays ont vu la valeur de leur monnaie chuter de près de 80 % par rapport au dollar américain entre 2000 et 2024, le coût de remboursement du principal d'une obligation en dollars américains à 20 ans émise au début des années 2000 étant cinq fois plus élevé en 2024.

Lorsque ces facteurs sont pris en compte dans le coût total, l'émission d'une dette libellée en dollars peut devenir prohibitive dans certaines conditions, en particulier pour les pays à haut risque. Dans ce groupe, la médiane du rendement annuel à l'échéance estimé de la dette libellée en USD, corrigé du taux de change, a dépassé 15 % au cours du cycle de resserrement en cours. Cela témoigne du lien entre dépréciation de la monnaie et crise de la dette dans les pays vulnérables (Schuster et al., 2024[12]), et du rôle stabilisateur des marchés obligataires en monnaie locale.

Graphique 3.6. Coût de la dette obligataire à taux fixe et indices de change des MEED

En règle générale, le coût de la dette en devises étrangères est plus volatil et peut dépasser nettement celui de la dette en monnaie locale

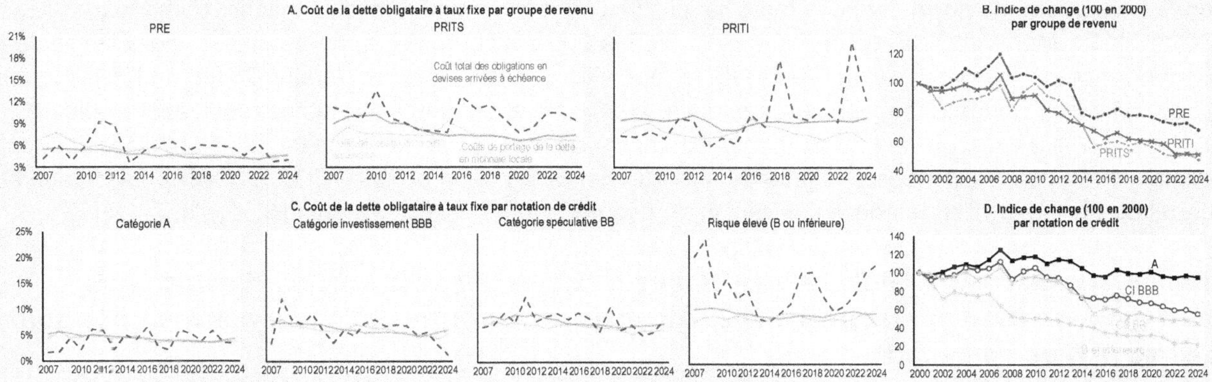

Remarque : PRITS* exclut la Chine. Toutes les mesures des coûts sont des valeurs médianes pour chaque groupe. Les coûts de portage de la dette en monnaie locale correspondent à la moyenne du rendement à l'échéance pondérée par l'encours. Pour la dette en devises, les coûts de portage correspondent au rendement à l'échéance corrigé de la différence de taux de change entre l'émission et la fin de l'année. Le coût total de la dette en devises arrivée à échéance correspond au taux de rendement interne des flux de trésorerie convertis en monnaie locale à la date approximative de chaque mouvement de trésorerie, chaque année comprenant uniquement des titres arrivés à échéance au cours de celle-ci. L'indice de change ne couvre que les émetteurs souverains, et est pondéré par le PIB de chaque pays.
Source : LSEG ; et calculs de l'OCDE.

Les coûts d'emprunt plus élevés en 2023-24 pour les pays de catégorie spéculative et les pays à faible revenu témoignent d'un chevauchement important entre les deux groupes. Des 42 MEED qui ont émis des titres obligataires libellés en dollars américains au cours de cette période, 14 étaient des pays à faible revenu et 16 étaient considérés comme des pays à haut risque. Dix de ces pays appartenaient à la fois à la catégorie des pays à faible revenu et à celle des pays à haut risque. Parmi les quatre autres pays à faible revenu, trois avaient une note BB, c'est-à-dire qu'ils appartenaient à la catégorie spéculative mais restent classés au-dessus des pays à haut risque tandis qu'un seul pays, les Philippines, était classé dans la catégorie investissement. Par conséquent, les émetteurs à haut risque comptaient pour plus des deux tiers de tous les pays à faible revenu ayant accédé à ces marchés. En revanche, les émetteurs à haut risque constituaient quelque 30 % des pays à revenu intermédiaire de la tranche supérieure et ne représentaient que 10 % des pays à revenu élevé ayant émis des obligations libellées en dollars américains au cours de la période 2023-24.

En 2023-24, quatorze pays ont émis des titres obligataires dont le rendement à l'échéance était supérieur à 8 %[7]. Neuf d'entre eux étaient des pays à revenu intermédiaire de la tranche inférieure, dont sept étaient situés en Afrique subsaharienne (ASS), un appartenait à la région Amérique latine et Caraïbes (ALC) et le dernier l'Ouzbékistan, était situé dans la région Moyen-Orient et Asie centrale (MECA). Parmi les autres émetteurs se trouvaient quatre pays à revenu intermédiaire de la tranche supérieure, la Colombie, le Costa Rica, la Mongolie et la Türkiye, et un pays à revenu élevé, le Panama.

La prédominance des pays d'Afrique subsaharienne parmi ceux dont les rendements sont élevés peut s'expliquer, dans une certaine mesure, par le fait que dans cette région les processus budgétaires sont généralement moins transparents, les systèmes financiers et les institutions publiques sont moins développés et le secteur informel est plus important (Gbohoui, Ouedraogo et Some, 2023[13]). Dans la région, le rendement moyen à l'émission des titres obligataires libellés en dollars américains a frôlé les 8 % en 2024, alors que ce taux est resté compris entre 5 % et 7 % dans toutes les autres régions au cours de la même année.

Dans les autres pays, les raisons qui motivent l'émission de titres à rendement élevé varient. Par exemple, en Türkiye, le coût d'émission de titres obligataires libellés en dollars américains était supérieur à 9 % en 2023, dans un contexte de politique monétaire restrictive et d'inflation approchant les 70 %, et après un tremblement de terre ayant affecté la production économique et la politique budgétaire (OCDE, 2024[14]). En Mongolie, les rendements ont frôlé les 9 % au cours de la même année, sous l'effet de sa dépendance des activités extractives et de la réduction des exportations vers la Chine, de l'inflation forte et de difficultés budgétaires (Banque mondiale, 2023[15]). La Colombie a émis des obligations libellées en dollars américains avec des rendements de l'ordre de 8 % dans un contexte de croissance modeste, d'inflation élevée, de risques budgétaires et d'augmentation de la dette (OCDE, 2024[14]). La notation de crédit du Panama s'est détériorée en raison de risques budgétaires croissants (Moody's, 2024[16]).

Davantage de pays à faible revenu et à haut risque ont emprunté sur les marchés étrangers en 2024 par rapport à 2022-23, mais les emprunts nets sur ces marchés sont restés faibles ou négatifs

Les rendements du marché primaire et les taux d'intérêt effectifs reflètent les véritables coûts d'emprunt pour les émetteurs souverains ayant accès au marché. Cependant, ils ne comportent pas d'informations sur les pays qui n'ont pas pu émettre à cause de conditions de marché défavorables, telles que des rendements prohibitifs sur le marché secondaire[8]. Ainsi, les rendements du marché primaire ne sont représentatifs que des pays dont les conditions économiques et budgétaires permettent d'accéder aux marchés à des coûts non prohibitifs. Une analyse limitée aux taux du marché primaire est alors faussée par le biais de survie[9]. Les rendements sur le marché secondaire, cependant, pourraient refléter un plus large spectre de la confiance des investisseurs dans les obligations en circulation, fournissant des informations sur la solvabilité des pays, y compris ceux qui ne peuvent pas émettre de nouvelles obligations en raison de conditions de financement défavorables.

Les données de la fin de 2024 concernant les rendements sur le marché secondaire des obligations libellées en dollars américains émises par les MEED montrent que les coûts d'emprunt sont les plus élevés depuis 2015, et que les conditions de financement sont très défavorables pour les pays d'Afrique subsaharienne, les pays à revenu faible et les pays à haut risque (notation de crédit équivalente ou inférieure à B) (Graphique 3.7., Partie A). Les rendements médians dans les MEED d'Asie, d'Europe, de la région ALC et du Moyen-Orient et de l'Asie centrale ont augmenté, passant de quelque 3-4 % en 2021 à 6-7 % en 2024. Cette augmentation de trois points de pourcentage est du même ordre de grandeur que l'augmentation du rendement des obligations de référence à 10 ans des États-Unis au cours de la même période. Toutefois, en Afrique subsaharienne, ce taux a enregistré une hausse de quatre points de pourcentage, passant de 6 % à 10 %.

Graphique 3.7. Rendements sur les marchés des titres obligataires libellés en dollars américains et nombre de MEED émettant des obligations sur les marchés étrangers

Les rendements sur les marchés secondaires ont augmenté depuis 2022, incitant certains MEED à éviter d'émettre sur les marchés étrangers

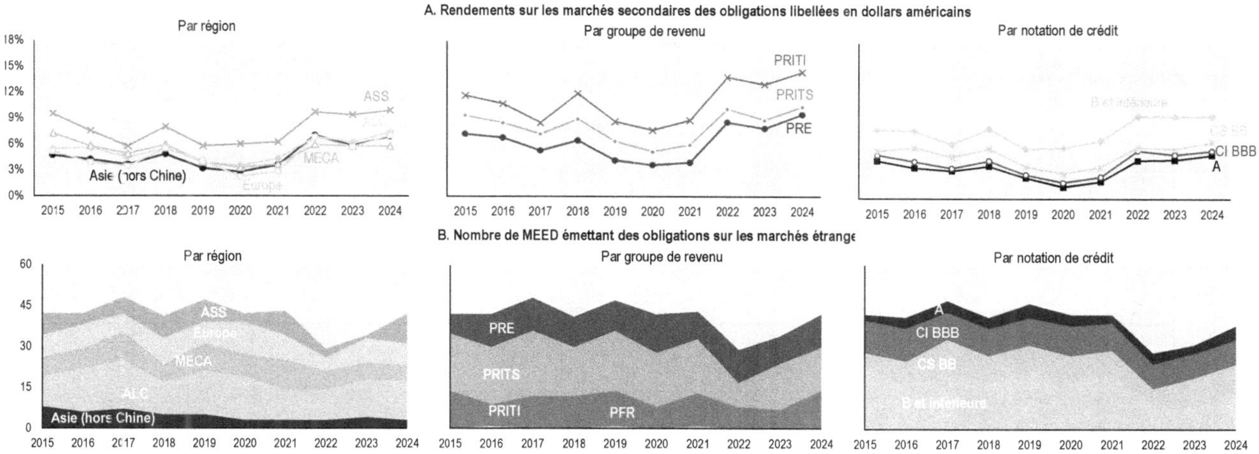

Remarque : la Partie A couvre un échantillon de près de 600 obligations libellées en dollars américains émises par 71 pays et assorties d'échéances comprises entre 2 et 15 ans. Les rendements présentés correspondent à la médiane des rendements dans les différents pays. En raison d'un manque de données, cette Partie commence en 2015. En 2024, la disponibilité des données a fortement diminué. De manière à préserver la continuité, le taux de 2023 a été utilisé pour les 28 pays pour lesquels il n'y avait pas de taux de rendement sur le marché secondaire disponibles en 2024. Les pays à faible revenu n'ont pas été inclus, ce groupe de revenu ne disposant que d'un accès limité aux marchés étrangers.
Source : LSEG ; et calculs de l'OCDE.

La hausse marquée des rendements sur le marché secondaire des obligations libellées en dollars dans la région de l'Afrique subsaharienne, et parmi les émetteurs à revenu faible, présentant un risque marqué de défaillance ou dont la notation de crédit est basse, est en partie due à dix pays qui appartiennent simultanément à ces trois groupes. En 2023-24, les obligations souveraines de ces pays se négociaient à des rendements supérieurs à 8 %. En revanche, en dehors de l'Afrique subsaharienne, seuls sept pays à faible revenu et à haut risque disposaient de taux sur le marché secondaire en 2023-24[10].

Depuis 2022, les coûts d'emprunt élevés en dollars américains ont incité certains MEED à éviter d'émettre sur les marchés étrangers. Le nombre d'émetteurs souverains faisant partie des MEED sur les marchés étrangers, qui a oscillé entre quelque 40 et 50 sur la période 2015-21, a baissé pour s'établir à 29 en 2022 (Graphique 3.7., Partie B). Il a de nouveau augmenté en 2023 et on comptait 42 MEED émettant sur les marchés étrangers en 2024, un niveau proche de la moyenne pré-pandémie.

Toutefois l'inversion de cette baisse a été inégale, le nombre de pays à haut risque émettant sur les marchés étrangers en 2024 restant inférieur aux niveaux constatés en 2021, avant le resserrement monétaire actuel. Entre 2015 et 2021, 20 pays à haut risque en moyenne émettaient des titres obligataires sur les marchés étrangers. Ce chiffre a chuté, pour s'établir à 9 en 2022 et à 8 en 2023, avant de remonter à 13 en 2024. Ce niveau reste néanmoins inférieur à ceux observés chaque année entre 2015 et 2021.

Malgré une augmentation du nombre de MEED émettant sur les marchés étrangers en 2024, les emprunts nets des PRITS et des PRITI sur ces marchés sont restés peu élevés. Entre 2015 et 2019, les moyennes des emprunts nets annuels des PRITS et des PRITI sur les marchés étrangers étaient d'environ 30 milliards USD et 20 milliards USD, respectivement (Graphique 3.8, Partie A). Néanmoins, en 2022, les remboursements nets de ces deux groupes se sont élevés à quelque 5 milliards USD. Bien que les emprunts nets soient repartis à la hausse en 2023, retournant en territoire positif, ceux des pays à revenu intermédiaire de la tranche inférieure ont connu une nouvelle chute en 2024, s'établissant de nouveau à un niveau négatif. Dans le même temps, les emprunts nets des pays à revenu intermédiaire de la tranche supérieure se sont maintenus à un niveau positif, quoique quatre fois inférieur à celui d'avant la pandémie.

Graphique 3.8. Emprunts nets des MEED sur les marchés étrangers

Les emprunts nets des PRITS et des pays à haut risque sur les marchés étrangers sont restés à des niveaux bas ou négatifs depuis 2022.

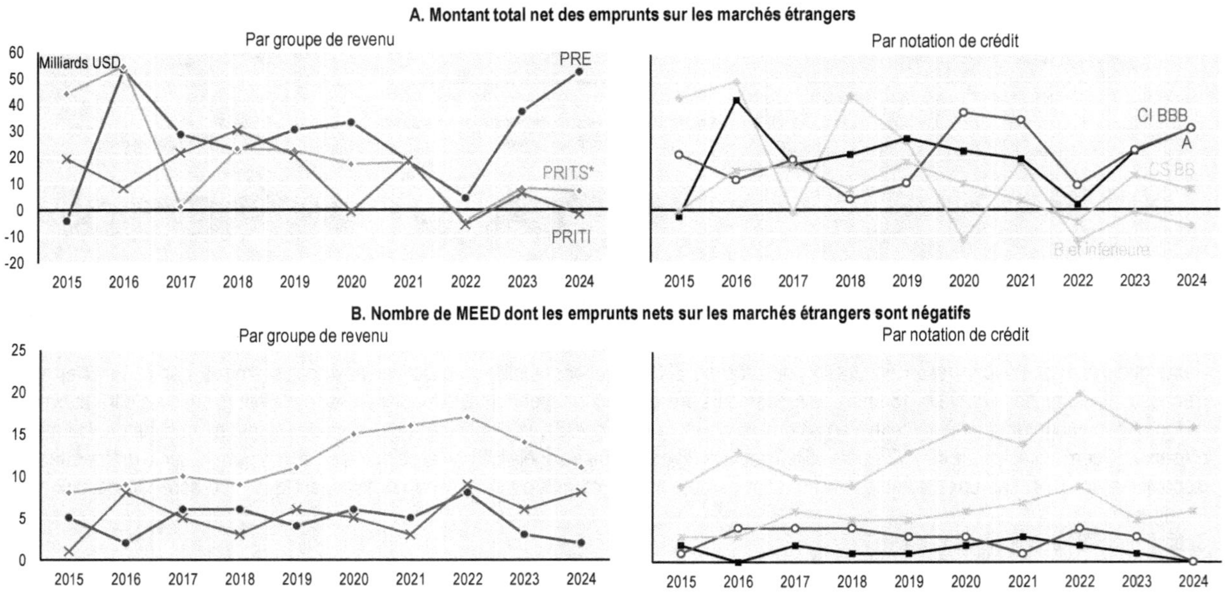

Remarque : En raison d'un manque de données, cette Partie commence en 2015.
Source : LSEG ; et calculs de l'OCDE.

La baisse des emprunts nets sur les marchés étrangers a été la plus prononcée dans les pays à haut risque, les niveaux étant restés négatifs chaque année depuis 2022. En revanche, en 2024, les emprunts nets sur les marchés étrangers des MEED de la catégorie investissement étaient supérieurs aux niveaux pré-pandémie. Les emprunts nets sur les marchés étrangers des pays notés BB de la catégorie spéculative se sont maintenus à des niveaux positifs sur la période 2022-24, bien que leur volume soit resté inférieur aux niveaux d'avant la pandémie et qu'ils soient passés en territoire négatif en 2022. Cela montre que les investisseurs étrangers ont évité les pays à haut risque, dans un contexte de volatilité macrofinancière et de risques géopolitiques accrus, mais qu'ils étaient prêts à investir dans des pays à faible risque.

En 2024, le nombre de pays à revenu élevé et de PRITS dont les emprunts nets étaient négatifs a reculé pour s'établir autour des niveaux pré-pandémie (Graphique 3.8, Partie B). Dans le même temps, le nombre de PRITI dont les emprunts nets étaient négatifs a augmenté en 2024 et s'est maintenu à un haut niveau dans le groupe des pays à haut risque. Les emprunts nets sur les marchés étrangers étaient négatifs en moyenne sur la période 2022-24 pour dix PRITI ou pays à faible revenu[11]. Cela montre que la baisse des emprunts nets effectués par les pays à revenu intermédiaire de la tranche inférieure et les pays à haut risque sur les marchés étrangers concernait un grand nombre de pays (et non pas quelques grands émetteurs), ce qui laisse supposer une diminution de l'appétit des investisseurs et/ou une réticence des émetteurs souverains à augmenter leurs émissions sur les marchés étrangers dans un contexte de conditions de financement défavorables, ce qui aurait pour effet de verrouiller les taux en vigueur élevés en dollars américains et d'accroître l'exposition au risque de change pendant toute la durée de vie de l'obligation.

Évolution des notations de crédit

Une amélioration inégale en matière de notations de crédit

En 2024, parmi les MEED, le nombre de révisions à la hausse était supérieur aux révisions à la baisse, une première depuis 2019 (Graphique 3.9, Partie A). Pendant la pandémie, en 2020-21, on a comptabilisé 20 révisions à la hausse et 123 révisions à la baisse parmi les MEED, contre 42 révisions à la hausse et 73 révisions à la baisse en 2022-23. En 2024, on a recensé 52 révisions à la hausse et 21 à la baisse, ce qui constitue une amélioration notable, trois anciens pays à haut risque (Albanie, Costa Rica et Jordanie) voyant leur notation s'améliorer et passant dans la catégorie spéculative BB.

Néanmoins, les améliorations enregistrées en matière de qualité de crédit étaient inégales selon le niveau de revenu des pays. En 2024, dans les pays à revenu élevé, les PRITS et les PRITI, environ 75 % des révisions des notations de crédit se sont faites à la hausse. En revanche, il n'y a eu aucune révision à la hausse parmi les pays à faible revenu et trois révisions à la baisse concernant deux pays : l'Ouganda (Fitch et Moody's) et le Niger (Moody's). Ainsi, si la dégradation des notations de crédit consécutive à la pandémie et au resserrement monétaire qui s'en est suivi s'est inversée en 2024, cette tendance n'a pas été observée dans les pays à faible revenu.

Dix pays étaient à très haut risque ou en défaut de paiement en 2024, soit le plus haut niveau depuis 25 ans[12], et constituaient 10 % des émetteurs souverains faisant partie des MEED évalués (Graphique 3.9, partie B). Ce chiffre s'est maintenu à un niveau constant depuis 2022, année où il est passé à 10, contre 3 en 2021. Parmi ces 10 pays, 2 sont des pays à faible revenu, 4 sont des pays à revenu intermédiaire de la tranche inférieure et 4 sont des pays à revenu intermédiaire de la tranche supérieure. Quatre de ces pays sont situés en Afrique subsaharienne, deux sont situés en Asie, deux autres en Europe, un est situé dans la région ALC et le dernier dans la région Moyen-Orient et Asie centrale[13]. Ce nombre record de MEED à très haut risque ou en défaut de paiement est atteint alors que la restructuration de la dette mondiale est devenue plus complexe (Encadré 3.3).

Contrairement aux crises de la dette des années 80 et 90, la plupart des pays en défaut de paiement sont toutefois relativement petits en termes de PIB et d'encours de la dette, ce qui limite l'importance de ces défauts de paiement pour le système financier mondial. Au cours des cycles de resserrement des années 80 et 90, des MEED dont le PIB cumulé en valeur de 2023 s'élevait à 15 000 milliards USD ont fait défaut sur au moins une partie de leur dette. En 2024, le PIB combiné des pays à très haut risque ou en défaut de paiement n'a que légèrement dépassé 1 100 milliards USD[14]. Bien qu'ils ne représentent qu'environ 1 % du PIB mondial, ces pays comptent 315 millions d'habitants, soit 4 % de la population mondiale.

Encadré 3.3. Difficultés de restructuration de la dette dans un contexte de diversification de la base des créanciers

Un nombre record de MEED est actuellement en défaut de paiement ou court un risque très important de l'être. De nombreux vents contraires macrofinanciers mondiaux ont amoindri leur capacité d'absorber les chocs. Ceci alors que le processus de restructuration de la dette mondiale est devenu plus complexe. Néanmoins, ces dernières années, des avancées importantes ont été réalisées au niveau international permettant une gestion plus efficace des restructurations de la dette souveraine.

Les défaillances et les restructurations souveraines sont coûteuses pour les débiteurs comme pour les émetteurs et sont généralement considérées comme une solution de dernier recours. La restructuration de la dette requiert du débiteur et de ses différents créanciers qu'ils parviennent à un accord, chacun d'entre eux ayant des attentes, des portefeuilles et des expositions au risque différents. Pour le débiteur, cela peut conduire à une perte, ou du moins à une très grande restriction, de l'accès au marché pendant la période entre le défaut de paiement et sa résolution, et augmenter le coût d'émission de la dette une fois l'accès retrouvé. Pour les créanciers, la restructuration implique soit une modification des conditions de paiement, soit, dans les cas les plus extrêmes, une réduction du montant principal de la dette, communément appelée « décote ». Une étude empirique examinant les restructurations de la dette souveraine au cours d'une période s'étalant sur plus de 200 ans a révélé qu'en moyenne, deux restructurations ont été nécessaires pour résoudre une crise de la dette souveraine, avec une période de défaut de paiement de huit ans et des décotes du principal d'environ 45 %.

La restructuration de la dette souveraine est devenue de plus en plus complexe au cours des deux dernières décennies, en raison de l'augmentation du nombre de dettes en souffrance et du grand élargissement de la base des créanciers. Le secteur privé et la Chine en tant que créancier jouent un rôle de plus en plus important. Sur le total de la dette souveraine en défaut (y compris les titres de dette hors obligations), qui s'est élevé à 530 milliards USD en 2023, contre une moyenne annuelle de 230 milliards USD sur la période 2011-20, 15 % étaient imputables aux pays du Club de Paris en 2023, soit une baisse de près de 30 % par rapport à 2011. Dans le même temps, la part de la dette due à la Chine est passée de 0 % en 2011 à quelque 9 % en 2023, tandis que la part des créanciers privés a augmenté, passant d'environ 25 % à près de 50 % au cours de la même période. Ainsi, les initiatives visant une restructuration générale de la dette nécessitent désormais une coordination avec une base de créanciers beaucoup plus diverse, ce qui rend les négociations plus longues et plus laborieuses et accroît l'incertitude.

En conséquence, des initiatives multilatérales ont été élaborées pour adapter la restructuration de la dette à ce nouveau paysage. Le Cadre commun pour les traitements de dette au-delà de l'Initiative de suspension du service de la dette (Cadre commun du G20) a été mis en place en 2020 pour proposer aux pays à revenu faible ou intermédiaire des restructurations de dette ordonnées et coordonnées en associant un grand nombre de créanciers et en rassemblant le G20, le Club de Paris et d'autres créanciers officiels au sein d'un seul et même comité. Le processus de restructuration mené au titre du Cadre commun du G20 est étroitement lié à un programme du FMI visant à assurer la viabilité de la dette. En décembre 2024, quatre pays avaient demandé à bénéficier du Cadre commun du G20 : l'Éthiopie, le Ghana, le Tchad et la Zambie.

La Table ronde mondiale sur la dette souveraine a été créée par le FMI, la Banque mondiale et le G20 dans l'optique de renforcer la coopération et la coordination multilatérales. Elle a pour objectif de renforcer la transparence de la dette, d'accélérer les processus de restructuration et de trouver des solutions aux problèmes rencontrés dans la résolution des crises de la dette souveraine. En outre, le FMI a procédé à une révision des règles régissant son rôle dans les restructurations de dettes, afin de prendre explicitement en compte l'importance de la Chine en tant que créancier. Ces réformes stratégiques peuvent accroître l'efficacité et la rapidité des restructurations futures. En dépit de ces évolutions positives, des enjeux fondamentaux, comme la hiérarchie des créances dans le cadre des restructurations de dettes, restent des domaines dans lesquels il est nécessaire de renforcer la coordination multilatérale et l'établissement de normes. En outre, le Cadre commun du G20 ne concerne que les pays à revenu intermédiaire, et un cadre comparable destiné aux pays à plus haut niveau de revenu fait défaut.

Source : Beers, D. et al. (2024[17]), "BoC–BoE Sovereign Default Database: What's new in 2024?", BoC–BoE Staff Analytical Note, https://doi.org/10.34989/san-2024-19; Makoff, G., et al. (2025[18]), "Sovereign Debt Restructuring with China at the Table: Forward Progress but Lost Decade Risk Remains.", M-RCBG Associate Working Paper Series No 248, https://www.hks.harvard.edu/sites/default/files/centers/mrcbg/working.papers/Final_AWP_248_0.pdf.; and von Luckner, C. et al., (2023[19]), "Sovereign Debt: 200 years of creditor losses", 24th Jacques Polak Annual Research at the IMF, https://www.econstor.eu/bitstream/10419/283945/1/1881643514.pdf.

En dépit de la dynamique globalement positive en matière de notation observée en 2024, la tendance progressive à la baisse de la part des pays de catégorie investissement s'est maintenue sur le long terme, celle-ci étant passée de 23 % en 2023 à 22 % l'année dernière (Graphique 3.9, encadré B)[15]. Ainsi, quand bien même il n'y a pas eu d'instabilité macroéconomique généralisée ni de crise de la dette, et malgré l'augmentation des émissions de dette en monnaie locale, de nombreuses MEED n'ont pas réussi à conserver leur notation de crédit. Dans le même temps, la part des pays dont la notation de crédit les place dans la catégorie des pays à risque élevé (B à CCC) a diminué, passant de 47 % à 44 % en 2024, après avoir atteint un pic de 56 % en 2021.

Les pays à faible revenu tendent à être moins bien notés, l'ensemble d'entre eux faisant actuellement l'objet d'une notation les plaçant dans les catégories de pays à risque (très) élevé ou en défaut de paiement (Graphique 3.9, Partie C). Cette tendance ancienne témoigne des difficultés liées à la faiblesse des fondamentaux économiques ainsi qu'à l'accès aux financements des marchés à des taux favorables. Il en va de même pour les pays à revenu intermédiaire de la tranche inférieure, 75 % d'entre eux faisant l'objet d'une notation équivalente ou inférieure à B. À l'inverse, en 2024 au pays à revenu élevé n'était en situation de défaut de paiement ou à risque très élevé de défaut, et plus de la moitié des pays à revenu intermédiaire de la tranche supérieure étaient classés dans la catégorie investissement.

Graphique 3.9. Évolutions des notations de crédit des MEED et part des pays par notation de crédit

En 2024, dans les MEED, il y a eu davantage de révisions à hausse que de révisions à la baisse, une première depuis 2019, et la part des pays à haut risque a légèrement diminué, bien que la majorité des pays à revenu faible restent à haut risque

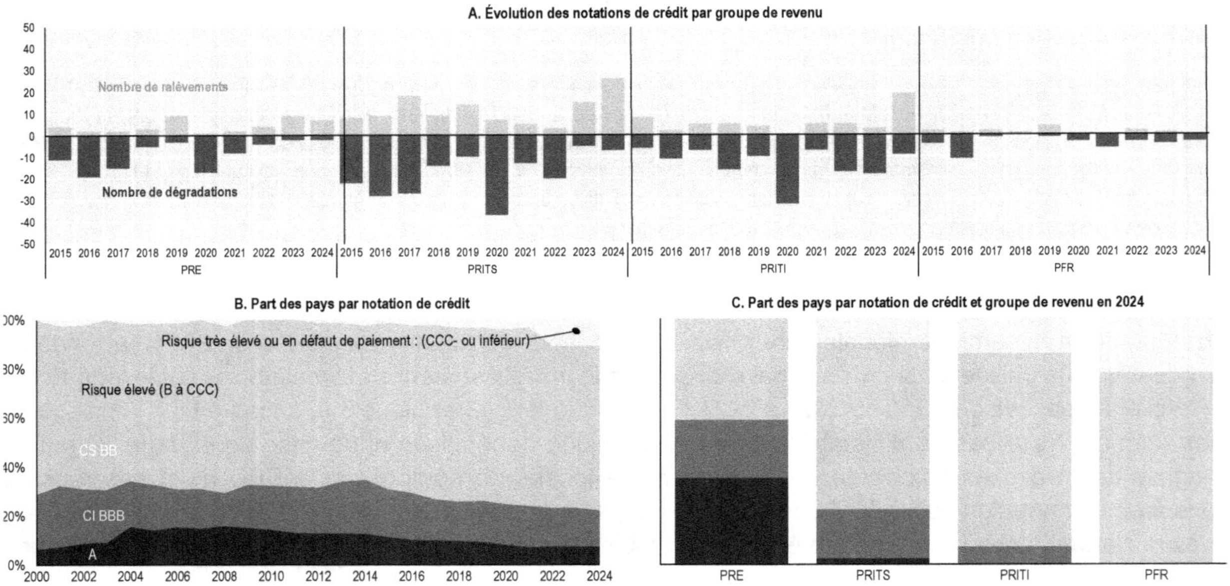

Source : LSEG ; et calculs de l'OCDE.

Les émetteurs de catégorie investissement représentent une plus grande part des marchés de la dette des MEED

Bien que la part des MEED classées dans la catégorie investissement ait diminué, en 2024 leur part de l'encours de la dette obligataire des MEED a atteint son plus haut niveau en 25 ans. Les MEED de catégorie investissement représentent près de 80 % de l'encours de la dette souveraine des MEED, contre environ 20 % au début des années 2000 (Graphique 3.10, Partie A). Même si l'on examine uniquement la dette émise sur les marchés internationaux, en excluant la dette locale élevée des grandes économies de catégorie investissement comme la Chine et l'Inde, cette part demeure proche du niveau record, à environ 50 % (Graphique 3.10, Partie B).

Dans le même temps, la proportion de l'encours de la dette des émetteurs souverains dont la notation de crédit correspond à un risque (très) élevé de défaut de paiement (équivalente ou inférieure à B) a atteint son niveau le plus bas depuis plusieurs années, tant pour la dette totale que pour la dette extérieure. Ce nombre record de MEED à haut risque, conjugué à la faiblesse record de leur part dans l'encours de la dette, est le résultat de l'augmentation des niveaux d'émission des MEED de catégorie investissement au cours des dernières décennies, en particulier depuis 2020.

Graphique 3.10. Encours de la dette des MEED par marché et notation de crédit

La proportion de l'encours de la dette des MEED qui émane d'émetteurs souverains de catégorie investissement a atteint des niveaux record

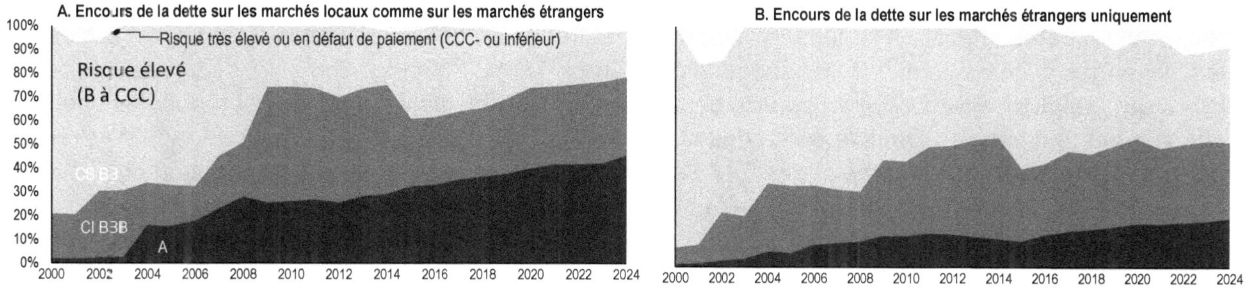

Remarque : Bien que le graphique concernant les marchés obligataires locaux ne soit pas reproduit, la tendance observée reflète celle des marchés locaux et étrangers, puisque les obligations locales représentaient près de 90 % de l'encours total de la dette au premier trimestre 2024. CI et CS désignent la catégorie investissement et la catégorie spéculative, respectivement.
Source : LSEG ; et calculs de l'OCDE.

La proportion sur les marchés étrangers de la dette obligataire des MEED à risque très élevé ou en défaut est préoccupante : elle s'est maintenue à 2 % en 2024, après être passée de 0 % en 2016 à environ 3 % en 2022 (ce chiffre tient compte à la fois des marchés locaux et étrangers). Sur les marchés étrangers, cette part est passée de pratiquement 0 % en 2016 à 11 % en 2022 et s'est maintenue à 8 % en 2024.

Comme indiqué dans l'Encadré 3.3, le paysage de la restructuration de la dette dans lequel les pays évoluent est aujourd'hui plus complexe. Certains petits pays faisant face à des risques de crédit et à des risques climatiques concomitants se sont tournés vers les échanges dette-nature, plusieurs accords conclus depuis 2022 ayant permis de restructurer des montants de dette record (Encadré 3.4).

Encadré 3.4. Échanges dette-nature dans les MEED

Les échanges dette-nature fonctionnent par un échange entre débiteur et créancier, une partie de la dette d'un émetteur souverain étant remboursée ou restructurée, à condition que la réduction de la charge de la dette soit en partie affectée à la conservation de la nature. Les formes d'échanges les plus courantes sont les échanges bilatéraux et les échanges multilatéraux (FMI, 2024[20]). Dans le cadre des échanges bilatéraux, les flux de trésorerie au service de la dette sont réaffectés, le principal est réduit ou la dette est annulée par le créancier. Dans le cadre des échanges multilatéraux, le financement du rachat est assuré par une tierce partie (par exemple, des ONG et des banques multilatérales de développement), qui peut fournir un rehaussement de crédit, des prêts bonifiés ou annuler entièrement la dette souveraine.

Depuis la toute première transaction en 1987, des échanges dette-nature ont eu lieu dans plus de 40 pays, mais le montant de ces échanges n'a que rarement été supérieur à 20 millions USD. Ces échanges ne sont pas une innovation récente et n'ont pas gagné en popularité avec le temps. En moyenne, on comptabilisait dix transactions par an dans les années 90, contre moins de deux par an depuis 2010 (Graphique 3.11, Partie A). Bien que la fréquence à laquelle on a eu recours à ces transactions a diminué, le montant moyen de celles-ci a considérablement augmenté dans les années 2020, s'établissant à 713 millions USD (Graphique 3.11, Partie B). Parmi les transactions élevées récentes, on compte l'Équateur en 2023 (1.6 milliard USD) et El Salvador en 2024 (1 milliard USD).

Parmi les MEED, on compte un grand nombre de pays confrontés à la fois au risque de crédit et à des problèmes de vulnérabilité climatique, en particulier dans les pays à faible revenu, où les événements climatiques peuvent avoir une incidence très importante sur la croissance économique. En principe, un échange dette-nature peut contribuer à optimiser le portefeuille de dette d'un pays, à générer des fonds pour les programmes climatiques et à réduire le risque de restructurations globales de la dette coûteuses. Par ailleurs, ces échanges peuvent avoir des répercussions positives, comme l'amélioration du crédit du souverain résultant de la restructuration de la dette. Par exemple, la note attribuée au Belize par S&P a été relevée après un échange multilatéral en 2021.

Graphique 3.11. Nombre et montant des échanges dette-nature

Le nombre d'échanges dette-nature par décennie est en baisse, mais leur montant moyen a augmenté

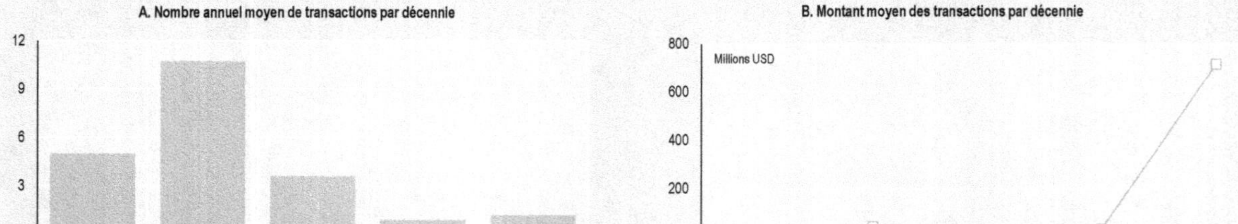

Remarque : La partie B présente les moyennes du montant de la dette à restructurer dans le cadre de 129 transactions.
Source : LSEG, Notre Dame Global Adaptation Initiative (ND-GAIN), données et calculs de l'OCDE.

Cependant, sans concessions plus importantes de la part des créanciers ou l'intervention de tiers, la valeur des échanges dette-nature et la possibilité qu'ils changent d'échelle restent limitées. Les coûts d'exécution élevés qui découlent de la complexité des instruments et de la nécessité d'assurer une coordination interinstitutionnelle ainsi qu'un suivi approfondi tendent à prolonger la mise en œuvre de ces échanges et, au bout du compte, à réduire l'allègement net de la dette. Un échange n'est efficace que lorsque son volume compense ces coûts et qu'au préalable, la dette du pays se négocie bien en dessous du pair.

Toutefois, exception faite de quelques cas récents, en règle générale, les volumes ont été insuffisants pour que ces échanges constituent un outil majeur de gestion ou de restructuration de la dette.

Améliorer la structure des instruments et accroître la participation des banques multilatérales de développement peut renforcer l'accessibilité des échanges dette-nature, car elles permettent d'améliorer l'efficacité en fournissant des garanties de crédit, une assurance contre les risques, un suivi et une assistance technique, favorisant ainsi les économies d'échelle nécessaires.

Perspectives en matière de refinancement et conséquences pour l'action des pouvoirs publics

Les émetteurs à haut risque et à faible revenu ont des besoins de refinancement à court terme plus importants

Malgré la réduction de l'inflation intervenue récemment, les conditions de financement mondiales devraient rester défavorables. L'inflation reste supérieure aux objectifs des banques centrales dans de nombreuses économies avancées et MEED, la désinflation progressant plus lentement ces derniers mois. Par conséquent, les politiques monétaires devront rester prudentes, et les réductions de taux directeurs judicieusement pesées (OCDE, 2024[4]). En outre, les besoins d'emprunt élevés et le resserrement quantitatif dans les économies avancées ont considérablement augmenté l'offre obligataire devant être absorbée par les marchés. Par ailleurs, les tensions géopolitiques restent fortes, faisant planer des risques potentiels sur les échanges mondiaux, ce qui pourrait avoir une incidence sur les perspectives de croissance et d'inflation au niveau mondial. En conséquence, les coûts d'emprunt devraient rester élevés durant un certain temps.

Dans ce contexte, près de 4 500 milliards USD d'obligations souveraines, soit près de 40 % de l'encours de la dette obligataire des MEED en décembre 2024, arriveront à échéance entre 2025 et 2027. En outre, 40 % de ce montant correspond à des obligations émises avant 2021 ou au cours de cette même année, à une période où les conditions de financement étaient plus favorables. Par conséquent, il est probable que le refinancement de cette dette entraîne une augmentation des paiements d'intérêts.

Graphique 3.12. Structure des échéances de la dette des MEED et rendements moyens sur les marchés primaires et secondaires de l'ensemble des obligations

Une part importante de l'encours de la dette obligataire arrivera à échéance d'ici trois ans, dans un contexte d'écarts de rendement importants entre les marchés primaires et secondaires pour les émetteurs à haut risque

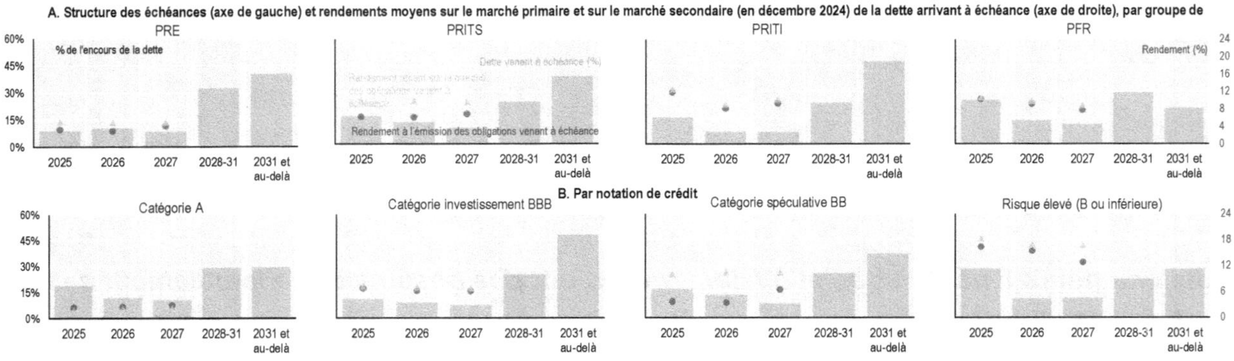

Remarque : Ce graphique est basé sur un échantillon de près de 8 700 obligations de 95 pays. La composition des échéances et les rendements sont des moyennes pondérées calculées sur la base des encours de la dette correspondants. Étant donné que tous les rendements sur les marchés primaires et secondaires des obligations arrivant à échéance ne sont pas disponibles, les valeurs présentées sont une moyenne pondérée des obligations, les données disponibles en rapport avec les rendements sur les marchés secondaires se rapportant à l'année 2024 ou à l'année la plus proche jusqu'en 2022. Ces rendements ne sont présentés que pour leurs différences relatives, et représentent une moyenne des obligations dans différentes devises et en termes nominaux. Quatre pays dont les rendements nominaux étaient démesurément élevés ont été exclus de l'analyse des rendements.
Source : LSEG ; et calculs de l'OCDE.

Les pays à faible revenu et les pays à haut risque (dont la notation de crédit est équivalente ou inférieure à B), deux groupes qui se chevauchent largement, sont particulièrement vulnérables. Dans les pays à faible revenu, la part de la dette obligataire arrivant à échéance en 2025 est d'environ 25 %, et dans les pays à haut risque, elle est proche de 30 % (Graphique 3.12). Dans le même temps, la part de l'encours de la dette des autres groupes de revenu arrivant à échéance en 2025 est en moyenne inférieure à 15 %. Au cours des trois prochaines années (de 2025 à 2027), la moitié de la dette des pays à faible revenu et des pays à haut risque devrait arriver à échéance, contre près de 40 % dans l'ensemble des MEED.

Un échantillon d'obligations arrivant à échéance au cours des trois prochaines années montre que les rendements sur les marchés secondaires sont plus élevés que les rendements à l'émission, en particulier dans les pays de catégorie spéculative et les pays à revenu intermédiaire de la tranche supérieure. En ce qui concerne les pays de catégorie spéculative, les rendements sur les marchés secondaires de la dette arrivant à échéance sont souvent supérieurs à 10 %, et leurs moyennes sont plus élevées que celles des taux moyens de la dette arrivant à échéance au cours des trois années 2025, 2026 et 2027. Par conséquent, les pays refinançant leur dette sur le marché se heurteront vraisemblablement à une hausse importante des coûts d'emprunt, ce qui pèsera sur les finances publiques pendant la durée de vie des nouvelles obligations.

Plus de la moitié de l'encours de la dette obligataire de 24 MEED arrivera à échéance d'ici à 2027[16]. À la fin de 2024, 15 de ces pays avaient une notation de crédit correspondant à un risque élevé ou inférieur. On compte dans ce groupe neuf pays dont les ratios dette/PIB sont supérieurs à 60 % : l'Argentine, le Brésil, la Grenade, la Guinée-Bissau, la Namibie, le Pakistan, la République démocratique populaire lao, le Togo et le Yémen[17]. Dans l'ensemble de ces 24 pays, sauf l'Albanie, la Bosnie-Herzégovine, la Grenade, le Koweït, la Namibie, la République démocratique populaire lao et les Seychelles, plus de 80 % de la dette arrivant à échéance dans les trois prochaines années est libellée en monnaie locale. La forte proportion de dette libellée en monnaie locale arrivant à échéance dans les trois prochaines années témoigne du profil des échéances court de ces pays, la durée moyenne jusqu'à l'échéance de ces 24 pays, la Namibie exceptée, est de l'ordre de quatre ans, voire inférieure.

Un profil des échéances court pour la dette en monnaie locale accroît les risques liés au refinancement et aux taux d'intérêt. Lorsque les conditions se détériorent, les paiements d'intérêts des émetteurs souverains dont le profil des échéances est court augmentent rapidement, car une grande partie de la dette est refinancée à des taux plus élevés. Ainsi, ils commencent à payer des intérêts plus élevés de manière moins progressive que les émetteurs dont le profil des échéances est plus long.

Cela explique pourquoi dans les PRITI et les pays à faible revenu, les rendements sur les marchés secondaires des obligations arrivant à échéance au cours des trois prochaines années tendent à être proches de leurs rendements à l'émission. Les pays à faible revenu tendent à avoir des profils de dette plus courts et, par conséquent, nombre des obligations en monnaie locale ont déjà été refinancées à des taux plus élevés. Cela les distingue des pays à revenu élevé, des PRITS et, surtout, des pays de l'OCDE, où une part plus importante de la dette n'a pas encore été refinancée à des taux plus élevés, leur profil des échéances étant beaucoup plus long.

Étant donné que les dettes en devises ont en règle générale des échéances plus longues, une plus petite partie d'entre elles a déjà été refinancée à des taux plus élevés. Dans les MEED, environ la moitié de l'encours de la dette de la dette en monnaie locale a été émis en 2022-24, affichant déjà, dans une certaine mesure, des taux plus élevés, contre seulement un tiers de la dette libellée en dollars américains. Par conséquent, refinancer cette dernière expose les MEED dépendant des marchés étrangers à des risques supplémentaires.

Environ 20 % de la dette libellée en dollars américains émise par les MEED arrivera à échéance en 2027, cette part étant légèrement supérieure dans les pays à haut risque, où elle dépasse 25 % (Graphique 3.13.). Dans le même temps, à la fin de 2024, les taux des marchés secondaires pour la dette de ce groupe sont supérieurs d'environ deux points de pourcentage à leur rendement à l'émission, ce qui laisse supposer une augmentation significative des taux d'intérêt lors de leur refinancement. Ces écarts de taux d'intérêt sont également importants pour les pays à revenu intermédiaire de la tranche inférieure, en particulier en 2026 et 2027, où ils frôlent les 5 %, sous l'effet des écarts importants en Égypte et au Pakistan.

Les besoins accrus de refinancement, les conditions de financement restrictives et les niveaux d'endettement élevés pèsent sur les budgets publics des MEED. À mesure que de nouvelles dettes sont émises à des taux supérieurs, les charges d'intérêts augmentent. Bien que la majeure partie de la dette en monnaie locale ait déjà été émise à des taux plus élevés, les montants restants demeurent importants et les coûts d'emprunt seront influencés par l'évolution des conditions de financement. L'augmentation des coûts du service de la dette réduit la marge de manœuvre budgétaire des MEED pour investir dans le développement, fournir des services publics et absorber les chocs futurs, dans un contexte d'incertitude géopolitique et macrofinancière.

En ce qui concerne la dette en devises étrangères, des remboursements substantiels d'obligations dans un contexte de dépréciation de la monnaie locale peuvent obliger les pouvoirs publics à absorber des coûts importants en monnaie locale ou à se refinancer à des taux plus élevés, augmentant encore les coûts d'emprunt et les risques de change. Dans certains cas extrêmes, les pays peuvent faire défaut sur leur dette arrivant à échéance, et cette dynamique a contribué à ce qu'au cours des trois dernières années, un nombre presque record ait été atteint de pays dont la notation de crédit correspond à un risque très élevé ou à une situation de quasi-défaut.

Dans ce contexte, les stratégies de dette souveraine, s'inscrivant dans des mesures structurelles, réglementaires et politiques plus larges, devraient viser à augmenter les liquidités, à attirer les investisseurs et à approfondir les marchés financiers afin de réduire, au fil du temps, la dépendance à l'égard des emprunts étrangers (IMF and WB, 2021[21]). Ces mesures devraient comprendre l'élaboration de courbes de rendement de référence fiables, l'amélioration des systèmes de compensation et de règlement et la promotion de mécanismes de tenue de marché.

Graphique 3.13. Structure des échéances de la dette des MEED et rendements moyens sur les marchés primaires et secondaires des obligations libellées en dollars américains

Environ un cinquième de la dette en devises des MEED arrivera à échéance d'ici 2027, les taux du marché en 2024 étant nettement plus élevés que les rendements à l'émission dans les pays à revenu intermédiaire de la tranche inférieure et les pays à haut risque

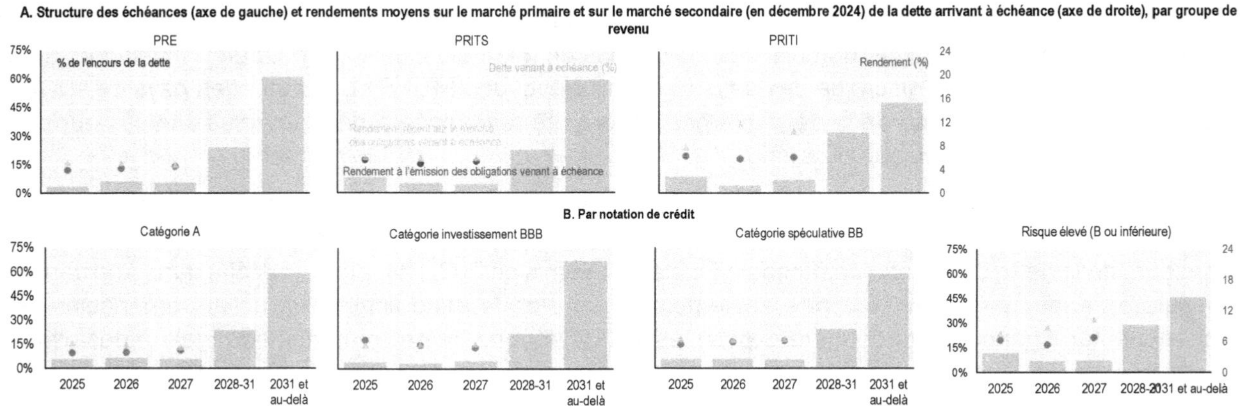

Remarque : Ce graphique est basé sur un échantillon de près de 790 obligations libellées en dollars américains de 66 pays. La composition des échéances et les rendements sont des moyennes pondérées calculées sur la base des encours de dette correspondants. Étant donné que tous les rendements sur les marchés primaires et secondaires des obligations arrivant à échéance ne sont pas disponibles, les valeurs présentées sont une moyenne pondérée des obligations, les données disponibles en rapport avec les rendements sur les marchés secondaires se rapportant à l'année 2024 ou à l'année la plus proche jusqu'en 2022. Ces rendements ne sont présentés que pour leurs différences relatives, et représentent une moyenne des obligations dans différentes devises et en termes nominaux. Quatre pays dont les rendements nominaux étaient démesurément élevés ont été exclus de l'analyse des rendements.
Source : LSEG ; et calculs de l'OCDE.

Il est essentiel de poursuivre le développement des marchés obligataires en monnaie locale pour garantir un financement souverain durable et résilient.

Sur les près de 100 MEED ayant des obligations souveraines en circulation et bénéficiant d'une notation de crédit de l'une des trois principales agences de notation, 73 avaient un PIB inférieur à 300 milliards USD à la fin de l'année 2024. Ces pays représentaient quelque 90 % des MEED présentant un risque (très) élevé ou en défaut et seulement 40 % des MEED de la catégorie investissement. Dans le même temps, seul un quart environ des pays dont le PIB était compris entre 300 et 1 000 milliards USD présentaient un risque (très) élevé ou étaient en défaut. En revanche, des huit MEED dont le PIB était supérieur à 1 000 milliards USD toutes étaient classées dans la catégorie investissement, à l'exception du Brésil et de la Türkiye

Nombre de ces petites économies n'ont pas développé leurs marchés obligataires en monnaie locale. L'ensemble des 30 émetteurs souverains faisant partie des MEED dont la part libellée en devises de l'encours de la dette à la fin de 2024 était supérieure à 30 % étaient des petits pays (PIB inférieur à 300 milliards USD), à l'exception de l'Argentine et de la Türkiye. On retrouve parmi ces pays l'ensemble des 10 pays à très haut risque ou en défaut de paiement, à l'exception du Niger. Ce constat montre qu'il existe un lien entre le développement des marchés obligataires en monnaie locale et les effets du cycle de resserrement mondial en cours sur la viabilité de la dette.

Dans le passé, lorsque les MEED de grande taille n'avaient pas encore développé leurs marchés obligataires en monnaie locale, elles ont également connu des difficultés lors des cycles de resserrement mondiaux. Dans les années 80, de grands émetteurs des MEED, comme le Brésil, le Mexique et le Pérou, ont fait défaut ou ont entrepris d'importantes restructurations de leur dette. À la fin des années 90, cette liste incluait de grands pays comme l'Indonésie, la Thaïlande et les Philippines. Aucun de ces pays n'a fait défaut ou n'a restructuré sa dette depuis le début du cycle de resserrement mondial amorcé en 2022, ce qui s'explique en partie par le fait que leurs marchés obligataires en monnaie locale sont plus développés. En effet, la part de la dette libellée en monnaie locale dépasse 90 % dans l'ensemble de ces pays, excepté le Pérou.

Ces pays ont adopté une approche plus stratégique de la gestion de la dette dans le but de favoriser leurs marchés obligataires en monnaie locale. L'émission opportuniste de dette pourrait favoriser la dette en devises étrangères car, à court terme et dans des conditions de financement plus favorables, elle peut permettre d'obtenir des coûts moins élevés et des échéances plus longues. Toutefois, en période de crise, le coût en monnaie locale de la dette libellée en devises augmente considérablement pour les pays dont la notation de crédit est basse. Les pouvoirs publics enregistrent principalement des recettes en monnaie locale, de sorte que ce décalage peut nuire à la capacité d'un pays de rembourser ses dettes, en particulier si l'on tient compte des besoins de refinancement actuels plus élevés.

Pour les MEED de grande taille qui ont développé leurs marchés obligataires en monnaie locale, la principale conséquence de la crise actuelle est l'augmentation des dépenses d'intérêt, qui pèse sur les budgets publics et ralentit le développement. Les taux réels des obligations en monnaie locale étant relativement élevés dans les MEED, le solde primaire nécessaire pour stabiliser les ratios dette/PIB record de l'après-pandémie est plus important. Cela réduit la marge de manœuvre budgétaire pour les investissements et les dépenses nécessaires au développement. Néanmoins, cette situation est beaucoup moins dommageable que les crises observées lors des cycles de resserrement précédents.

Pour les petites économies de marché émergentes qui ne disposaient pas de marchés obligataires développés en monnaie locale, le resserrement des conditions financières a non seulement augmenté les coûts d'emprunt en monnaie locale, mais a également accru les risques de refinancement de la dette en monnaie étrangère. Ces pays ont été contraints soit de rembourser leur dette dans une monnaie s'étant probablement dépréciée par rapport au dollar américain, entraînant une augmentation substantielle des coûts, soit de refinancer leur dette à des taux plus élevés, pesant ainsi sur les finances publiques à long terme. Bien que ces petites économies représentent une part relativement faible de l'encours de la dette et du PIB mondial, leur surendettement pourrait avoir des conséquences sociales et politiques importantes (Farah-Yacoub, von Luckner et Reinhart, 2024[22]).

Le cycle de resserrement mondial récent montre que l'absence de développement d'un marché obligataire en monnaie locale a un coût conséquent. Le développement d'un marché obligataire en monnaie locale est crucial au renforcement de la résilience aux cycles de resserrement futurs. La capacité des grandes économies émergentes de s'appuyer sur des marchés obligataires en monnaie locale bien établis a considérablement atténué l'impact du cycle de resserrement de 2022-23, contribuant à stabiliser les marchés obligataires souverains et à limiter les défauts de paiement.

Références

Banque mondiale (2023), « Mongolia's Economy Continues to Pick Up, But Growth Remains Uneven », *Press Release 2024/024/EAP*, https://www.worldbank.org/en/news/press-release/2023/11/28/mongolia-s-economy-continues-to-pick-up-but-growth-remains-uneven. [15]

Beers, D. et al. (2024), *BoC–BoE Sovereign Default Database: What's new in 2024?*, BoC–BoE Staff Analytical Note, https://doi.org/10.34989/san-2024-19. [17]

Brochado, A. et S. Dougherty (2024), « Riding the rollercoaster: Subnational debt in turbulent times », *OECD Working Papers on Fiscal Federalism No. 47*, https://www.oecd.org/en/publications/riding-the-rollercoaster_c0a7fdc3-en.html. [3]

Caballero, J. et C. Upper (2023), « What happens to emerging market economies when US yields go up? », *BIS Working Paper No 1081*, https://www.bis.org/publ/work1081.pdf. [11]

Carstens, A. et H. Shin (2019), « Emerging Markets Aren't Out of the Woods Yet », *Foreign Affairs*, https://www.foreignaffairs.com/world/emerging-markets-arent-out-woods-yet. [7]

Dunz, N. et al. (2024), « The rise of sovereign–bank nexus risks in developing economies », *VoxEU*, https://cepr.org/voxeu/columns/rise-sovereign-bank-nexus-risks-developing-economies. [9]

Eichengreen, D. et R. Hausmann (1999), « Exchange Rates and Financial Fragility », *EBRD Working Paper No. 7418*, https://doi.org/10.3386/w7418. [1]

Farah-Yacoub, J., C. von Luckner et C. Reinhart (2024), « The Social Costs of Sovereign Default », *NBER*, vol. Working Paper 32600, https://doi.org/10.3386/w32600. [22]

FMI (2024), « Debt for Development Swaps: An Approach Framework », https://www.elibrary.imf.org/view/journals/007/2024/038/article-A001-en.xml. [20]

FMI (2024), « Perspectives de l'économie mondiale », *Octobre 2024*, https://www.imf.org/external/datamapper/GGXWDG_NGDP@WEO/OEMDC/ADVEC/WEOWORLD. [24]

FMI (2024), « République populaire de Chine : Selected Issues », *Country Report, No. 2024/050*, https://www.imf.org/en/Publications/CR/Issues/2024/02/08/Peoples-Republic-of-China-Selected-Issues-544651. [23]

Gbohoui, W., R. Ouedraogo et Y. Some (2023), « Sub-Saharan Africa's Risk Perception Premium: In the Search of Missing Factors », *IMF Working Paper WP/23/130*, https://www.imf.org/en/Publications/WP/Issues/2023/06/23/Sub-Saharan-Africas-Risk-Perception-Premium-In-the-Search-of-Missing-Factors-534885. [13]

IMF and WB (2021), *Guidance Note For Developing Government Local Currency Bond Markets*, https://doi.org/10.5089/9781513573922.064. [21]

Kalemli-Ozcan, S. et F. Unsal (2024), « Global Transmission of FED Hikes: The Role of Policy Credibility and Balance Sheets », *NBER Working Paper No. w32329*, https://ssrn.com/abstract=4794379. [6]

Kim, J. et S. Dougherty (dir. pub.) (2020), *Local Public Finance and Capacity Building in Asia : Issues and Challenges*, OECD Fiscal Federalism Studies, Éditions OCDE, Paris, https://doi.org/10.1787/a944b17e-en. [5]

Makoff, G. (2025), *Sovereign Debt Restructuring with China at the Table: Forward Progress but Lost Decade Risk Remains*, M-RCBG Associate Working Paper Series No 248, https://www.hks.harvard.edu/sites/default/files/centers/mrcbg/. [18]

Moody's (2024), « Moody's Ratings changes Panama's outlook to negative from stable, affirms Baa3 ratings », *Credit rating report*, https://www.moodys.com/research/Moodys-Ratings-changes-Panamas-outlook-to-negative-from-stable-affirms--PR_498981. [16]

OCDE (2024), *Perspectives économiques de l'OCDE, Volume 2024 Numéro 1 L'amorce d'une reprise*, Éditions OCDE, Paris, https://doi.org/10.1787/bd18c5ae-fr. [4]

OCDE (2024), *Perspectives économiques de l'OCDE, Volume 2024 Numéro 2*, Éditions OCDE, Paris, https://doi.org/10.1787/0481cf21-fr. [10]

OCDE (2024), *Rapport sur la dette mondiale 2024 : Les marchés obligataires dans un contexte de dette élevée*, Éditions OCDE, Paris, https://doi.org/10.1787/63ccad6c-fr. [14]

OCDE (2022), *OECD Economic Surveys : Chine 2022 (version abrégée)*, Éditions OCDE, Paris, https://doi.org/10.1787/567b8724-fr. [2]

Onen, M., H. Shin et G. Von Peter (2023), « Overcoming original sin: insights from a new dataset », *BIS Working Papers 1075*, https://www.bis.org/publ/work1075.pdf. [8]

Schuster, F. et al. (2024), « Debt Surges—Drivers, Consequences, and Policy Implications », *IMF Working Paper WP/24/50*, https://www.imf.org/en/Publications/WP/Issues/2024/03/08/Debt-Surges-Drivers-Consequences-and-Policy-Implications-545492. [12]

von Luckner, C. et al. (2023), « Sovereign Debt: 200 years of creditor losses », *24th Jacques Polak Annual Research at the IMF*, https://www.econstor.eu/bitstream/10419/283945/1/1881643514.pdf. [19]

Annexe 3.A. Méthode

Données relatives aux marchés primaires d'obligations souveraines et catégorisation des pays

Les données relatives aux marchés primaires d'obligations souveraines sont tirées de calculs originaux de l'OCDE reposant sur des données provenant du *London Stock Exchange Group* (LSEG), qui fournit des données internationales au niveau des titres sur les nouvelles émissions d'obligations souveraines. L'ensemble de données porte sur des obligations émises par des marchés émergents souverains pendant la période comprise entre le 1er janvier 2000 et le 31 décembre 2024 et comprend des émissions à court et à long terme. Les obligations à court terme (« bons du Trésor ») sont des titres dont l'échéance est inférieure ou égale à 365 jours, sans toutefois être inférieure à 33 jours ; en effet, les titres à moins de 33 jours sont considérés comme émis à des fins de gestion de trésorerie et ont été exclus des calculs. Les obligations émises par les banques centrales qui ne jouent aucun rôle dans le financement du budget de l'État ont été exclues. Les données comprennent des informations détaillées sur chaque émission obligataire, notamment le produit de l'émission, la date d'échéance, le taux d'intérêt et la structure en devises.

La définition des marchés émergents utilisée dans le présent rapport est conforme à celle de la catégorie des économies de marché émergentes et en développement (MEED) utilisée par le FMI dans ses Perspectives de l'économie mondiale. Les définitions régionales sont également les mêmes que celles du FMI, et les catégories de revenu utilisées (revenu élevé, faible revenu, revenu intermédiaire de la tranche inférieure et revenu intermédiaire de la tranche supérieure) sont celles qui sont utilisées par la Banque mondiale en 2024, et sont fonction des niveaux de RNB par habitant. Les émetteurs souverains des MEED sont les suivants :

- Pays à revenu élevé (PRE) : Arabie saoudite (Moyen-Orient et Asie centrale, MECA) Bahamas (région Amérique latine et Caraïbes, ALC), Bahreïn (MECA), Barbade (ALC), Bulgarie (MEED d'Europe), Chili (ALC), Émirats arabes unis (MECA), Fédération de Russie (MEED d'Europe), Hongrie (MEED d'Europe), Koweït (MECA), Oman (MECA), Panama (ALC), Pologne (MEED d'Europe), Qatar (MECA), Roumanie (MEED d'Europe), Seychelles (Afrique subsaharienne, ASS), Trinité-et-Tobago (ALC), Uruguay (ALC).
- Pays à revenu intermédiaire de la tranche supérieure (PRITS) : Afrique du Sud (ASS), Albanie (MEED d'Europe), Algérie (MECA), Argentine (ALC), Arménie (MECA), Azerbaïdjan (MECA), Bélarus (MEED d'Europe), Belize (ALC), Bosnie-Herzégovine (MEED d'Europe), Botswana (ASS), Brésil (ALC), Chine (MEED d'Asie), Colombie (ALC), Costa Rica (ALC), El Salvador (ALC), Équateur (ALC), Fidji (MEED d'Asie), Gabon (ASS), Géorgie (MECA), Grenade (ALC), Guatemala (ALC), Guinée équatoriale (ASS), Indonésie (MEED d'Asie), Irak (MECA), Jamaïque (ALC), Kazakhstan (MECA), Macédoine du Nord (MEED d'Europe), Malaisie (MEED d'Asie), Maldives (MEED d'Asie), Maurice (ASS), Mexique (ALC), Moldova (MEED d'Europe), Mongolie (MEED d'Asie), Monténégro (MEED d'Europe), Namibie (ASS), Paraguay (ALC), Pérou (ALC), République dominicaine (ALC), Serbie (MEED d'Europe), Suriname (ALC), Thaïlande (MEED d'Asie), Türkiye (MEED d'Europe), Ukraine (MEED d'Europe), Venezuela (ALC).
- Pays à revenu intermédiaire de la tranche inférieure (PRITI) : Angola (ASS), Bangladesh (MEED d'Asie), Bénin (ASS), Bolivie (ALC), Cameroun (ASS), Côte d'Ivoire (ASS), Égypte (MECA), Ghana (ASS), Honduras (ALC), Inde (MEED d'Asie), Jordanie (MECA), Kenya (ASS), Liban (MECA), Maroc (MECA), Myanmar (MEED d'Asie), Nicaragua (ALC), Nigéria (ASS), Ouzbékistan (MECA),

Pakistan (MECA), Papouasie-Nouvelle-Guinée (MEED d'Asie), Philippines (MEED d'Asie), République démocratique populaire lao (MEED d'Asie), Sénégal (ASS), Sri Lanka (MEED d'Asie), Swaziland (ASS), Tanzanie (ASS), Tunisie (MECA), Viet Nam (MEED d'Asie), Zambie (ASS).

- Pays à faible revenu (PFR) : Burkina Faso (ASS), Congo (ASS), Éthiopie (ASS), Guinée-Bissau (ASS), Malawi (ASS), Mali (ASS), Mozambique (ASS), Niger (ASS), Ouganda (ASS) Rwanda (ASS), Tchad (ASS), Togo (ASS), Yémen (MECA).

Certaines émissions obligataires ont fait l'objet d'une réouverture. Dans ce cas, les données initiales ne portent que sur le montant total de l'émission (montant d'origine plus réouverture). Pour pouvoir déterminer le montant à l'émission des lignes obligataires ayant fait l'objet d'une réouverture, des données spécifiques sur les montants en cours à la date de chaque réouverture des lignes concernées ont été obtenues individuellement auprès de LSEG. Les données relatives à une réouverture ne portant que sur l'encours à la date concernée, on a soustrait de celui-ci l'encours calculé à la date précédente, de façon à obtenir le montant émis à chaque fois. Les montants à l'émission ainsi calculés ont été convertis à l'aide des taux de change du dollar des États-Unis à la date de l'opération tels que communiqués dans LSEG. Dans un souci de cohérence et de comparabilité, la même méthode a été utilisée pour toutes les émissions, y compris celles qui n'ont pas fait l'objet d'une réouverture.

Les émissions d'obligations souveraines reportées dans les Graphiques 3.1 et 3.2 sont égales aux besoins d'emprunt nets au cours de chaque année augmentés des amortissements d'instruments à long terme effectués la même année et des amortissements d'instruments à court terme émis l'année précédente. Cet indicateur couvre donc tous les titres émis, hormis ceux qui ont été émis et amortis au cours de la même année civile. En d'autres termes, les émissions brutes au cours d'une année civile correspondent au montant de la dette que doit émettre le pays en termes nominaux pour rembourser intégralement la dette arrivant à échéance qui avait été émise au cours des années précédentes, augmenté des besoins d'emprunt nets en valeur nominale, indépendamment du mécanisme d'émission employé. Cette méthode suit la même méthode de calcul des émissions brutes que celle décrite au Chapitre 1 et est désignée sous le nom de méthode standardisée.

L'encours des dettes en monnaie locale est converti en USD sur la base des taux de change en vigueur à la fin de l'année.

Les offres d'échange et certains emprunts obligataires figurant dans l'ensemble de données ont été manuellement exclus lorsqu'ils ne possédaient pas de code d'identification (ISIN, RIC ou CUSIP) et lorsqu'il n'a pas été possible de les confirmer par comparaison avec des données publiques de source officielle.

Des informations sur le marché sur lequel est émis chaque titre obligataire sont disponibles dans LSEG. Lorsque cette variable est disponible, le marché d'émission est classé dans la catégorie « national » si LSEG le classe comme « national » ou « national (autres) » et dans la catégorie « étranger » dans tous les autres cas.

Données relatives aux notes de crédit

LSEG fournit des informations sur les notations émanant de trois grandes agences de notation : Fitch, Moody's et S&P. Pour chaque pays pour lequel des informations sur la note figurent dans l'ensemble de données, une valeur de 1 est attribuée à la note correspondant à la qualité de crédit la plus basse (C ou inférieure) et de 21 à la note correspondant à la qualité de crédit la plus élevée (AAA pour S&P et Fitch et Aaa pour Moody's). La catégorie spéculative correspond aux notes équivalentes ou inférieures à BB+ pour Fitch et S&P, et équivalentes ou inférieures à Ba1 pour Moody's.

La note en question est ensuite attribuée à chaque titre obligataire concerné émis par ce pays (à la date de l'émission ou de la transaction). Si des notations attribuées par plusieurs agences sont disponibles, on recourt à la moyenne de celles-ci. Les notes finales sont catégorisées comme suit : les notes égales ou supérieures à 15 sont classées dans la catégorie investissement A (CI A) ; les notes comprises entre 12 et 14 sont classées dans la catégorie investissement BBB (CI BBB) ; les notes comprises entre 9 et 11 sont classées dans la catégorie spéculative BB (CS BB) ; et les notes inférieures à 9 sont classées dans la catégorie à haut risque B (B et inférieure). Dans la catégorie à haut risque, une note équivalente ou inférieure à 3.5 correspond à une situation de défaut ou de risque très élevé de défaut.

Lors du calcul du nombre de relèvements et de dégradations, les données concernant les notations sont analysées sur une base mensuelle, à l'exclusion de celles qui sont égales à 1. Si un pays s'est vu attribuer plusieurs notes par la même agence au cours d'un même mois, on retient la plus récente.

L'analyse de la qualité de la dette pondérée se base sur les notations décernées par trois agences de notation (Fitch, Moody's et S&P). On applique à la totalité de l'encours de la dette d'un pays donné sa notation à la fin de la l'année considérée. Pour chaque catégorie de pays, on calcule ensuite la moyenne pondérée par l'encours de la dette correspondant à chaque catégorie de notation des mesures de la qualité de la dette pondérée

Rendements des marchés primaires

Le calcul des rendements des marchés primaires repose sur les données de LSEG concernant les prix et les rendements de chaque émission. Ces données ne sont disponibles que pour un nombre limité d'obligations.

Les rendements et les prix sont intégrés à notre base de données sur la base du code d'identification de l'obligation et de la date d'émission de celle-ci.

Lorsque plusieurs prix ou rendements sont disponibles pour la même obligation à la même date d'émission, on retient la valeur moyenne.

Lorsqu'un rendement ou un prix a le même code d'identification qu'une obligation mais une date d'émission différente, on prend en compte le prix ou le rendement dont la date d'émission est la plus proche du code d'identification de cette obligation, dans une fourchette de cinq jours après ou avant, en commençant par un jour plus tard, suivi d'un jour plus tôt, et ainsi de suite.

Lorsque les rendements ne sont pas directement accessibles, ils sont calculés à l'aide du prix correspondant et du paquet R appelé jrvFinance. Les prix inférieurs à 0 ou supérieurs à 999 sont exclus.

Les rendements supérieurs à 100 ou inférieurs à -5 sont exclus. Les rendements qui sont plus de 10 fois supérieurs aux rendements annuels médians de chaque émetteur, pour le même type d'instrument et la même catégorie d'échéance, sont également exclus.

Notes

[1] Les émissions d'obligations annuelles comprennent l'ensemble des émissions de l'année, à l'exception de celles qui sont émises et remboursées au cours de la même année civile.

[2] Il convient de noter que le péché originel ne se rapporte pas uniquement à la dette souveraine, mais à l'ensemble des dettes, tous secteurs confondus, y compris les dettes d'entreprises.

[3] La réduction marquée de la durée moyenne jusqu'à l'échéance des titres obligataires en devises dans les pays à faible revenu peut être attribuée à la quantité relativement modeste d'obligations émises par

ces pays en circulation en 2015. Plus précisément, en 2015, le Congo, l'Éthiopie et le Rwanda étaient les seuls pays du groupe des pays à faible revenu dont des obligations en devises étrangères étaient en circulation, chacun de ces pays en comptant une. Ces obligations étaient assorties d'une échéance de 22 ans pour le Congo et de 10 ans pour l'Éthiopie et le Rwanda. Elles avaient été émises en 2007, 2014 et 2013, respectivement. Le Mozambique a émis une obligation assortie d'une échéance de 7 ans en 2016 et une obligation assortie d'une échéance de 12 ans en 2019, tandis que le Rwanda a émis une nouvelle obligation assortie d'une échéance de 10 ans en 2021.

[4] Ces chiffres incluent la Chine et sont issus des Perspectives de l'économie mondiale du FMI.

[5] Équivalente ou inférieure à B.

[6] Les pays à haut risque sont ceux dont la notation de crédit est comprise entre B et CCC.

[7] Ces pays étaient l'Angola (PRITI situé en ASS), le Bénin (PRITI situé en ASS), le Cameroun (PRITI situé en ASS), la Côte d'Ivoire (PRITI situé en ASS), le Honduras (PRITI situé en ALC), le Kenya (PRITI situé en ASS), le Nigéria (PRITI situé en ASS), l'Ouzbékistan (PRITI de la région MECA), le Sénégal (PRITI situé en ASS), la Türkiye (PRITS, hors Chine, situé en Europe), la Colombie (PRITS, hors Chine, de la région ALC), la Mongolie (PRITS, hors Chine, d'Asie), le Costa Rica (PRITS, hors Chine, de la région ALC) et le Panama (PRE de la région ALC).

[8] Cela inclut les cas où il n'y a pas de demande des investisseurs pour les obligations d'un pays ou lorsque le pays choisit de ne pas émettre en raison de coûts d'emprunt prohibitifs.

[9] Il y a biais de survie lorsque les analyses se concentrent uniquement sur les entités qui ont survécu au fil du temps, en ignorant celles qui ont échoué. Les conclusions peuvent ainsi être trop optimistes, car l'ensemble de données exclut les cas d'échec qui auraient pu fournir une perspective plus équilibrée.

[10] On compte parmi ceux-ci deux pays de la région ALC (la Bolivie et le Honduras), deux pays d'Asie (la Papouasie-Nouvelle-Guinée et le Sri Lanka) et trois pays de la région Moyen-Orient et Asie centrale (Égypte, Jordanie et Pakistan).

[11] Les pays à faible revenu et les pays à revenu intermédiaire de la tranche inférieure affichant un niveau d'emprunt net négatif sur les marchés étrangers sur la période 2022-24 sont les suivants (par ordre croissant d'emprunt net) : Égypte (MECA, pays à haut risque), Ghana (ASS, pays à haut risque), Sri Lanka (Asie, hors Chine, pays à haut risque), Maroc (MECA, catégorie spéculative BB), Viet Nam (Asie, hors Chine, catégorie spéculative BB), Bolivie (ALC, pays à haut risque), Kenya (ASS, pays à haut risque), Congo (ASS, pays à haut risque), Rwanda (ASS, pays à haut risque), Nigéria (ASS, pays à haut risque).

[12] Équivalente ou inférieure à CCC- chez S&P et Fitch ; équivalente ou inférieure à Caa3 chez Moody's.

[13] En décembre 2024, les pays en défaut de paiement ou à haut risque de défaut de paiement étaient l'Argentine, le Bélarus, l'Éthiopie, le Ghana, le Laos, le Liban, les Maldives, le Niger, l'Ukraine et la Zambie. Du fait de la révision à la hausse de la notation de l'Argentine par Moody's en janvier 2025, ces pays étaient au nombre de neuf en février 2025.

[14] Les chiffres des années 80 et 1990 sont basés sur des calculs effectués à partir de la base de données de la Banque du Canada et de la Banque d'Angleterre sur les défauts souverains. Les chiffres concernant

le cycle de resserrement actuel tiennent compte du PIB des pays à très haut risque ou en défaut de paiement en 2024.

[15] Il importe de noter que cette observation ne résulte pas d'effets de composition (c'est-à-dire de l'inclusion de nouveaux pays dans le groupe de pays notés au cours de la période d'analyse) : elle se vérifie en chiffres absolus de même que lorsque l'on tient uniquement compte des pays pour lesquels des notations sont disponibles depuis 2000.

[16] Il s'agit de l'Albanie (PRITS), de l'Algérie (PRITS), de l'Argentine (PRITS), du Bangladesh (PRITI), de la Bosnie-Herzégovine (PRITS), du Brésil (PRITS), du Burkina Faso (PFR) de l'Égypte (PRITI), de l'eSwatini (PRITI), de la Grenade (PRITS), de la Guinée-Bissau (PFR), du Koweït (PRE), du Laos (PRITI), du Mali (PFR), de Maurice (PRITS), de la Moldova (PRITS), du Monténégro (PRITS), du Myanmar (PRITI), de la Namibie (PRITS), du Niger (PFR), du Pakistan (PRITI), des Seychelles (PRE), du Togo (PFR) et du Yémen (PFR).

[17] Dans ces pays, la dette négociable de l'administration centrale était supérieure à 60 % du PIB en 2023 (FMI, 2024[24]).

4 Financement par la dette de la transition climatique

L'analyse de scénarios présentée dans ce chapitre met en lumière le rôle essentiel que les marchés de la dette joueront dans le financement de la transition climatique, ainsi que l'impossibilité pratique de s'en remettre à l'excès soit au secteur public, soit au secteur privé. Alors qu'une focalisation étroite sur les besoins d'investissement pour la transition ne permet pas d'appréhender le défi dans toute sa complexité, l'analyse de scénarios propose une démarche pragmatique pour évaluer les besoins financiers liés à la transition vers une économie neutre en carbone. Elle permet aussi de prendre en considération des variables clés telles que la croissance des investissements dans l'atténuation du changement climatique, le financement climatique en faveur des pays en développement et l'investissement direct étranger.

Introduction

Ce chapitre propose un examen des besoins de financement à satisfaire pour opérer la transition vers une économie bas carbone, axé en particulier sur les obligations d'entreprises. Il a principalement pour objet de mettre en évidence les évolutions nécessaires sur les marchés des obligations de sociétés pour permettre aux entreprises du secteur de l'énergie de réaliser les investissements requis dans la transition climatique. Si l'analyse s'étend à l'économie mondiale tout entière, elle met cependant l'accent sur le rôle des marchés financiers dans la mobilisation de financements au service de la transition climatique dans les marchés émergents et les économies en développement (MEED).

Principaux constats

- **En 2024, les investissements mondiaux dans les énergies propres se sont chiffrés à 2 000 milliards USD alors que pour réaliser la transition vers une économie sobre en carbone tout en répondant à une demande d'énergie croissante, il faudrait investir chaque année plus de 4 000 milliards USD.** Malgré ce déficit de financement à court terme, l'investissement dans les énergies propres à l'échelle mondiale a progressé au rythme de 10 % par an depuis 2019, soit nettement plus que la croissance du PIB qui a été de 3 %.
- **Les trajectoires d'investissement seront très différentes selon que la majeure partie des investissements seront réalisés par les secteurs public ou privé.** Les scénarios présentés ne contiennent pas de recommandations à l'intention des gouvernements, pas plus qu'ils ne représentent les projections les plus probables des évolutions futures. Ils constituent plutôt la matière d'une analyse de scénarios offrant la possibilité de quantifier les implications d'un scénario reposant sur le secteur public par opposition à un scénario reposant sur les marchés financiers, de façon à aider les pouvoirs publics à en évaluer la faisabilité et à définir des mesures à prendre.
- **Dans un scénario de référence** reposant sur l'hypothèse que la croissance des investissements climatiques des secteurs public et privé se poursuit conformément aux tendances récentes, **les MEED hors Chine doivent faire face à un déficit de financement cumulé de 10 000 milliards USD par rapport aux besoins à satisfaire pour concrétiser les ambitions annoncées dans l'Accord de Paris d'ici à 2050.** Les investissements de la Chine la placent en bonne voie pour s'engager sur la trajectoire de la neutralité carbone d'ici à 2028, tandis que ceux des économies avancées leur permettent de l'envisager d'ici à 2041 si les tendances récentes de l'investissement se confirment.
- **Dans un scénario selon lequel le secteur public procure la totalité des financements supplémentaires nécessaires pour satisfaire les besoins d'investissement en émettant de la dette, le ratio dette publique/PIB augmenterait de 25 points de pourcentage dans les économies avancées, et 41 points en Chine, sur la période 2024-2050.** Dans les MMED hors Chine, le ratio dette/PIB passerait de 59 % en 2024 à 75 % en 2040, niveau au-delà duquel une politique budgétaire encore plus expansionniste risquerait de ne pas être tenable, ce qui exigerait un soutien au financement climatique de la part des économies avancées dépassant le nouvel objectif chiffré collectif pour le financement de l'action climatique fixé lors de la COP29.
- **Dans un scénario selon lequel le secteur privé procurerait la totalité des financements supplémentaires requis pour satisfaire les besoins d'investissement, un développement considérable des marchés financiers serait nécessaire.** Et cette nécessité serait particulièrement impérieuse dans le cas des marchés d'obligations d'entreprises du secteur de

l'énergie dans les MEED hors Chine, dont l'expansion devrait atteindre 9 % par an entre 2024 et 2050.

- **Les entreprises du secteur de l'énergie ont eu davantage recours au financement obligataire (représentant 30 % du montant total des dettes et des fonds propres) dans les économies avancées que dans les MEED hors Chine (12 %) et en Chine (4 %) en 2023.** Dans les MEED, il faudra peut-être faciliter l'accès des entreprises du secteur de l'énergie au financement par l'emprunt sur le marché pour leur permettre de financer leurs investissements à long terme.
- **Dans les trois scénarios analysés dans ce chapitre, la dette obligataire des entreprises du secteur de l'énergie augmente environ deux fois plus vite que le PIB attendu dans les MEED alors qu'elle croît au même rythme que le PIB dans les économies avancées.** Ces scénarios mettent en lumière l'immense défi que représente la mobilisation des marchés de la dette pour financer la transition vers une économie bas carbone. Ils confirment toutefois aussi que le secteur privé peut être un vecteur de cette transformation.

Considérations intéressant l'action publique

Les chiffres les plus récents sur les investissements dans la transition climatique sont à la fois une source d'optimisme et d'inquiétude. Les investissements totaux dans les énergies propres se sont chiffrés à 2 000 milliards USD en 2024, ce qui représente une hausse non négligeable de 61 % par rapport aux 1 200 milliards USD atteints en 2019, correspondant à un taux de croissance annuel composé de 10 %. Ils ne couvrent cependant pas même la moitié des besoins d'investissement à satisfaire, estimés à 4 100 milliards USD par an sur la période 2026-30, pour pouvoir espérer concrétiser l'ambition définie dans l'Accord de Paris. Combler cet écart ne va certes pas sans difficultés pour les économies avancées et la Chine, mais pour les MEED hors Chine, c'est une véritable gageure. Les investissements des MEED hors Chine dans les énergies propres doivent être multipliés par cinq d'ici à 2035.

Cependant, braquer l'objectif uniquement sur les besoins d'investissement dans la transition climatique ne donne pas un tableau complet du défi à relever. Premièrement, si le chiffre de plus de 4 000 milliards USD par an est considérable, en valeur absolue, il doit être rapporté au PIB mondial, de 110 000 milliards USD en 2024, au montant des fonds propres levés sur les marchés financiers par les sociétés cotées, soit 852 milliards USD par an en moyenne entre 2019 et 2023, et, comme évoqué dans les chapitres précédents, au montant total des émissions d'emprunts obligataires souverains, soit 18 000 milliards USD en moyenne par an sur la période 2020-24, ainsi qu'à celui de la dette obligataire des entreprises, soit 6 000 milliards USD. Deuxièmement, les entreprises peuvent réinvestir les recettes perçues sur des projets en cours d'exploitation, et ce faisant, progressivement redéployer leurs capitaux mobilisés par des actifs à forte intensité de carbone vers des énergies propres lorsque cette solution est rentable. Sans même tenir compte de leurs bénéfices réinvestis, les entreprises du secteur de l'énergie disposaient par exemple en 2023 de 777 milliards USD à investir, l'équivalent du montant des amortissements de leurs actifs. Troisièmement, cantonner les investissements, à l'horizon 2050, exclusivement à la transition vers la neutralité carbone revient à ignorer la nécessité d'avoir une perspective plus large et de financer des investissements dans le secteur de l'énergie dans des régions où la population augmente ou dans des économies dynamiques (d'Afrique subsaharienne et d'Asie du Sud-Est notamment), et de garantir la sécurité énergétique de pays dont la production nationale de pétrole et de gaz n'est pas suffisante (comme les pays d'Europe).

L'analyse de scénarios aide à évaluer concrètement ce que représente le défi du financement de la transition vers une économie neutre en carbone tout en prenant en compte les points susmentionnés. Les trajectoires de financement seront très différentes selon que ce sera le secteur public ou le secteur privé qui financera l'essentiel des investissements. Selon le scénario de référence, reposant sur l'hypothèse que la croissance des investissements climatiques des secteurs public et privé se poursuit conformément aux tendances récentes, les investissements de la Chine la placent en bonne voie pour s'engager sur la trajectoire de la neutralité carbone d'ici à 2028, alors que les économies avancées ne peuvent espérer atteindre des niveaux compatibles avec les objectifs de l'Accord de Paris avant 2041. Dans ce scénario, dans lequel les taux de croissance actuels se maintiennent, les MEED hors Chine doivent faire face à un déficit de financement cumulé de 10 000 milliards USD au regard des besoins à satisfaire pour concrétiser les ambitions annoncées dans l'Accord de Paris, et ce même en tenant compte du nouvel objectif chiffré collectif pour le financement de l'action climatique approuvé lors de la COP29.

Dans l'hypothèse où le secteur public procurerait les financements supplémentaires nécessaires pour satisfaire rapidement les besoins d'investissement, les niveaux d'endettement public devraient augmenter sensiblement. Dans les MEED hors Chine, le ratio dette publique/PIB (établi à partir de la dette totale des administrations publiques) serait porté de 59 % en 2024 à 75 % en 2040, en partant de l'hypothèse que les États parviendront à équilibrer les recettes et les dépenses et financeront par de nouveaux emprunts uniquement les investissements climatiques. Dans les économies avancées, le ratio dette/PIB passerait de 115 % en 2024 à 139 % en 2050, en partie grâce à l'accroissement de l'aide au développement liée au climat qui sera octroyée aux MEED hors Chine après 2040, lorsque leur dette publique aura atteint un niveau supposé intenable. Le ratio dette/PIB de la Chine devrait passer, selon les projections, de 90 % à 131 % sur la même période. Ces niveaux élevés de dette publique ne sont supportables que dans un environnement macro-économique se caractérisant par des taux d'intérêts faibles et une croissance économique forte.

Dans le scénario inverse, dans lequel c'est le secteur privé qui procure les financements supplémentaires destinés à financer les besoins d'investissement, les niveaux d'endettement public pourraient rester stables, mais il faudrait que les marchés financiers se développent considérablement. Cela vaut tout particulièrement pour les marchés d'obligations d'entreprises du secteur de l'énergie dans les MEED hors Chine, qui devraient croître au taux estimé de 17 % par an entre 2024 et 2035. Une telle expansion est en théorie réalisable et elle excéderait même celle, pourtant remarquable, des marchés d'obligations d'entreprise chinois pendant la dernière décennie (soit 12 % par an en moyenne). Une croissance annuelle de 17 % supposerait l'existence de conditions macro-économiques favorables et une amélioration notable des cadres réglementaires dans les MEED hors Chine.

Dans les trois scénarios présentés dans ce chapitre, il est à noter que les entreprises du secteur de l'énergie voient leurs dettes et leurs fonds propres évoluer au même rythme que la croissance du PIB dans les économies avancées : la croissance annuelle du PIB devrait s'établir à 1.4 % entre 2024 et 2050 tandis que les marchés des actions et des obligations devraient croître de 0.7 à 1.8 % et 0.5-1.2 % par an respectivement, selon le scénario. En Chine, le rythme de l'expansion des marchés financiers est à peu près deux fois supérieur, tous scénarios confondus, à celui de la croissance escomptée du PIB, qui ressort à 1.8 % par an, puisqu'il s'établit entre 2.9 et 4.6 % et 3.1 et 4.9 %, respectivement, pour les marchés d'obligations et d'actions des entreprises du secteur de l'énergie. Dans les autres MEED, on observe la même relation qu'en Chine entre la croissance du PIB et le développement des marchés obligataires (celui-ci suivant un rythme deux fois plus élevé) dans deux des scénarios, mais on obtient un tableau différent dans le scénario dans lequel les marchés financiers jouent un rôle moteur. Dans ce dernier cas de figure, les marchés d'obligations d'entreprises du secteur de l'énergie devraient croître, dans les MEED hors Chine, de 9.1 % par an d'ici à 2050, et le PIB de 2.5 %, selon les projections.

Le potentiel de croissance du marché des obligations durables est même encore plus grand que celui du marché obligataire dans son ensemble en raison de la contribution des obligations durables au financement des investissements dans la transition climatique. Dans les économies avancées, les obligations durables représentaient 13 % des obligations émises par des entreprises du secteur de l'énergie en 2024, tous les scénarios donnant une hausse de 94 à 97 % d'ici à 2050 si tous les investissements dans la transition climatique devaient être financés par des obligations durables. Une tendance similaire est anticipée en Chine où cette part des obligations durables est ressortie à 12 % en 2024 et devrait atteindre 97 à 98 % d'ici à 2050, selon les projections. Dans les MEED hors Chine, la part des obligations durables était plus faible, soit 10 %, en 2024, et les projections pour 2050 varient entre 90 % et 91 % en fonction du scénario.

Ces scénarios mettent en lumière l'immense défi que représente la mobilisation des marchés de la dette pour financer la transition vers une économie bas carbone. Ils confirment toutefois aussi que le secteur privé peut être un vecteur de cette transformation. Pour libérer ce potentiel, il sera essentiel de réformer la réglementation financière, afin notamment de favoriser le développement des marchés financiers dans les MEED. S'ils peuvent s'appuyer sur des politiques agiles et des marchés qui fonctionnent bien, les pays peuvent réussir à mobiliser les investissements nécessaires à la croissance et bâtir un système financier qui soit certes résilient, mais aussi vecteur d'une dynamique porteuse d'une transition durable.

Investissements passés et futurs dans la transition climatique

Cette section propose un panorama des investissements dans la transition climatique réalisés récemment et contient des estimations, ventilées par secteur économique et par région, des investissements requis pour réaliser les objectifs de l'Accord de Paris.

Investissements dans la transition climatique réalisés récemment

On trouve dans des rapports publiés par diverses organisations des estimations des investissements réalisés récemment dans la transition climatique et les énergies propres qui diffèrent tant sur le plan de la méthodologie que sur celui de la couverture et des années de référence retenues. Le Tableau 4.1 présente des estimations émanant de BloombergNEF (BNEF, 2024[1]), de la Climate Policy Initiative (CPI, 2024[2]), de l'Agence internationale de l'énergie (AIE, 2024[3]) et de McKinsey & Company (McKinsey, 2022[4]). L'AIE et McKinsey obtiennent des investissements annuels se chiffrant au total à 2 000 milliards USD, malgré des choix divergents pour les années de référence et la couverture. Dans l'analyse de l'AIE, les estimations pour 2024 englobent les investissements dans les énergies propres, y compris la production d'électricité, les réseaux électriques et les technologies d'utilisation finale et les mesures d'efficacité énergétique. Les travaux de McKinsey, qui présente des chiffres pour 2021, sont focalisés sur les actifs faiblement émetteurs et ont donc une couverture plus large englobant les technologies qui produisent peu ou pas d'émissions de gaz à effet de serre.

Selon les estimations de BloombergNEF (BNEF), les investissements dans la transition climatique se sont chiffrés à 1 800 milliards USD en 2023. La Climate Policy Initiative (CPI) est l'organisation qui arrive à l'estimation la plus basse, comprise entre 1 500 et 1 600 milliards USD pour 2023, ce qui s'explique par le fait qu'elle a opté pour une couverture différente et s'est concentrée sur les flux de capitaux primaires orientés vers des actifs physiques liés au climat, en excluant, de façon plus générale, les coûts de gestion des approvisionnements et les dépenses indirectes. S'agissant des coûts de gestion des approvisionnements, on peut citer, à titre d'exemple, les investissements dans la production de composants de panneaux solaires, notamment de cellules photovoltaïques, et pour ce qui est des dépenses indirectes, les mécanismes induits par les politiques publiques, comme les aides en faveur de projets de développement d'énergies propres.

Tableau 4.1. Estimations des investissements privés et publics dans la transition climatique à l'échelle mondiale

Source	Investissements dans la transition climatique (en milliers de milliards USD)	Année de référence
BNEF	1.8	2023
CPI	1.5-1.6	2023
AIE	2.0	2024
McKinsey	2.0	2021

Note : les chiffres de BNEF couvrent le financement d'investissements dans des technologies et des infrastructures à émissions nettes nulles. Les chiffres de la CPI correspondent aux flux de revenus primaires investis dans des énergies propres et des infrastructures résilientes au changement climatique, CPI (2023[5]), Global Landscape of Climate Finance 2023 Methodology, https://www.climatepolicyinitiative.org/publication/global-landscape-of-climate-finance-2023/. Les données de l'AIE portent sur les investissements dans le secteur de l'énergie (production d'électricité, réseaux électriques et stockage par batteries), dans l'efficacité énergétique des transports, des bâtiments et de l'industrie et dans les énergies propres. McKinsey concentre ses travaux sur les actifs faiblement émetteurs.

Source : BNEF (2024[1]), Energy Transition Investment Trends 2024, https://about.bnef.com/energy-transition-investment/ ; CPI (2024[2]), Global Landscape of Climate Finance 2024: Insights for COP29, https://www.climatepolicyinitiative.org/publication/global-landscape-of-climate-finance-2024/ ; AIE (2024[3]) World Energy Investment 2024, https://www.iea.org/reports/world-energy-investment-2024 ; McKinsey (2022[4]), The net-zero transition: What it would cost, what it could bring, https://www.mckinsey.com/capabilities/sustainability/our-insights/the-net-zero-transition-what-it-would-cost-what-it-could-bring.

L'AIE propose une ventilation fine, entre les sous-secteurs et les régions, des investissements récents dans la transition climatique et des besoins d'investissement futurs qu'il faudra satisfaire pour atteindre les objectifs de neutralité carbone. Si le périmètre des activités d'investissement tracé par l'AIE couvre principalement l'atténuation du changement climatique et englobe pour partie des composantes transversales (autrement dit des investissements obéissant à la fois à des objectifs d'atténuation du changement climatique et d'adaptation au changement climatique), il n'embrasse pas complètement l'investissement dans l'adaptation au changement climatique, l'indemnisation des pertes et dommages et la préservation de l'environnement. Les investissements dans l'adaptation au changement climatique et la préservation de la nature sont passés en revue plus loin dans ce chapitre, mais n'entrent pas dans le champ de l'analyse principale qui y est présentée.

Pour l'AIE, les investissements dans la transition climatique sont les « Investissements totaux dans les énergies propres » et ils sont ventilés entre les énergies à faibles émissions, les transports, les carburants à faibles émissions et les autres secteurs.

- La catégorie « Électricité à faibles émissions » englobe les technologies de production d'électricité à partir d'énergies renouvelables, nucléaire et fossiles ainsi que les technologies de captage, d'utilisation et de stockage du carbone (CUSC). Elle recouvre également les systèmes de stockage et réseaux électriques qui participent à l'intégration du système énergétique et à la distribution.
- La catégorie **Transports** englobe les investissements dans l'efficacité énergétique et les technologies d'utilisation finale des transports routier, ferroviaire et aérien, les véhicules électriques et les technologies liées aux carburants propres et aux batteries.
- La catégorie **Énergies à faibles émissions** recouvrent les énergies propres comme l'hydrogène et les biocarburants et les combustibles fossiles de transition.
- Et celle intitulée **Autres secteurs** regroupe les investissements dans l'efficacité énergétique et les technologies d'utilisation finale réalisés dans d'autres secteurs comme l'industrie et les bâtiments.

Il ressort du Graphique 4.1 que les investissements totaux dans les énergies propres se sont chiffrés à plus de 1 800 milliards USD en 2023, ce qui représente une forte hausse, d'environ 47 %, par rapport aux

1 200 milliards USD atteints en 2019, correspondant à un taux de croissance annuel composé (TCAC) d'approximativement 10 %. Les investissements dans le secteur de l'électricité à faibles émissions se taillent la part du lion puisqu'ils se chiffrent à 1 200 milliards USD, soit 63 % du total en 2023. À l'intérieur de cette catégorie, les investissements dans la production d'électricité — englobant les investissements dans les énergies renouvelables, le nucléaire et le captage, l'utilisation et le stockage du carbone — s'élèvent au total à 744 milliards USD (41 % des investissements totaux dans les énergies propres), dirigés en majeure partie vers les énergies renouvelables, à hauteur de 677 milliards USD (37 %), chiffre en augmentation de 60 % par rapport à 2019, soit l'équivalent d'un TCAC de 12 %. En revanche, les investissements dans la production d'électricité d'origine nucléaire et le captage, l'utilisation et le stockage du carbone restent négligeables bien qu'ils aient progressé. Les investissements dans les réseaux électriques ont représenté 374 milliards USD (20 %) et ceux orientés vers le stockage de l'énergie ont nettement augmenté, passés de 5 milliards USD seulement en 2019 à 41 milliards USD (2 %), soit l'équivalent d'un TCAC de 66 %.

Le montant des investissements dans les transports à énergie propre a été de 259 milliards USD en 2023 (soit 14 % du montant total des investissements dans les énergies propres), en hausse de 260 % par rapport au chiffre de 2019 qui s'était établi à 72 milliards USD, et équivalant à un TCAC de 38 %. Les investissements dans les énergies propres sont ressortis à 19 milliards USD (1 %) en 2023.

Graphique 4.1. Estimations des investissements privés et publics dans la transition climatique à l'échelle mondiale

Les investissements totaux dans les énergies propres ont progressé de 47 % sur la période 2019-23, principalement sous la poussée des investissements dans les énergies renouvelables (en hausse de 60 %) et les transports (en hausse de 260 %)

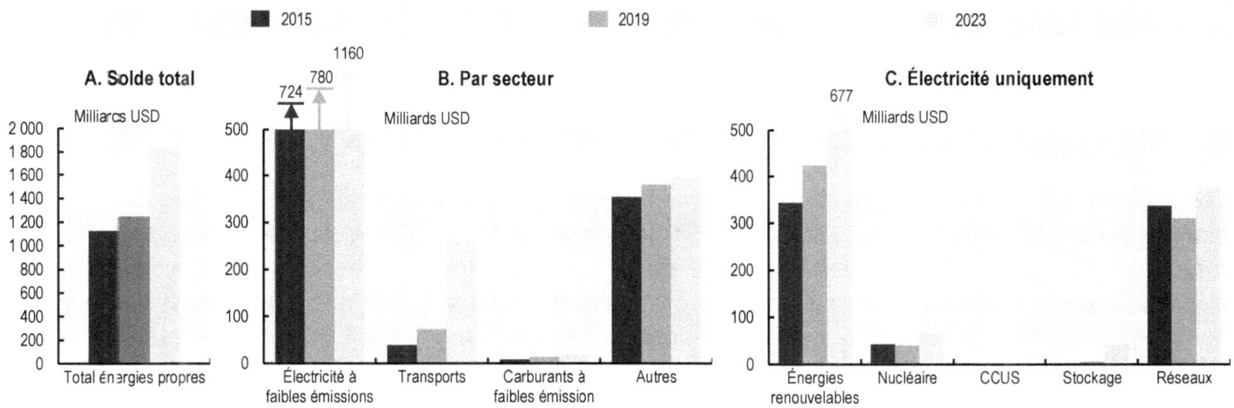

Source : AIE (2025[6]), base de données propriétaires ; AIE (2021[7]), World Energy Investment 2021, https://www.iea.org/reports/world-energy-investment-2021 ; AIE (2016[8]), World Energy Investment 2016, https://www.iea.org/reports/world-energy-investment-2016.

Besoins d'investissements climatiques à l'horizon 2030 et 2050

Les estimations des besoins mondiaux annuels de financement climatique varient selon les organisations en raison de différences au niveau du champ couvert, des approches méthodologiques suivies et des hypothèses retenues (Falduto, Noels et Jachnik, 2024[9]). Les prévisions de croissance économique (et partant, la demande d'énergie) et les coûts futurs de la mise en œuvre de différentes technologies par exemple ont une incidence sur les estimations de montant des investissements requis. Les estimations des besoins, à l'échelle mondiale, à l'horizon 2030 et 2050 de BNEF, de la CPI, de l'AIE, du Groupe d'experts indépendants de haut niveau sur le financement climatique, du Groupe d'experts intergouvernemental sur l'évolution du climat (GIEC) et de McKinsey sont présentées ci-après :

- BNEF estime que la réalisation des objectifs de neutralité carbone exige 5 400 milliards USD d'investissements annuels d'ici à 2030, et 7 400 à 8 000 milliards USD d'ici à 2050 (BNEF, 2024[10]).
- L'estimation la plus haute émane de la CPI, qui a chiffré le besoin de financement à partir d'un examen d'estimations établies par d'autres institutions : elle se situe dans une fourchette de 5 400 à 11 700 milliards USD par an d'ici à 2030, et de 9 300 à 12 100 milliards USD d'ici à 2050, ce qui s'explique par le fait que les besoins d'investissement estimés couvrent un champ plus large, englobant des domaines tels que le financement de l'adaptation au changement climatique (CPI, 2024[11] ; CPI, 2023[5]).
- L'AIE, qui se concentre sur les secteurs indiqués dans le Graphique 4.1, table sur des investissements annuels de 4 100 milliards USD en moyenne entre 2026 et 2030, avec un point culminant à 4 500 milliards USD au cours de cette période. Selon elle, les investissements devraient continuer à croître par la suite pour atteindre au moins 4 900 milliards USD par an entre 2031 et 2050.
- Le Groupe d'experts indépendants de haut niveau sur le financement climatique estime que les besoins de financement annuels devraient se situer entre 6 300 et 6 700 milliards USD à l'horizon 2030 et souligne la nécessité de mobiliser des ressources en faveur des économies de marché émergentes et en développement (IHLEG, 2024[12]).
- D'après les estimations de McKinsey, il faudrait investir 6 500 milliards USD par an en moyenne dans des actifs à faibles émissions d'ici à 2050, ce chiffre prenant en compte un le redéploiement vers des investissements bas carbone de 1 000 milliards USD affectés jusque-là à des investissements à forte intensité de carbone (McKinsey, 2022[4]).
- Selon les estimations du GIEC, les besoins d'investissements annuels se situeraient entre 2 300 et 4 500 milliards USD d'ici à 2030, en prenant en considération l'énergie, l'efficacité énergétique, les transports et l'agriculture, la sylviculture et les autres secteurs utilisateurs de ressources foncières et en s'appuyant sur un examen et une synthèse des études existantes couvrant des périmètres plus ou moins vastes (Kreibiehl, 2022[13]).

Les projections sur les besoins d'investissement de BNEF, de la CPI, de l'AIE, du Groupe d'experts indépendants de haut niveau sur le financement climatique, du GIEC et de McKinsey reposent sur diverses méthodologies et visent des calendriers différents pour la neutralité carbone et des limites également différentes pour le réchauffement planétaire. Le scénario de BNEF par exemple prévoit d'atteindre la neutralité carbone, mais avec une limitation du réchauffement planétaire à 1.75°C seulement, alors que le GIEC donne une fourchette d'estimation visant à maintenir le réchauffement planétaire nettement en dessous de 2.0°C par rapport aux niveaux préindustriels. Les scénarios de la CPI, de l'AIE, du Groupe d'experts indépendants de haut niveau sur le financement climatique et de McKinsey tablent sur la neutralité carbone à l'horizon 2050 et fixent la limite du réchauffement planétaire à 1.5°C, chiffre très proche du niveau d'ambition maximal de l'Accord de Paris.

Selon l'AIE, le secteur de l'énergie a produit 37 400 milliards de tonnes d'équivalent CO_2 (éq. CO_2) en 2023 (AIE, 2024[14]). Dans le même temps, les estimations des émissions mondiales totales de GES émanant du Programme des Nations Unies pour l'environnement (PNUE) sont de 57.1 $GtCO_2$ pour la même année (PNUE, 2024[15]), ce qui signifie que le secteur de l'énergie a été responsable d'environ les deux tiers des émissions mondiales totales. Compte tenu de l'impact considérable de ce secteur sur les émissions mondiales et de l'ampleur des investissements requis pour opérer sa transition (comme indiqué ci-après dans la section « Estimations des besoins d'investissement futurs par secteur économique«), l'analyse qui suit porte essentiellement sur le secteur de l'énergie. Elle s'appuie sur les estimations de l'AIE, lesquelles donnent lieu à des ventilations régionales et sectorielles fines qui apportent un éclairage sur les besoins d'investissement et les sources de financement.

Graphique 4.2. Estimations des besoins de financement annuels futurs liés à la transition climatique

Les estimations des besoins de financement climatique à l'échelle mondiale varient entre 4 500 et 12 100 milliards USD par an, l'estimation basse s'établissant en moyenne à 5 100 milliards à l'horizon 2030.

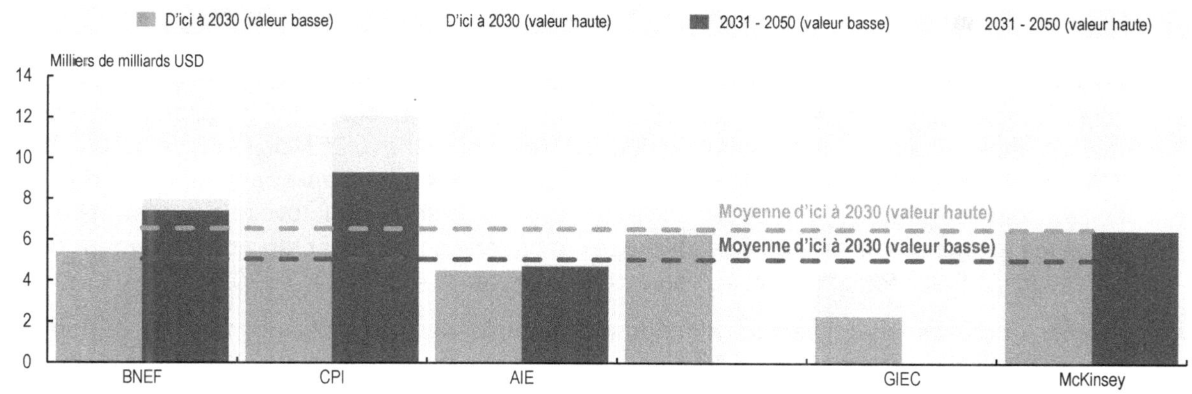

Source : BNEF (2024[10]), New Energy Outlook 2024, https://about.bnef.com/new-energy-outlook/ ; CPI (2024[11]), Top-down Climate Finance Needs, https://www.climatepolicyinitiative.org/publication/top-down-climate-finance-needs/ ; AIE (2024[11]), World Energy Outlook 2024, https://www.iea.org/reports/world-energy-outlook-2024 ; AIE (2023[16]) Net Zero Roadmap, https://iea.blob.core.windows.net/assets/4d93d947-c78a-47a9-b223-603e6c3fc7d8/NetZeroRoadmap_AGlobalPathwaytoKeepthe1.5CGoalinReach-2023Update.pdf ; IHLEG (2024[12]), Raising ambition and accelerating delivery of climate finance, https://www.lse.ac.uk/granthaminstitute/publication/raising-ambition-and-accelerating-delivery-of-climate-finance/ ; Kreibiehl (2022[13]), Investment and finance. In GIEC, 2022 : Changement climatique 2022. Contribution du troisième groupe de travail au sixième rapport d'évaluation du GIEC, https://www.ipcc.ch/report/sixth-assessment-report-working-group-3/ ; McKinsey (2022[4]), The net-zero transition: What it would cost, what it could bring, https://www.mckinsey.com/capabilities/sustainability/our-insights/the-net-zero-transition-what-it-would-cost-what-it-could-bring.

Estimations des besoins d'investissement futurs par région

Méthodologie et scénario sous-jacent de neutralité carbone à l'horizon 2050

Les estimations de l'AIE correspondent aux besoins d'investissement selon le scénario de neutralité carbone d'ici à 2050 (scénario ZEN) qu'elle a élaboré (AIE, 2023[16] ; 2021[17]) et qui trace une trajectoire d'évolution des investissements dans la transition climatique au niveau mondial permettant d'obtenir ce résultat. Ce scénario tend vers la cohérence avec la limitation du réchauffement planétaire à 1.5°C et la réalisation des objectifs de l'Accord de Paris.

Pour calculer les besoins de financement à couvrir pour atteindre les objectifs de neutralité carbone, le scénario ZEN suit une approche ascendante consistant à agréger les besoins d'investissement dans tous les sous-secteurs cités précédemment. L'AIE établit une distinction entre les investissements dans le secteur de l'électricité, englobant la production d'énergies renouvelables, la production d'électricité d'origine nucléaire et les réseaux électriques, et les investissements dans les technologies d'utilisation finale couvrant l'efficacité énergétique et l'électrification dans les bâtiments, l'industrie et les transports. Les investissements dans les transports au sein de la catégorie des technologies d'utilisation finale tiennent compte des dépenses consacrées aux batteries et infrastructures de recharge pour les véhicules électriques ainsi qu'à d'autres technologies de transport à faibles émissions. Les investissements dans l'efficacité énergétique sont principalement orientés vers l'amélioration de la consommation d'énergie dans les bâtiments, l'industrie et les transports, en complément des efforts d'électrification visant à réduire l'intensité énergétique dans ces secteurs. Ce chapitre porte essentiellement sur les sous-secteurs de l'électricité et des transports, tous les autres investissements étant classés dans la catégorie « Autres ».

Le scénario ZEN de l'AIE repose sur l'hypothèse que la population mondiale atteindra près de 9.7 milliards d'ici à 2050, soit un TCAC d'à peu près 0.7 % par rapport à 2023, tandis que l'économie mondiale devrait croître au TCAC de 2.7 %, toujours selon ce scénario. À titre de comparaison, dans les scénarios à long terme de l'OCDE, le TCAC du PIB mondial est de 2.0 % sur la même période.

Conformément au scénario ZEN, la capacité de production d'énergie à partir de sources renouvelables doit passer de 4 140 GW en 2023 à 11 000 GW à l'horizon 2030, ce qui revient à la multiplier par 2.7 et correspond à un TCAC de 15 % sur la période. L'énergie solaire photovoltaïque et l'énergie éolienne seront les principaux moteurs de cette expansion (AIE, 2023[16] ; 2023[18]). D'ici à 2050, la capacité de production d'énergie doit atteindre approximativement 29 000 GW selon le scénario ZEN de l'AIE, ce qui corresponds à un TCAC de 7.5 % sur la période 2023–2050. Le scénario ZEN table également sur des réductions de coût des technologies phares d'ici à 2030, les coûts de l'énergie solaire photovoltaïque devant baisser de 40 %, selon les projections, et les coûts de stockage par batterie de 60 % par rapport aux niveaux de 2020, grâce aux avancées technologiques et aux économies d'échelle (AIE, 2023[16] ; 2021[17]).

Les projections des besoins d'investissement au niveau régional sont établies en fonction des structures économiques et des caractéristiques différentes des systèmes énergétiques. Les économies avancées devraient se trouver dans l'obligation de réaliser des investissements initiaux considérables pour réaliser des objectifs à court terme, cet état de fait tenant à la maturité de leurs infrastructures et au niveau actuellement élevé de leurs émissions. Les MEED doivent également investir au plus vite, mais à une échelle bien moindre comparativement aux niveaux d'investissement actuels, pour faire face à une demande d'énergie qui augmente rapidement et combler les déficits d'infrastructure. Les projections tiennent compte des facteurs susmentionnés, à savoir notamment la croissance de la population, les trajectoires de développement économique et la propension à adopter des technologies, et soulignent par là même l'accélération notable que devront opérer les MEED pour atteindre les objectifs de neutralité carbone.

Besoins d'investissement estimés selon les régions

En 2023, les investissements dans les énergies propres se sont chiffrés au total à 1 800 milliards USD à l'échelle mondiale, la contribution des économies avancées ayant représenté 918 milliards USD, celle de la Chine 606 milliards USD, et celle des MEED hors Chine 276 milliards USD. À l'avenir, le montant total des besoins d'investissement dans les énergies propres à satisfaire, au niveau mondial, pour atteindre la neutralité carbone d'ici à 2050 devrait représenter en moyenne 4 100 milliards USD par an de 2026 à 2030, avant de grimper à 4 900 milliards USD sur la période 2031-35 pour se stabiliser à 4 700 milliards USD entre 2036 et 2050 (Graphique 4.3).

Dans les économies avancées, on s'attend à ce que les besoins annuels passent de 1 800 milliards USD (2026–30) à 2 000 milliards USD (2031–35) avant de se replier à 1 700 milliards USD (2036–50). En Chine, ils devraient rester stables jusqu'en 2035, à hauteur de 1 000 –1 100 milliards USD, puis tomber à 900 -1 000 milliards USD sur la période 2036-50. Dans les MEED hors Chine, on anticipe une augmentation des besoins d'investissement qui seraient portés de 1 200 à 1 700 milliards USD, puis 1 900 milliards USD par an sur la période 2036–50.

En 2023, les économies avancées ont réalisé 51 % des investissements totaux dans les énergies propres, la Chine 34 % et les autres MEED à peine 15 %. Parmi les MEED, la Chine a été à l'origine de 69 % des investissements totaux dans les énergies propres en 2023. Ces trois dernières années, le volume de ses investissements dans les énergies non polluantes a progressé au TCAC de 18 %. Une accélération notable des investissements dans les énergies propres de l'ensemble des autres MEED, dont le TCAC a été de 13 % sur les trois dernières années, est en revanche nécessaire pour que ces pays s'engagent sur une trajectoire orientée vers la neutralité carbone. Les investissements annuels des MEED hors Chine doivent être multipliés par quatre, d'ici à 2030, et par sept d'ici à 2050, par rapport à leurs niveaux de 2023.

Graphique 4.3. Estimations des besoins d'investissement annuels par région

Les MEED hors Chine doivent multiplier par quatre leurs investissements dans la transition climatique d'ici à 2030 pour s'engager sur une trajectoire orientée vers la neutralité carbone

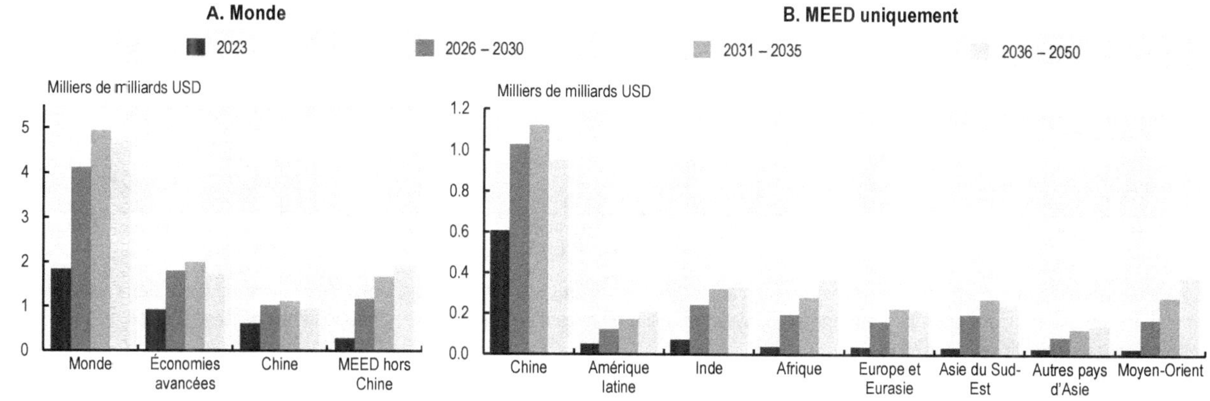

Note : les chiffres correspondent au montant moyen annuel des investissements sur les périodes considérées, sauf pour 2023, où ils correspondent aux investissements réels.
Source : base de données propriétaires de l'AIE.

Estimations des besoins d'investissement futurs par secteur économique

En 2023, la plus large part des investissements dans les énergies propres a été imputable au secteur de l'électricité qui a investi quelque 1 200 milliards USD. Suivant le scénario ZEN, les investissements dans le secteur de l'électricité vont augmenter en moyenne de 2 700 milliards USD sur la période 2031-35 (et représenter 54 % des investissements totaux dans les énergies propres) avant de tomber à 2 300 milliards USD sur la période 2036-50 (soit une part de 49 %). Les investissements dans les transports, qui sont ressortis à 260 milliards USD environ en 2023, devraient atteindre 900 milliards USD entre 2036 et 2050, soit 21 % des investissements totaux dans les énergies propres. Les investissements dans les énergies à faibles émissions devraient progresser considérablement, passant de 19 milliards USD en 2023 à 333 milliards USD sur la période 2036-50, soit 7 % du total investi dans les énergies propres. Dans le même temps, la catégorie « Autres », englobant les investissements dans l'efficacité énergétique et les technologies d'utilisation finale dans les bâtiments et l'industrie, devrait connaître une progression qui la portera de 400 à 1 100 milliards USD sur la même période.

Au sein du secteur de l'électricité, les investissements dans la production d'électricité à faibles émissions passeront de 700 milliards USD en 2023 à 1 600 milliards USD sur la période 2031-35, avant de retomber à 1 000 milliards USD sur la période 2036-50, tandis que les investissements dans les réseaux et le stockage seront portés de 400 à 1 100 milliards USD sur la première période, puis poursuivront leur progression pour atteindre 1 300 milliards USD sur la deuxième, en réponse à l'expansion des besoins d'infrastructures de production et d'intégration d'énergies propres.

Graphique 4.4. Estimations des besoins d'investissement annuels à l'échelle mondiale

D'ici à 2035, les investissements dans la production d'électricité à faibles émissions doivent être multipliés par 2.3 par rapport à leur niveau actuel pour rejoindre une trajectoire menant à la neutralité carbone, et les investissements dans les transports par 3.5

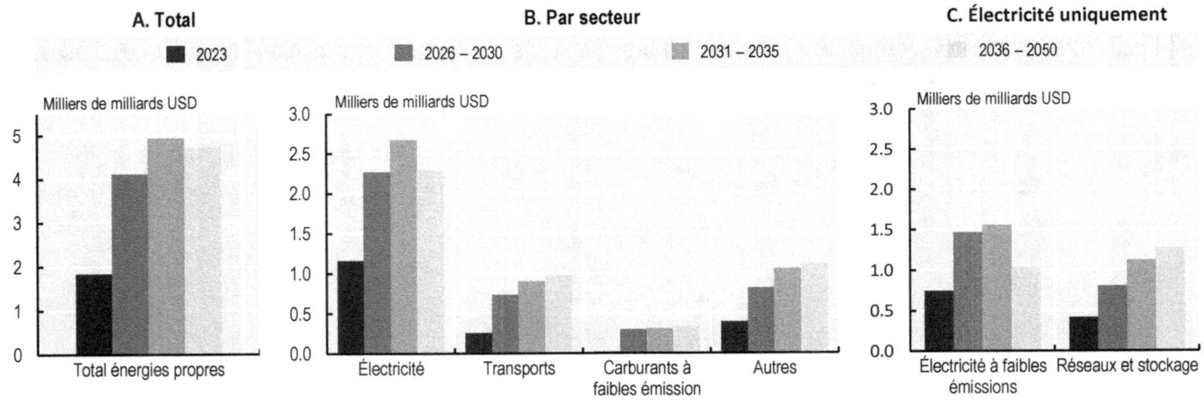

Note : la catégorie « Autres » regroupe les investissements dans l'efficacité énergétique et les technologies d'utilisation finale dans les bâtiments et l'industrie ; les chiffres correspondent au montant moyen annuel des investissements sur les périodes considérées, sauf pour 2023, où ils correspondent aux investissements réels.
Source : base de données propriétaires de l'AIE.

Besoins d'investissement et besoins de financement futurs en faveur de l'adaptation au changement climatique

Il existe des différences notables entre les niveaux actuels d'investissement dans l'adaptation au changement climatique et l'atténuation du changement climatique. Les investissements dans l'atténuation absorbent la majeure partie du financement climatique, leur montant annuel étant supposé avoir excédé 2 000 milliards USD en 2024 (AIE, 2024[3]). Le financement de l'adaptation représente approximativement 7 % du montant total du financement climatique, soit 46 milliards USD par an (CPI, 2023[19]). Les disparités dans la répartition des financements font écho aux enjeux structurels : les projets d'atténuation exigent souvent des technologies à grande échelle générant des flux de recettes visibles alors que les projets d'adaptation nécessitent des interventions localisées et souvent sur mesure, ce qui réduit la probabilité de la survenue d'événements inattendus ou de conséquences négatives de ces événements. Les retombées bénéfiques de ces projets, telles que la diminution du risque de pertes ou de dommages futurs, dépendent de résultats incertains de l'action climatique et, souvent, ne laissent pas escompter de bénéfices tangibles, de sorte qu'ils sont moins attrayants pour les investisseurs du secteur privé (PNUE, 2023[20] ; PNUE, 2024[21]).

Les besoins futurs en termes d'adaptation devraient croître jusqu'à atteindre 140–300 milliards USD par an d'ici à 2030, puis 520 milliards USD d'ici à 2050 (CPI, 2023[19] ; PNUE, 2023[20]). Les études donnent à penser que chaque dollar investi dans l'adaptation génère 4 à 10 USD de bénéfices économiques en permettant de prévenir des dommages dus au changement climatique (CPI, 2023[19]). Tout en reconnaissant l'importance des activités d'adaptation pour la lutte contre le changement climatique, les auteurs de ce chapitre, conscients de la place prépondérante des projets d'atténuation dans l'évaluation des besoins de financement climatique et du rôle plus actif joué par le secteur privé dans leur financement, mettent l'accent sur les investissements dans l'atténuation qui contribuent à la transition climatique mondiale.

Sources de financement des investissements réalisés récemment dans le secteur de l'énergie

La présente section a pour objet d'étudier la structure actuelle du capital des entreprises du secteur de l'énergie (recouvrant les services collectifs énergétiques et liés à l'énergie, tels que définis à l'Annexe 4.A), en se focalisant sur l'utilisation qu'elles font des obligations classiques et durables.

Investissements du secteur public et du secteur privé

En 2023, le secteur public a réalisé 24 % des investissements dans l'atténuation climatique dans les économies avancées, 25 % dans les MEED hors Chine et 33 % en Chine (AIE, 2025[6]). Ces pourcentages sont restés stables ces dernières années quelles que soient les régions. Dans les économies avancées et en Chine, le financement par le secteur public recouvre principalement des dépenses publiques.

Structure du capital des entreprises du secteur de l'énergie

Si les investissements dans l'atténuation du changement climatique couvrent divers secteurs, la suite de l'analyse présentée dans cette section porte essentiellement sur celui de l'énergie. La principale raison en est que les investissements dans la transition climatique réalisés dans ce secteur selon le scénario ZEN de l'AIE sont nettement plus élevés que dans d'autres scénarios ne permettant pas d'atteindre les objectifs de l'Accord de Paris, à savoir notamment le scénario des politiques annoncées (STEPS) ou le scénario des engagements annoncés (APS), ce qui entraîne une augmentation de la taille des marchés dans le secteur de l'énergie. La présente section Évolution des marchés d'actions et d'obligations dans le secteur de l'énergie contient des estimations de l'évolution de la taille des marchés des actions et des obligations d'entreprises du secteur de l'énergie qui en résulte.

En revanche, il ressort de l'édition 2023 des Perspectives des transports (FIT, 2024[22]) que les investissements dans les transports requis pour être en phase avec l'Accord de Paris, conformément au scénario d'ambitions élevées, créent des besoins d'investissement moindres en raison d'une utilisation plus efficiente des infrastructures et du passage à des modes de transport durables. Les besoins annuels d'investissement dans les infrastructures essentielles sont estimés à l'équivalent de 1.7 % du PIB mondial d'ici à 2050 selon le scénario des ambitions inchangées, et les estimations sont à peine moins élevées (1.6 %) selon le scénario d'ambitions élevées. C'est pourquoi il est peu probable que les investissements dans l'atténuation du changement entraînent une augmentation notable de la taille du marché des actions et des obligations.

La structure du capital (autrement dit les parts respectives des différentes sources de financement) des sociétés cotées du secteur de l'énergie et des sous-secteurs — notamment ceux des énergies fossiles et des énergies renouvelables — varie selon la nature de leur modèle économique et du développement du secteur bancaire et des marchés financiers dans les pays où elles exercent leurs activités. La présente section porte sur un échantillon de 1 000 sociétés cotées du secteur de l'énergie et propose une ventilation de leur capital entre obligations, instruments de dette non négociables (et autres passifs) et fonds propres. L'échantillon couvre à peu près la moitié du nombre de sociétés cotées du secteur de l'énergie dans le monde, et près de la moitié des actifs totaux du secteur (voir Annexe 4.A pour de plus amples informations). Si les titres de dette non négociables englobent les prêts bancaires et les contrats de location-financement, les autres passifs se composent par exemple de comptes à payer, de produits différés, d'engagements au titre du régime de retraite et autres avantages postérieurs à l'emploi ou encore d'impôts différés.

Les résultats sont présentés suivant deux méthodes distinctes :

1. la valeur des obligations, titres de dette hors obligations et actions rapportée au montant total des dettes et fonds propres, donnant une idée des instruments de financement utilisés par les entreprises du secteur (Graphique 4.5, Partie A).
2. la valeur des obligations, titres de dette hors obligations, autres passifs et actions rapportée au total des actifs (correspondant à la somme des capitaux propres et des passifs), offrant un tableau plus large des ressources employées par les entreprises pour financer la totalité de leurs actifs (Graphique 4.5, Partie B).

La section « Évolution des marchés d'actions et d'obligations dans le secteur de l'énergie« a pour objet d'établir des estimations de l'évolution des actifs du secteur de l'énergie à partir des besoins d'investissement ressortant du scénario ZEN de l'AIE et, en appliquant le principe fondamental de l'équilibre comptable qui veut que le montant des actifs soit égal à celui des passifs, l'accroissement des actifs du secteur permet d'obtenir, suivant la seconde méthode, le montant total des ressources nécessaires à leur financement.

Graphique 4.5. Structure du capital des entreprises du secteur de l'énergie en 2023

Le financement obligataire est plus répandu dans les économies avancées, les MEED hors Chine recourant davantage au financement par fonds propres.

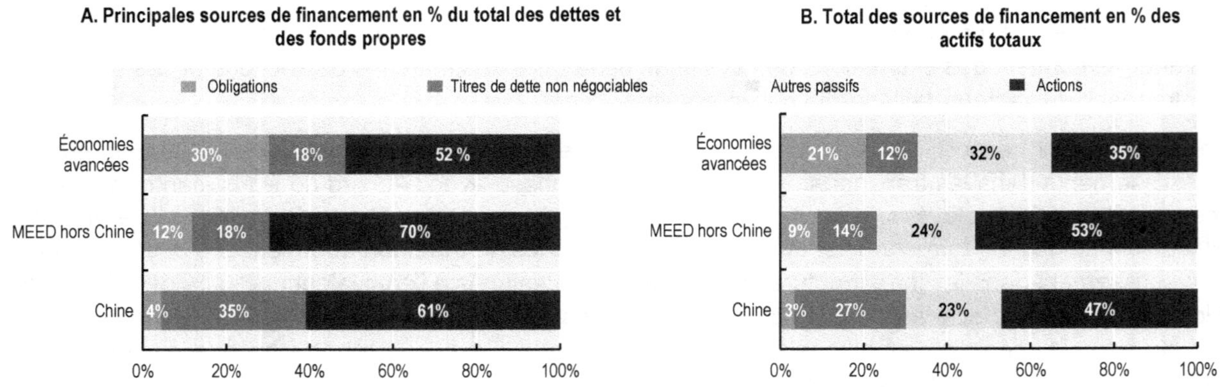

Note : les parts correspondent aux montants totaux au niveau du secteur (autrement dit les très grandes entreprises pèsent plus lourd dans les calculs). Cette analyse est fondée sur les données financières des entreprises de 2023 étant donné que celles de 2024 n'étaient pas encore disponibles pour la plupart des entreprises à la date de publication.
Source : ensemble de données de l'OCDE sur la durabilité des entreprises, LSEG.

En 2023, les entreprises des économies avancées ont eu davantage recours au financement obligataire (qui représente 30 % du total des dettes et des fonds propres) que celles des MEED hors Chine (12 %) et que les entreprises chinoises (4 %). La dette hors obligations a en revanche représenté une part plus grande en Chine (35 %) que dans les économies avancées et les MEED hors Chine (18 %), comme le montre la Partie A du Graphique 4.5. Dans toutes les régions, les fonds propres demeurent la principale source de financement des entreprises, les MEED hors Chine étant la région dans laquelle leur part est la plus importante, soit 70 %. À titre de comparaison, les fonds propres ont assuré 52 % des financements des entreprises dans les économies avancées, contre 61 % en Chine.

Lorsque l'on considère les parts relatives des différentes sources de financement des actifs totaux (en tenant compte des autres passifs), comme dans la Graphique 4.5 Partie B, les différences, d'une région à l'autre, mentionnées précédemment restent cohérentes alors qu'en valeur absolue, la part des obligations et des actions dans le dénominateur, lequel est plus élevé, diminue. Cet effet est plus prononcé dans les économies avancées car la part des autres passifs y est comparativement plus grande. Parmi les raisons qui peuvent expliquer ce constat, figurent notamment des différences au niveau de la complexité des chaînes d'approvisionnement et des modèles de financement ; en effet, les entreprises du secteur de l'énergie des économies avancées s'appuient souvent sur des contrats à long terme et des financements bénéficiant du soutien d'une société, ce qui accroît les produits différés et les comptes à payer. Le mix énergétique dans les économies avancées, dans lequel la part des énergies renouvelables est plus élevée, ce qui exige une diversification des chaînes d'approvisionnement et des fournisseurs, peut également être une partie de l'explication.

Tendances des marchés des obligations d'entreprises et des obligations durables dans le secteur de l'énergie

En 2024, l'encours total de la dette obligataire des entreprises du secteur de l'énergie s'est chiffré à plus de 3 000 milliards USD dans les économies avancées, 504 milliards USD dans les MEED hors Chine et 406 milliards USD en Chine. Et les obligations durables ont représenté dans ces trois régions respectivement 13 %, 10 % et 12 % de l'encours de la dette obligataire des entreprises du secteur de l'énergie.

Elles ont vocation à financer des projets générant des bénéfices environnementaux et sociaux et peuvent être réparties entre deux grandes catégories : les « obligations avec engagement d'affectation du produit » et les « obligations liées à la durabilité » (ICMA, 2022[23]). Les obligations avec engagement d'affectation du produit, comprenant les obligations vertes, sociales et durables (obligations GSS), servent à lever des fonds destinés à être orientés vers des projets spécifiquement éligibles, en lien notamment avec les énergies renouvelables, les transports non polluants ou des initiatives sociales, axées par exemple sur l'accès à des logements abordables. Pour les obligations liées à la durabilité en revanche, le produit de l'émission ne doit pas obligatoirement être affecté à des projets spécifiques, mais les conditions financières sont adaptées en fonction de la réalisation, par l'émetteur, d'objectifs de performance en matière de durabilité. On trouvera à l'Annexe 4.B de plus amples renseignements sur les tendances observées récemment en matière d'émission d'obligations durables.

Graphique 4.6. Encours des obligations d'entreprises et des obligations durables dans le secteur de l'énergie en 2024

L'encours total de la dette obligataire des entreprises s'est chiffré à 4 000 milliards USD à l'échelle mondiale en 2024, les obligations durables ayant représenté plus de 12 % de ce montant

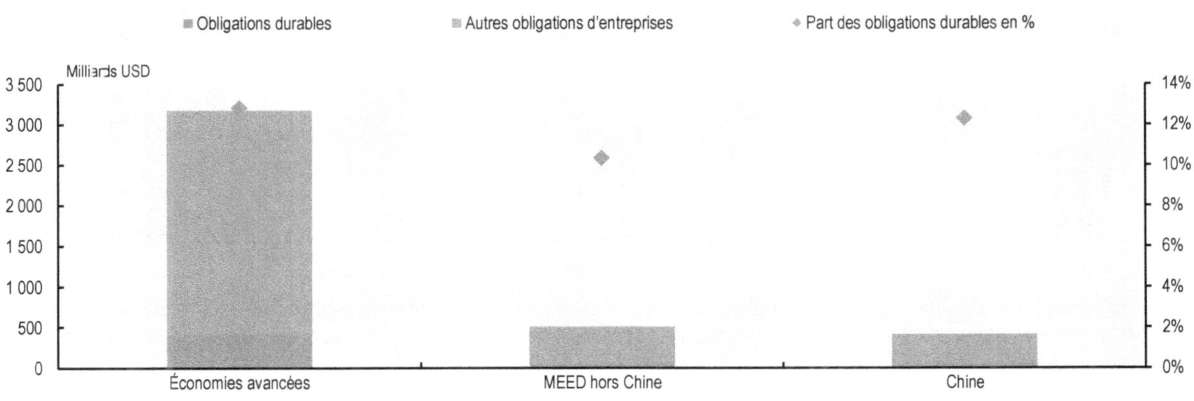

Source : ensemble de données de l'OCDE sur la durabilité des entreprises, LSEG.

Flux financiers transnationaux

Si les marchés financiers locaux apportent une contribution essentielle au financement de la transition climatique, les investissements transnationaux procurent également un complément indispensable : ils permettent en effet de combler des déficits de financement que les ressources intérieures seules ne peuvent effacer, en particulier dans un grand nombre de MEED où les marchés financiers locaux sont relativement peu développés. Dans le secteur privé, l'investissement direct étranger (IDE) peut drainer des financements vers des projets d'atténuation du changement climatique de portée transnationale. Parallèlement, le financement du développement international fournis par les institutions bilatérales et multilatérales officielles apporte un soutien capital pour des projets qui ne seraient peut-être pas viables commercialement.

Investissement direct étranger

Les tendances récentes de l'IDE dans les énergies renouvelables font apparaître un flux croissant de capitaux des économies avancées vers les MEED. En ne tenant compte que du solde net des flux d'investissement entre les deux régions, on constate que l'IDE de création net dans le secteur des énergies renouvelables allant des économies avancées en direction des MEED hors Chine a fortement augmenté en moyenne annuelle puisqu'il est passé de 38 milliards USD sur la période 2019-21 à 103 milliards USD sur la période 2022-23.

Dans le même temps, l'IDE de création net dans les énergies renouvelables en provenance de Chine et à destination des autres MEED, qui s'établissait en moyenne à 2 milliards USD par an entre 2019 et 2022, a bondi à 17 milliards USD en 2023, sur fond de montée et d'instabilité des prix des énergies fossiles, en particulier depuis 2022, et sous l'effet des nouvelles politiques menées au niveau mondial en faveur des objectifs climatiques et de la sécurité énergétique (OCDE, à paraître[24]).

Graphique 4.7. Flux nets d'IDE de création dans les énergies renouvelables à destination des MEED, 2019-23

L'IDE de création net dans les énergies renouvelables en provenance des économies avancées et à destination des MEED progresse rapidement depuis 2022

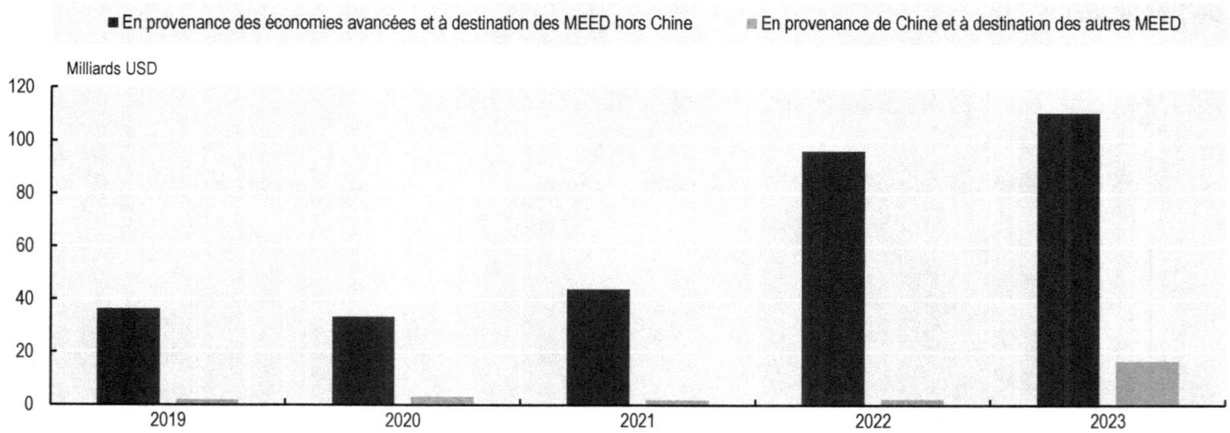

Note : ce chiffre correspond aux dépenses d'investissement annoncées dans les énergies renouvelables. Les énergies renouvelables englobent l'électricité d'origine solaire, éolienne, géothermique, marine, biomasse, hydraulique et l'électricité produite à partir d'autres sources renouvelables (comme l'hydrogène propre)
Source : OCDE, base de données fDi Markets du Financial Times.

Financement climatique fourni et mobilisé par les fournisseurs internationaux

Lors de la 15e session de la Conférence des Parties (COP15) à la Convention-cadre des Nations Unies sur les changements climatiques (CCNUCC) en 2009, les pays développés se sont engagés à atteindre collectivement un objectif de mobilisation de 100 milliards USD par an d'ici à 2020 destinés à financer l'action climatique dans les pays en développement. En 2015, cette échéance a été reportée à 2025. En 2022, les pays développés ont mobilisé et fourni au total 115.9 milliards USD au titre du financement climatique en faveur des pays en développement, et ainsi atteint l'objectif pour la première fois (Graphique 4.8).

Graphique 4.8. Financement climatique fourni et mobilisé par les pays développés en faveur des pays en développement

Le financement climatique en faveur des pays en développement a représenté 115.9 milliards USD en 2022

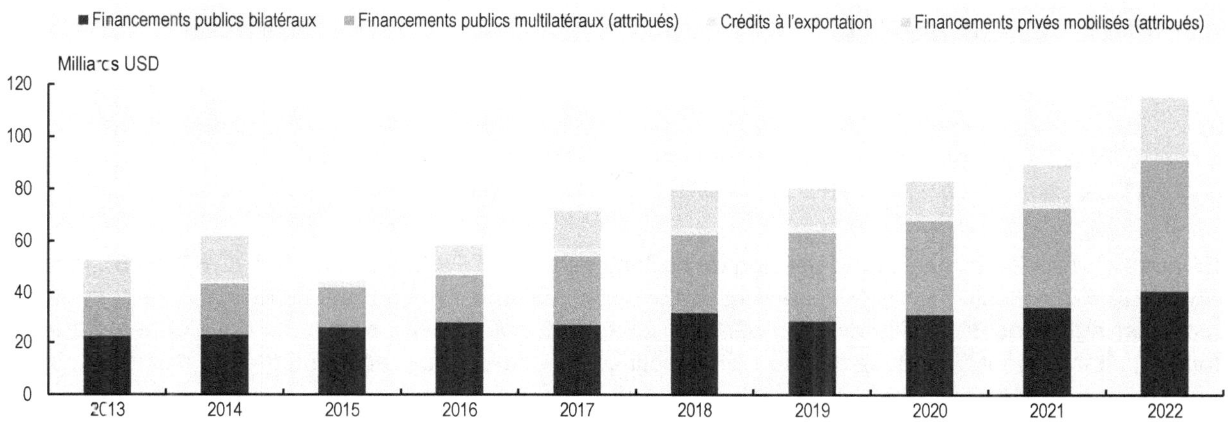

Note : le fait qu'il manque des données dans la série chronologique relative à l'année 2015 pour les financements privés mobilisés est imputable à la mise en œuvre de méthodes de mesure améliorées. Il en découle que les totaux généraux pour les périodes 2016-22 et 2013-14 ne sont pas directement comparables. Le financement climatique public multilatéral et le financement climatique privé mobilisés par les institutions multilatérales prend uniquement en compte la part attribuable aux pays développés.
Source : OCDE (2024[25]), Financement climatique fourni et mobilisé par les pays développés en 2013-2022, https://www.oecd.org/fr/publications/financement-climatique-fourni-et-mobilise-par-les-pays-developpes-en-2013-2022_9db2b91d-fr.html (à partir de rapports biennaux établis à l'intention de la CCNUCC, de statistiques du CAD de l'OCDE et du Groupe sur les crédits à l'exportation et d'un rapport complémentaire destiné à l'OCDE).

Les financements publics, transitant soit par le canal bilatéral, soit par des organisations multilatérales, représentent la majeure partie du financement climatique en faveur des pays en développement En 2020-22, ils ont contribué à hauteur de 83 % au financement climatique total (Graphique 4.9). Le reste est constitué de financements privés, eux-mêmes mobilisés au moyen d'apports publics de financement climatique. En ce qui concerne les axes de l'action climatique, l'atténuation du changement climatique se taille la part du lion, soit 60 % du montant total du financement climatique en faveur des pays en développement, suivie de l'adaptation au changement climatique, 29 %, et des activités transversales, 11 % (Graphique 4.9). L'atténuation bénéficie de 84 % du financement climatique de sources privées mobilisé.

Graphique 4.9. Axes de l’action climatique et sources du financement climatique en faveur des pays en développement sur la période 2020-22

La majeure partie du financement climatique en faveur des pays en développement va à l’atténuation du changement climatique et provient de sources publiques

Source : OCDE (2024[25]), Financement climatique fourni et mobilisé par les pays développés en 2013-2022, https://www.oecd.org/fr/publications/financement-climatique-fourni-et-mobilise-par-les-pays-developpes-en-2013-2022_9db2b91d-fr.html.

En novembre 2024, lors de la 29e session de la Conférence des Parties à la CCNUCC (COP29), le nouvel objectif chiffré collectif pour le financement de l’action climatique a été adopté. Il a vocation à permettre de mobiliser au moins 300 milliards USD par an d’ici à 2035 pour aider les pays en développement à faire face au changement climatique. Ce nouvel objectif se substituera au précédent, de 100 milliards USD par an, à partir de 2026. Cette évolution stratégique réaffirme l’engagement envers les pays en développement à l’appui de la lutte contre le changement climatique et définit des attentes, en termes d’accroissement du financement climatique international, qui seront examinées plus en détail dans la section suivante.

Scénarios de financement des investissements futurs dans la transition climatique

Cette section décrit trois scénarios de financement des investissements futurs dans la transition climatique tous secteurs confondus, chacun offrant au lecteur une perspective différente sur la façon dont les marchés financiers pourraient évoluer en fonction des choix fondamentalement différents des pouvoirs publics et du secteur privé. Il s’agit d’un Scénario de référence (ScR), d’un Scénario reposant sur le secteur public (ScSP) et d’un Scénario reposant sur les marchés financiers (ScMF). Chaque scénario est fondé sur des hypothèses différentes concernant la croissance de l’investissement dans l’atténuation du changement climatique, la répartition de l’investissement entre les secteurs public et privé, le financement climatique en faveur des pays en développement et l’IDE de création. Le Tableau 4.2 donne une vue synthétique des hypothèses sous-jacentes et des indicateurs de résultats sur lesquels des explications plus détaillées figurent dans les sections suivantes et à l’Annexe 4.A.

Ces scénarios n’aboutissent pas à la formulation de recommandations précises à l’intention des pouvoirs publics les invitant à adopter une stratégie en particulier, pas plus qu'ils ne représentent les projections les plus probables des évolutions à venir. En tout état de cause, le ScR peut être considéré comme plus réaliste à court terme, sachant que la situation des marchés financiers se situera, à long terme, quelque part entre les deux extrêmes que représentent le ScSP et le ScMF. Cela étant, l’intérêt de cet exercice d'analyse de scénarios réside pour partie dans le fait qu'il permet d'illustrer combien il serait irréaliste de trop compter soit sur le secteur public, soit sur le secteur privé.

S'en remettre pour l'essentiel à des financements publics pourrait amener à des niveaux (et des dynamiques) intenables d'endettement public. A l'inverse, s'appuyer à l'excès sur le secteur privé pour combler des déficits d'investissement à court et moyen terme exigerait une croissance de l'investissement du secteur privé, nécessairement associée à un alourdissement de la dette émise sur les marchés dans les MEED, qui augmenterait sensiblement par rapport aux niveaux actuels. Cette tentative d'évaluation quantitative des conséquences des stratégies donnant le rôle principal au secteur public par rapport à celles privilégiant le financement sur les marchés financiers permet d'en apprécier la viabilité et de définir des mesures qu'il convient de prendre.

La section suivante décrit le ScR, dans lequel la croissance de l'investissement climatique, la part des investissements du secteur public et l'IDE de création évoluent selon les tendances historiques tandis que les objectifs de financement du développement adoptés lors de la COP29 sont atteints d'ici à 2035 (CCNUCC, 2024[26]). La section qui suit contient une présentation du ScSP, dans lequel les investissements du secteur public sont censés évoluer dans le droit fil des tendances antérieures, et le secteur public intensifie sa participation au financement des besoins à couvrir pour répondre aux attentes, en termes d'investissement dans l'atténuation du changement climatique, prévues dans le scénario ZEN de l'AIE décrit dans la section « Besoins d'investissements climatiques à l'horizon 2030 et 2050« . Les résultats obtenus sont une contribution du secteur public à l'investissement et des ratios dette/PIB variables, qui constituent les indicateurs de résultats selon ce scénario.

Enfin, dans le ScMF, les hypothèses posées sont que les États sont soumis à des limitations du ratio dette/PIB (90 % pour les économies avancées, 60 % pour les MEED hors Chine et 80 % pour la Chine) et que les investissements du secteur privé financés sur les marchés financiers sont à la hauteur des besoins prévus dans le scénario ZEN de l'AIE. Les plafonds pour le ratio dette/PIB correspondent aux deux seuils de déclenchement des mécanismes de réduction de la dette imposés par les nouvelles règles budgétaires de l'UE, fixés à 60 % et 90 % (Parlement européen, 2024[27]). Le ScMF repose également sur l'hypothèse que l'IDE de création est multiplié par trois (en proportion de l'investissement du secteur privé) d'ici à 2035.

Le ScSP et le ScMF sont fondés sur des estimations du ratio dette/PIB de référence émanant de l'OCDE (pour les économies avancées) et du FMI (pour les MEED). Ces chiffres ne prennent pas en compte les dépenses du secteur public allouées à la transition climatique figurant dans le scénario ZEN de l'AIE. C'est pourquoi le financement futur, par le secteur public, des investissements dans la transition climatique conformément au scénario ZEN de l'AIE représente un fardeau supplémentaire, en termes de dette publique, dans l'analyse de scénarios présentée dans ce chapitre. Dans tous les scénarios, le ratio dette publique/PIB est supposé rester à son niveau de référence en l'absence d'investissements dans la transition climatique, abstraction faite des pressions autres s'exerçant sur les finances publiques, comme celles résultant du vieillissement des populations (Guillemette et Turner, 2021[28]).

Tableau 4.2. Hypothèses posées dans le scénario et indicateurs de résultats

	Scénario de référence	Scénario reposant sur le secteur public	Scénario reposant sur les marchés financiers
Croissance de l'investissement climatique du secteur public	Moyenne sur les trois dernières années ; puis baisse	Besoins d'investissement satisfaits (compensation de tout déficit du côté du secteur privé)	Moyenne sur les trois dernières années jusqu'à la limite dette/PIB ; puis croissance nulle
Croissance de l'investissement climatique du secteur privé	Moyenne sur les trois dernières années ; puis baisse	Moyenne sur les trois dernières années ; puis baisse	Besoins d'investissement satisfaits (compensation de tout déficit du côté du secteur public)
Contributions du secteur public/privé (%)	Niveau constant (par rapport à celui à partir de 2023)	Indicateur de résultat	Indicateur de résultat

	Scénario de référence	Scénario reposant sur le secteur public	Scénario reposant sur les marchés financiers
Déficit d'investissement	Indicateur de résultat	Pas de déficit/ Besoins d'investissement prévus dans le scénario ZEN satisfaits	Pas de déficit/ Besoins d'investissement prévus dans le scénario ZEN satisfaits
IDE de création	Constant en proportion de l'investissement du secteur privé	Constant en proportion de l'investissement du secteur privé	Multiplié par trois d'ici à 2035 en proportion de l'investissement du secteur privé
Dette publique/PIB	Indicateur de résultat	Indicateur de résultat avec plafond de 75 % pour les MEED hors Chine	Indicateur de résultat avec des plafonds de 90 % pour les économies avancées, 60 % pour les MEED hors Chine et 80 % pour la Chine
Financement climatique fourni et mobilisé par les fournisseurs internationaux	Croissance linéaire jusqu'à 300 milliards USD en 2035, puis niveau constant	300 milliards USD d'ici à 2035, nouvelle augmentation lorsque les MEED hors Chine auront atteint le plafond dette/PIB	Croissance linéaire jusqu'à 300 milliards USD en 2035, puis niveau constant
Ratio dettes/fonds propres des entreprises du secteur de l'énergie	Niveau constant (par rapport à celui de décembre 2023)	Niveau constant (par rapport à celui de décembre 2023)	Niveau constant pour les économies avancées ; convergence des MEED vers les économies avancées d'ici à 2050
Dette obligataire/dette hors obligations vis-à-vis du secteur privé des entreprises du secteur de l'énergie	Niveau constant (par rapport à celui de décembre 2023)	Niveau constant (par rapport à celui de décembre 2023)	Niveau constant pour les économies avancées ; convergence des MEED vers les économies avancées d'ici à 2050
Taille du marché des actions d'entreprises du secteur de l'énergie	Indicateur de résultat	Indicateur de résultat	Indicateur de résultat
Taille du marché des obligations d'entreprises du secteur de l'énergie	Indicateur de résultat	Indicateur de résultat	Indicateur de résultat

Scénario de référence

Le ScR ne nécessite pas d'investissements dans l'atténuation du changement climatique pour la réalisation des objectifs annuels définis dans le scénario ZEN de l'AIE ; il repose plutôt sur l'hypothèse que l'investissement croît dans un premier temps au taux moyen sur les trois années précédentes (2022–24). La différence entre les projetions des investissements réels et requis correspond au déficit d'investissement et le report des déficits annuels d'une année sur l'autre crée un déficit d'investissement cumulé. Ce scénario simplifié ne rend pas compte de l'accroissement des besoins d'investissement futurs résultant du report de certains investissements au cours de périodes antérieures.

Dans un premier temps, la poursuite des investissements à un rythme égal aux taux de croissance antérieurs crée des déficits de financement dans toutes les régions. Néanmoins, comme le montre le Graphique 4.3, les besoins d'investissement dans la transition climatique diminuent en moyenne après 2035 dans les économies avancées et en Chine, ce qui facilite une réduction, puis finalement, un comblement du déficit d'investissement. Pour les MEED hors Chine, le scénario ZEN de l'AIE prévoit de nouvelles augmentations des besoins d'investissement après 2035.

Dans le ScR, l'hypothèse posée est celle d'une croissance de l'investissement convergeant vers celle du PIB à long terme à mesure que l'écart entre les investissements réels et requis diminue. Une fois que le déficit cumulé est comblé et se transforme en excédent — à savoir, lorsque les investissements réels commencent à excéder les besoins — la croissance de l'investissement ralentit encore pour arriver à une stabilisation de l'excédent, comme dans le cas des économies avancées et de la Chine. Les MEED hors Chine en revanche ne parviennent pas, dans le ScR, à atteindre un déficit cumulé nul en raison de niveaux d'investissement historiquement bas. Leur déficit cumulé s'élèvera à 10 100 milliards USD d'ici à 2050.

Si la croissance de l'investissement en 2025 se poursuit au rythme moyen observé sur les trois dernières années - soit 8 % dans les économies avancées, 13 % dans les MEED hors Chine et 18 % en Chine - les projections des investissements annuels pour 2025 sont inférieures aux niveaux requis de 15 à 20% dans les économies avancées, 5 à 10 %n Chine et 45 à 50 % dans les MEED hors Chine. La croissance comparativement plus faible dans les économies avancées ne les empêche toutefois pas de combler le déficit, grâce aux niveaux d'investissement actuels relativement élevés. La Chine, qui affiche la croissance la plus forte et le déficit le plus faible, devrait combler ce dernier d'ici à 2028 alors que les économies avancées devront attendre 2041.

Le ScR repose sur l'hypothèse que les parts des secteurs public et privé dans les investissements dans l'atténuation du changement climatique ne varient pas par rapport à décembre 2023 et s'inscrivent dans le prolongement des tendances récentes (AIE, 2024[3]). En 2023, le secteur privé a réalisé 76 % des investissements totaux dans les énergies propres dans les économies avancées, 67 % en Chine et 75 % dans les MEED hors Chine.

L'IDE de création à destination des MEED hors Chine reste constant, en pourcentage des investissements du secteur privé, dans les économies avancées et en Chine. Le scénario ne prévoit pas de plafonnement du ratio dette souveraine/PIB et repose sur l'hypothèse que le financement climatique total alloué aux pays en développement augmente de façon linéaire jusqu'en 2035, pour atteindre 300 milliards USD, conformément à ce qui a été convenu lors de la COP29 (CCNUCC, 2024[26]), puis reste constant par la suite. Enfin, les ratios dette/fonds propres et dette obligataire/dette hors obligations des entreprises sont également supposés demeurer aux niveaux de décembre 2023.

Comme dans tous les scénarios, la taille des marchés des actions et des obligations requise pour assurer le financement des investissements futurs liés à l'atténuation du changement climatique est considérée comme un indicateur de résultats. Le Graphique 4.10 présente des projections des investissements annuels réels et requis (axe secondaire) et du déficit ou de l'excédent cumulé qui en résulte (axe primaire).

Graphique 4.10. Scénario de référence : investissements annuels prévus et requis et déficit/excédent cumulé d'investissement

Dans les économies avancées et en Chine, les investissements dans l'atténuation du changement climatique permettront de combler les déficits d'investissement initiaux tandis que dans les MEED hors Chine, le déficit cumulé, à l'horizon 2050, s'établira à 10 100 milliards USD.

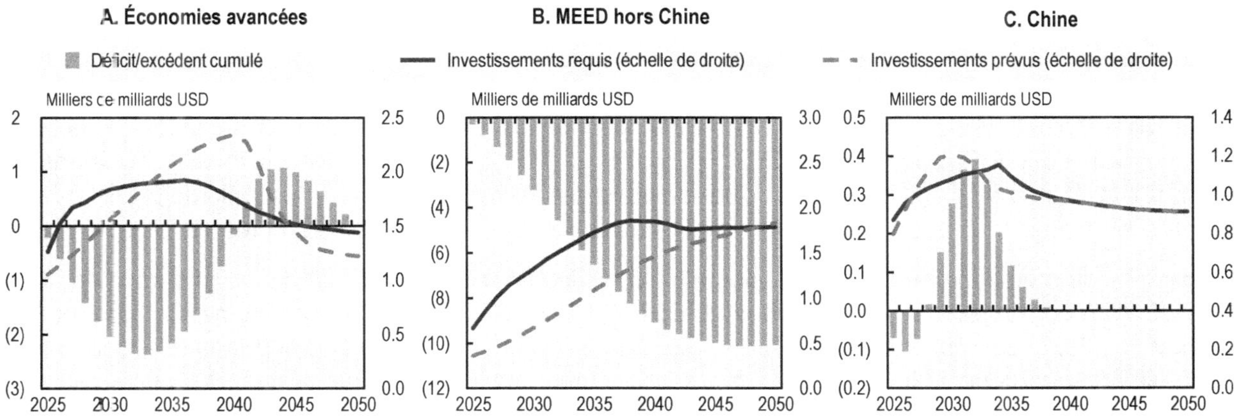

Note : les investissements du secteur public tiennent compte des nouveaux objectifs de financement du développement fixés lors de la COP29 qui a eu lieu en novembre 2024. Le scénario est fondé sur une trajectoire d'accroissement linéaire qui portera le chiffre de 115.7 milliards USD en 2022 à 300 milliards USD en 2035, abstraction faite de la contribution du secteur privé et du financement du développement affecté à l'adaptation au changement climatique qui sont estimés en fonction de leurs parts respectives moyennes sur la période 2019–22 (OCDE, 2024[25]).
Source : OCDE, base de données propriétaires de l'AIE.

Scénario reposant sur le secteur public

Dans le scénario reposant sur le secteur public (ScSP), l'hypothèse posée est que l'investissement du secteur privé continue de croître au rythme moyen observé sur les trois dernières années et que le secteur public procure les financements supplémentaires nécessaires pour répondre aux besoins d'investissement annuels prévus dans le scénario ZEN de l'AIE. Il n'y a donc pas de déficit d'investissement dans ce scénario. Le point de départ de l'analyse est que tous les investissements du secteur public sont financés par la dette publique et non, par exemple, par des impôts supplémentaires.

Contrairement au ScR, le ScSP prévoit une limitation à 75 % du ratio dette publique/PIB pour les MEED hors Chine et repose sur l'hypothèse que tout investissement supplémentaire du secteur public requis au-delà de cette limite est financé par un accroissement des contributions des économies avancées au financement du développement. Le Graphique 4.11 illustre les projections qui en découlent.

Si selon le ScSP, une augmentation des investissements du secteur public est nécessaire dans un premier temps dans toutes les régions, c'est dans les MEED hors Chine qu'elle est la plus marquée. Dans les économies avancées, la part du secteur public dans les investissements totaux dans l'atténuation du changement climatique passe de 24 % en 2023 à 37 % en 2025, puis 44 % en 2026 et 2027, avant de diminuer progressivement à partir de 2028, ce qui suppose un TCAC des investissements du secteur public dans l'atténuation du changement climatique de 46 % sur la période 2023-25. En Chine, la part des investissements du secteur public devrait être portée de 33 % du montant total des investissements en 2023 à 38 % en 2025, avant d'entamer un mouvement de repli, ce qui donne un TCAC de 29 % sur la période 2023-25.

Pour satisfaire leurs besoins d'investissement, les MEED hors Chine devraient accroître les investissements du secteur public à un TCAC de plus de 129 % entre 2023 et 2025 pour pouvoir réaliser les investissements requis selon le scénario ZEN de l'AIE. Ils devraient également porter la part des investissements du secteur public de 25 % en 2023 à 59 % en 2025. Cette part demeure élevée, soit 63 à 65 % sur la période allant de 2026 à 2028, avant de décliner progressivement. Les MEED hors Chine atteindraient en outre leur plafond dette/PIB fixé à 75 % d'ici à 2041, ce qui exigerait, de la part des économies avancées, des apports supplémentaires de 1 600 milliards USD au titre du financement du développement entre 2041 et 2050 (soit 162 milliards USD par an en moyenne) destinés à combler le déficit d'investissement de ces pays dans l'atténuation du changement climatique.

Compte tenu du rôle central joué par le secteur public dans ce scénario et de la capacité plus grande des États à émettre des titres de dette en raison du niveau relativement plus bas des taux d'intérêt nationaux, aucune limitation du ratio dette/PIB n'a été fixée pour les économies avancées, ni pour la Chine. Pour financer leurs besoins d'investissement nationaux et contribuer au financement du développement qu'il est envisagé d'octroyer aux MEED hors Chine, les économies avancées devraient, selon les projections, voir leur ratio dette/PIB progresser de 25 %, et passer de 115 % en 2024 à 139 % d'ici à 2050. De même, pour que la Chine réussisse à couvrir ses besoins d'investissement nationaux, son ratio dette/PIB devrait, d'après les projections, augmenter de 41 %, et grimper de 90 % à 131 % sur la même période.

Le ScSP – de même que le ScMF – repose sur des estimations du ratio dette/PIB de référence émanant de l'OCDE (pour les économies avancées) et du FMI (pour les MEED). Ces chiffres ne prennent pas en compte les dépenses du secteur public allouées à la transition climatique figurant dans le scénario ZEN de l'AIE. C'est pourquoi le financement futur, par le secteur public, des investissements dans la transition climatique conformément au scénario ZEN de l'AIE représente un fardeau supplémentaire, en termes de dette publique, dans l'analyse de scénarios présentée dans ce chapitre. Il importe également de noter que cette analyse ne prend pas en considération les pressions autres qui s'exercent sur le secteur public, notamment celles résultant du vieillissement des populations, qui, par nature, font peser sur les finances publiques un fardeau difficile à porter (Guillemette et Turner, 2021[28]). Un surcroît de tensions sur les dépenses, y compris l'augmentation des dépenses de défense, peut encore amplifier les difficultés budgétaires. Les ratios d'endettement indiqués dans ce chapitre, qui tiennent généralement compte de la dette brute des administrations publiques, ne sont pas directement comparables à ceux présentés dans le premier chapitre, lequel ne porte que sur la dette négociable des administrations centrales.

Parce que la présente analyse a pour objet de dégager des enseignements globaux et de vaste portée, elle ne tire pas de conclusions au niveau des pays. Comme indiqué par le FMI (2024[29]), les pays en développement dont les notations de crédit sont les plus basses et qui affichent des ratios dette/PIB relativement élevés se heurtent à des difficultés particulières pour financer leur dette et, de ce fait, pour mobiliser les investissements nécessaires dans la transition climatique.

Graphique 4.11. Solution apportée par le secteur public : contributions à l'investissement dans l'atténuation du changement climatique et limitation du ratio dette/PIB

Si toutes les régions doivent dans un premier temps accroître les investissements du secteur public, c'est dans les MEED hors Chine que cet accroissement doit être le plus notable.

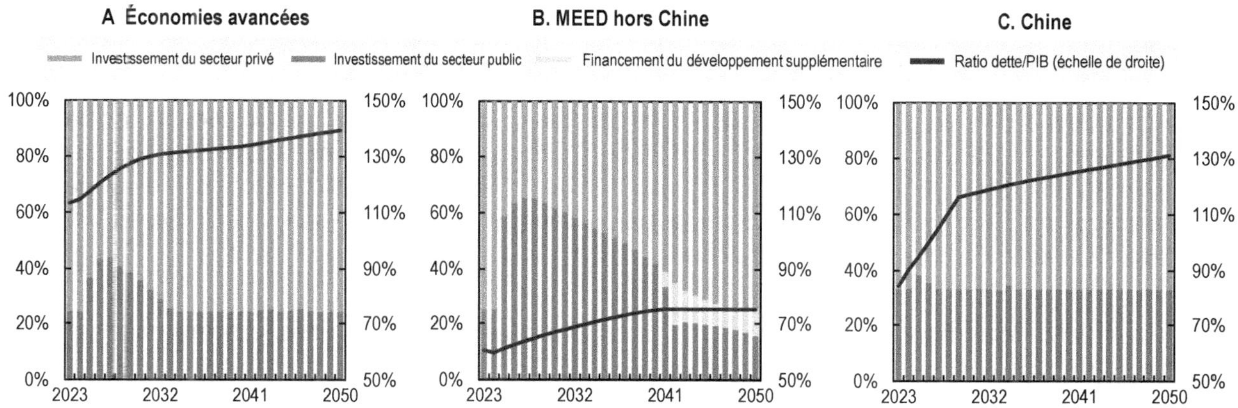

Note : les investissements du secteur public tiennent compte des nouveaux objectifs de financement du développement fixés lors de la COP29 qui a eu lieu en novembre 2024. Le scénario est fondé sur une trajectoire d'accroissement linéaire qui portera le chiffre de 115.7 milliards USD en 2022 à 300 milliards USD en 2035, abstraction faite de la contribution du secteur privé et du financement du développement affecté à l'adaptation au changement climatique estimés en fonction de leurs parts respectives moyennes sur la période 2019–22 (OCDE, 2024[25]).
Source : OCDE, base de données propriétaires de l'AIE.

Scénario reposant sur les marchés financiers

Le ScMF repose sur l'hypothèse que les projections d'investissements sont conformes aux besoins annuels décrits dans le scénario ZEN de l'AIE. À la différence du ScR et du ScSP, le ScMF impose une limitation du ratio dette souveraine/PIB à 90 % pour les économies avancées, et 80 % dans le cas de la Chine. Comparativement au ScSP, le ScMF prévoit une limite plus basse pour les MEED hors Chine (60 %). Ces chiffres correspondent aux deux seuils de déclenchement des mécanismes de réduction de la dette instaurés par les règles budgétaires de l'UE, fixés à 60 % et 90 % du ratio dette/PIB (Parlement européen, 2024[27]).

Lorsque la limite dette/PIB est atteinte, le déficit d'investissement résiduel est comblé au moyen d'investissements privés financés sur les marchés financiers. C'est pourquoi la répartition entre les contributions des secteurs public et privé demeure inchangée tant que la limite dette/PIB n'est pas atteinte, après quoi ces contributions deviennent des indicateurs de résultats correspondant aux concours nécessaires pour concrétiser les objectifs d'atténuation du changement climatique. Atteindre les niveaux d'investissement requis exigera, dans les MEED hors Chine, un TCAC des investissements du secteur privé d'approximativement 61 % entre 2023 et 2025. La limitation du ratio dette/PIB dans les économies avancées et en Chine bride l'investissement du secteur public en 2025, au début de la période considérée, nécessitant par là même des TCAC des investissements du secteur privé de 36 % et 46 %, respectivement, sur la même période. Le fait que ce taux soit plus élevé pour la Chine est imputable à la contribution historiquement plus importante du secteur public au financement de l'atténuation du changement climatique (33 % en 2023 contre 24 % dans les économies avancées).

L'IDE de création, rapporté aux investissements du secteur privé, est supposé tripler d'ici à 2035, à la faveur d'une facilité censément accrue des sociétés financières et non financières à réaliser des investissements transnationaux d'après le ScMF. Pour le financement du développement, les chiffres sont les mêmes que dans le ScR, soit un accroissement linéaire jusqu'à 300 milliards USD d'ici à 2035.

Dans le ScMF, les parts respectives du financement sur les marchés des actions et des obligations et par des titres de dette non négociables dans les MEED hors Chine devraient converger vers celles observées dans les économies avancées d'ici à 2050. L'hypothèse implicite est que la qualité du cadre réglementaire régissant les marchés financiers dans les MEED hors Chine va égaler celle qui prévaut dans les économies avancées. En décembre 2023, la structure de financement dans le secteur de l'énergie était la suivante dans les économies avancées : 52 % d'actions, 30 % d'obligations et 18 % de titres de dette non négociables. Dans les MEED hors Chine en revanche, elle reposait davantage sur les actions (70 %) et moins sur les obligations (12 %) et les titres de dette non négociables (18 %).

Le Graphique 4.12 illustre l'évolution des sources de financement des sociétés cotées du secteur de l'énergie dans les MEED hors Chine à partir de 2023. S'il faudrait que le montant total des financements à long terme soit multiplié par 3.8 d'ici à 2050 ou augmente au TCAC de 5.0 %, la taille des marchés obligataires devrait être multipliée par 9.7 sur la même période, soit un TCAC de 8.8 %. Or, le TCAC du PIB devrait s'établir à 2.5 % selon les projections.

Graphique 4.12. Solution apportée par les marchés financiers : évolution des sources de financement dans le secteur de l'énergie dans les MEED hors Chine

Tandis que le recours aux instruments de financement à long terme devrait être multiplié par 3.8 (soit un TCAC de 5.0 %) dans les MEED hors Chine entre 2023 et 2050, c'est par 9.7 (soit un TCAC de 8.8 %) que la taille des marchés obligataires devrait être multipliée sur la même période

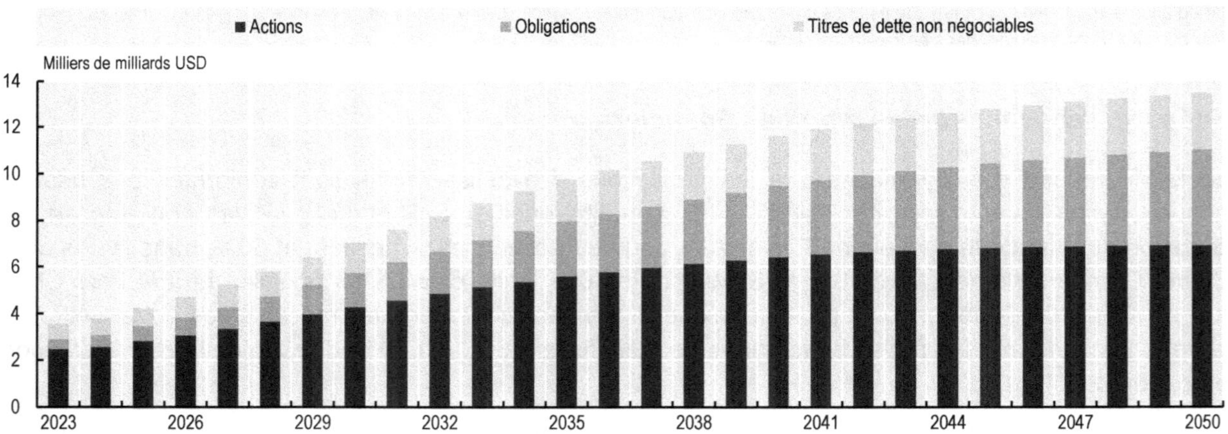

Note : les chiffres ne tiennent pas compte des passifs autres que les dettes. La valeur des fonds propres est la valeur comptable.
Source : OCDE, base de données propriétaires de l'AIE, LSEG.

L'analyse présentée dans le Graphique 4.12 ci-avant porte tout d'abord sur la valeur comptable des obligations et des titres de dette hors obligations des sociétés cotées du secteur de l'énergie en décembre 2023, ainsi que sur la valeur comptable de leurs actions (pour en savoir plus sur la structure de leur capital, se reporter à la section « Structure du capital des entreprises du secteur de l'énergie »). Elle tient compte des nouveaux financements par l'emprunt et par capitaux propres nécessaires pour répondre aux besoins d'investissement dans les énergies propres et les actifs énergétiques à fortes émissions d'après le scénario ZEN de l'AIE. Aux fins de l'analyse, l'hypothèse posée est que les entreprises dégageront chaque année un bénéfice (autrement dit que les produits seront supérieures aux charges), de sorte qu'elles seront en mesure de réinvestir l'équivalent du montant des amortissements, qui resteront constants, en pourcentage des actifs non courants, tout au long de la période. Les sources de financement par fonds propres peuvent être, dans le cadre de l'analyse, soit des bénéfices réinvestis, soit des capitaux levés via l'émission d'actions nouvelles ; il n'y a donc pas d'hypothèse relative à la rentabilité future des entreprises du secteur de l'énergie.

Analyser le secteur de l'énergie dans son ensemble suppose en effet de considérer qu'à mesure que la base d'actifs énergétiques combinés (composée d'actifs à faibles et à fortes émissions) se déprécie, les actifs existants sont progressivement remplacés par des actifs à faibles émissions dont la part croît de conserve avec les parts respectives des actifs à faibles et à fortes émissions dans les investissements prévus selon le scénario ZEN de l'AIE. De plus, le ScMF repose sur l'hypothèse que les sociétés cotées financent à hauteur de 90 % la totalité des investissements futurs du secteur privé (comme indiqué précédemment, les actifs en fonds propres et les capitaux engagés représentent approximativement 10 % des marchés d'actions et d'obligations).

Investissements transnationaux et financement climatique procuré par les fournisseurs internationaux

Tous les scénarios tiennent compte des investissements transnationaux dans les MEED hors Chine en minorant les besoins d'investissement nationaux de ces pays (tels que définis selon le scénario ZEN de l'AIE) d'un montant calculé à partir des entrées nettes d'IDE de création en provenance des économies avancées et de Chine. Les flux nets d'IDE entre les économies et la Chine ont été exclus des trois scénarios en raison de leurs niveaux historiquement bas, le montant annuel moyen des flux nets d'investissement dans les énergies renouvelables étant resté inférieur à 400 millions USD entre 2020 et 2023. Les flux d'IDE entre les économies avancées ne sont pas pris en considération car dans les scénarios, celles-ci sont considérées comme un seul groupe, à l'instar des MEED.

Dans les ScR et le ScSP, l'IDE de création est supposé rester constant, en pourcentage des investissements du secteur privé, dans les économies avancées et en Chine. En 2022-24, l'IDE dans les énergies renouvelables à destination des MEED hors Chine a représenté en moyenne 12.7 % des investissements nationaux dans les énergies propres en provenance des économies avancées, et 3 % de ceux provenant de Chine. Ces pourcentages sont appliqués aux investissements réels dans le secteur de l'énergie en 2023 et aux investissements prévus selon le ScR et le ScSP pendant les années ultérieures. Cette méthode permet d'obtenir des estimations de l'IDE non seulement dans les énergies renouvelables, mais aussi dans toutes les autres technologies à prendre en considération dans l'analyse.

Dans le ScMF, la part de l'IDE de création va être multipliée par trois d'ici à 2035, pour atteindre environ 38 % dans les économies avancées et 9 % en Chine. Selon les estimations, l'IDE de création total à destination des MEED hors Chine s'est chiffré à environ 127 milliards USD en 2023, dont 110 milliards USD (soit 87 %) provenant des économies avancées et 17 milliards USD (soit 13 %) de Chine (Graphique 4.7).

Le Graphique 4.13 retrace l'IDE de création à destination des MEED hors Chine dans les trois scénarios. Dans le ScMF, l'IDE de création progresse jusqu'à atteindre un point culminant, soit 622 milliards USD, en 2035 (autrement dit le montant atteint en 2023 multiplié par 4.9) avant de se stabiliser dans la durée aux alentours de 475 milliards USD (correspondant au montant de 2023 multiplié par 3.7). Dans le ScR et le ScSP en revanche, le montant de l'IDE de création n'augmente pas au-delà de 250 milliards USD et finit par se stabiliser aux environs de 150 milliards USD. Cette évolution est à rapprocher de celle observée au cours de la dernière décennie, à savoir une multiplication à peu près par cinq (OCDE, à paraître[24]).

Le financement du développement affecté à l'action climatique est supposé suivre une trajectoire ascendante linéaire dans les trois scénarios, pour atteindre, d'ici à 2035, le nouvel objectif chiffré collectif pour le financement de l'action climatique approuvé lors de la COP29. Le ScSP est le seul dans lequel un financement du développement supplémentaire affecté à l'action climatique est fourni par les économies avancées aux MEED hors Chine à partir du moment où ces pays atteignent leur plafond dette/PIB supposément fixé à 75 %. L'analyse porte principalement sur le financement climatique procuré par le secteur public (par le canal bilatéral ou par celui des institutions multilatérales) en faveur de l'atténuation du changement climatique. Elle exclut donc du total pris en compte au regard du nouvel objectif chiffré collectif pour le financement de l'action climatique les investissements du secteur privé mobilisés grâce au financement climatique public (ceux-ci étant assimilés à de l'IDE), ainsi que tout investissement dans l'adaptation au changement climatique qui ne relève pas du périmètre des scénarios.

Graphique 4.13. IDE de création à destination des MEED hors Chine pour tous les scénarios

L'IDE de création se stabilise aux alentours de 475 milliards USD dans le ScMF (soit une multiplication par 3.7 du montant atteint en 2023), alors qu'il demeure stationnaire, aux environs de 150 milliards USD dans le ScR et le ScSP jusqu'en 2050

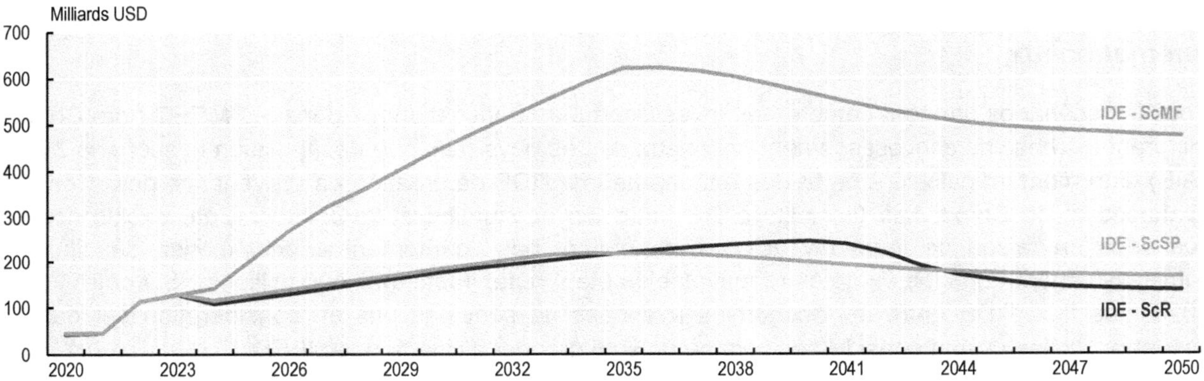

Source : OCDE, base de données propriétaires de l'AIE.

Le financement du développement consacré à l'action climatique vient alléger le fardeau pesant sur le secteur public dans les MEED hors Chine dans tous les scénarios en même temps qu'il fait croître le ratio dette/PIB des économies avancées dont il provient. L'émission de dettes liées au financement du développement est attribuée aux économies avancées dans les trois scénarios, et ce, principalement pour quatre raisons : (i) une partie du financement du développement prend la forme de dons ou d'apports assortis de conditions libérales qui ne créent aucun endettement ou qui donnent lieu à une dette dont le service est plus facile à assumer ; (ii) une partie des prêts octroyés au titre du financement du développement servent à financer directement des projets, et ne créent pas de dette publique dans les MEED ; (iii) affecter les émissions de dettes liées au financement du développement à la fois aux économies avancées et aux MEED reviendrait à comptabiliser deux fois le même investissement ; (iv) ce chapitre porte essentiellement sur le développement des marchés obligataires, et les prêts octroyés aux gouvernements des MEED n'entrent pas dans ce périmètre. En conséquence, le ratio dette/PIB des économies avancées devrait atteindre, selon les projections, 139 % d'ici à 2050 dans le ScSP, contre 136 % dans le ScR.

Le Graphique 4.14 donne un aperçu du montant du financement du développement de référence (conforme aux objectifs de la COP29) dans tous les scénarios, ainsi que du surcroît nécessaire selon le ScSP.

Graphique 4.14. Financement du développement affecté à l'atténuation du changement climatique dans les MEED hors Chine

D'après les projections établies selon le ScSP, les MEED hors Chine auront besoin, sur la période 2041-50, de 162 milliards supplémentaires par an en moyenne au titre du financement du développement par le secteur public lorsque leur ratio dette/PIB aura atteint le plafond de 75 % en 2040.

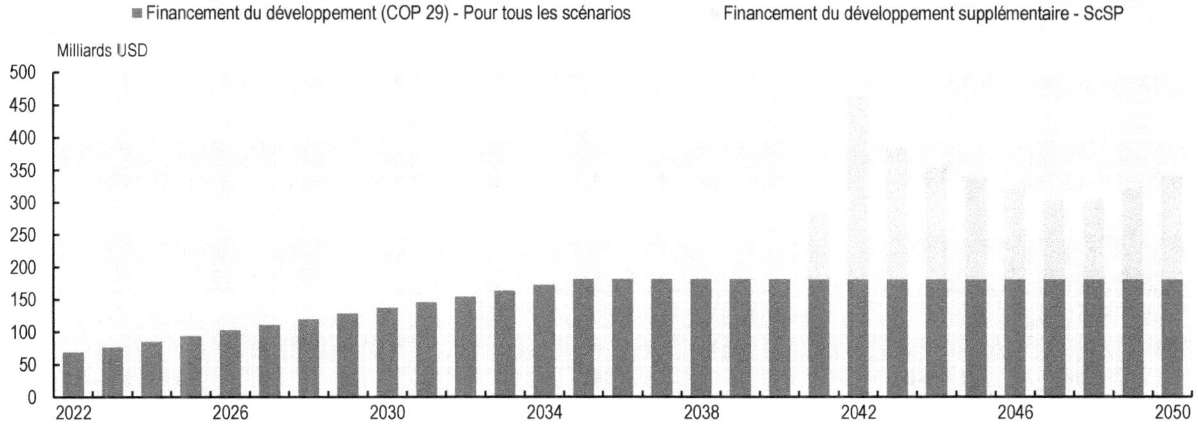

Source : OCDE, base de données propriétaires de l'AIE.

Évolution des marchés d'actions et d'obligations dans le secteur de l'énergie

Les invest ssements s'accompagnent, dans chacun des scénarios, d'une évolution différente des marchés d'actions et d'obligations dans les trois régions sur lesquelles porte l'analyse exposée dans le présent chapitre. Le part de chaque source de financement — actions, obligations, titres de dette hors obligations et autres passifs — dans le secteur de l'énergie a été déterminée au moyen d'une analyse de la structure du capital menée sur un échantillon d'un millier d'entreprises du secteur de l'énergie choisies de façon aléatoire (voir section précédente « Structure du capital des entreprises du secteur de l'énergie»).

La dette obligataire rapportée aux actifs totaux ressort à 21 % dans le secteur de l'énergie dans les économies avancées, 9 % dans les MEED hors Chine et 3 % en Chine. Dans les MEED hors Chine, ce pourcentage reste constant dans le ScR et le ScSP, mais se rapproche de celui qui caractérise la structure du capital des entreprises des économies avancées dans le ScMF, jusqu'à le rejoindre à l'horizon 2050.

Le point de départ de la projection présentée dans cette section concernant les marchés est la valeur de marché des actions et l'encours obligataire total en décembre 2024. L'analyse intègre ensuite les investissements dans les énergies propres et les actifs énergétiques à fortes émissions prévus par le scénario ZEN de l'AIE en partant de l'hypothèse d'amortissements constants en pourcentage des actifs non courants. Comme dans le Graphique 4.12, il en découle que le montant des amortissements est effectivement « réinvesti » et que la diminution prévue des investissements dans les actifs à fortes émissions compense partiellement l'augmentation des besoins d'investissement dans les énergies propres. Le réinvestissement peut s'effectuer soit directement, par l'intermédiaire d'une entreprise active à la fois dans le secteur des énergies fossiles et des énergies propres, soit indirectement, par l'intermédiaire d'un investisseur qui réoriente les rendements financiers produits par des entreprises du secteur des énergies fossiles vers des entreprises tournées vers les énergies propres.

Évolution des marchés d'obligations dans le secteur de l'énergie

Les graphiques suivants dépeignent l'évolution des marchés d'actions et d'obligations dans les trois scénarios et dans les trois régions considérées. Dans le Graphique 4.15, l'analyse tient compte de données de 2024 relatives aux obligations émises par des sociétés cotées et non cotées du secteur de l'énergie, en partant du principe, pour dresser un tableau de l'évolution du marché obligataire dans son ensemble, que le montant de l'encours obligataire des sociétés non cotées croît au même rythme que celui des sociétés cotées. Tous les scénarios reposent sur l'hypothèse que 10 % du financement sur fonds propres et du financement par des instruments de dette non négociables sont imputables à des sociétés non cotées (comme indiqué plus loin, les actifs en fonds propres et capitaux engagés représentent approximativement 10 % des marchés d'actions et d'obligations).

Graphique 4.15. Développement du marché d'obligations d'entreprises du secteur de l'énergie pour tous les scénarios

Le volume total des marchés obligataires du secteur de l'énergie dans les MEED hors Chine devrait être multiplié par 9.6 (soit un TCAC de 9.1 %) selon le ScMF et porté d'environ 500 milliards USD en 2024 à 4 900 milliards USD

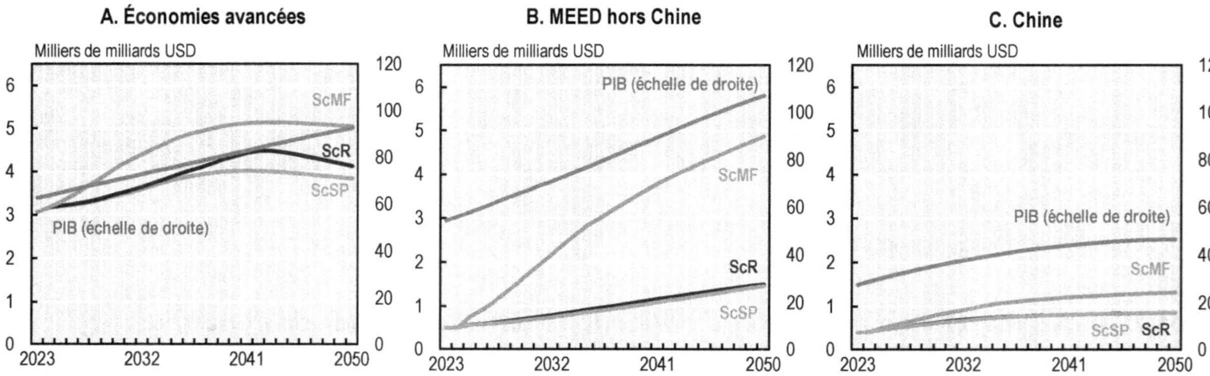

Note : le PIB est exprimé en volume à PPA de 2015. Les tendances de l'encours obligataire dans le ScR et le ScSP se superposent dans les Parties B et C.
Source : OCDE, base de données propriétaires de l'AIE, LSEG.

En décembre 2024, les marchés obligataires du secteur de l'énergie représentaient 3 200 milliards USD dans les économies avancées et ce chiffre devrait, selon les projections, monter à respectivement 4 100, 3 800 et 5 000 milliards USD selon les scénarios ScR, ScSP et SMF d'ici à 2050. Leur valorisation serait ainsi multipliée par 1.3, 1.2 et 1.6, ce qui correspondrait à des TCAC de 1.0 %, 0.7 % et 1.8 %, respectivement. Cette expansion est inférieure à la progression du PIB prévue, au TCAC de 1.4% sur la même période. Elle s'inscrit dans le droit fil d'une tendance de long terme dans les économies avancées, se caractérisant par le fait que la croissance du PIB n'exige pas un accroissement proportionnel de la consommation d'énergie, ce que rendent possible les gains d'efficience, un redéploiement structurel au profit de secteurs à moins forte intensité énergétique et des évolutions au niveau des sources d'énergie utilisées favorisant une expansion économique soutenue compatible avec la modération de la demande d'énergie (AIE, 2023[30] ; AIE, 2023[31]).

Dans les MEED hors Chine, les marchés obligataires ont été évalués à 500 milliards USD en 2024 et ils doivent atteindre respectivement 1 500 milliards USD selon le ScSP, autrement dit voir leur taille multipliée par 2.9, soit un TCAC de 4.2 %, et 4 900 milliards USD selon le ScMF, correspondant à une multiplication par 9.6 et un TCAC de 9.1 %. Or, le TCAC du PIB devrait s'établir à 2.5 % selon les projections.

En Chine, les marchés obligataires du secteur de l'énergie ont représenté 400 milliards USD en 2024 et devrait se hisser à 900 milliards USD selon le ScR et le ScSP, et 1 300 milliards USD selon le ScMF d'ici à 2050. Leur taille serait ainsi multipliée par 2.1 et 3.2 respectivement, soit des TCAC de 2.9 % et 4.6 %. Or, le TCAC du PIB devrait ressortir à 1.8 % selon les projections.

Pour replacer ces données dans leur contexte, le montant total de l'encours des obligations d'entreprise s'établissait à 35 000 milliards USD en décembre 2024 (voir le chapitre 2) et la valorisation des marchés mondiaux d'actions à 113 000 milliards USD, en chiffres cumulés, en décembre 2023. En outre, les actifs en fonds propres et capitaux engagés se sont chiffrés à 13 000 milliards USD à la fin du premier semestre de l'année 2023 (McKinsey, 2024[32]).

Évolution des marchés d'obligations durables d'entreprises du secteur de l'énergie

En décembre 2024, la valorisation des obligations durables d'entreprises du secteur de l'énergie ressortait à 408 milliards USD dans les économies avancées (soit 13 % du total des obligations du secteur de l'énergie), 52 milliards USD dans les MEED hors Chine (10 %) et 50 milliards USD en Chine (12 %). Les chiffres qui suivent sont des estimations de la taille du marché des obligations durables par région établies en partant du principe que ce marché assure l'intégralité du financement des nouveaux investissements dans les énergies propres. Les investissements dans des actifs à fortes émissions sont censés, selon le scénario ZEN de l'AIE, être financés par des obligations classiques. Enfin, l'analyse présentée dans ce chapitre repose sur l'hypothèse que l'extinction des obligations classiques existantes survient selon une trajectoire linéaire sur la base de deux fois leur échéance moyenne pondérée en fonction de la valeur, à savoir 13.7 ans dans les économies avancées, 9.6 ans dans les MEED hors Chine et 5.4 ans en Chine. Le Graphique 4.16 représente la taille du marché des obligations durables par région dans chacun des scénarios.

Dans les économies avancées, la taille des marchés des obligations durables du secteur de l'énergie devrait, selon les projections, être multipliée par 9.5 dans le ScR, 9.2 dans le ScPP et 11.6 dans le ScMF, ces chiffres correspondant respectivement à des TCAC de 9.1 %, 8.9 % et 9.9 %. Dans les MEED hors Chine, la taille des marchés d'obligations durables devrait être multipliée par 25.1 selon le ScSP et 84.6 selon le ScMF. Cette évolution traduit la convergence supposée vers la structure du capital qui prévaut dans les économies avancées, le recul de la part des actions dans le financement total étant contrebalancé par la montée en puissance du financement obligataire (comme l'illustre le Graphique 4.15). Les TCAC pour les marchés d'obligations durables s'établissent à 13.2 % dans le ScSP et 18.6 % dans le ScMF. En Chine, la taille des marchés d'obligations durables du secteur de l'énergie devrait, selon les projections, être multipliée par 16.8 dans le ScR, 16.7 dans le ScPP et 25.9 dans le ScMF, ces chiffres correspondant respectivement à des TCAC de 9.14 %, 8.9 % et 9.9 %.

Le Graphique 4.17 représente les parts, en valeur absolue et en valeur relative, des marchés des obligations durables et classiques selon le ScMF. Dans les économies avancées, la part des marchés d'obligations durables d'entreprises du secteur de l'énergie dans le total des marchés obligataires du secteur doit grimper de 13 % en 2024 à 94 % d'ici à 2050. Sur la même période, les marchés d'obligations classiques devraient, selon les projections, se contracter, leur valorisation état ramenée de 2 700 milliards USD à 300 milliards USD, correspondant à un TCAC de -7.9 %.

Graphique 4.16. Développement du marché d'obligations durables pour tous les scénarios

Le volume total des marchés d'obligations durables dans les MEED hors Chine serait multiplié par 84.6 (soit un TCAC de 17 %) dans le ScMF

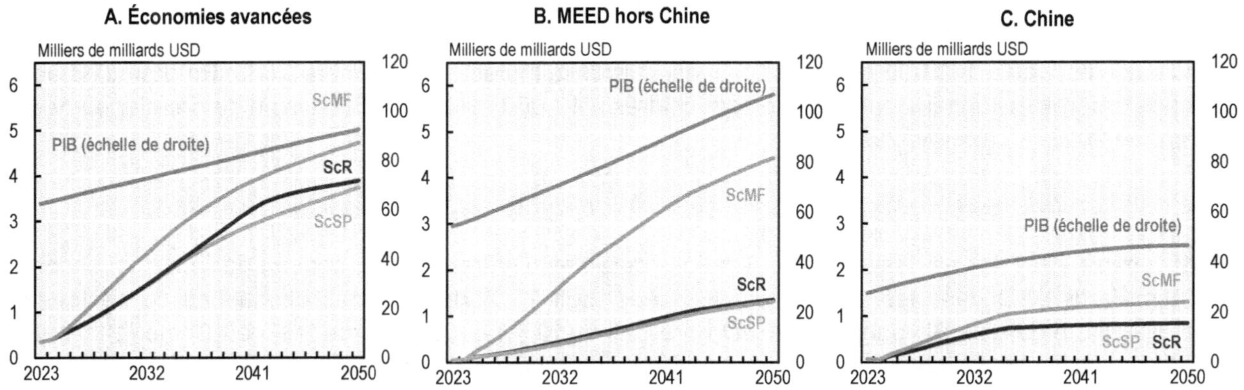

Note : le PIB est exprimé en volume à PPA de 2015. Les tendances de l'encours d'obligations durables dans le ScR et le ScSP se superposent dans la Partie B.
Source : OCDE, base de données propriétaires de l'AIE, LSEG.

Dans les MEED hors Chine, la part des obligations durables dans le volume total du marché obligataire du secteur de l'énergie devrait passer de 10 % en 2024 à 91 % en 2050 cependant que les obligations classiques devraient perdre du terrain et reculer de 4 %, leur valorisation étant ramenée de 452 milliards USD à 434 milliards USD, soit un TCAC de -0.2 %.

En Chine, la part des marchés d'obligations durables d'entreprises du secteur de l'énergie bondirait de 12 % en 2024 à 98 % d'ici à 2050. Dans le même temps, les marchés d'obligations classiques se rétractent progressivement, sous l'effet de la brièveté de l'échéance moyenne de l'encours d'obligations classiques et du repli du secteur énergétique traditionnel dans le scénario ZEN à l'horizon 2050.

Graphique 4.17. Développement du marché des obligations durables et des obligations classiques selon le ScMF

Il faudrait que la part du marché des obligations durables d'entreprises du secteur de l'énergie passe de 10 % en 2024 à 91 % du marché obligataire total du secteur en 2050 dans les MEED hors Chine.

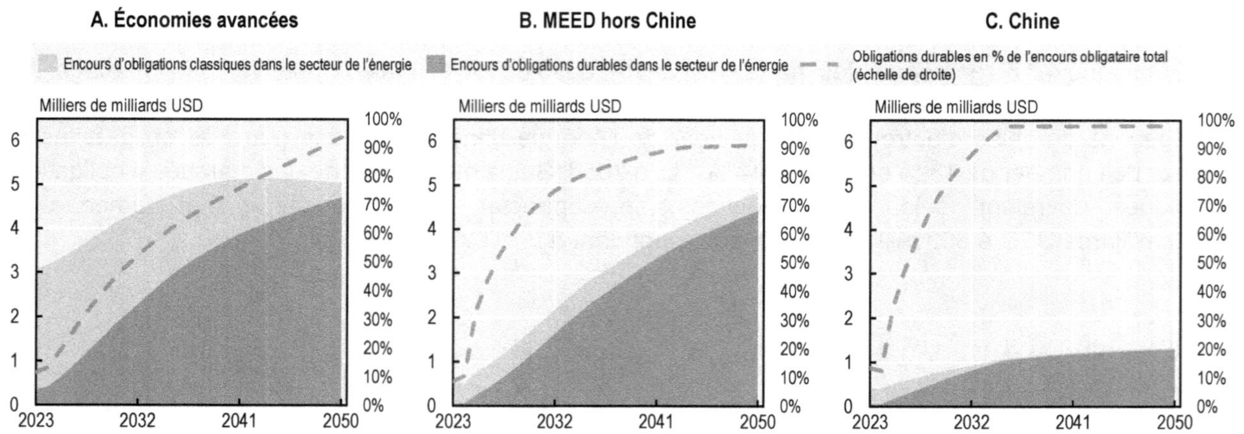

Note : le PIB est exprimé en volume à PPA de 2015.
Source : OCDE, base de données propriétaires de l'AIE, LSEG.

La pénétration relativement plus faible des obligations du secteur de l'énergie dans les MEED hors Chine traduit une tendance plus forte de ces pays à privilégier des actifs énergétiques à fortes émissions jusqu'en 2050 dans le scénario ZEN de l'AIE. Entre 2036 et 2050, la part moyenne des investissements dans des actifs à fortes émissions, exprimée en pourcentage des investissements totaux du secteur de l'énergie, reste inchangée, à 4.2 % dans les MEED hors Chine, contre 2.8 % dans les économies avancées et 2.0 % en Chine sur la même période.

Évolution des marchés d'actions d'entreprises du secteur de l'énergie

Dans les économies avancées, les marchés d'actions d'entreprises du secteur de l'énergie ont représenté au total 6 300 milliards USD en 2023 et leur taille devrait être multipliée par 1.2 (soit un TCAC de 0.7 %) selon le ScR, 1.2 (soit un TCAC de 0.5 %) selon le ScSP et 1.4 (soit un TCAC de 1.2%) selon le ScMF. En Chine, la taille des marchés d'actions d'entreprises du secteur de l'énergie serait multipliée par 2.4 selon le ScR et le ScSP (soit un TCAC de 3.1 %) et par 3.8 selon le ScMF (soit un TCAC de 4.9 %).

Dans les MEED hors Chine, elle s'est établie à 4 000 milliards USD en 2023 et ce chiffre devrait être multiplié par 2.1 et 2.2 respectivement selon le ScSP et le ScMF. Cette évolution traduit une convergence vers la structure du capital qui prévaut dans les économies avancées, le recul de la part des actions dans le financement total étant contrebalancé par la montée en puissance du financement obligataire. Si la part des investissements du secteur privé dans le secteur de l'énergie dans son ensemble est plus élevée dans le ScMF, celle des fonds propres dans la structure du capital des entreprises est plus faible par comparaison avec le ScSP. Les TCAC pour les capitaux propres s'établissent à 2.9 % dans le ScSP et 2.8 % dans le ScMF, à rapprocher d'un TCAC du PIB de 2.5 %.

Graphique 4.18. Développement du marché d'actions d'entreprises du secteur de l'énergie pour tous les scénarios

La taille des marchés d'actions dans les MEED hors Chine serait multipliée par 2.1 (soit un TCAC de 2.8 %) dans le ScMF

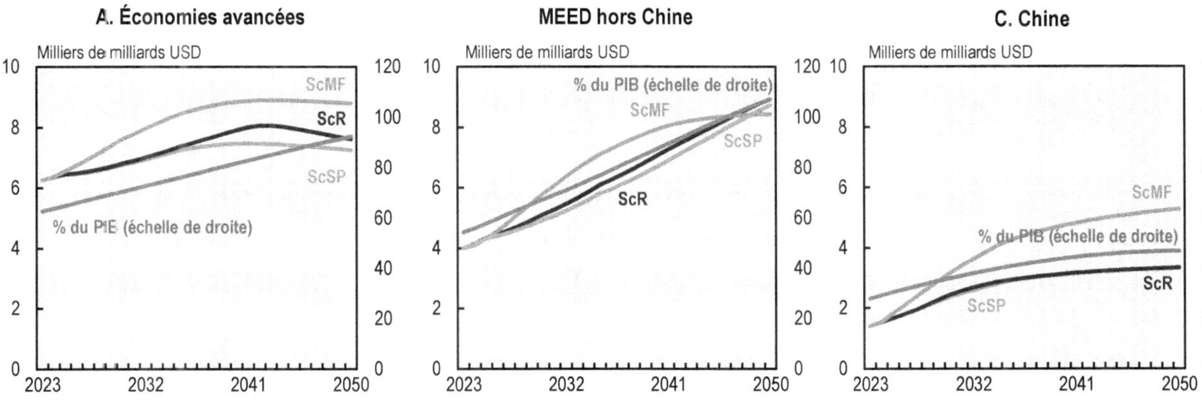

Note : la valeur des actions est la valeur de marché ; le PIB est exprimé en volume à PPA de 2015. Les tendances des marchés d'actions dans le ScR et le ScSP se superposent dans la Partie C.
Source : OCDE, base de données propriétaires de l'AIE.

Références

AIE (2025), *Proprietary database*. [6]

AIE (2024), *CO2 Emissions in 2023*, AIE, Paris, https://www.iea.org/reports/co2-emissions-in-2023. [14]

AIE (2024), *World Energy Investment 2024*, AIE, Paris, https://www.iea.org/reports/world-energy-investment-2024. [3]

AIE (2024), *World Energy Outlook 2024*, AIE, Paris, https://www.iea.org/reports/world-energy-outlook-2024. [37]

AIE (2023), *Energy Efficiency 2023*, AIE, Paris, https://www.iea.org/reports/energy-efficiency-2023. [30]

AIE (2023), *Net Zero Roadmap: A Global Pathway to Keep the 1.5 °C Goal in Reach*, AIE, Paris, https://www.iea.org/reports/net-zero-roadmap-a-global-pathway-to-keep-the-15-0c-goal-in-reach. [16]

AIE (2023), *Renewables 2023*, AIE, Paris, https://www.iea.org/reports/renewables-2023. [18]

AIE (2023), *World Energy Outlook*, AIE, Paris, https://www.iea.org/reports/world-energy-outlook-2023. [31]

AIE (2021), *Net Zero by 2050 Scenario*, AIE, Paris, https://www.iea.org/reports/net-zero-by-2050. [17]

AIE (2021), *World Energy Investment 2021*, AIE, Paris, https://www.iea.org/reports/world-energy-investment-2021. [7]

AIE (2016), *World Energy Investment 2016*, AIE, Paris, https://www.iea.org/reports/world-energy-investment-2016. [8]

BNEF (2024), *Energy Transition Investment Trends 2024*, https://about.bnef.com/energy-transition-investment/. [1]

BNEF (2024), *New Energy Outlook 2024*, https://about.bnef.com/new-energy-outlook/. [10]

Bruckhaus, F. (2017), *"SEC Issues Interpretations Relating to Rule 144A and Regulation S"*,, https://blogs.law.ox.ac.uk/business-law-blog/blog/2017/01/sec-issues-interpretations-relating-rule-144a-and-regulation-s. [33]

CCNUCC (2024), *New collective quantified goal on climate finance*, https://unfccc.int/documents/644460. [26]

CPI (2024), *Global Landscape of Climate Finance 2024 Insights for COP29*, https://www.climatepolicyinitiative.org/publication/global-landscape-of-climate-finance-2024/. [2]

CPI (2024), *Top-down Climate Finance Needs*, https://www.climatepolicyinitiative.org/publication/top-down-climate-finance-needs/. [11]

CPI (2023), *Global Landscape of Climate Finance 2023*, https://www.climatepolicyinitiative.org/publication/global-landscape-of-climate-finance-2023/. [19]

CPI (2023), *Global Landscape of Climate Finance 2023 Methodology*, https://www.climatepolicyinitiative.org/publication/global-landscape-of-climate-finance-2023/. [5]

Falduto, C., J. Noels et R. Jachnik (2024), *The New Collective Quantified Goal on climate finance : Options for reflecting the role of different sources, actors, and qualitative considerations*, Éditions OCDE, Paris, https://doi.org/10.1787/7b28309b-en. [9]

FIT (2024), *Perspectives des transports FIT 2023*, Éditions OCDE, Paris, https://doi.org/10.1787/32bbcca5-fr. [22]

FMI (2024), *A silent debt crisis is engulfing developing economies with weak credit ratings*, https://blogs.worldbank.org/en/voices/silent-debt-crisis-engulfing-developing-economies-weak-credit-ratings. [29]

FMI (2024), *Base de données des Perspectives de l'économie mondiale*, https://www.imf.org/en/Publications/WEO/weo-database/2024/October/select-aggr-data. [36]

FMI (2018), *Global Debt Database: Methodology and Sources*. [35]

Guillemette, Y. et J. Château (2023), *Long-term scenarios: incorporating the energy transition*, Éditions OCDE, Paris, https://doi.org/10.1787/153ab87c-en. [34]

Guillemette, Y. et D. Turner (2021), *The long game: Fiscal outlooks to 2060 underline need for structural reform*, Éditions OCDE, Paris, https://doi.org/10.1787/a112307e-en. [28]

ICMA (2022), *Guidance Handbook*, https://www.icmagroup.org/assets/GreenSocialSustainabilityDb/The-GBP-Guidance-Handbook-January-2022.pdf. [23]

IHLEG (2024), *Raising ambition and accelerating delivery of climate finance*, https://www.lse.ac.uk/granthaminstitute/publication/raising-ambition-and-accelerating-delivery-of-climate-finance/. [12]

IRENA (2023), *Renewable Power Generation Costs, 2023*, https://www.irena.org/Publications/2024/Sep/Renewable-Power-Generation-Costs-in-2023. [38]

Kreibiehl, S. (2022), *Investment and finance. In IPCC, 2022: Climate Change 2022: Contribution of Working Group III to the Sixth Assessment Report of the IPCC*, GIEC, https://www.ipcc.ch/report/sixth-assessment-report-working-group-3/. [13]

McKinsey (2024), *Private markets: a slower era*, https://www.mckinsey.com/~/media/mckinsey/industries/private%20equity%20and%20principal%20investors/our%20insights/mckinseys%20private%20markets%20annual%20review/2024/mckinsey-global-private-markets-review-2024.pdf. [32]

McKinsey (2022), *The net-zero transition: What it would cost, what it could bring*, https://www.mckinsey.com/capabilities/sustainability/our-insights/the-net-zero-transition-what-it-would-cost-what-it-could-bring. [4]

OCDE (2024), *Financement climatique fourni et mobilisé par les pays développés en 2013-2022*, Le financement climatique et l'objectif des 100 milliards de dollars, Éditions OCDE, Paris, https://doi.org/10.1787/9db2b91d-fr. [25]

OCDE (2024), *Rapport sur la dette mondiale 2024 : Les marchés obligataires dans un contexte de dette élevée*, Éditions OCDE, Paris, https://doi.org/10.1787/63ccad6c-fr. [39]

OCDE (à paraître), *FDI Qualities Indicators 2024.* [24]

Parlement européen (2024), *New EU fiscal rules approved by MEPs*, https://www.europarl.europa.eu/news/en/press-room/20240419IPR20583/new-eu-fiscal-rules-approved-by-meps. [27]

PNUE (2024), *Adaptation Gap Report 2024*, https://www.unep.org/resources/adaptation-gap-report-2024. [21]

PNUE (2024), *Rapport 2024 sur l'écart entre les besoins et les perspectives en matière de réduction des émissions*, https://www.unep.org/resources/emissions-gap-report-2024. [15]

PNUE (2023), *Adaptation Gap Report 2023*, https://www.unep.org/fr/resources/rapport-2023-sur-le-deficit-de-ladaptation-au-climat. [20]

Annexe 4.A. Méthode d'analyse des scénarios

Ce chapitre est fondé sur les analyses de l'Agence internationale de l'énergie (AIE) et différents travaux de l'OCDE concernant par exemple les projections macroéconomiques, l'investissement direct étranger, le financement climatique et la coopération pour le développement. Y sont notamment examinés les structures de financement des entreprises du secteur énergétique ainsi que les scénarios de financement qui s'écartent de la situation actuelle. Loin de prédire l'avenir, ces scénarios peuvent néanmoins aider les responsables publics et les investisseurs à peser le pour et le contre de ce qui est raisonnablement possible en fonction des priorités d'action.

Méthode d'analyse de la structure du capital

Ensemble de données de l'OCDE sur la durabilité des entreprises

Les données relatives aux états financiers de l'entreprise et à l'encours obligataire proviennent de LSEG. Elles concernent les entreprises et les opérations liées à l'émission d'obligations dans 103 pays et territoires depuis 2013. Elles fournissent des informations détaillées sur :

- les entreprises (par exemple, raison sociale, pays, secteur)
- les états financiers consolidés (par exemple, actifs, passifs, capital social, amortissements)
- les émissions de titres (par exemple, type de titre, date d'émission, date d'échéance, montant du produit de l'émission, typologie des obligations durables).

Pour ce qui est des titres obligataires, les données de LSEG contiennent des informations relatives aux obligations durables émises selon la Reg S (Regulation S) et la Règle 144A. La Règle 144A définit un régime de protection qui dispense de certaines des formalités d'enregistrement imposées par le *Securities Act* pour la revente, à des acheteurs institutionnels qualifiés, de titres qui ne sont pas fongibles avec des titres cotés sur une bourse américaine de valeurs mobilières. La Reg S prévoit un régime de protection allégeant les formalités d'enregistrement imposées par le *Securities Act* pour les offres faites en dehors des États-Unis (Bruckhaus, 2017[33]). Les calculs présentés tiennent compte de ce facteur et des dispositions ont été prises pour éliminer tout risque de double comptabilisation dans les cas où une obligation a été émise à la fois selon la Reg S et selon la Règle 144A.

Le montant des obligations remboursées par anticipation a été déduit dans le calcul de l'encours obligataire annuel. L'encours fait référence au « montant du capital » ou au « montant initial de l'émission » (à savoir la valeur nominale des obligations figurant dans la documentation légale les concernant) lorsque le « montant du capital » n'a pas pu être obtenu. Les données relatives aux remboursements par anticipation sont obtenues auprès de LSEG et concernent les obligations ayant fait l'objet d'un amortissement anticipé en raison d'une procédure de distribution finale consécutive à une défaillance, de l'exercice d'une option d'achat ou d'une option de vente, d'une liquidation ou d'un rachat. Les données sur les remboursements anticipés sont fusionnées avec les données relatives au marché primaire des obligations au moyen des ISIN.

Aux fins d'analyser la structure du capital d'une entreprise, on procède aux ajustements nécessaires pour que la période couverte par des données relatives à son encours obligataire cadre avec la date de clôture de son exercice comptable, de façon que les deux ensembles de données soient cohérents. De même, on supprime manuellement les valeurs aberrantes.

L'analyse de la structure du capital présentée dans le chapitre 4 ne peut pas être comparée avec celle de l'AIE (2024[3]) : elle porte uniquement sur des sociétés cotées et les données financières les concernant, alors que l'AIE s'intéresse en premier lieu aux données financières des projets et que son champ d'études inclut les sociétés non cotées.

Secteur de l'énergie

Tel qu'il est défini, le secteur de l'énergie comprend les activités des services collectifs énergétiques et liés à l'énergie, selon la classification TRBC (The Reference data Business Classification) de LSEG. Les secteurs et activités considérés sont détaillés dans le tableau ci-dessous :

Tableau d'annexe 4.A.1. Définition du secteur de l'énergie

Secteur économique	Sous-secteur	Activités
Énergie	Carburants fossiles	Charbon, pétrole et gaz : équipement et services, Forage pétrolier et gazier, Transport de pétrole et de gaz
	Énergie renouvelable	Équipement et services liés aux énergies renouvelables Systèmes et équipement éoliens, Piles à combustible stationnaires, Systèmes et équipement photovoltaïques et solaires, Systèmes et équipement solaires thermiques, Équipement de production d'électricité à partir de biomasse, Systèmes et équipement de production d'énergie à partir de déchets, Équipement de production d'hydroélectricité, équipement de production d'électricité à partir de la houle, Services et équipement liés aux énergies renouvelables, Équipement géothermique Combustibles renouvelables Biodiesel, Carburants à base d'éthanol, Combustibles de pyrolyse et de synthèse, Combustibles biomasse et biogaz, Combustible hydrogène, Autres combustibles renouvelables
	Uranium	Uranium, Extraction, Traitement
Services collectifs liés à l'énergie	Fournisseurs d'électricité et Producteurs indépendants d'électricité (PIE)	Fournisseurs d'électricité fossile, Exploitants nucléaires, Stations de recharge, Fournisseurs d'électricité d'origine alternative, Fournisseurs d'hydroélectricité et d'électricité marémotrice, Fournisseurs d'électricité solaire, Fournisseurs d'électricité éolienne, Fournisseurs d'électricité produite à partir de biomasse et de déchets, Fournisseurs d'électricité géothermiques, PIE fossile, PIE renouvelable, PIE nucléaire, Autres PIE
	Fournisseurs de gaz naturel	Distribution de gaz naturel, autres fournisseurs de gaz naturel
	Fournisseurs multiénergies	Fournisseurs multiénergies

Investissement direct étranger

Le Graphique 4.7 rend compte des investissements réalisés dans les projets de création qui ont été annoncés, dans certains cas après leur exécution. Ces projets concernent la création d'activités sur un nouveau site ou l'élargissement d'activités existantes. Les investissements visant à poursuivre des projets déjà bien avancés ne sont pas pris en compte et les montants indiqués ne correspondent pas nécessairement aux sommes réellement déboursées, car la base de données utilisée traite principalement des investissements annoncés. Surtout, vu la tendance haussière des investissements dans les renouvelables, on peut s'attendre à ce que, pour une année donnée, le montant des investissements annoncés dépasse celui effectivement déboursé.

L'examen des informations mises à la disposition du public par les 20 plus grandes sociétés cotées du secteur de l'énergie et les 20 plus grandes sociétés non cotées (d'après les données de LSEG) révèle que les informations communiquées sur les flux d'investissement régionaux oui nationaux ne permettent pas de calculer des estimations précises des investissements transnationaux réalisés. C'est pourquoi l'analyse des tendances d'investissement présentée dans ce chapitre repose sur les données d'IDE contenues dans la base de données fDI Markets du Financial Times.

Méthode d'analyse des scénarios

Données macroéconomiques et hypothèses correspondantes

L'analyse exposée dans la section « Scénarios de financement des investissements futurs dans la transition climatique » repose sur le scénario de référence établi par l'OCDE, qui prévoit l'évolution à long terme du PIB des économies avancées et des MEED, ainsi que l'évolution des ratios dette/PIB des économies avancées jusqu'en 2050 (Guillemette et Château, 2023[34]). Toutes les valeurs de PIB sont exprimées en volume à PPA de 2015.

L'OCDE ne fournit pas de scénario d'évolution du ratio dette/PIB pour les pays non membres. Pour les MEED, on s'est donc appuyé sur les données du FMI, disponibles jusque pour l'année 2029. Pour la période 2029-50, l'hypothèse retenue est que toute émission de dette justifiée par la croissance permettant de maintenir le ratio dette/PIB à 61 % est sans rapport avec le climat et que les pays ne subissent pas de déficits ayant pour effet d'accroître le ratio qui seraient dépourvus de lien avec l'investissement dans l'atténuation du changement climatique. Les valeurs de référence des ratios dette/PIB, calculées par l'OCDE, n'incluent pas les coûts budgétaires de la réalisation des objectifs climatiques. De même, les données du FMI ne tiennent pas explicitement compte du surcroît de dépenses publiques requis à cet effet (FMI, 2013[35]). Les investissements publics qui seront engagés au titre de l'atténuation du changement climatique, tels qu'exposés dans l'analyse des scénarios (section Scénarios de financement des investissements futurs dans la transition climatique), viendront alourdir la charge de la dette publique. Dans le chapitre 4, il n'est pas tenu compte non plus, méthodologiquement parlant, des effets qu'une hausse des investissements dans la transition climatique pourraient avoir sur la croissance du PIB.

Les valeurs de ratio dette/PIB utilisées dans le chapitre 4 découlent des données de l'OCDE (Perspectives économiques) et du FMI (Perspectives de l'économie mondiale). Englobant la dette des administrations publiques, elles couvrent un périmètre plus large que les valeurs de ratio dette/PIB utilisées dans le chapitre 1, lesquelles se rapportent essentiellement à la dette négociable de l'administration centrale.

De manière générale, les économies avancées et les MEED couverts par l'analyse sont classés selon les catégories retenues dans la base de données de l'édition 2024 des Perspectives de l'économie mondiale du FMI (FMI, 2024[36]), sauf pour ce qui concerne les économies avancées non membres de l'OCDE, à savoir : Andorre, la Croatie, Chypre, Hong Kong (Chine), Macao (Chine), Malte, Porto Rico, Saint-Marin, Singapour et le Taipei chinois.

Limites de l'endettement public et émission de dette

Pour les besoins de l'analyse, une distinction a été établie entre les émissions de dette publique non liées aux objectifs climatiques (qui sont implicitement prises en compte dans les valeurs des ratios dette/PIB du scénario de référence fournies par l'OCDE et le FMI) et le surcroît d'investissements publics nécessaire pour atténuer le changement climatique selon les besoins d'investissement prévus dans le scénario ZEN de l'AIE.

Dans le ScMF, un plafond est fixé pour le ratio dette/PIB de chaque région, limitant sa possibilité de recourir à l'emprunt pour financer la lutte contre le changement climatique. Ainsi, les États ont le droit d'emprunter dès lors que la croissance du PIB (émission de dette motivée par la croissance) permet de maintenir le ratio dette/PIB à un niveau stable. Sans cela, le ratio dette/PIB diminuerait au fil du temps. En revanche, les États n'ont pas le droit d'emprunter dans une ampleur telle que le ratio dette/PIB dépasse le plafond fixé (dette faisant augmenter le ratio).

Dans le ScSP, les MEED hors Chine ne peuvent pas afficher un ratio dette/PIB supérieur à 75 %. L'hypothèse retenue est que les États émettent de la dette absorbée par la croissance et de la dette qui fait augmenter le ratio à des fins sans rapport avec la transition climatique, conformément aux estimations du FMI, qui prévoit que le ratio dette/PIB aura atteint 61.0 % en 2029, contre 60.2 % en 2023. À compter de 2029, comme expliqué dans la section précédente, on suppose que toute émission de dette justifiée par la croissance permettant de maintenir le ratio dette/PIB à 61 % est sans rapport avec le climat et que les pays ne subissent pas de déficits ayant pour effet d'accroître le ratio qui seraient dépourvus de lien avec l'investissement dans l'atténuation du changement climatique.

À l'inverse, les investissements dans l'atténuation sont corrélés à l'émission de dettes faisant croître le ratio (en faisant passer le ratio dette/PIB de 61 % à 75 % au fil du temps) et, en partie, à l'émission de dettes absorbées par la croissance de sorte que le ratio reste à 75 % (à partir de 2038, où les MEED hors Chine auront atteint le plafond), déduction faite des émissions de dettes liées à la croissance qui permettraient de maintenir le ratio à 61 % en l'absence de tout investissement lié à l'atténuation.

Les MEED hors Chine dans le ScMF

Au début du ScMF (illustré par le **Graphique 4.12**), les secteurs public et privé investissent dans des proportions équivalentes à celles de 2023 : cette année-là, dans les économies avancées, par exemple, les investissements dans la lutte contre le changement climatique ont été réalisés à 76 % par le secteur privé et à 24 % par le secteur public. L'hypothèse retenue pour les besoins de la modélisation est que la part de l'IDE de création dans les investissements du secteur privé sera multipliée par trois, par rapport à la valeur de référence. Dans les économies avancées, cela signifie que l'IDE de création représentera 38.1 % de la valeur de référence des investissements du secteur privé qui constitue 76 % du total des investissements annuels requis dans les économies avancées selon le scénario ZEN de l'AIE. Cependant, quand le secteur privé prendra le relais du secteur public – qui contribue au financement des besoins d'investissement à hauteur de 24 % par an – une fois atteint sa limite d'endettement, il n'en résultera pas une augmentation proportionnelle de l'IDE de création.

Dans le ScMF, la structure du capital qui caractérise les MEED hors Chine converge progressivement jusqu'à fin 2050 vers celle observée dans les économies avancées, suivant une trajectoire logarithmique : après une accélération initiale suivie d'un ralentissement à l'approche du point d'équilibre, l'ajustement est effectué à hauteur de 70 % en 2035.

Estimation de l'évolution future des marchés des obligations et des actions

Les projections de l'évolution des marchés des obligations et des actions du secteur de l'énergie sont établies sur la base de l'identité comptable fondamentale selon laquelle la valeur totale de l'actif est égale à la somme du passif et des fonds propres. Elles reposent également sur la structure du capital présentées dans la section « **Sources de financement des investissements réalisés** récemment dans le secteur de l'énergie ».

De même, l'analyse repose sur les valeurs de l'actif total et de la base d'actifs non courants du secteur de l'énergie, ainsi que sur les valeurs d'amortissement correspondantes, de décembre 2023. Pour les obtenir, on a agrégé les données disponibles pour toutes les sociétés cotées du secteur de l'énergie telles que définies plus haut.

On a ensuite intégré dans les projections calculées pour les différents scénarios la valeur totale des investissements énergétiques que le secteur privé devrait engager selon la trajectoire définie dans le scénario ZEN de l'AIE, ce qui élargit la base d'actifs, tout en supposant un taux constant d'amortissement des actifs non courants. L'augmentation de la base d'actifs qui en résulte est alors convertie en instruments de financement dans les proportions indiquées à la section « **Sources de financement des investissements réalisés** récemment dans le secteur de l'énergie » (suivant la méthode retenue pour la partie B du **Graphique 4.5**).

Les points de départ retenus pour les obligations et les actions cotées sont les valeurs de l'encours obligataire total du secteur de l'énergie et de la capitalisation boursière totale de décembre 2023. Le niveau des investissements futurs dépassant celui de l'amortissement, le volume total des actifs du secteur énergétique augmente, en conséquence de quoi celui des instruments de financement correspondants doit lui aussi croître. L'analyse des données relatives aux marchés financiers provient de LSEG.

Données de l'AIE

L'analyse repose sur des données dont l'AIE est propriétaire et qui tiennent compte des mises à jour et modifications les plus récentes. Il est donc possible qu'elles diffèrent légèrement de celles précédemment publiées par l'Agence.

L'AIE rend compte du montant moyen qu'il faudrait investir chaque année dans chacune des régions étudiées ici pour atteindre zéro émission nette au cours de différentes périodes (celles considérées dans les publications antérieures, à savoir 2026-30 et 2031-35, auxquelles s'ajoute la période 2036-50 pour laquelle les données propriétaires sont utilisées).

L'analyse exposée dans la section « Scénarios de financement des investissements futurs dans la transition climatique » s'appuie sur ces mêmes données, si ce n'est que les valeurs moyennes des besoins d'investissement calculées pour chaque période ont été décomposées en valeurs annuelles. Dans le cas des économies avancées et de la Chine, les besoins annuels en investissement augmentent progressivement pour culminer durant la période 2031-35 avant de diminuer. À l'inverse, les MEED hors Chine voient la valeur globale de leurs besoins annuels en investissement atteindre son maximum durant la période 2036-50, compte tenu de leur déficit d'investissement actuellement plus important et de l'ampleur des besoins moyens prévus dans le scénario ZEN de l'AIE.

Classification des pays

L'analyse exposée dans le chapitre 4 repose sur un ensemble de points de données issus de plusieurs sources. Ils concernent les besoins d'investissement dans la transition climatique des différentes régions (économies avancées, MEED hors Chine et Chine), les investissements transnationaux à réaliser sous la forme d'IDE de création, le financement du développement international et la structure du capital des entreprises du secteur de l'énergie. S'y ajoutent des indicateurs macroéconomiques comme le PIB, la croissance du PIB et le ratio dette publique/PIB. Ces données proviennent de sources diverses, au premier rang desquelles figurent l'OCDE, le FMI, l'AIE, le rapport fDI Markets du Financial Times et LSEG. Comme ces sources n'utilisent pas nécessairement toutes les mêmes définitions et catégories, des choix et des changements ont été opérés, lorsque cela était possible, pour améliorer la comparabilité des données et garantir la cohésion de l'analyse. L'objet de cette section est d'expliquer la méthode appliquée pour rapprocher et concilier les catégories de pays employées dans les différentes sources de données.

Dans la section « **Investissements passés et futurs dans la** transition climatique », les catégories de pays retenues pour présenter les données de l'AIE sont celles employées dans l'édition 2024 des Perspectives énergétiques mondiales. L'AIE classe tous les pays de l'OCDE parmi les économies avancées, alors que le FMI en classe sept parmi les MEED : le Chili, la Colombie, le Costa Rica et le Mexique (pour la région Amérique latine), ainsi que la Hongrie, la Pologne et la Türkiye (pour l'Europe).

Dans la section « Sources de financement des investissements réalisés récemment dans le secteur de l'énergie », les catégories de pays retenues pour présenter l'analyse des données relatives à la structure du capita , au financement du développement et à l'IDE de création sont celles employées par le FMI dans la base de données de l'édition 2024 des Perspectives de l'économie mondiale (FMI, 2024[36]).

L'analyse de scénarios présentée dans la section « Scénarios de financement des investissements futurs dans la transition climatique » a pour objectif de chiffrer les éventuels déficits d'investissement, les possibilités de financement et l'expansion requise des marchés obligataires, tout en tenant compte des investissements transnationaux que les économies avancées réaliseront dans les MEED hors Chine. C'est pourquoi la classification de l'AIE, la seule qui s'écarte véritablement de celle du FMI, a été rapprochée dans toute la mesure du possible des catégories de pays utilisées pour l'IDE de création, le financement du développement, la structure du capital et les données macroéconomiques. Surtout, les besoins en investissement du Chili, de la Colombie, du Costa Rica et du Mexique ont été rattachés à ceux de la catégorie « MEED hors Chine ». L'ensemble de données de l'AIE ne permet pas de ventiler les besoins en investissement de la Hongrie, de la Pologne et de la Türkiye, ce qui se traduit par une légère surestimation des besoins en investissement des économies avancées et par une sous-estimation de la charge que les investissements représentent pour les MEED hors Chine.

Les données macroéconomiques relatives aux économies avancées et aux MEED utilisées dans l'analyse cadrent avec les catégories de pays employées par le FMI, à la différence que les économies avancées non membres de l'OCDE ne sont pas incluses, à savoir : Andorre, la Croatie, Chypre, Hong Kong (Chine), Macao (Chine), Malte, Porto Rico, Saint-Marin, Singapour et le Taipei chinois. Comme le FMI, l'OCDE met au point des scénarios de référence concernant l'évolution de la croissance du PIB et du ratio dette/PIB des économies avancées et elle classe le Chili, la Colombie, le Costa Rica, la Hongrie, le Mexique, la Pologne et la Türkiye dans la catégorie des MEED.

Annexe 4.B. Obligations durables

En cinq ans, les obligations durables ont encore gagné en importance dans le financement de marché. En 2024, à l'échelle mondiale, les entreprises en ont émis pour 522 milliards USD, et le secteur public pour 473 milliards USD, principalement sous la forme d'obligations vertes, à hauteur de 381 milliards USD et 257 milliards USD respectivement (Graphique d'annexe 4.B.2).

C'est en Europe que le secteur des entreprises et le secteur public sont le plus actifs. De 2015 à 2024, 45 % des obligations durables émises dans le monde par des sociétés non financières l'ont été par des entreprises européennes, contre respectivement 17 % et 13 % en Chine et aux États-Unis. C'est également en Europe que la majeure partie des obligations durables de sociétés financières ont été émises (54 %). Suivent la Chine (15 %), l'Asie hors Chine et Japon (10 %) et les États-Unis (7 %) (Graphique d'annexe 4.B.1, partie A).

S'agissant du secteur public, les obligations durables de banque centrale sont pour la plupart émises en Europe (65 % du total mondial durant la période 2015-24) et en Amérique latine (15 %). Enfin, l'Europe est la région qui a connu la plus forte activité d'émission de la part d'organismes et de collectivités locales (62 % du total), suivie de l'Asie hors Chine et Japon (15 %) (Graphique d'annexe 4.B.1, partie B).

Graphique d'annexe 4.B.1. Volume global des émissions d'obligations durables, par région, 2015-24

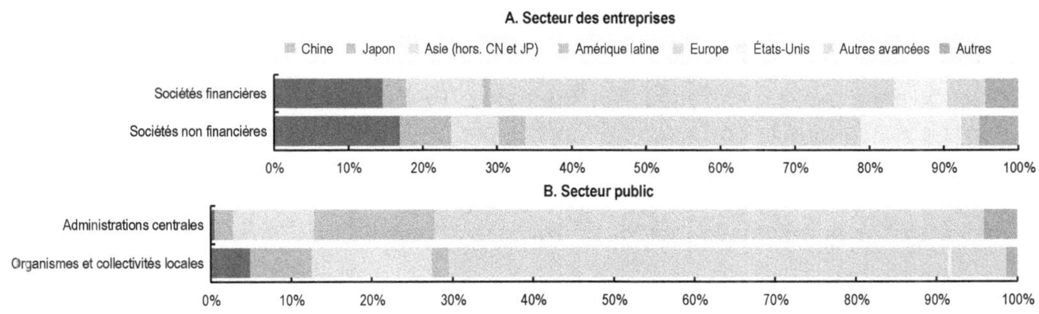

Source : ensemble de données de l'OCDE sur la durabilité des entreprises, LSEG.

Avant 2020, les obligations durables émises par les entreprises étaient surtout des obligations vertes, qui représentaient en moyenne 92 % du produit annuel de ce type d'émission (Graphique d'annexe 4.B.2, partie A). En 2020, les obligations de durabilité et les obligations sociales avaient dépassé la barre des 10 % chacune. En 2023 et 2024, les obligations liées à la durabilité, les obligations de durabilité et les obligations sociales ont représenté en moyenne 9 %, 10 % et 8 % respectivement du volume total des émissions d'obligations durables d'entreprise.

Le secteur public recourt moins souvent aux obligations vertes que les entreprises : au cours des trois dernières années, elles ont représenté en moyenne 51 % de ses émissions obligataires. Sur la même période les administrations et les institutions multilatérales ont davantage recouru aux obligations sociales (22 %) et aux obligations de durabilité (26 %) (Graphique d'annexe 4.B.2, partie B). C'est en 2022 que des obligations liées à la durabilité ont pour la première fois été émises par des administrations centrales et des institutions multilatérales ; elles n'ont représenté que 2 % des émissions d'obligations durables du secteur public ces deux dernières années.

Graphique d'annexe 4.B.2. Volume global des émissions d'obligations durables, par type, 2015-24

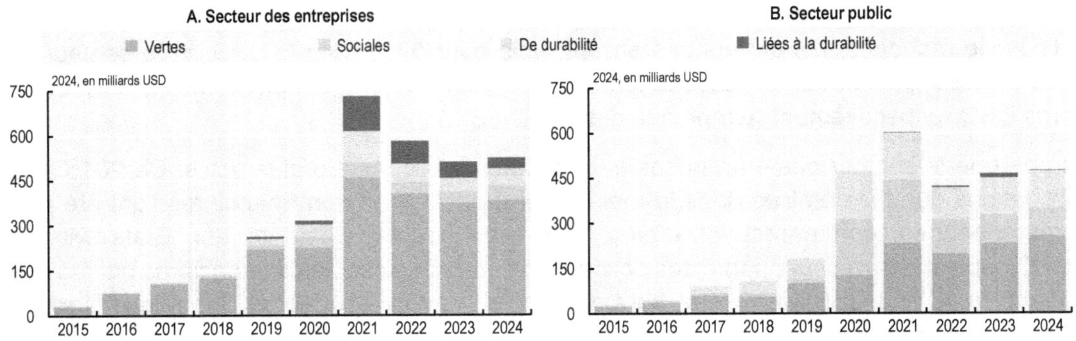

Source : ensemble de données de l'OCDE sur la durabilité des entreprises, LSEG.

Obligations durables souveraines

Le volume brut des émissions d'obligations durables souveraines a franchi le niveau record de 170 milliards USD en 2024, après s'être élevé en moyenne à 132 milliards USD de 2021 à 2023. L'encours de ces titres a augmenté de 26 % pour atteindre 600 milliards USD. Les économies avancées en restent d'importants émetteurs, tandis que les MEED représentent environ un quart du volume brut des emprunts et de l'encours depuis 2020 (Graphique d'annexe 4.B.3, parties A et B).

Le nombre des émetteurs d'obligations durables souveraines est passé de 56 en 2023 à 64 en 2024, où quatre MEED sont venus grossir les rangs : la Roumanie (PRE), dont l'adjudication d'obligations vertes libellées en euros a été la plus importante jamais faite par un MEED (2 milliards EUR) ; le Qatar (PRE), premier pays membre du Conseil de coopération du Golfe à émettre une obligation verte souveraine ; la République dominicaine (PRITS), qui a obtenu un avantage de prix de 15 points de base ; et le Honduras (PRITI), qui ne s'était pas adressé aux marchés étrangers depuis 2020.

Les émissions d'obligations durables souveraines en devises ont probablement pâti du resserrement monétaire dans les MEED. Leur part dans le volume brut des émissions a baissé de 10 points de pourcentage entre 2021 et 2023, pour tomber à 50 % ; elle est ensuite remontée à 70 % environ en 2024 (Graphique d'annexe 4.B.3, partie C). À présent, elle se situe à un niveau historiquement haut pour les PRITI (autour de 63 %) et à un niveau quasiment équivalent dans le cas des PRE et des PRITS (autour de 70 %). Les PFR n'ont jamais émis d'obligations durables souveraines en devises.

Le Chili (PRE), le Mexique (PRITS) et la Thaïlande (PRITS) sont les plus gros émetteurs d'obligations durables souveraines parmi les MEED, dont ils représentent la moitié des titres (Graphique d'annexe 4.B.3, partie D). Au Chili, les obligations durables souveraines finançaient la moitié des emprunts bruts et représentaient 40 % de l'encours de la dette en 2024. Le Mexique, qui a procédé à sa première émission d'obligations durables souveraines en 2020, cherche à accroître leur part dans sa dette, qui avoisine actuellement 3 %. La Thaïlande a émis une première obligation souveraine liée à la durabilité en novembre 2024 et devrait le refaire en 2025.

Les PRITI constituent des marchés d'obligations souveraines durables en pleine expansion, alors que ceux des PFR se contractent. Du côté des PRITI, le Nigéria a ouvert la voie en 2017, quatre autres ont suivi son exemple en 2020, puis un de plus tous les ans jusqu'en 2024, où le volume brut émis a atteint le niveau record de 7 milliards USD (Graphique d'annexe 4.B.3 parties E et F). Les PFR ont rejoint le marché en 2020, où le Burkina Faso, la Guinée-Bissau, le Mali, le Niger et le Togo ont procédé à leur première émission. Aucun nouvel intervenant n'a été recensé depuis lors. Malgré une forte hausse en 2021, le volume brut des émissions est resté négligeable en 2023 et 2024 (Graphique d'annexe 4.B.3, partie E).

Graphique d'annexe 4.B.3. Évolution des émissions d'obligations durables souveraines

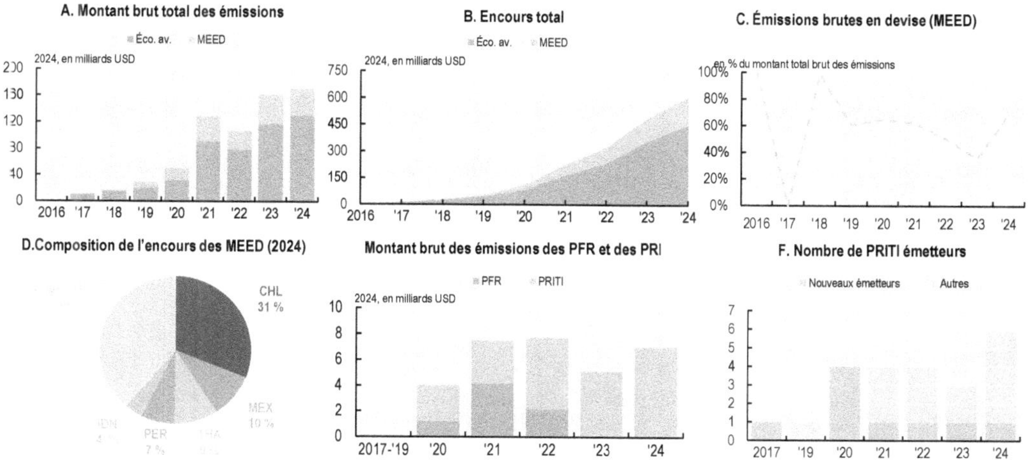

Source : Enquête 2024 de l'OCDE sur l'évolution des marchés primaires, calculs LSEG et OCDE.

www.ingramcontent.com/pod-product-compliance
Lightning Source LLC
LaVergne TN
LVHW082035051026
849532LV00011B/3368